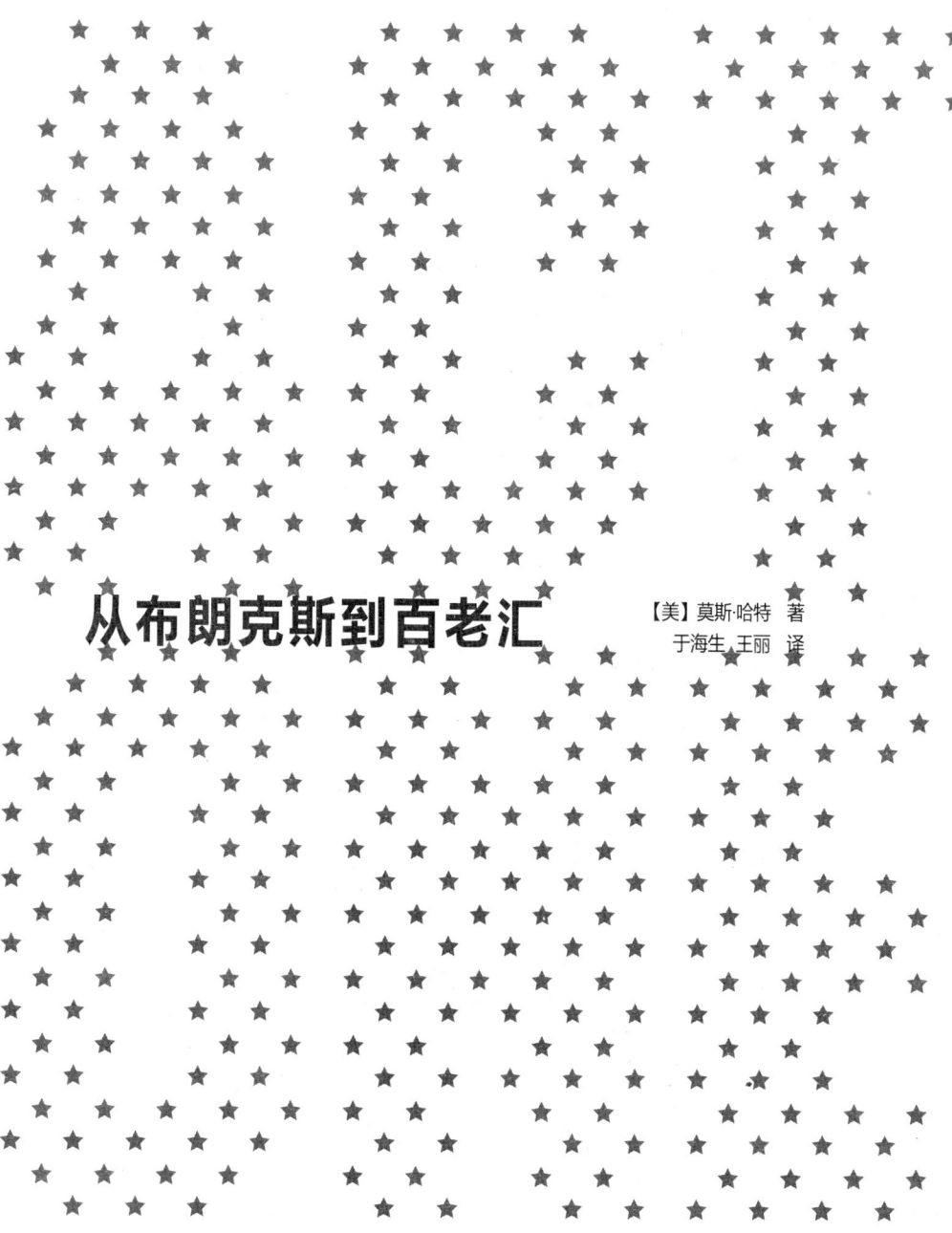

从布朗克斯到百老汇

【美】莫斯·哈特 著
于海生 王丽 译

图书在版编目（CIP）数据

从布朗克斯到百老汇/（美）哈特著；于海生，王丽译.
—北京：华夏出版社，2014.1
ISBN 978-7-5080-7920-2

Ⅰ.①从… Ⅱ.①哈… ②于… ③王… Ⅲ.①哈特，M.
（1904～1961）－自传　Ⅳ.①K837.125.78

中国版本图书馆 CIP 数据核字(2013)第 304193 号

Act One/ by Moss Hart

从布朗克斯到百老汇

作　　者	［美］莫斯·哈特
译　　者	于海生　王　丽
责任编辑	罗　庆
出版发行	华夏出版社
经　　销	新华书店
印　　刷	三河市李旗庄少明印装厂
装　　订	三河市李旗庄少明印装厂
版　　次	2014 年 1 月北京第 1 版 2014 年 1 月北京第 1 次印刷
开　　本	880×1230　1/32 开
印　　张	14.25
字　　数	358 千字
定　　价	49.00 元

华夏出版社　地址：北京市东直门外香河园北里 4 号　邮编：100028
网址：www.hxph.com.cn　电话：（010）64663331（转）
若发现本版图书有印装质量问题，请与我社营销中心联系调换。

目　录

上　部

开篇 ·· 2
第1章 ·· 8
第2章 ·· 17
第3章 ·· 31
第4章 ·· 40
第5章 ·· 60
第6章 ·· 73
第7章 ·· 95
第8章 ·· 122
第9章 ·· 146
第10章 ·· 171
第11章 ·· 191
第12章 ·· 208
第13章 ·· 222

下　部

第14章 ·· 242
第15章 ·· 254
第16章 ·· 283

第 17 章 …………………………………… 302
第 18 章 …………………………………… 313
第 19 章 …………………………………… 324
第 20 章 …………………………………… 347
第 21 章 …………………………………… 372
第 22 章 …………………………………… 383
第 23 章 …………………………………… 400
第 24 章 …………………………………… 409
第 25 章 …………………………………… 425
第 26 章 …………………………………… 435

译后记 …………………………………… 451

上　部

开 篇

那天下午,我像平常一样去唱片店上班。它就在我们家住处附近。我每天从下午三点工作到七点,在这一期间,唱片店老板莱文森,那个小提琴和钢琴教师,会通过兼职授课获得额外收入,以支撑店面的生存和运转。在当时的布朗克斯区①,人们对音乐显然没有多大热情,除了莱文森先生本人的几个孩子之外,光顾这个唱片店的人寥寥落落,这就使我能够不受影响地尽快做完功课,然后贪婪地阅读从图书馆一次性借来的最大数量的《戏剧杂志》。

对我而言,这是一份相当理想的工作。通常情况下,当莱文森先生在七点钟返回之前,我有足够多的时间(起码有半个钟头左右)心无旁骛地胡思乱想;这个过程就像食物和水一样,对于一个十二岁的孩子而言,是一种基本必需品。我清楚地意识到,我自己的那些美妙遐想,完全不同于这个街区的其他男孩。每当我意犹未尽地看完《戏剧杂志》最后一页时,我总是沉浸于那些白日梦般的幻想,而且它们永远都和百老汇有关。它们之所以是幻想,是因为尽管我

---

① 美国纽约市最北端的一个区。

生于此地,并且一直就住在纽约,但我从未真正见过百老汇。

我十二岁的年龄允许我可以在放学后工作;实际上对我来说,工作才是名副其实的必需品。我每周赚到的4美元,对于我们拮据的家庭预算意义重大,但家人却不允许我独自去市中心。没错,当我去看望在布鲁克林区远郊的亲戚时,曾多次坐地铁从百老汇下面经过。虽然我渴望在时代广场下车,哪怕匆促大略地看看周围的景象也好,可是我的家人却从未屈服于我的请求,目标近在咫尺却不能亲见,这样的痛苦几乎叫人无法承受。

然而,这天下午,命运突然对我大发慈悲,让我潜藏已久的梦想变得触手可及,甚至还让我免除了主动争取机会这一环节。我走进唱片店时,还没来得及把我的书和杂志放到柜台上,莱文森先生就对我下达了指令。他明显都等得有些不耐烦了。

"你觉得,"我刚跨进门口,他就直截了当地说,"你母亲会不会让你一个人到市区去,就这一回?我需要一些乐谱明天讲课用。我需要你做的,就是坐地铁在时代广场下车,向东经过两个街区到西默尔①音乐商店,把我要的乐谱买下来,再坐地铁回来。你觉得她会让你去吗?我不希望你不告诉她就过去。"

我郑重地点点头,我可不想把那必是一番谎言的话说出口。当然,我也压根儿就没想到要征求我母亲的同意。这可是我期待已久的一个借口。

我接过他递给我的纸条,把我的东西扔到柜台上,就直接冲出门并奔向地铁站。我有意绕开我家的房子,这样就可以避开一个很大的风险:我的母亲可能正从窗口向外张望,或者在门廊上和邻居聊天。

在去市区的路上,我便做出了决定:要以最快速度赶到西默尔

---

① G. 西默尔音乐公司是总部位于纽约的一家美国古典音乐出版公司,成立于1861年。

音乐商店并买好乐谱,再多花点儿时间在周围转转。我至今还记得,当地铁车门在时代广场开启的那一瞬间,我的内心有多么兴奋,而且,我肯定永远不会忘记当我快速冲上楼梯时,突然跃入眼帘的那幅画面。我目瞪口呆地站在那里,要知道这是我第一次亲眼看见百老汇和第42街①。一群群快乐的、有说有笑的人塞满了街道,从几乎每个建筑物的窗口那里,都能够看到里面走动的人影。小贩们在人群之间穿梭往来,兜售糖果、玩具哨子和彩色纸带;在时代广场周围,骑着马的巡警缓慢而且好脾气地转着圈子,试图要把很多人驱离广场办公区,赶到拥挤的人行道上,但没有取得多大的效果。我也不能否认,我的第一反应就是,"一点儿没错!这就是我想象中的样子!"

初次看到的景象让我感到窒息。它正是我幻想中那个光怪陆离的百老汇,即便是在青天白日之下,它也似乎散发着同样炫目的光芒,但是我每天都在期待的这一时刻,却正值百老汇在等待庆祝那个将在选举中获胜、从而成为美国下一任总统的人:查尔斯·埃文斯·休斯或伍德罗·威尔逊当中的一个人。我险些就赶上了一个历史性的时刻。

对于我这个迷恋戏剧性场面的人来说,这是第一次不可避免的诸多失望之一,在我使尽九牛二虎之力穿过密密麻麻的人群之后,我再次进入地铁,闷闷不乐地返回布朗克斯区。

我认为,以初见百老汇的体验作为本书开头,是一种恰如其分的选择,因为我在成年时大部分职业生涯都是在这个浮华之地度过的,或者与其息息相关,而且对于戏剧回忆录那历史悠久的传统而言,如果这个开篇轶事的引入似乎太过迅速,那么,我希望读者从一

---

① 第42街是纽约曼哈顿区一条主要穿城街道,以其众多剧院而知名(尤其是在它与时代广场的百老汇交叉点附近的剧院)。

开始,就要谨慎地注意到,这些记忆中的片段,不是为那些对于戏剧毫无感觉、对于它的耻辱与光荣不为所动的人准备的。如果怀疑甚至厌恶情节剧(或者从另一方面说,如果对于戏剧的过分着迷达到了近乎愚蠢的程度),对于作者或读者而言都毫无妨碍的话,那么,撰写或者阅读一本有关戏剧回忆的作品,就没有任何意义可言。无论如何,容易轻信的眼睛和喜欢空想的心灵,都是戏剧的重要组成部分。戏剧与其说是一种行业,不如说是一种疾病,而且从我看到百老汇的第一眼起,我的一生就被这种疾病传染了。那个十二岁的自我最有趣的方面,并不是在对百老汇的幻想中所表现出的天真和质朴,而是站在地铁台阶上那个稚气的孩子产生的强烈的事业心。为什么会有这样的事业心? 它是如何产生的? 这是一个有趣的推测,因为据我所知,没有哪一种狂热主义者团体会比戏剧发烧友的规模更庞大,没有哪一个部落会比戏剧发烧友更容易迷失或者更加投入。"舞台情结"这个简单的词汇,究竟隐藏着什么样的特别需要? 怎样解释这种会成为一生追求的事物的力量? 是什么触发了产生演员或者剧作家的内在机制——构成了这些特定人群的特征,并使他们在余生成为一个独特群体的那种强制力的本质是什么? 我们比较容易理解一个科学家或者一个宗教人士的奉献精神,但相比而言,戏剧带来的不值一提的回报——除了极少数在这方面享有特权的人以外——使我们很难理解它引起的不屈不挠的忠诚,或者在戏剧追求过程中孜孜不倦的热情。我有我自己的一个小小的理论——它也许站不住脚——那就是:戏剧是那个命运不幸的孩子一个天然的避难所。

就像大多数未经证实的理论一样,这其中也包括了一个过于宽泛的归纳所具有的谬误。但可以肯定的是,一个孩子用来缓和他的不幸的第一个退路,就是构想出一个属于他自己的世界,而这只是他离开个人世界,进入戏剧的幻想世界的一小步。我们都听说过孩子会营造假想的同伴乃至想象中的父母。我们需要他们参加我们自己的葬礼,需要反复体验我们的父母如何愧悔并且受到良心谴责,如何站在我们的棺材前放声痛哭,体验这种满足感的白日梦,是一个太过常见乃至几乎具有一种强制性的童年幻想,它也会随着童年的其他奇思妙想一并消失。但是,对于那个陷入无法摆脱的困境而倍感困扰的孩子来说,戏剧带来的第一个奇迹,就是它既像是一种天启,也是他的那些难以索解的问题的一种答案。你看,在一个灯光辉映的舞台上,面对着那些屏气敛声、充满敬畏的观众,演员们正在表演他自己幻想出的那些图景:装扮成英雄或者恶棍,享受着一个充满前所未有的敌意的世界里的爱与掌声。他突然觉察到,他的秘密目标是可以实现的——成为他自己,还可以成为别人,并能借此得到喜爱和赞美;他可以倍感荣耀地站在不受兄弟姐妹之间竞争影响的聚光灯下,而且,那些如洪水般漫过舞台脚灯,直抵舞台上那些可爱的精灵的掌声,会让他的罪恶感一扫而空。毕竟,表演的本质不就是扮演他人的艺术吗?剧作家的手艺,不就是把他自己幻想的人物形象创造得非常符合角色固有的特征,以至于观众把它作为现实加以接受的能力吗?那么,在那一特定的时刻,除了对作者有意识的幻想的表达以外,一部戏剧的本质究竟是什么呢?我可以做出大胆的猜测,那就是:任何戏剧的概念的产生,都不是偶然的。我还可以冒险做进一步的猜测:一般的戏剧人容易激动、爱发脾气和过分的孩子气,既不是一种偶然的属性,也不是一种必需的职业武器。它和所谓的"艺术气质"没有任何关系。我认为答案非常简单。在很大程度上,就像琥珀中的苍蝇那样,戏剧人都在童年时期陷入过某种刻骨铭心的困境。

在写下上述文字时我并非完全没有打一点"小算盘",因为它可以使我有些迂回地进入到我自己的童年时代。我采取的一种不可避免的选择是,我要竭力远离那种千篇一律的陈腐的童年描述:那个在恶劣环境中的不幸孩子如何战胜困难,取得了成功。然而,老套的东西有时是必要的,因为如果没有这种套路化的程式,没有那个接受《星期日论坛报》访谈的戏剧人早期状况的常规信息,或者是没有他的媒体代理人提供的基本资料,我们又怎能了解他的真实生活呢?不管陈腐与否,开端都是必需的——而且我的开端肯定是足够传统的。

第 1 章

　　我是在长期贫困的氛围中长大的,我的唇边总是带着鲁斯·戈登①所描述的"贫穷的深褐色味道",我的鼻尖永远都能嗅到真正意义上捉襟见肘的严峻气味。你或许能够猜到,那不是一个多么快乐的童年,而且这种气氛并没有因为家庭成员的阵容而得到实质性改善。我不记得是哪个人这样说过:一个家庭是由那个病得最重的成员所控制的一个独裁政权。他肯定不认识我的外祖父,但是当他说这句话时,他的脑海里一定是有某种原型的,因为我的外祖父,我崇拜的人,就像是维多利亚专政时期的一座珠穆朗玛峰那样,高高在上地君临我的人生的最初七年。他在很多方面都是一个与众不同的人,而且我认为,他对于我的人生初期的影响是不可估量的。我确信我仍然保留着那些影响的痕迹。就职业而言,他是一个雪茄烟制作工,而且他和他最亲密的朋友塞缪尔·冈珀斯在同一个工作台上并肩工作。他们一起成就了最初的创业梦想,并且有一段时间,他们需要通过抓阄的方式,来确定他们二人之间谁将对另一个人具

---

① 美国女演员和作家,在上世纪七八十年代风靡一时。

有指挥权,是我的外祖父还是塞缪尔·冈珀斯。家族的传说是,他们为此争吵不休,而且他们的友谊终结于一个有些可笑但更加明确的理由:谁应当带着那个公文包去参加美国劳工联盟工会会议——那是他们共有的一个公文包。我倾向于认为,这个故事并非完全不足为信。这听起来的确非常像我的祖父,而且与他可能的行事方式完全相同。

他在家里肯定是那种作风。他的两个女儿,我的母亲和我的姨妈凯特,被他看作是某种慈善的自然法则送给他的两个订了契约的仆人。我认为他带着转瞬即逝的烦恼,接受了我父亲在这个家庭中影子一般的存在,就像一个美国大兵注视着一种丛林霉菌在他的靴子上生长出来一样,而且对于我对他的崇拜,他也以他的溺爱之心予以回报。更公平点儿说,他自己的日子也很不好过,他一生大部分时间那种装体面和摆阔气的可怜状态,尽管不能完全归咎于他自己的好斗和天生的坏脾气,却也并不是他与生俱来的状态。事实上,他原本是一个相当富有的英国犹太大家庭的害群之马,他从很早的时候起,就显然疏远了他们当中的每一个人,并在一次激烈的冲突中结束了所有家庭关系,从而永久地在美国安家落户。

他是一个非常富有个人魅力的男人,他有着敏锐的喜欢探索的头脑,由于他对于被迫屈从的生活具有一种高度的优越感,这也使他本就充满自大和怨恨的性情变得更加尖酸刻薄。他当然会把日常生活中的怨恨和不满发泄到最亲近的家庭成员身上,虽然我从未见过我的外祖母(她在我出生前不久就去世了),但我听到的有关他们相处的故事是惊心动魄的,而且有些令人恐惧。

他作为害群之马的一个典型特征,就是降尊纡贵地娶了一个与他差距很大的女人,而且我的外祖母既不能读也不能写。他们在结婚时经济状况极其艰难,由于任何形式的娱乐都所剩无几,我的外祖母人生的一大乐事,就是让我的外祖父在晚上念书给她听。查尔斯·狄更斯当时作为小说家的声望正如日中天,他的作品给她带来了持久的激情。我的母亲对我说过,曾经有一段艰难的时期,我的外祖母似乎只为每个夜晚而活,我母亲对于她自己的童年最生动的记忆,就是外祖父每天晚上大声朗读狄更斯作品的声音,而她后来的最可怕的记忆,就是他中止了朗读——整个家就会陷入一片死寂,因为当他大发雷霆或者突然变得忧郁时,他为了惩罚我的外祖母,每次都会连续几天甚至几星期不给她读书,而且一连闷坐几个晚上一言不发。在吃晚饭的整个过程中都会很安静,在此之后依然寂静无声,因为他不会和任何人讲话,也不允许他的妻子或者女儿讲一句话。他就这样生闷气,直到这场风暴过去为止。更糟糕的是,他从来都不会从他上次中断的地方接着往下读。当时,狄更斯在美国发表的小说都是连载的,他会从最新连载的部分再次读起,所以,我的外祖母对于大卫·科波菲尔的大部分生活永远都是一无所知的,她在很长时间以后,才知道小埃米莉发生了什么事。或许我继承了我的外祖母对于那些爱生闷气的人的憎恶,因为这是我不能忍受的别人身上的一个怪癖或者特质,而且承受它的过程会让我感到极不舒服。

关于这个固执任性、不可捉摸的男人,我的母亲对我讲述的另一个故事,就是他对于一个意外情况——我的外祖母经过二十年的东拼西凑,攒够了一笔钱,并且能够让他们所有的人到英国旅行一趟——的反应。天晓得在日常开支入不敷出的情况下,她是如何从微薄的收入中攒下了这么多钱,尽管她花了二十年才做到这一点。这些钱究竟代表着多少数不清的大大小小的困窘局面,想起来就令人感到痛苦,毕竟在当时,日常生存本身就已经足够艰难了。但是,她还是以男人不能想象或理解的某种复杂的女性逻辑,最终节省下了这些钱,还把它们拿了出来,交给了她的丈夫,因为后者已经八个月没有工作了,并且在当时过于消沉,以至于——根据我的母亲的说法——他们都对他感到担心。他们全都束手无策。

在那些沉默的晚餐当中的某一次,当我的外祖母建议全家人到英国伦敦旅行,以便扭转他的坏运气,而且她也拿得出这笔旅行费用时,他前所未有地大发脾气。他咆哮着说,她竟然敢让他穿着一条屁股上打着补丁的裤子和一件磨损的衬衫走来走去!她抗议说,她攒下这些钱,只是为了应付这样的危机,现在还把钱全部交给他了。但这毫无作用。他又生了两个星期的闷气,并再次陷入可怕的沉默,然后,他们穿着崭新而时髦的衣服坐船前往伦敦;因为我的外祖父不想让他那个富有的家族获得任何蛛丝马迹,知道他在他移居的那个国家过得并不如意,这可不是他一向的作风。我的母亲从来都没有忘记,他当时把自己收拾得多么潇洒而有风度,她也从未忘记,他如何破天荒地对妻子和女儿突然变得彬彬有礼而且始终如一,他的这一面,是他们以前从未见过的。从轮船停靠在英国南安普顿港的那一刻,他的这种变化就达到了登峰造极的程度。

这次旅行本身带来了一个决定性的结果。我的母亲和父亲在伦敦相识——他在一年后追随她来到美国。而且这次旅行对于我的姨妈凯特产生了如此深刻的影响,以至于在她的余生当中,她从未从这种影响当中恢复过来。她当时二十岁,而我的母亲十八岁,而且对她们来说,那是对于过去从不知道、也不可能再次见识到的一种生活的惊鸿一瞥。对我那可怜的姨妈凯特而言,那是一种无法治愈的浪漫情结,她看到的另一半人是如何生活的气息,就像是某种可怕的麻醉剂。从那时起,她的举止就像是一个时尚女性,她蔑视任何形式的工作,而且一生都在靠别人的帮助而过活——她活到六十多岁——首先是靠我的外祖父,然后是靠我的父亲,后者是她所厌恶的人,而那个人也以同样的厌恶回敬她。那是一种相当奇怪的近乎执迷的情感,但它始终是不可动摇的,尽管有时候,她不得不在烛光下一如既往地阅读小说,因为家里并非总能有足够多的钱点煤油灯。我自己的童年最生动的记忆之一,就是看到她拖曳着步子,带着她的嗅盐瓶和一本书或是星期天的报纸走进她的房间,并且听见"咔嗒"一声将门锁紧的声音。她的行为保持不变,但我的母亲却不仅要为我们自己,还要为我们接纳的寄宿者——这可以帮助我们支付租金——下厨做饭、打扫卫生、洗涤和熨烫。这让我的父亲发狂,而这很可能是因为她从来不帮家里人干活,哪怕是擦净一个盘子这种小事。但是,是她向我打开了戏剧这个世界,所以,我爱她而且永远感激她。而且,也是她在很大程度上像我的外祖父那样,对我的早年生活产生了重大影响。

就在全家人返回美国不久,我的外祖母过世了,我可以想象,她如释重负地发出的那一声叹息,必然推动她走完了进入天堂的一半路程。于是,我的母亲为我的祖父承担起了管家的这一角色。这种情况对当时正在向她求爱的我的父亲而言,是一个不幸的打击,因为大约过了十年左右,我的母亲才得以从外祖父——他恰恰不是那种能够让爱情与他的衣食需求发生冲突的人——的管束下解脱出来并获准结婚。除此以外,我的母亲还承担起了日常调解人的角色,确保她的父亲和她的姐姐之间相安无事,而后者可怕的反应,总是让每一个人感到神经紧张。在长达多年的时间里,她也为她的姐姐和未来的丈夫的关系扮演了同样的角色,虽然她当时不可能知道这一点。了解到我的父亲在个人气质上就像现在的我一样,所以,他能够耐着性子挨到十年婚约的结束,这一事实并没有让我感到多么奇怪。这恰恰是他的典型做派。他是一个能够不受影响地把自我保护的习惯维系一生的人。不管怎样,那个漫长的婚约终于结束了。他们结婚了,并建立了他们自己的家庭,让外祖父和他剩下的那个女儿处于一种时而对抗、时而停战的紧张状态。

不过,我的父母的二人世界并没有维持多长时间。就在我出生前一个月左右,我的外祖父在凌晨两点钟出现在他们家门口,将他们从床上叫起来。他处于一种疯狂的状态,并且威胁说,假如我的母亲不搬回去住,他就会杀了他自己或者杀了凯特,反正其中的一个难逃一死。这样的日子,他一天也过不下去了。

出于某种原因,我非常同情他当时的处境。我可以大致想到,我的姨妈凯特会把家管理成什么样子,因为我有一两次品尝过她做的饭菜,我也进过她自己的房间,不管我的母亲如何收拾,它给人的印象,总是像一个遭到一场长期的激战破坏过的村庄一样。我无法想象,我的母亲和父亲是如何答应了这个愚蠢而可悲的计划。

毫无疑问,无论是他们的自身感受还是他们的婚姻,都不曾从这一变故中恢复过来,而且我的母亲从未停止过带着伤感回顾在她们三十年的婚姻生活中,她和我的父亲单独相处的那段唯一的时光。

就这样,我出生在我的外祖父的家中,而且我听说,我刚刚带着那一声抗议的啼哭来到这个世界,就被这个七十九岁的独裁者抱在怀里,并成为他唯一的、小心守护的个人财产。他在我脑海中的形象是那么清晰,有关他的为数众多的记忆始终挥之不去!

现在,我可以绝对清晰地看到他了,看到他在我的床边弯下腰来,用他的胳膊把我高高地抱起来,放到他的肩膀上,然后把我带进餐室,让我站在餐桌中央。我仍然能够隐约看到那一圈仰起头,对我露出微笑的面孔。这些面孔属于他担任社长的"周五晚上文艺社团"的成员,就像它的名称所表明的那样,这些人在每周五晚上在我们的家中聚会。晚餐总是在晚上十点半才被端上来,在铺好桌布之前,他都会大步走进我的房间,把我唤醒,并把我带进餐室。我会站在桌子上,使劲地揉着惺忪的睡眼,而且只要我完全清醒过来,我接下来就要背诵他在前一周交给我的、他最喜欢的圣诞颂歌当中的一个片段,而且我有一次发现,五岁的我就能够大声背诵哈姆雷特的台词,这让他倍感自豪。

在更早些时候,我还有另一个生动的记忆:在那可怕的一天,他带我去理发店,把我所有的头发都剪掉了。他事先当然没有对我的母亲提一个字。我那时还不满三岁,而且我的卷发对于那时的小男孩而言是一种时尚,也让我的母亲尤其引以为傲。但是,只要他愿意,她显然都会迁就他做任何事,因此,他做任何事也从来不会征求她的同意,更不要说提前讨论了,他只是把我带到了那个理发店,然后又把既成事实的我带回到我母亲跟前。我想,那是她唯一一次顶撞了她的父亲,也是唯一一次呜呜咽咽地同后者拌嘴。与此同时,我的父亲被打发到了那家理发店,试着把一绺卷发从地板上取回来;他的确这样做了,而且外祖父很快就把它扔进马桶里冲走了。在我的外祖父的日常生活中,类似这样的场面是一种必然而不是例外;只要他进入家门,他就会制造极具戏剧性的场面,而我通常总是他的暴力与柔情的风暴中心。

多年以后,在我自己的生活中一个重要的夜晚,关于他的另一个记忆,又轮廓清晰地回到我的脑海里。我的第一部剧本正在布莱顿海滩①进行春季预演。我顺着海滨木栈道匆匆赶往剧院,在途中突然停下来,凝视着一座已经成为公共澡堂、快要倒塌似的摇摇欲坠的建筑。我突然想起在很久以前,在那个八月的酷热之夜,我的外祖父带着我们所有的人走进这座建筑物——它那时还是木栈道附近的夜总会——里面。就像一道照亮了一处黑暗景观的夏季闪电一样,那段令人痛苦的时期如潮水般涌入我的脑海:可怕的炎热天气,连续几周在我们家里充斥的令人压抑的死寂,一个觉察到家庭危机的孩子能够感受到的莫名恐慌——当我停住脚步,凝望着那座建筑物时,所有这一切都纷至沓来。

那场我当时能够感觉到但却不能理解的危机——我也不认为他们有能力向一个孩子解释清楚的危机,是现代工业手段最终统治了古老的制烟业。当时已经发明了一种机器,能够把烟叶变成雪茄烟,再变成条状和盒装的成品,于是在一夜之间,手工制作雪茄烟的工艺被突然改变了。我的外祖父和我的父亲,就职业而言都是雪茄烟制作工,连续几个月处于失业状态。我们当时尽可能依靠雪茄烟

---

① 位于纽约布鲁克林区。

制造商工会——一个从来都没有真正富裕过的组织——发放的微薄的福利生活,我从来都不曾也不会忘记在职业被突然生生地抢走的情况下,这两个男人陷入的巨大的困境。我的外祖父年龄太大,已经不可能再去尝试做其他工作了,而我的父亲身体太过虚弱。在绝望中,他们最初不得不使用他们唯一的生存手段:买来生烟叶,在厨房里制作雪茄烟,然后挨门逐户地推销兜售;但是,同机器生产的雪茄烟竞争,无疑是一个注定会遭到可悲的失败的事业。

最终,在我这里所提到的那个可怕的夏天,他们完全停止了尝试,整天无助地待在家里,外祖父的眼睛里越来越大的恐惧和他紧绷的嘴唇把我吓坏了。就连我这个能够同他一起做任何事的家庭成员,也不能够真正体会他冰冷的绝望感,而且就在某一天晚上,他把自己关在他的房间里,既不出来吃晚饭,对于我的恳求和一再的敲门(我当时被打发叫他出来吃饭)也不做任何回应。我记得我刚刚溜达着走向太平梯,而我的母亲、父亲和姨妈都坐在我后面那个令人窒息、静寂如死的房间里,就在这时,外祖父的房门突然打开了,他对我的母亲喊道,"莉莉——家里还有多少钱?"她告诉了他,他又大声说,"把钱给我,你们戴好帽子!我们去布莱顿海滩!我已经受够了这种日子!"他当然知道,那不仅是家里所有的钱,也是他们在这个世界上拥有的所有的钱;但是,他的确已经受够了恐惧和绝望。接着,我们走向海边,去看木栈道的一次夜总会节目表演,地点就在我现在举目凝视的那座建筑物当中。那天晚上,我比以往任何时候都更加崇拜他,而且当我离开那里时,我情不自禁地想到,如果知道我写了一部剧本,那会给他带来多么大的快乐——当他和我一起匆匆赶往剧院看着帷幕升起时,他会体验到怎样巨大的幸福感。他自己就是一个戏剧迷。

他在那之后仅仅一年就去世了,我当时只有七岁,而且就在同一周,我的弟弟出生了。随着他的离世,我唯一的童年乐趣也几乎一并消失了。也许我的上述文字让他看上去似乎像个怪物,同样不可否认的是,他的存在也让家中不乏怪异气氛,然而出于同样的原因,他也是唯一一个有着充沛的活力、色彩和真实感的人。我对于他的每一个记忆都栩栩如生,如在眼前,从星期天早上站在他旁边的一把椅子上,看着他把头发、短髭和山羊胡子染得乌黑发亮——他不仅脾气暴躁,也是一个爱慕虚荣的人——到看着他用他的巴拿马草帽试图为我捕捉蝴蝶,而中央公园一群高高兴兴的散步者在旁边观望,一个个笑得前仰后合。我想,在他的动荡和不安宁的生活中,也许我给了他所知道的唯一平静和安宁的情绪,而他好歹也给了我一种回报,那就是对于那种惯于雷嗔电怒一类人物的偏爱,以及对于枯燥乏味者的厌恶。在他死去以后,我没有因此而更加接近我的母亲和父亲,而是开始接近我的姨妈凯特。就像此后影响到我的命运的所有看似无辜的人生经历一样,与我的姨妈的相处,是一个无意识的转折点,它成为我的童年时代最重要的事件。

第 2 章

我想,如果俯视一个人漫长的生命走廊,带着任何程度的不容置疑的口气说,"事情就是这样发生的——那扇门就是从这里开启的——这就是转折点,"那么这就有点儿太容易了,事实上是有点儿过于头脑简单了!毕竟,有谁可能知道实际过程和结果之间的必然联系呢?例如,假如没有什么凯特姨妈,或者假如她不是那么奇怪的人,那扇门是否就会以不同的方式打开,那条道路是否就会转向另一个方向呢?也许如此。我不能确定。然而,我的姨妈确实有着独特的风格,她就像我的外祖父一样,身上有着像钢铁一样坚硬的东西,尽管在我的姨妈这个例子中,这种钢铁表现出的是一种孩子气的永恒的浪漫主义,它对于我正在觉醒的思维和感受的影响——尤其是在外祖父的离世给我留下的人生空白当中——是在我随后多年的青少年时期一个强大的决定性的影响因素。

乍看上去,她即便不是一个荒谬可笑的女人,也一定显得有些愚蠢。考虑到她卑微的生活环境,她做作的姿态和不自然的举止近乎怪诞;但是,抛开她那病态的而且随着年龄增长不断恶化的偏执和迷狂不论,她是一个非常聪明的人。想到这个病快快、总是穿着傻里傻气的装束的女人，其实是一个十分精明而敏感的人，这既令人伤心，也叫人感到惊奇。

我的姨妈身上这两种特征，并不是相互排斥的。我在几年前坐在一家外地的剧院里，欣赏一出如今非常有名的戏剧的开幕演出，当舞台上那个女演员把剧作家所想象的那种悲剧性命运表现得淋漓尽致时，我不仅被深深地吸引住了，而且感觉有些困惑。在舞台上这个女人所扮演的那个角色身上，有某种东西唤醒了我的记忆。我本人好像早就知道这个女人一样，一次又一次的共鸣，使我想起我在自己的生命中所熟知的某个人。而且我突然知道，我正在努力回忆的那个人是谁。凯特姨妈。那个把她如此生动地带回到我的记忆中的戏剧是《欲望号街车》，而那个角色就是使人难忘的布兰奇·杜·波依斯。我的意思并不是说，布兰奇的故事就是我的姨妈的故事，也并不是说，她完全像是那个饱受折磨而变得扭曲的布兰奇；可是，在我的凯特姨妈身上有足够多的布兰奇的影子，那是理智与荒谬以及某种不为人知的隐秘特征的动人组合，它们唤醒了那些长期被遗忘的记忆。我认为田纳西·威廉斯①能够马上理解我的凯特姨妈——他在这方面的理解程度也许远胜于我，因为我承认，我在早些年曾一度为她感到难为情。对于当时像我那样一个循规蹈矩的孩子而言，她是一个太过奇怪的人，所以在众目睽睽之下和她待在一起，我不可能完全感到舒适自然。当我们经过我认识的那些街道上的其他孩子时，我总是目不斜视，并且尽可能把我的不适感吞咽下去。

这是我愿意承受的一种风险，因为当我们一起外出时，我们几乎总是去看戏剧演出，这种令人愉快的前景，足以使我敢于接受任何挑战。我在很长时间以后才知道，她为了我和她自己的这些剧院

---

① 美国剧作家，于1948年和1955年分别以《欲望号街车》和《热铁皮屋顶上的猫》赢得普利策戏剧奖。

之行,进行了多么细心的准备,而且我认为,她使用的方法正反映出她的典型风格。简而言之,她完全是通过敲诈手段才争取到这些机会的。我的外祖父过世以后,我的父亲继续迁就我那特立独行的姨妈的生活方式,说白了,也就是迁就她一向习惯的那种生活方式。虽然我们很贫穷,但在某种程度上,这种迁就却被视为理所当然——我不会谎称我理解这其中的原因。

然而,考虑到现在我父亲是唯一的赚钱养家糊口的人,凯特姨妈的个人风格不可避免地要打个折扣了。这当中不可能包括戏剧和小说,这是她认为和空气以及进食一样重要的两种生活必需品。于是,她迅速坐下来,给她在伦敦的有钱亲戚写了一封绝妙的勒索信,我确信她在信中一定强调了她现在作为一个孤女的催人泪下的生活窘境,这封信使他们感到羞愧因而每月为她寄来一小笔津贴。这些钱她专门用来购买戏票和图书,在任何情况下,她都没有将其中的哪怕一分钱用于其他用途。

我至今还清楚地记得我们在黑暗中上床睡觉的情形,因为在那个时期,我们没有多余的钱点煤油灯;我甚至能够更加清楚地记得,出于同样的原因,我们在吃晚饭时只能点蜡烛,而且晚饭后不久,凯特姨妈就会从她的房间走出来,穿着她认为适当的装束,去看戴维·贝拉斯科执导的作品《众神的宠儿》和当时其他大受欢迎的戏剧。尽管这似乎令人难以置信,但她的确没有任何一次主动放弃去看戏的机会,不管财政危机的状况有多么严重,而且在我看来,同样令人震惊的是,我们也并不期待她放弃去看戏的机会。也许这当中的答案有些奇怪,但我的确认为,在那仿佛永无休止的单调而乏味的年代里,我们对于那小小的貌似愚蠢的光明之火心怀感激。正如她自己从未承认我们生活在贫困中一样,她也正是通过对于戏剧的热情,使我们也暂时忘记了贫困这件事。

我和我的母亲会一直等她回来,然后,她会让我们整个晚上剩下的时间充满生气。她是一个出色的报道员。她对于无关紧要的细节有着一流的洞察力,对于表演艺术的价值能够做出独到的分析。她对戏剧的热情并没有使她被戏剧本身所吞噬,她也不是一个盲目崇拜明星的人。

当然,她总是坐在剧院的顶层楼座上。她往往很早就赶到剧院,并且站在大厅里,看着观众鱼贯而入。正像她自己说的那样,这可以让她充分感受那种动感十足的现场气氛!实际上,只有这样一个奇怪的人才会站在大厅里,目光向四周扫视,全身心地"感受"周围的一切,如果她跟什么人说话,她的谈话就是克莱德·费奇①和托马斯·哈代②的一种混合物;她自己的着装,是对于进入剧院的那些穿着时尚的女士们的一种滑稽模仿。但是,任何细节都很难逃过她的眼睛,而她的描述——从走向被调暗的脚灯处的观众,到戏剧本身的故事——也会让我们听得津津有味。她会把节目单在厨房的桌案上展平,而我们坐在那里,有时一直坐到凌晨两点,听她把戏剧重温一遍,大睁着眼睛注视着第二幕的高潮,就像那些观众本身一样准备对谢幕的演员鼓掌。

在拥有电视、电影、收音机和有组织的戏剧演出团体的今天,很难想象这一切对于当时的孩子意味着什么。它不仅仅是一个现实的快乐和奇迹之源,而且几乎把我的所有需求都结合到了一起。我记得我经常提出这样的恳求,"你什么时候带我去呀?"后来,我的姨妈就做出了结论(我的父亲显然不具备这样的思考力):我的年龄已经大到可以去看戏了。我过去还太年轻,还没有资格被带到市中心去欣赏戏剧,但从我七岁的时候起,我在每周四下午放学以后,都会被带到阿尔罕布拉剧院——我的姨妈每年都会订购季节性套票。在那里,我会一脸严肃地欣赏那些优秀的滑稽通俗喜剧明星的表演。后来,当我在当地那家证券公司兼职打工时,我依旧背着我父

---

① 美国剧作家,是 19 世纪末 20 世纪初百老汇舞台最受欢迎的作家。
② 英国诗人、小说家。

亲去看星期六的日常演出,不久以后,我又到布朗克斯大剧院附近的旅游公司做过兼职。我顺顺当当地度过了那些完美的星期四和星期六下午,而在这两者之间,我会等待每一个夜晚的到来,因为我的姨妈会从百老汇那个更伟大的世界返回,并带来更加令人振奋的剧情描述。

所有这些,对于那个充满好奇心又与世无争的小男孩的影响是不难想象的。当然,从心理发展的角度来看,这对于身心健康未必多么有益,而且在成年以后,我为此付出了代价。一个孩子所需要的真正的爱,来自于他的早期生活的安全感这一基本需求,而就我的童年世界而言,它是一个在忠诚度方面存在冲突的扑朔迷离的战场。我的姨妈和我的父亲总是处于日常战争状态。我的母亲活着似乎只是为了安抚他们,这是一个我并非没有注意到的角色,而且即便在当时的我看来,这样的角色都非常可悲。就连我所爱戴的外祖父的形象,在某些方面也令我感到害怕。结果就是,我通过等待那两个精彩的下午的时间过滤器,去打量我的家庭之外的那个世界。在上学的时候,我就是一个孤独的、不合群的人。首先,我的名字就有些奇怪,而孩子很容易产生疑心,并诅咒一切与他们自己不同的东西,哪怕是一个名字。其次,就是我在讲话时略带口音;我说话的方式,恐怕也有点儿文绉绉的,即便它们不是彻头彻尾的戏剧语言——一方面,这是从我的家庭继承的一种遗产;另一方面,它们也是我在周四和周六下午在阿尔罕布拉剧院和布朗克斯大剧院的经历的遗留物。

这就很容易理解这样的事实:我的姨妈是如何成为我对抗现实世界的一个避难所,以及戏剧这个幻想世界如何成为一种逃避和一种慰藉。渐渐地,相比于我生活的那个充满敌意的世界,戏剧世界对我来说具有了更多的现实性,而且突然之间,我的两个庇护所——我的姨妈和剧院——在我的脑海里占据了主导地位。我那时是十岁,而且那是一个星期天早晨,我仍然记得那个早晨的声音甚至气味。

当时,为了弥补我父亲那点儿微薄的收入,我们很早就接纳寄宿者了,而且我必须补充的是,那时的寄宿者每周交的房租,可以给他们带来一整套服务。除了住宿房间以外,还包括早晚餐以及洗衣服。所有这些都由我母亲负责,她还要照顾我和我弟弟,要格外把一份饭菜送到凯特姨妈自己的房间。当然,我的姨妈会不时地光顾那些流动性很大的各个寄宿者的房间,就像是王室成员造访一个贫民窟一样,她还会使这个家庭的生活变得复杂化,因为她不仅要在自己的房间单独吃饭,还会在最繁忙的上班时间把自己锁在浴室里,而且拒绝妥协——这是布兰奇·杜·波依斯的又一个特征。我认为,这是生活模仿艺术的一个相当典型的例子。

在那个星期天早晨,除了我的姨妈以外——她又让自己牢牢占据了浴室——我们都在吃早饭,这时送来了一封电报,是给住在我们家里的一个寄宿者的。他必须马上回到圣路易斯市——他的一个叔叔生命垂危,或者诸如此类的事情。他赶紧收拾东西,作为一种临别姿态,他给我的父亲留下了几本书(他对我的父亲印象很好)。我父亲很高兴。他自己不是一个酷爱读书的人,但他在一生当中很少收到过礼物,以至于我认为,他的脑海里产生了这样的概念:这几本书只能属于他,并把它们作为体现他的存在感的某种符号。

下午,我父亲去了市中心,在报纸上登"房屋出租"广告,当他回来以后,就直接去了那个已经离开的寄宿者的房间,去拿留给他的那几本书。它们不见了。凯特姨妈把它们拿走了,并且随意地送给了楼上的一个邻居。起初他不能相信她会这么做,然后,他就要求她上楼去把书拿回来。对于这一要求她做这种事的建议,姨妈只是一笑置之。没有人会把送出去的礼物再要回来。对于把不属于她的东西送人这件事,她并未看得多么严重,而且接下来,她自己拿出来的最后一根稻草,最终压垮了那头骆驼。"那只不过是尤金·德布斯①一些老掉牙的社会主义的东西,"她嗤之以鼻地说,"把它们从家里扔掉是好事。"

这既不公平,也不厚道,这也是她最后一次激怒我的父亲。多年积压的愤怒和不满,变成了一场急风暴雨式的剧烈冲突。看到这个温和的小个子男人的心中积聚了那么多憎恨,并且一朝爆发出来,未免令人感到恐惧。实际上,它既令人恐惧也使人震惊。我以前对我父亲几乎没有多少认知。

但不管怎样,德布斯是他的英雄,而且在某种程度上,他的名字是让我父亲的个人生活所有的羞辱和失败被激发出来的试金石。我以前从未见过他的反应那样激烈,而且从那天起,我再也没有见到他有过同样激烈的反应。他命令我的姨妈从家里搬出去,并站在一边监督她收拾包裹走人。这一次,我的母亲的眼泪没有起到任何作用。当吓呆了的我看着这一幕时,我那不同凡响的凯特姨妈在我的眼前,突然变成了一个受到惊吓的上了年岁的单身女人,她把那些可笑的鲜艳服饰收集在一起,而她的那些戏剧节目单从她颤抖的双手掉到地板上,散落得到处都是。这是一个可怕的场面,我不知道我是否为此原谅了我的父亲,虽然时至今日,我似乎已经不再把这件事放在心上了。她在那一天离开了这座房子,再也没有回来,而且在许多年里,父亲也不准我再去见她。

现在很难回顾那次吵架给我带来的全部影响。一个孩子的世界,是由眼前的事物和绝对的事物构成的。他不会关注超过今天或者明天以外的时间。当时的悲剧,把我的今天和明天的所有乐趣都抹杀了,实际上,我的姨妈的离去,代表着我的人生当中一场悲剧和一次危机的同时出现。它同时标志着一个结束和一个开始。在我人生的那些早期岁月里,我与我的父亲或母亲都没有形成真正的亲情关系。我的人生当中首当其冲的两个主要人物,首先是我的外祖

---

① 美国20世纪初期的工会领袖之一。

父,然后就是我的姨妈。不夸张地说,我相当于从一开始,就被其他人从我的父母那里接管了,这也使我与父母的关系变得疏远起来。我们——我和我的双亲——现在陷入了进退两难的境地,这是一个不容易解决的困境,我也不认为,我们曾为此付出过真正的努力。在我的生命当中,这是我第一次完全属于他们——我们彼此是陌生人,好像我一直是寄居在其他国家,此时刚刚回到他们身边似的。

我现在意识到,当时这种处境对于他们很艰难,就像它对于我同样很艰难一样,但在那时,我感觉自己被剥夺了一切,并由此产生了报复心理。我需要有人来做替罪羊,我把责任归咎于我的父亲。我觉得,我隐约知道他是一个好人,但我们之间隔着一条很宽的鸿沟。我的姨妈以及她为我打开的那个世界,对于我而言无比重要。现在,这一切联系都被切断了——不管是她还是那个世界,都已经不复存在,而且仿佛从来就不曾存在过似的。我之所以要怪罪他,不仅仅是因为他放逐了我的姨妈,也因为我们所生活的这种贫苦状态。后来,我也因为另一个事实而怪罪他:我未能从公立学校毕业。当我进入八年级时,我在那个夏季开始打工,以后再也没有回到学校。很明显,我不可能回去了——我在那个暑假期间交给家里的钱,是一笔迫切需要的资产。我讨厌学校,可是我非常渴望顺利毕业;在当地,就连那些最贫穷的家庭也十分看重这件事:至少要让长子或者长女毕业。这和教育理念几乎没有多少关系;重要的是这种姿态,这是一种有意义的姿态。它表明不管一个家庭有多么贫穷,也绝不会贫穷到供不起孩子上学的程度。我的苦涩感和羞耻感在很长一段时间内鲜活如新。每当有人问到我的教育时,我都会以谎言掩盖,而且当我每次说谎时,我都会再次把责任归咎于我的父亲。

孩子不是公正的动物——他们会根据自己的需求选择对他人的褒贬。不知为什么,我觉得他直觉地意识到了这一点,虽然他从未听说过弗洛伊德,他还是在那种残酷的现实环境中,付出了尽可能多的努力,以便为他的儿子做出补偿;然而伤害已经铸成,这是不能改变的事实。

只有一次，我感觉与他变得很亲近，不过，我并不能把我的感受表达出来，或者让他知道我很理解他。

那是在我的姨妈离开家后的那个圣诞节，因为过去总是她为我和我弟弟准备圣诞树和礼物，因此，这个缺少了她的圣诞节变得冷清寂寞，空空荡荡。我记得，我当时差不多已经接受了这个现实，因为我的父亲在整个一年里，只是断断续续做了几份工作。我们留给寄宿者的两个房间一直是空的，而我的母亲在离家越来越远的地方做销售。这总是我们的生活正在降到谷底的危险信号，每当出现这种情况时，我的内心都会变得更加恐惧。

这是贫穷的一个恶性指标，我对此了如指掌，我也对其恨之入骨。由于我们在通常光顾的杂货店和肉铺的欠账越来越多，我的母亲甚至害怕从他们门前经过，以免被他们看到，站在门口当众对她叫喊，所以，她宁可长途跋涉地多走十个或十二个街区，来到一个全新的地段，并且告诉那个陌生的杂货商或者屠夫说，我们是刚刚搬过来的，她还会虚报在附近的某个地址，尽己所能地与对方建立起一种长期信用。因此，我们就得以勉强生活下来，直到我的父亲再次找到工作，或者所有的房间都被租出去，而且，这种缓冲也有助于把我们拖欠原来的杂货商和肉铺的钱还清，再逐步归还欠其他人的"饥荒"。但是，这一次情况有所不同，我们无力偿还任何债主的钱，而且仅仅为了买一瓶牛奶，我的母亲就需要走过二十个甚至更多的街区。

很显然，我们已经不可能像样地过圣诞节了——我们能勉强活着就不错了。在圣诞节前夜，我的父亲在晚饭时几乎没说一句话。接下来，他的一个举动让我感到惊奇，还吓了我一跳：他转向我并对我说："我们出去走走吧。"他以前从未提出过这样的建议，而且那是一个非常寒冷的冬夜。当我们离开家门时，他接下来的一句话甚至更让我惊奇："咱们去149号大街威切斯特大道转转吧。"我的心脏立刻激动地狂跳起来。那是一个有很多大商店的地段,到了圣诞节,那些装满玩具、从街头排到街尾的开放式手推车,就会一辆挨一辆地跨过好几个街区。在过去的几个圣诞节前夜,我经常和我的姨妈去那里,当我们从一辆辆手推车前面经过时,她会给我买下我最想要的东西。

我父亲当然知道这一点,因此,我心花怒放地做出了结论:这次散步只可能意味着一件事情:他打算给我买一份圣诞礼物。

在走向目的地的途中,我狂喜不禁而且如释重负。对我而言,这是一个糟糕的年头,是一个永远失去我的姨妈的呵护的年头,因此,我是那样强烈地渴望得到一份圣诞节礼物——那不仅仅是一份礼物,更是一个象征、一种标志。我需要得到来自我的父亲或者母亲的某种信号,表明他们知道我正在经历怎样的痛苦,因此,他们也要像我的姨妈和外祖父那样关心我。我当然确信,他们一直在竭尽全力地向我传达那种无言的讯息,但问题是,我从未真正接收到那种讯息。尽管有过这样那样的不快,可是,想到我的父亲就要送给我一份圣诞礼物,还是让我的内心突然充满了平静感和轻松感,这是几个月来从未有过的一种感觉。

我们走得很快,我们低着头逆风而行,奔向前面那个灯火璀璨的区域——149号大街的威切斯特大道,而且在我看来,那些灯火是我所见过的最明亮的灯火。我拽着我父亲的大衣的一角,开始从成排的手推车前面经过。那里面摆满了我想要的各种各样的东西,但是,由于我的父亲没有提到一句购买礼物的话,我只能在一辆手推车前稍作停留,并尽我的最大努力说上一句,"瞧那一套化学用具!"或者是,"这里有一本集邮册!"或者是,"看那台印刷机!"每次我的父亲都会停下脚步,向手推车后面那个人询问价格。然后我们一言不发,再接着走向下一辆手推车。有那么一两次,他会拿起一种玩具看看,然后又看着我,似乎是在暗示这可能是我喜欢的东西,但我年龄已经很大了,我需要的远远不是一个玩具;我真正想要的,是一套化学用具或是一台印刷机。在我们驻足浏览的每一辆手推车里都有这两种东西,可它们的售价都是一样的。很快,当我抬起头时,我看见我们正在接近这条路的尽头了。前面只剩两三辆手推车了。我的父亲也抬起头来,我听见他让几枚硬币在他的口袋里叮当作响的声音。突然间,我什么都明白了。他只能给我买一份售价75美分左右的圣诞礼物,但他不敢说出口,他害怕接下来,这么一点儿钱什么也买不到。

当我抬头看着他时,我看到他眼中的绝望和痛苦,这让我比以往任何时候都感觉与他的心更加接近。我想伸开双臂抱住他,并且说:"没关系……我理解……这比一套化学用具或者一台印刷机更有价值……我爱你。"不过,我们只是瑟瑟发抖地并肩站了一会儿,然后转身离开那最后两辆手推车,开始默默地走回家里。我不知道为什么那些话会哽在我的咽喉里说不出来。在回家的路上,我甚至没有去拉他的手,他也没有拉我的手。我们以前从未这样做过。我也从未对他说过,那天晚上,我对他感到多么亲近——有那么一小会儿,横亘在父子间那堵混凝土墙壁已经倒塌了,而且我知道,我们这两个孤独而寂寞的人,都在努力地试图彼此接近。

多年后,我差点儿把这件事告诉他,但还是错过了那个时机。那还是在圣诞节,我到佛罗里达州去看望他。我的父亲当时九十一岁,进入耄耋之年的他身体很硬朗,我和我的妻子在佛罗里达陪伴他过了圣诞节和新年。在圣诞节前夜,我们坐在他的客厅里,当我的妻子与他的那位护士兼陪护人在聊天时,我和父亲坐在房间里的一张大沙发上,我给他看他的两个孙子的照片。忽然,我感觉他的手滑到我的手上。在我们的生命中这还是第一次。我们谁都没有说话,我继续翻着相册,不过我的手仍旧放在他的手上面。如果是在几年前,片刻之后,我可能就会把我自己的手抽回来,但是现在,我的手一动不动地放在那里;我也没有告诉他我的所想所感。那一刻已经足够了。将我们彼此隔开的那道鸿沟彻底弥合了,用了四十年时间。

将我和我的母亲分开的那道鸿沟却变得更宽了,而且这种情形始终都没有改变。我为她感到难过,我很敬佩她,但我不喜欢她。也许这听上去有些无情和无礼,可事实并非如此。我在这里所表达的是同情而不是抱怨。由于自身的局限性,她充其量是一个行事得体和勤俭持家的女人,而且她的命运很不幸。她的生活的大部分时间,都是在一种冲突状态中度过的:她需要维持她的父亲和她的姐姐之间的和平状态,后来,在我的外祖父过世以后,她又成为她的姐姐和她的丈夫之间的调解人。由此导致的结果,就是她"失去"了她的两个孩子——一辈子都在安抚别人的人,已经不会给爱的表达留出多少空间了。这是她的悲剧,也是我自己和我弟弟的悲剧。在某一个年龄段——有时候会提前,有时候会延迟——孩子们都会形成对自己的父母的看法。他们会做出结论——并不总是公正的——确定他们的母亲和父亲是什么样的人,这种结论可能是很严厉的;也可能是残酷的,比如就像我自己的情形那样,因为这样的结论持续了很多年,而且并没有因为这样的事实而有所缓解——我的母亲到生命的最后一刻,都没有显示出任何她理解嫁给的丈夫或者生养的儿子的细微迹象。

这就是我的早年生活的背景。这就是我曾经生活的世界,以上这些人,就是那些塑造和影响了我后来的人生的人。还有其他两个激励因素,它们在当时是我的生活的两种推动力,虽然它们是无形的,也是没有生命的,但它们却和我身边的那些人一样,对于我未来的人生方向同样产生了重要影响。第一种推动力是一种鞭策,第二种推动力是目标。

这里所说的鞭策,简单地说就是贫穷。现在,就贫穷的含义而言,贫穷本身没有什么可耻的,而且我注意到,贫穷家庭的孩子,似乎根本就不会因贫穷而感觉羞耻或者受到影响。实际上,相比于更多地受到监督的富家子弟,他们在很多情况下,都过着一种更自由、更不受限制的生活。而且,因为他们认识的其他孩子同样家境贫困,他们就理所当然地认为,这就是世界的本质,直到意识开始觉醒的青春期以后,他们才渐渐地发现,这个世界在某种程度上,被不公平地划分成了穷人和富人两部分。

不知是什么原因,我并没有经历这种认识过程。为什么我从一开始就那样全情投入地憎恶贫穷这件事,我从来都未能对自己和他人做出圆满的解释。我只记得我从很小的时候起,就一次又一次地带着苦涩的心情下定决心:我一定要让自己脱离贫穷的境地——我要逃离当时的环境,逃到一个不那么叫人难受的世界里。我记得几年前和一个人就"squalor"①这个词的发音发生过激烈争论,后者坚持认为,它的发音是"squay-lor"。我认为应该念成"squah-lor",而且最终为了证明我的观点,我脱口而出,"我过去的生活就是一种squalor!"

对我而言,贫穷始终是一种活生生的邪恶事物,从我十几岁的时候起,只要我能够搜集到几便士,不管时间多么短暂,在此过程中,我都会尽可能地掩盖自己的贫穷。我会连续一周或者十天不吃午饭,直到积累起足够多的钱,去一家铺着桌布的餐厅吃上一顿美餐,而不是像在多数情况下那样,跑到第六大街的一家卖橙汁的路边摊位那里,吃上一根法兰克福香肠或者一只汉堡包。或者说,我会走进一家豪华酒店的大厅,大着胆子在里面到处转悠,竭力想象自己也属于这里的一份子。如果这当中有什么不光彩的势利意味,我不会做任何辩解。这就是真实的情况,而且毫无疑问,这当中必然也涉及我的另一面——不那么愚蠢,甚至可能是更令人敬佩的一面。也许这一切能够在某种程度上,解释从大笔金钱开始向我涌来的那一刻起,我便开始选择一种奢侈生活方式的原因。我知道,我

---

① 英文"squalor"的意思是"肮脏,悲惨,贫困"。

的挥霍无度在我的朋友当中引起了非议,但我现在提到的令我憎恶的那些年头,必然以某种方式对我产生了影响。它要么让我比以往任何时候都害怕贫穷,从而变得谨慎而吝啬,要么让我面对这个世界所提供的那些华丽而愚蠢的商品时,尽兴徜徉其间并一掷千金。后者正在发生,也是更让我感到满意的选择。我已经为我的乡间别墅不必要地增加了一些附属房屋,在我的土地上种植了数千棵树木,以至于亚历山大·伍尔科特[①]在生前曾不无讽刺地这样评价我说,"他有了钱以后,就变得和上帝一样为所欲为。"我并不介意。我不会愚蠢到只为钱而活着,但是我不会让自己带着对于金钱的恐惧感而活着。我在童年时期已经经受了这种恐惧,所以,我要一劳永逸地将这种恐惧远远地甩在身后。这实际上就是一种鞭策,而且它帮助我达到了目的。

  我的目标,当然就是百老汇和戏剧。我当时并不知道,我将要如何实现目标,但我很快就知道,我没有其他任何选择。我像一个具有奉献精神和神秘主义特征的信徒那样坚信这一点。我努力进入那个领域的奋斗过程,就是我为你们讲述的这个故事;因为我压根儿就没打算像报纸上的八卦专栏那样,写下一系列与戏剧有关的轶事趣闻,再配上一系列名人的名字。我从来都不理解,为什么人们会那么贪婪地喜欢阅读名人趣事,而且尽管我熟知这个时代大多数著名的文人雅士和戏剧工作者,不过,我无意将我与他们的友谊编纂成有趣的新闻报道。当读者读到这里时,也许他已经知道,我觉得在成功之前,有关奋斗那部分的回忆和誓言才是至关重要的,而且我所写下的那些事实对我而言,必须是真正有价值的,实际上,我认为我正是这样做的,我也由此搭建起了一个属于我自己的舞台。我的双脚扎根于布朗克斯区,但我的目光却牢牢锁定了百老汇。

---

① 美国评论家,曾为《纽约客》杂志首席评论员。

第3章

当然,我想过要成为一个演员。我一直以为,那些神一样的人物具有一种特殊能力,那就是毫不费力地让那些精彩台词从唇间如泉水般汩汩涌出。我以为他们可以即兴演绎一幕戏剧——我确信,一些日场观众至今仍然抱有这种信念。当我坐在那些欣赏我的戏剧的观众中间时,我不止一次地听到身后某位女士惊呼:"这些演员说得太精彩了!他们真是了不起!"于是我就很想说:"没有那么了不起,夫人!"但是,我理解她感受到的那种魔力。

不管我的梦想有多么疯狂,我过去也从未想象过,有一天我会写下那些台词,并让演员在舞台上把它们说出来,而且在很久以后我才知道,和我崇拜的那些神一样的人物相比,在戏剧界还有更重要的人物。如果我当初有足够多的智慧预感到这一点,那么从很早的时候,我就会看到我在今天已是一个戏剧家的细微迹象;尽管在当时,我就能够把一个故事改编成戏剧并吸引一些观众,而且当我无意中发现自己的这一天分时,我就像其他男孩看待他们善于打棒球的胳膊或者长距离运球的特殊本领一样看待它。在我的同龄男孩的那个强硬无情的世界里,它给了我所能拥有的唯一的地位,我贪婪而又精明地运用这一地位赋予的那种小小的力量感。即便是在我开始成长的初期阶段，在美国生活中，对于强悍的崇拜就已经生根发芽了。根据在当时已经占据上风的"强悍"世界的传统，那些不爱运动的男孩，那些不会打架或者害怕打架、喜欢阅读或听音乐的年轻人，或者是具有某种奇特的、有别于其他同龄人的特殊兴趣的男孩——就像我对于戏剧的痴迷一样——都会从其他人结成的团队当中被排挤出去。

认为这种对于强悍的崇拜只存在于我们所生活的贫民区，是一种错误的想法。它已经开始渗透于美国生活的其他层面，而且我怀疑，如今对于知识分子的不屑和轻视，以及过分强调竞争和成功的必要性的风气，部分来自于我们所拥有的、用来对抗我们自身的一种内在特征的奇怪禁忌，这种内在特征，就是会让我们与天使最接近的温柔品质。一个诗人的国度，不会比一个运动员的国度更可取，但是我很想知道，那种强悍和竞争性——它们已经成为我们作为一个种族个性的根深蒂固的一部分，也是我们这个国家的生活方式的一个象征——在作为一个力量的标志的同时，是否也是一种软弱的标志呢？我们的文化生活，难道没有被剥去一种必要的维度吗？我们的情感生活，难道没有被褫夺掉一种优雅的元素吗？而且我很想知道，对于我们的孩子可能会缺少强悍的恐惧感，有时候是否会使他们失去一种觉醒意识，以及在精神领域的灵敏性，而这些恰恰是每一个孩子与生俱来的权利，也是他用来对抗同时代的传统规范的武器。在我的童年时代，缺乏强悍性以及竞争能力，一直是我的梦魇之一，我尽我所能地忍受这一点。

一个城市男孩的暑假，通常都是在自家门前的街道上度过的，在那些漫长的暑假期间，我都会坐在路边，看着附近其他男孩在打棒球、玩抓俘虏游戏或者打曲棍球。我从未受邀加入到他们当中，哪怕是在某个团队恰好缺少一个成员的情况下——这并非因为他们对我特别残忍，而是他们把我不擅长这些活动的事实视为理所当然。他们当然是对的。不过,在那些年头里,如果有哪个睿智的老师或者聪明的父母能够让我意识到,那些不够强悍或者不爱运动的孩子,可以通过其他方式得到补偿,我就能够更好地忍受我的大部分的苦涩、妒忌和孤单;因为我会知道,这个世界,并不总是以家门口马路边的石头为界的。

我有一天突然自行获得了一种补偿,它对于我以及对于附近那些男孩的强悍世界,都产生了电击一般的影响。我永远都不会忘记在这种情况发生时,那个绝妙的夜晚带给我的乐趣。那时候没有夏时制,因此,棒球和其他游戏都会在八点或者八点半天色渐黑时结束。然后,男孩们都会习惯性地在附近那家糖果店跟前一个小小的门廊里休息,这也成了他们的一种专有的"部落权利"。没有哪个大人会坐到他们中间或者干扰他们。那些男孩会坐在那里,漫无目的地一连聊上几个钟头。其中不乏含义模糊或者过于隐晦的有关性的话题和下流的笑话;但是在大多数情况下,谈话涉及的都是在白天的比赛,以及将在次日进行的比赛。最后,他们开始陷入长时间的沉默,然后一个接一个地相继离开。就是在某一次长时间的沉默过后,我作为一个局外人的生活发生了改变,于是在那个光荣的夏天,我按照自己的条件被接纳为这个部落的一员。我不记得在那个夏天的夜晚,是哪个男孩用一个问题打破了沉默;不管他究竟是哪一个人,如果我现在见到他,我都会感激地对他点头示意。"你老是在读什么书呢?"他漫不经心地问我。"故事,"我回答说。"什么故事?"另一个没有太多兴趣的男孩问。

我不知道是什么推动我做出了后来那样的反应,因为我通常只是沉默地坐在那里,能够被允许留在他们中间,已经让我很高兴了;不过事实上,对于他的问题,我做出了极为详细的回答。我向他们介绍了我当时正在埋头苦读的那本书。那本书是《嘉莉妹妹》,我用了整整两个钟头,给他们讲述了"嘉莉妹妹"的故事。

他们屏住呼吸,瞪大眼睛听着我的讲述。我讲得一定绘声绘色,但是,对于他们为什么会变成如此忠实的听众,我认为这里面有更深层次的原因。在黑暗中听一个故事,是人类最古老的娱乐之一,再加上我讲述得非常生动——我当时并没有意识到这一点,这就给他们带来了一种崭新的、令人兴奋的体验。

他们自己通常阅读的书是《罗孚男孩》①、《汤姆·斯威夫特》②或者 G. A. 亨提③的作品。我也读过它们,但是十三岁的我早就把它们读完了。由于我在大部分时间处于孤独状态,我已经成为一个博览群书的人,而且是一口气读完了那些适合男孩子看的系列书籍。在当时,没有介于孩子和成年人之间的中间读物,或是因为我找不到一本那样的书籍,另外当时没有任何人禁止我阅读,所以,我就接连阅读了《汤姆·斯威夫特》、《时间机器》④、西奥多·德莱塞⑤的《嘉莉妹妹》。德莱塞的作品对我的头脑和感官产生了晴天霹雳般的影响,而且当他们听我讲述这个故事时,他们感受到了我在阅读中体验到的同样的震撼。

这部分是来自于发现新事物的兴奋——他们发现相比于《罗孚男孩》,还有另一种故事能够给他们带来更深层次的快乐。笼统地说来,我让他们窥见到了《汤姆·斯威夫特》之外的另一个精彩世界。在我讲完之前,没有一个人离开门廊,而当我在那个美妙的夜晚回到楼上时,我不仅已经是那个部落的一个成员,而且成了他们当中一个不可缺少的角色。

第二天晚上以及从那以后的许多个夜晚,一个仪式不声不响地诞生了。当天色黑下来时,我就会坐在门廊中央那个属于我的位

---

① 20 世纪初期由作家阿瑟·温菲尔德撰写的少儿图书系列。
② 美国少儿科幻和冒险小说系列。
③ 英国小说家和记者,在 19 世纪后期以创作历史探险小说著称。
④ 英国作家乔治·威尔斯的名作之一。
⑤ 美国现实主义小说家,《嘉莉妹妹》是其代表作之一。

置,而且就像山鲁佐德①一样,开始讲述当天夜晚的故事。

有几天晚上,为了更彻底地品尝我的胜利果实,我使用了"欺诈"手段。我会在杰克·伦敦、弗兰克·诺里斯或布勒特·哈特这些美国小说家的作品的最精彩部分突然打住,而且没有任何预警地告诉他们说,这本书我目前就读到了这里,所以欲知后事如何,明晚就见分晓。这当然并不是实情,但是,我必须确认我刚刚建立的力量和地位。借助于我已经拥有的(我自己并未意识到)一种戏剧感觉,我消磨掉了那些漫长的夏季夜晚,直到秋季开学为止。如今,有越来越多的更为时尚的观众在听我讲述故事,可是,对于围坐在那个糖果店外的门廊上那些强悍的、浑身脏兮兮的观众,我无理由地怀有一种热切的情感,而且这种情感将会伴随我的一生。那是一个难忘的夏天,那也是我和附近那些男孩共同度过的最后一个夏天。

到了第二年夏天,因为我已经十三岁了,我能够得到"雇用证书",并在城里找到一份暑假工作。离开"老巢",并接近百老汇所在的那一小片灯火璀璨的区域的前景,让生活变得不那么叫人难以忍耐了。整个冬天,我都在编织着宏伟的梦想:找到一份在克劳·埃姆帕、厄兰格、弗洛伦茨·齐格菲尔德或者萨姆·哈里斯这些百老汇名流的公司做勤杂工工作,或者能够从我所在的工作地直接进入剧院的大门,也是一种不错的结果。就在离校前的最后的日子里,我拼命地翻阅了数不清的星期天广告,寻找一份写着此类要求的广告:"剧院办公室招聘办事员或者勤杂工。"当然,这样的广告一个也找不见。招聘办事员和勤杂工的广告倒是不少,其他类型的企业都会在青天白日下刊登出这样的广告;但是,我要找的那种广告从未出现过,我后来也知道了原因所在。裙带关系在戏剧界,就像洪水时期的密西西比河一样波澜壮阔,当他们需要一个办公室勤杂

---

① 阿拉伯民间故事集《天方夜谭》(又名《一千零一夜》)里宰相的女儿,她用讲故事的方法吸引国王,每天夜里讲到最精彩处就停下来。着迷的国王渴望听完故事,便不忍杀她,允许她继续讲下去,她也由此保全了自己和其他女性的性命。

工时,总有一个现成的侄子或外甥;如果需要招聘一个秘书,就会有一个侄女或表妹奇迹般地出现。这也许可以解释某些事实:剧院的电话留言内容总是会被篡改,送交剧院的手稿无人问津,还有,寄给剧院的信件,往往会成为得不到回应的怪诞事件。然而对于这一切,我当时并不知晓。我坚定不移地认为,我梦想中的那个广告,肯定会在下一个星期天出现。

学校放假了,我依然固执地等待着,直到我终于意识到,如果我要想在整个暑假有一份工作可做,就必须接受我能够得到的任何工作。无奈之下,我竟然有了一个大胆的想法:直接找到剧院办公室,开门见山地请求得到一份工作;不过,我缺少那种勇气,而且实际上我根本不知道到哪里去找到这样的办公室。当我准备承认失败时,我已经失去了所有最好的工作机会,我只能去做那份我能够得到的唯一的工作。它与百老汇距离很远,而且作为我的一部分工作内容,我每天需要开关五十次的那扇沉重的铁门,与我曾天真地希望穿过剧院舞台的那扇大门相去甚远,但是,我毕竟是在"市中心"工作,这与我的目标接近了一步。当我每天晚上站在地铁站台阶上时,如果从第14号街向北望去,我就能够看到远处的时代广场的金色光芒。

我在一家大型皮货批发公司的仓库工作,我的任务,就是当一篮子一篮子湿乎乎的毛皮被送进来时,我要打开仓库大门,把皮草挂在架子上晾干。这是一份单调乏味的工作,但仓库里面很凉爽,而且我有足够多的时间读书。它还有另一种补偿:不受干扰的清静气氛,我充分利用了这一优势。这得益于我从一开始就泰然自若地接受了这个事实:任何人只要距离我不到十英尺远,就很可能掩鼻迅速离开。他有充分的理由这样做。我只有一套衣服,我每天都穿这套衣服上下班。如果我有十几套衣服,而且每天都会换一套,那么情况就会完全不同,因为在一个装满未经处理的毛皮的仓库待上八个钟头以后,任何一件衣物——哪怕是一条手帕——都会变得难闻得要命。

我每天下班从仓库出来,都会走入热气腾腾的盛夏空气里,这样的日子一天比一天叫人感到难受。当我走下进入地铁站的台阶时,我已经坚定地接受了不得不经过一番推推搡搡的苦斗,才能够挤入布朗克斯地铁快车的事实。而我能够得到的补偿也正在于此。在交通高峰时期,地铁站的非人化的拥挤程度,在当时和在今天没有什么不同,就像其他可怜的地铁乘客一样,我会竭尽全力地挤进车厢,然后再经过一番努力,找到足够大的活动空间,以便在漫长的归途中可以专心阅读。当我身上的气味越来越难闻,天气变得越来越热的时候,情况就开始向着好的方向转变。我周围的空间会越来越大,有时候,假使我果断地向一个刚刚坐下来的女士俯下身去,她就会在地铁到达第125街之前缴械投降,于是我就会坐到她的座位上,而且我的座位两侧也会有足够多的空间。幸运的是,我闻不到自己身上的气味,正所谓"久入鲍鱼之肆而不闻其臭",仓库每天的气味已经让我的嗅觉麻木了。在遇到有人对我大声吆喝"喂,小子,你的味道太臭了"的第一次冲击以后,对于我的同行地铁乘客发出的低声威胁或者咒骂,我都开始假装听不见,并面带疑惑地向周围凝望一会儿,好像是要找到那个发出如此难闻气味的人似的,然后,我就开始全身心地沉浸在我的书报当中。

我的阅读生活多了一个新的兴奋点——报纸。不是随便什么报纸,而是这个时代最好的报纸,对我来说,它是我们这个时代最大的新闻成就之一。这份报纸是《纽约世界报》,在我提到它的这个时间以及在接下来的一些年,它的荣耀和影响力都处于全盛时期。我每天都会热切地阅读它。更确切的说法是,我每天都会欣赏它,因为在上午进入市中心的路上,我会阅读所有新闻版的内容,并坚决抵制翻阅与社论版相对的那个版面内容的诱惑,目的是把它作为在晚上返程途中的阅读材料。我以极大的耐心保留着这个板块的内容,因为最甜美的东西总是应当留到最后品尝的。

这是我一天当中最兴奋的时刻,这就是为什么我需要我的周围有足够大的空间和足够多的注意力,以便最充分地享受它的原因。我的最新偶像都在这个版面上。写戏剧评论的海伍德·布隆和亚历山大·伍尔科特;写音乐评论的迪恩斯·泰勒;写书评的劳伦斯·斯托林斯;写阳光下发生的所有事情的威廉·博莱索;最后就是绰号"指挥塔"的演员兼评论家弗雷德里克·波特·艾弗林,他不仅会照亮戏剧世界,也会展示充满智慧和笑声的世界,从而使这两个世界显得更加迷人。每逢星期六上午,他的《我们自己的塞缪尔·佩皮斯①日记》就会出现在报纸上,而且我每周都会屏住呼吸,和他一道去领略新一轮的开幕之夜演出、开幕之夜聚会、"阿岗昆圆桌"②的午餐会、在斯沃普斯剧院的桥牌聚会,以及在纽萨·麦克奈恩③个人工作室的各种狂欢作乐,那些大人物似乎总是不可思议地经常在这些地方聚会,并且以大量人身攻击和说下流话的方式,打发掉一个个夜晚。那些著名的首字母缩写和名字散落在日记当中,就像被一颗颗明星点缀的一条半透明的银河一样:G. S. K 和比阿特丽丝—A. W 和哈珀—爱丽丝·杜尔·米勒和司米德—贝基利和多蒂—鲍勃·舍伍德和马克—I. 博林和 J. 克恩—H. 罗斯和苏利文—H. B. S 和玛吉。这份报纸的一般读者都知道,G. S. K 就是乔治·S. 考夫曼;多蒂是多萝西·帕克;H. B. S 是赫伯特·贝阿德·斯沃普;诸如此类,不一而足。

如果说这一切会让人隐约看到,一个崇拜明星的戏迷正站在格劳曼中国剧院④前面,凝视着他最喜爱的这些明星封存在水泥里的脚印,那么我认为,这恰恰是我正在做的事情,只是我用新闻纸代替

---

① 塞缪尔·佩皮斯是 17 世纪英国作家和政治家,著名的《佩皮斯日记》的作者,其日记包括有对伦敦大火(1665 年)和大瘟疫(1666 年)等的详细描述,成为 17 世纪最丰富的生活文献。
② 纽约当时的一个著名文艺团体,由作家、评论家、演员和学者组成。
③ 美国女演员、艺术家和商人。
④ 位于好莱坞名人大道的一家著名剧院。

了水泥,而且毫无疑问,我使用的是一种更具优势的产品。

但是,我看过的任何电影和戏剧敢于表现的笨拙和愚蠢,都无法和生活本身相提并论,因为后者充满了更多具有"灰姑娘"信念的人物。我就是其中的一个典型代表。当我每天晚上关上仓库的大门时,我的脑海里都会涌现出狂野的荣耀梦想,以至于我总是过分自信地认为,所有幸运的机缘巧合,都将与我的人生为伴。我在这方面没有任何做作和伪饰,我永远也不会这样做,因为实际上,我的确是一个很幸运的人。我充分而勤奋地运用了自身才能,但仅仅有才能本身是不够的。我并不是要借此表明,运气本身在成功当中——无论是戏剧方面还是其他方面的成功——会发挥重要作用;不过,我愿意斗胆做出这样的猜测:在一切成功的职业生涯的宏大设计中,运气始终是一个强有力的影响因素。也许运气是一个太笼统的词汇——它包含的范围太过宽泛。它的更精确的内涵是一种时机感,或者是一种内在的特质,它使得幸运的拥有者能够走在恰当的道路上,而且永远都不会发生偏离。我所知道的每一个成功人士都有这种特质——无论是演员还是商人、作家还是政治家。这是一种感知和把握合适时机的本能或者能力,他们总是毫不动摇,稳打稳扎,如果没有这种本能或能力,许多有才能的人都会像流星一样昙花一现,然后很快陷入默默无闻的状态,尽管他们本身具有毋庸置疑的天才。

但是,有一段时期,我很难说服自己相信,我就是那些幸运者之一;仓库的大门一周跟着一周地在我身后关闭,最后从几个星期延长到了几个月之久。

第 4 章

然后,我的运气来了。有一天——实际上是在一天下午——我想在剧院办公室找到一份工作的幻想变成了现实,而且在我看来,这一变化并不多么奇怪,虽然这当中似乎应该有一些怪诞成分。在那个满怀信心的年龄,有关"梦想成真"的老话在年轻人看来,当然是一句大而无当的废话。实际上,这个过程发生得一点儿也不算及时。那时,我和那个仓库打交道的时间,已经有两年半了。那时,我快到十七岁了,每天晚上,我在冲下地铁站台阶之前,都会带着怅惘的心情看一眼百老汇的灯火,在我的目光当中,一天比一天多了苦涩的意味。

在初秋的一天早晨,我在仓库的黑暗当中做出了决定:当我在那一天出去吃午饭时,那扇铁门将最后一次在我的身后关闭。可能是因为在我的脑海里,装满了报纸上有关最新戏剧演出季刚刚开始的报道,但这也是一个我连其中一个微小部分也算不上的演出季。或许从灿烂的九月阳光下进入黑暗的库房,让我的命运变得似乎彻头彻尾地叫人无法忍受,我也由此体验到了一种尖锐的刺痛感。不管究竟是什么,我已经做出了决定。我不会再返回到那个仓库了,就算是大家都饿死,我也不会再多干一天堆放那些毛皮的活计了!

在十二点钟,我领了我的午餐盒饭,朝四周看了最后一眼就走了出去。我没有发出任何通知,或者与其他人道别。我厌恶 A. L. 纽伯格皮货批发公司的每一个人和所有的一切。我坐在联合广场的一条长凳上吃着午餐,试着让自己体验到一种放松的心情,或者是我刚刚获得的自由带给我的一丝儿快乐,可是我一样儿也没能做到。我清楚地知道,以家里目前的处境,我承担不起在长达一周时间内完全处于失业状态的代价。有那么一会儿我动摇过,但仅仅是一会儿。性格决定命运,我也知道机会不等人的道理。我"啪"的一声关上饭盒并站起身来。我在吃饭时已经浏览过了招聘广告。那些工作机会一个比一个令人失望——包装工人、仓库保管员、物流工人,这些工种需求量很大。那些稍微体面一些的工作(这样的工作多为文职性质)都令人感到冰冷地提出要求,"学历不低于高中水平"——因此我的途径被堵死了。就像玛格丽特·米切尔[①]笔下命运未卜的斯佳丽·奥哈拉一样,我决定明天再去考虑这些问题。我立刻转向时代广场,开始向那里走去。这天下午,我至少已经嗅到了百老汇真实的气味,那可是地地道道的原装正品的气味。

我决定去造访一下我和戏剧唯一的联系纽带,尽管这是一种非常脆弱的纽带。我的朋友、住在我们公寓房间旁边的乔治·斯坦伯格,拥有一份我最羡慕的工作。他是一家剧院办公室的勤杂工。我近乎"无耻"地与他建立起密切的友谊,尽管在我看来,命运实在是有些不公正,因为对戏剧没有任何兴趣的乔治,却有一个在剧院办公室上班的贝拉姑姑,而我唯一和剧院似乎可能贴点儿边的亲属,是一个为布鲁克林区一家电影院画海报的堂弟。而且,乔治其实很讨厌在剧院办公室上班。他不能理解我对他的工作的艳羡,正如我不能理解他对这份工作的厌恶一样。我对于这种差异感到恼火,我

[①] 美国作家,1937 年普利策奖获得者,代表作品《飘》(又译《乱世佳人》)。

也能够隐约想到其中的原因所在,因为乔治无疑是我所知道的最腼腆的人。用"腼腆得叫人难受"这一描述来形容他,是最合适不过了,而且我认为,那些演员和一般意义上的戏剧界人士的装腔作势,更让他感到难受。几乎每天晚饭后,我们都会长时间在外面散步,我也会提出各种各样的问题。他为什么能够忍受这些问题,我们的友谊是如何得以维系的,恐怕连我自己也说不清楚,因为我总是狂热地想要知道那家办公室的每一个微小细节,而且让他说起这些话题,似乎只会让他加倍痛恨这份工作。

我一边走向第42街,一边思考着这些情况——命运的众神真是瞎了眼。当我终于站在那里,抬头望着新阿姆斯特丹剧院的正面墙壁时,我叹了口气。设想一下,每天穿过齐格菲歌舞团①会在这里表演的一个大厅并在此工作是什么感觉,每天"咣当"一声关上那扇铁门又是什么感觉!我走进剧院大厅,在按下电梯按钮之前先看了看那些宣传照。他们都在这里了——玛丽莲·梦露、威尔·罗杰斯、芬妮·布莱丝和W. C. 菲尔茨——而且在剧院旁边的剧院演员名录上,我看到了那些具有震撼力的名字:弗洛伦茨·齐格菲、乔治·泰勒、A. L. 厄兰格、艾伦·弗里德利;还有其他很多兼职演员。

当电梯门打开时,要是看到玛丽莲·梦露和弗洛伦茨·齐格菲并肩走出来,我一点儿也不会感到奇怪;但电梯里是空的。我走进去并脱口而出,"八层,谢谢。"当电梯迅速上升时,我闻到了一股令人喜悦的气味。我不能确定我的嗅觉肯定没有欺骗我,但我总是觉得,不管是在后台还是在前台,剧院都有其自身的一种独特味道。我的鼻孔能够准确地嗅出这种味道,就像我能够准确嗅出一家医院或者一艘轮船的味道一样。我过去只是直觉地意识到,我的判断不会有错,但在今天,我真真切切地感受到了这一点。

---

① 从20世纪初期到30年代活跃在纽约百老汇的一个著名戏剧表演团体。

当我在八层走出电梯时,我犹豫了一下。我到底要对乔治说什么呢?我的突然出现,肯定会让他的过度腼腆再次发作。不过,我决定不理会这些。我推开那扇写有"奥古斯都·皮托,戏剧公司"字样的门并走了进去。就像乔治对我描述的那样,我立刻就在那个小小的外间办公室看见了他的贝拉姑姑。

她正在飞快地打字,她的头低低地垂向那台打字机。我还没来得及把门关好,她就头也不抬地张嘴就说:"今天没有角色面试。两周后再来吧。"她打完那封信,把它从轧辊上撕下来,当她把信装入信封时,她再次头也不抬地说:"你没听见我的话吗?今天没有角色面试。"

"我想见见乔治,可以吗?"我说。

"乔治不在这儿。"她回答说,她的手指仍在敲击,头仍旧俯在打字机上面。我从未想过乔治可能会到外面办什么事了。如果我现在离开,而且都没有看一眼那个办公室,我就不得不开始寻找一份新工作,而且那个机会很可能不会再次出现。

"我可以等他一会儿吗?"我恳求道。

"他不会再来这里了。他今天辞职了。"

"他辞职了?您的意思是说,他放弃了这份工作?"我的嗓音里一定是多了一种难以置信的口气,以至于贝拉姑姑第一次抬起头来。

"你是谁?是乔治的朋友吗?"

我点点头。"我们住隔壁。"

"哦,他不干了,"贝拉姑姑说,"去帮帮你的朋友另找出路吧!"

她有些恼火地注视着我,因为我仍站在那里目不转睛地看着她,她说:"好了,再见。我很忙。也许他会给你解释,他为什么连这么简单的工作都不愿干,而且每周有 15 美元的薪水。"她的头再次俯向打字机。

在这令人眩晕的时刻,我看见命运的手在向我召唤。

我深吸了一口气，便鼓起了勇气。"贝拉小姐，"我说，"我能做这份工作吗？我今天也刚刚辞了以前的工作。"

打字机停了下来，她再次看着我。"当然，为什么不呢？省得还要在报上登广告，再说我也没有别的侄子了，谢天谢地。你进去找皮托先生吧，问问他你可不可以在这里做勤杂工。别告诉他你是乔治的朋友，要让他觉得，你就是过来找工作的。"

我一动不动地站在那里。

"快去啊，"她不耐烦地说，"你到底想不想要这份工作？"

我怎么会不想要这份工作呢！

我从她的旁边走过去，轻轻地敲了敲皮托先生的门。我感觉仿佛是等了半个世纪一般，才听到里面传来了声音，"进来。"皮托先生背对着门坐在椅子上，低头看着一张长长的演出预订表，就和贝拉姑姑一样，他也没有抬起头。实际上，他在整个面试过程中——如果可以这么说的话——都没怎么看我。

"什么事？"他过了好一会儿才说。

"贝拉小姐让我来见您，皮托先生，"我回答说，"我想来这里做勤杂工，您觉得可以吗？"我再次等待。皮托先生似乎没有听到，我也不敢再说话了。说不定他想要一个有剧院办公室的工作经历的人；也说不定，他自己就有一个侄子。当我终于觉得必须打破沉默时，我的声音有点儿颤抖。

"我相信我能做好这份工作，"我说，"因为我热爱戏剧。"幸运的是，皮托先生没有听到这一句话，因为他当时好像正忙着在桌子上找一张纸。

"什么？"他问。

他停顿了一下，有那么一会儿，我惊恐地想到，我身上那股明白无误的气味可能已经飘到了他那里。他抬起头，好像是在嗅着空气中的什么东西。我挪动了一下位置，站在打开的窗户跟前。

他打了个喷嚏——我的心脏停止了跳动。当他再次开口的时候,我的心脏再次怦怦地乱跳起来。

"一周15块钱,"他说,"你能不能明天上午就开始上班?"

"我现在就可以上班,先生。"我说。我几乎要喊起来了。

"很好,"他说,"你叫什么名字?"

"莫斯·哈特。"我回答说。

"Mouse①?"他立刻就读错了我的名字。"把这个预订表送到楼下交给乔治·泰勒。他在四楼。再把这个便条交给戈尔迪,齐格菲先生的秘书——就在上面一层。然后等待他们的答复。"他头也不抬地把那张预订表和便条交给我,又沉浸在他每天的那个"圣经"里了——我后来知道,那是一份铁路指南。

我关上门并转过身来。"我得到了,贝拉小姐!"这次我真的喊了起来,"我得到了!"

她有些吃惊地抬起头。"怎么回事?"她问。

"我得到那份工作了。"我挥着手里的那些纸张说。

"哦,那很好,"贝拉小姐说,"你到外面跑一趟腿儿,给我买一盒咖啡和一些阿司匹林回来。我的头都要裂开了。"

我直到很久以后才意识到,我一手拿着一盒黑咖啡,一手拿着阿司匹林进入戏剧界,是多么的恰如其分,尽管对我而言,在未来的多年时间里,我的人生很少焕发出与那特定的时刻同样的玫瑰色光芒。

事后看来,和为奥古斯都·皮托做勤杂工相比,我不可能想出一个比这更好的进入戏剧界的开端了。没错,皮托先生并不是真正意义上的"百老汇"演出商,但他毕竟是在负责一家剧院办公室,它就位于新阿姆斯特丹剧院大楼,并且算得上是一家大剧院。

小奥古斯都·皮托(他的全名),以及在他之前的他的父亲,被

---

① "Moss(莫斯)"和"Mouse(老鼠)"的英文发音很接近。

称为"一次性演出之王"。老皮托先生早就过世了,他给小奥古斯都·皮托留下了一批明星,一张美国地图,一份官方铁路指南,还有演出路线表。这些明星包括:昌西·奥尔科特、菲斯科·奥哈拉、梅·罗布森、艾尔莎·瑞安、约瑟夫·里根和杰拉尔德·格里芬。也许除了昌西·奥尔科特、菲斯科·奥哈拉和梅·罗布森之外,我怀疑喜欢看戏剧的纽约公众是否听说过他们;但是对于威斯康星州的丰迪拉克市和欧克莱尔市的居民而言,他们每年安排的一次性演出,是不容错过的盛事之一。每年从劳动节这天起,这六个明星就会分头率领一个演出团赶往各地,而且这六个剧团都是顶着"小奥古斯都·皮托隆重推出……"的头衔。从劳动节到六月三十日,他们会在分布于东西南北各个方向的演出地点进行一次性的晚间演出。在洛杉矶、旧金山和西雅图这样的大城市,他们偶尔可以相对舒适地接连演出三天或者一周;不过除此以外,基本上都是:"今天晚上,密歇根州休伦湖……明天晚上,格林湾。"

当帷幕落下时,他们就会赶往火车站,或者在次日早晨坐六点钟的火车,坐上一整天时间,勉强及时赶到下一家剧院,匆匆忙忙地化好妆,然后就在舞台上各就其位。当人们认为菲斯科·奥哈拉在每晚演出过程中,必然会唱十首或十二首歌曲时,或者认为年近六旬、作为其所在演出团明星的梅·罗布森,理所当然地被认为绝不会离开舞台超过几分钟时,一个不可避免的结论就是:在当时的演员队伍中,的确有这样一些结实耐用的"品种"。当然,他们会有很多怨言,而且几乎每天如此。一封来自这个明星或者另一个明星的信会寄到剧院办公室,通知这个演出季的订票情况;对于皮托先生而言,尽管他在处理铁路指南方面堪称行家里手,但有时候会把行程安排得过于紧张。有时候,在将近一周的时间里,那些可怜的家伙连靠近床边儿的机会都没有,他们白天在火车上坐着睡觉,并且靠巧克力和水果充饥。尽管如此,办公室总是挤满了渴望参加长途巡回演出的演员,这进一步证明,这个行业在那时和现在一样疯狂。

我不记得梅·罗布森或者菲斯科·奥哈拉耽误过一次演出。当然,这其中也不存在候补演员这样的事情。当蒙大拿州巴特市的那些票友每年都会买票去看梅·罗布森的演出时,只有一个真正勇敢的舞台监督才能够站在帷幕前面宣布说,今晚大家看到的将是她的替身。不管生病还是健康,疲劳还是饥饿,从九月到次年六月三十日,大幕都会在每个夜晚拉开——就是这样。

　　更令人惊奇的是,所有剧本都是由一个剧作家完成的。在每个演出季,每个明星都有专门为其量身定做的新角色,而且有一个人会把其中每一个角色设计出来。她的名字叫安妮·尼克尔斯。当《阿碧的爱尔兰玫瑰》奇迹般地大获成功以后,这对于皮托先生其实是一个不幸的日子——不,应该是一个灾难性的日子。这给他带来了多重打击并使他垮掉了;那个不可思议的戏剧获得的成功,也改变了我自己的命运。当然,这是后话了。

　　在眼下这个喜庆的时刻,奥古斯都·皮托依然是稳坐王位的"一次性演出之王"——至少看起来是这样。他每天晚上离开办公室时,都会在一张小纸片上写下他当晚对于每场演出的收入估计,把它折叠好并交给我。而且果不其然,第二天早晨,当我打开各个演出团从全国各地寄来的电报时,皮托先生精明的估计,几乎会精确到一美元。他甚至知道,在威斯康星州希博伊根市的速食香肠大赛,会在多大程度上影响到当晚在同一城市进行的演出;或者说,他会知道在圣路易斯市的一次爱尔兰人游行示威是否会影响到人们出行,以至于来不及赶到剧院去看菲斯科·奥哈拉的表演。他会带着得意的微笑看着这些电报,迅速查阅寄给他的信件,留心是否有哪个细节需要立刻处理,然后心满意足地坐在椅子上,继续处理他的铁路指南和演出行程预订表。

　　这是他所痛恨的生意当中唯一喜欢做的事情。我用了一段时间才了解到这一点,而且起初我不敢相信这是事实。但是不夸张地说,皮托先生几乎比乔治还要厌恶剧院。实际上,他之所以能够忍受这一切,只是因为只要那些演出团在劳动节那天被派出去,他整整六周都绝不再需要物色其他演员了,他就可以舒舒服服地安顿下来,专心处理像马赛克一样复杂的明年的演出预订任务。当六月到来,那些演出团即将返回时,他会变得越来越紧张;而且在七月和八月——这是需要为下一个演出季选择演员和排练节目的时间,这也意味着要处理那些明星演员本身——他就需要绞尽脑汁地工作了。不过,到了九月中旬,他又可以稳坐钓鱼台了。那个白色封皮的铁路指南会再一次出现,一列列火车的声音——以及梅·罗布森和菲斯科·奥哈拉的声音——会响彻全国各地。

我觉得有必要以同样的篇幅,描述一下皮托先生所从事的这种戏剧事业,因为它可以展示出戏剧在一个相对较短的时间里,发生了怎样深刻的变化,它也能够迅速反映出一个铁的事实:我介入真正的"百老汇"还有很长的距离。然而,我最初主动寻求建立的与剧院的这种联系——尽管它被时代广场这个更大的世界隔离开来——对我产生的影响,就犹如一个人不得不硬着头皮长期喝低度酒以后,第一次有机会品尝烈性酒一样强烈。

和我相比,也许还有一些剧院的办公室勤杂工比我更有效率,但没有谁比我更开心、更投入。尽管我每天上午九点前赶到剧院即可,不过我总是提前整整一个钟头到达——这不是因为我有一种敬业精神,只是因为我喜欢去那里。同样,当皮托先生乘坐傍晚五点半的火车赶往长岛的贝德塞地区时,我那时也可以离开,但我很少在七点钟以前离开办公室。

虽然我用了两年半时间,都没有学会怎样把毛皮恰当地堆放到各自的架子上,但我却能够在极短的时间内,像行家那样自如地使用那份复杂的铁路指南,并且设计出一个预订路线。即使是这份工作中最枯燥的方面,我也能够从中找到乐趣。然而,只有一件事,无论我如何努力,我似乎都不能够做好,而且它几乎让我丢掉了这份宝贵的工作。对于那些涌入办公室的演员,我一辈子都很难开口说出这样一句话,"今天没有角色面试,两周后再来吧。"我以前从未在舞台之外真正见过一个演员,而现在,我突然与这些奇妙的人物面对面接触,我几乎不可能把他们打发走。相反,我首先会让他们坐下来等一会儿——他们大概随后就会见到皮托先生。然后,我说了皮托先生将要安排的各种演出,以及他们可能适合担任的角色,而且就在他们幸福地等待的过程中,我们会讨论他们至今在舞台上的整个经历,从完全是试探性的起步阶段,到取得的小小成功以及最终的希望。很容易想象,这种非传统的接待,对于这些人会产生怎样的影响,尤其是在考虑到他们早就习惯了在各家剧院办公室受到的打击,或者被毫不留情地辞退的情况下。

在几天之内,类似这样的消息不胫而走:皮托先生将会面试每一个人,他即将进军百老汇(对于这样一个谣言,我并不能完全逃离干系),一系列受欢迎的角色和可观的薪水,等待着少有或者没有任何表演经验的新人。由此带来的后果,就是办公室整天人满为患。皮托先生在上午好不容易才能从人群中挤出来,而且更糟糕的是,他每次想去楼下洗手间时,都不得不使出浑身解数。皮托先生,一个动作缓慢的人,起初并没有把我和这个被他视为一个突然的、令人困惑的现象联系在一起,至少没有发现是因为我的错误,才让这些倒霉的演员纷至沓来,把办公室变得门庭若市;但是,他很快就发现我是罪魁祸首。他把我叫进办公室,并严厉命令我把外间办公室清空,一个人也不许留。我尽了最大努力,但尽管如此,不知为什么,"今天没有角色面试,过两周再来吧"这句话听上去,总像是邀请他们坐下来聊一聊戏剧。

最终,贝拉小姐在一天早晨刻薄地宣布:"皮托先生说,他今天去洗手间时,如果办公室还有人,我们就会另找一个勤杂工。"

可以想象,在剧院办公室勤杂工身上,那最后一束微弱的殷勤和热情的火花,从此永远熄灭了。在这种可怕的威胁下,我从那时起,不得不竭力让办公室没有一个演员,不过我发现,我真的很难开口说"不",并把他们打发走。我至今仍然如此。我的一个需要庞大演出阵容的作品最困难的方面,始终是选择演员的那几周,如果它是一部音乐剧,那么最困难的方面就是试唱的面试。我仍然觉得,有一种情形是令人极度痛苦的,那就是你走进一个挤满演员的剧院或者办公室,知道有五十个、有时是一百个左右的人都在热切地等待着,而且顶多只有两三个人有机会试读他们竞争的那一角色的台词,尽管你必须同他们交流,倾听他们的想法,然后再给出某种拒绝他们的理由。

我知道多年以来,我为拒绝那些乍一看就显然不适合某个角色的演员而占用的时间,让很多戏剧演出商抓狂。但我仍然坚持认为,在某一天,一个人对一个演员特定的说"不"的方式,很可能会给他(她)在一个危险和艰难的行业中坚持下去的勇气。

从另一方面说,在听了那些根本没有演戏天分的人枯燥乏味的试演之后,虽然你知道这些男人和女人应当得到的更好的建议,就是马上结婚,或者到服装店去卖针织领带,但我更多的是为我自己而不是为他们感到遗憾。然而,一个不可否认的事实是,让别人检查自己的体形和相貌,或者说,独自站在空荡荡的舞台上,让别人检验自己的才能,并且对着漆黑的、空荡荡的大礼堂高声朗诵,是一种严酷和残忍的追求人生职业的方式。

我总是对演员年复一年的生存能力感到惊叹,他们不得不克服职业的不人道的方面。当然,明星和老手通常都不需要进行角色试读;但是,大多数演员基本上都必须这样做。不幸的是,这是一个必需的过程,因为大多数作者和导演,包括我自己在内,都会坚持要求试读,有时那些大名鼎鼎的明星也不例外,然后,才能就角色的最终人选做出结论。

必须指出的是,这样做有其积极的一面。有时候,一个首次试读的没有经验的新手,也会从一个经验丰富的专业级演员那里抢走一个角色。在我看来,在一个隐含着不同程度的屈辱的职业当中,这一过程仍旧是最叫人感到屈辱的方面。剧作家、作曲家和戏剧界其他类型的"工匠",固然都要面对一种非常个人化的暴露。但是,他们暴露的毕竟只是他们的作品,而不是他们的身体的"自我"。这是有差别的,并且是一种很大的差别。这种差别,总是使我坚定地站在演员这一边,而且我认为,它让我获益匪浅。

不过目前,我必须学会以简洁、轻快而又不容置疑的口气,对所有打开办公室大门的那些不幸者说"不",而且一旦通向楼下洗手间的道路被彻底打通,我就很快成为皮托先生不可或缺的左膀右臂。我不能不带着羞愧承认,在不到六个月时间里,我就取代了强大的贝拉小姐,成为他的新秘书。这并不像表面上看起来那样残酷无情,因为贝拉小姐在为皮托先生工作的同时,也为隔壁办公室其他两个剧院经理人工作,尽管我怀疑她对我接手她的工作这件事没有任何腹诽。不过,我对于她的感受没有想得太多,因为这个时候,一个全新生活的大门已经为我打开了。

我早就加入了在第42街工作的勤杂工同盟,这是一个敏锐而且世故的团体,他们的工作的主要副产品,就是可以弄到他们老板的演出的免费门票并彼此分发:A. H. 伍兹剧院办公室的弗雷迪·考尔马,塞尔温斯剧院办公室的吉米,乔治·泰勒剧院办公室的欧文·莫里森;那个有名的戈尔迪,他是齐格菲剧院办公室的;还有其他十多个类似的例子。我自己不能向他们提供任何免费门票,因为一直以来,我们的演出距离纽约最近的地点是奥尔巴尼市,但不管怎样,我还是得到了诸如此类的小恩小惠,而且很快就沉浸在那些对我而言不啻为美味佳肴的享受中。在我为皮托先生打工的最初六个月,以及在接下来的一年半时间里,我每天晚上都会郑重地走进剧院,只有星期六晚上除外,因为在这天晚上,就算是失败之作的免费门票你也弄不到。

这对我而言,已经是好得不能再好的机会。20世纪20年代初,是纽约戏剧的全盛时期。在演出季的高峰期,七十多家剧院都会爆满,而且类似于普罗温斯敦剧院、格林威治村剧院和纽约街区大剧院这样的探路者,都是这种盛况的一部分。在一个令人难忘的演出周,多达十一部新剧在同一天晚上同时开幕。由于节目安排得过于拥挤,一些新剧只能放在特定的日场进行。正因如此,尤金·奥尼尔[①]才第一次被介绍给城郊观众。

那也是一个极不寻常的、一些令人兴奋的新作家如雨后春笋般涌现的时期。尽管马克斯·马尔桑、萨姆·希普曼和爱德华·柴尔兹·卡朋特在20世纪的剧院里仍然名头显赫,但类似文森特·劳伦斯、罗伯特·舍伍德、西德尼·霍华德、S. N. 贝尔曼和马克斯韦尔·安德森这样的名字正在出现,或者不久以后就会变得深入人心,更不要说音乐剧领域的罗杰斯和哈特的组合以及文森特·尤曼斯和乔治·格什温这对搭档了。当我的名字出现在每天晚上"免费入场"名单上时,我看到了一切。当然,我首先看到的是那些失败的戏剧。我从来都不是一个多么挑剔的人。只要走进剧院等待大幕拉开,我就心满意足了。在夏日演出季,当我有机会得到那些受欢迎的戏剧的免费门票时,我总会想办法让我的名字出现在上面——但是我敢打赌说,在长达两年的时间里,我看过的演出时间不超过一周的戏剧,比其他任何人——除了为它们写评论的那些批评家以外——都要多。

我认为,这并非没有价值。我并不是想要表明,看过了一大堆糟糕透顶的戏剧,就等于掌握了知道如何写好一部剧本的可信的方法,但是,它的确可以带来一些启发。

虽然我当时根本没有想过写剧本——我的脑海里从未出现过类似的想法——但是我敢肯定,第一幕戏当中某些过于累赘的解释性和说明性的内容,第二幕戏当中分量不足的高潮部分,以及第三幕戏当中有创意设计的惊人匮乏,必然不知不觉地渗入了我的意识

[①] 美国著名剧作家,在1936年凭借代表作《天边外》获诺贝尔文学奖。

思维当中。在任何演出季的所谓"大戏"的情节设计,其实都极为简单;剧情的推进毫不费力,以至于剧本本身只能以这种方式而非其他任何方式写成。观看同一主题的一个失败之作,你就会发现只要稍作改动即可避免的那些错误,以及在成功的剧作中不会出现的那些死路。就在我忘记了那些拙劣的戏剧具体内容很长时间以后,我也会情不自禁地回顾起,我在从头到尾地把它们看完的过程中的所思所感。

我对于那些免费门票心怀感激,还有另一个更加个人化的原因:那些免费门票又将凯特姨妈带回到了我的生活中。一俟体会到不用花钱就能够欣赏戏剧以及置身于正厅前座的气氛中的乐趣,我就下决心要找到凯特姨妈,并堂而皇之地护送她进入正厅前座,尽管我也知道,在她过去热衷于看戏的整个生涯中,她不会坐在除了楼座以外的任何地方。自从我上次见到她以来,已经七年过去了,而且自从她在那个可怕的星期天离开以后,在我们家里就没再听过她的任何消息。她的名字是不允许被提起的。我知道她还活着,否则,我们就应该会听到与之相反的音讯,而且我早已怀疑,我的母亲偶尔会收到她写来的秘密信件;可是,她从未提起过这件事,我也不敢主动去问。

在一个星期六的晚上,因为我没有机会去看戏,我就到了布鲁克林区的堂兄弟家去做客,并且做了一番谨慎的探询。凯特姨妈的工作地点,距离新阿姆斯特丹剧院只有几个街区。在那些她当初能够长期造访的亲属当中,她已经不受欢迎了,尽管在长达五年的时间里,她还是精心设计了行程,轮流完成了这些造访,而在最近两年,她一直在做"克拉拉·德·赫希女工之家"亚麻制品的检验员。

第二天午饭后,我去了附近那个杂货店给她打了电话。在等待她过来接电话的过程中,我的脑海里飞速地回忆起我和她共同度过的那些美妙的戏剧之夜,我也想到了过去在厨房的那些夜晚,想到她在我心中的分量有多么重,与她共同经历的一切,对我意味着什么。

这时,我听到一个声音说:"喂,你好。"这确定无疑是凯特姨妈的声音。她仍然竭力把这个简单的"喂,你好"说得典雅、庄重而不乏傲慢,而这仿佛是任何时尚淑女所必需的个人风格。在任何情况下,你都很难想到她会在六十岁的年纪,第一次被迫上班工作。

尽管如此,在那一句"喂,你好"当中,你仍然能够找到奥维达①和汉弗莱·沃德小姐②笔下人物的影子,我真想为此而拥抱她!

当我说"我是莫斯,凯特姨妈"的时候,电话里是长时间的沉默,而且当她再次开口时,她的声音显得疏远而冰冷。她虽然主要是因为我的父亲而受过很深的伤害,但毫无疑问,一部分伤害也来自于我这么多年都没有和她联系。但我渴望再见到她的心情是如此明白无误,我想带她去看戏的兴奋感是如此显而易见,她的态度很快就变得温和了,我们又像过去那样总在不停地打断对方,直到我的五分镍币全部用光为止。

经历了这些年的沉默以后,再次听到那些华丽和高贵的辞藻汩汩而出,是多么叫人快乐的事情!在我的生命中,再次拥有了一个与我自己一样对戏剧充满激情的人,会给我带来何等的喜悦!当她听到我现在是一家剧院办公室勤杂工这个消息时,她体验到了何等巨大的满足感,仿佛我是在向她宣布,我已经被任命为驻英国宫廷大使似的!我立刻带着一阵痛楚意识到,我在内心深处是多么想念她。我那天下午恨不能直接坐地铁去见她,但那周是她"这个星期日需要加班"的日子,她郑重地解释说,所以,我们约定在下周二晚上见面。我还剩下一些午餐钱,我恳求她答应在看戏之前,允许我请她去吃饭,可她坚持让我和她先去克拉拉·德·赫希女工之家吃

---

① 英国女作家,著述丰厚,其中包括《纽伦堡的炉子》和《弗兰德斯的狗》。
② 英国小说家,原名玛丽·奥古斯塔·沃德,以汉弗莱·沃德小姐这个笔名创作了多部小说。

晚饭,然后再去剧院。就在我还在怂恿请她去吃晚餐时,话务员把我们的通话挂断了,于是,我们的会面就只能按她的安排进行了。

事实证明,在她一向不大过多关注做事是否恰当的一生当中,这是凯特姨妈最欠缺考虑的想法之一;但是,我当时并不知道这一点,而且带着极大的兴奋期待着星期二到来。星期日和星期一一点点地挨过去,在星期二上午,皮托先生通知我说,他当天下午不再坐五点半的车回到贝塞德,而是要留在市里,带着皮托太太去看戏剧,问我能否晚点儿下班。这让我感到懊恼,但我当然只能同意了。我不知道,我当时为什么没有打电话告诉我的姨妈说,我会推迟一些时间。当皮托先生终于离开办公室的时候,我离我们约定的时间足足晚了半个多钟头。

我再次看了电话簿确认了地址,然后匆匆出门。克拉拉·德·赫希女工之家是一家由好心肠的慈善家经营的令人钦佩的企业,以便为城市里那些对单纯的救济不感兴趣、没有亲属而且无家可归的女性提供像样的工作机会、食物和住所。不过,当我匆匆赶到位于第三大道拐角处那座建筑物时,我很想知道,一座建筑物是否非要让自己看上去如此缺乏生气,又如此冷冷清清。为什么值得尊重的机构或者美好的事业总是缺少一切欢乐和喜悦的元素呢?这个念头只是一闪而过,因为台阶上有一个人正面带焦虑地注视着我。

站在那里的是一个消瘦而憔悴的女人,与我记忆中那个体态丰满的凯特姨妈没有任何相似之处。如果是在拥挤的街道或者地铁里,我都不会回头多看一眼并径直从她身边走过去,因为此人不是凯特姨妈,而是一个陌生人。过了一会儿,我走到台阶上,并看见那人正是她。我觉得,她当时过于心烦意乱,以至于没有注意到我脸上那种惊奇和怀疑的神情。当我站在那里并俯身亲吻她的脸颊时,她绷紧的面庞才松弛了一些,这也使她显得不那么憔悴和衰老。

我后来知道,从她进入那个地方工作的那一刻起,我就是她和那里的员工以及女孩聊天唯一的话题。毫无疑问,她对我的描述无论多么富有创意和奇幻色彩,都很可能无法与她讲述有关她自己的那些浪漫与时尚的故事相提并论,但这足以令人感动地证明,她是多么爱我。当我终于给她打来电话时,她似乎渴望让所有人都能看见我本人,她太兴奋了。天晓得她是如何夸张地向她们讲述我目前在那家剧院的地位的。我应该知道,凯特姨妈是绝不会向她们说出"勤杂工"这个过于平民化的字眼的。因此,当我迟到了半个多钟头以后,她站在那里等待一定感到痛苦,因为她害怕我已经忘了这件事,或者根本不会出现。

当我们向门口走去时,我偷偷看了她一眼。衣服还是老样子,看上去既华丽又愚蠢,但如今显得松松垮垮,而且如果说以前看上去很可笑的话,那么现在则近乎丑陋。当她打开门并站在那里,等待我从她旁边通过时,我直接看到了那张饱受摧残的面孔。不用说,这几年的工作并不能对她构成如此大的蹂躏,不管她有多么讨厌这份工作。我突然间想到,她就要死了,而且我极有把握地确信,我的判断不会有任何问题。

我们走到里面,听到了令人难以置信的喧嚣。凯特姨妈带我进入的这个大厅是餐厅。大约三百个不同年龄的女孩把这里挤得满满登登的,当凯特姨妈和在她身边的我在门口出现时,突然产生的安静,就和之前的喧嚣一样扑面而来。

当我们走向房间另一头的一张餐桌时,六百双眼睛在沉默的气氛中紧紧盯住了我们,接下来,一阵刺耳的傻笑和被压抑的窃笑,像熔岩一样溢满了整个房间,并且向我扑来。当我们走到那张员工餐桌时,我仿佛经历了一场似乎永远也走不到尽头的旅行,我感受到一阵痛苦的尴尬和愤怒。为什么,她为什么要这样对待我?我忘记了她看上去病得多么严重,忘记了我是多么爱她。我只能压抑住我的愤怒,擦去脸上的汗,并一声不吭地坐在那里,注视着我眼前的餐盘。毫无疑问,那些女员工都很友好,她们向我提出的那些问题都是善意的,但是我拒绝讲话或者抬头看她们;我只是点点头,或者不耐烦地哼哼几声,我能够感觉到,在这可怕的进餐过程中,我的姨妈是何等沮丧和失望。我想让自己恢复正常状态,但我做不到,因为每隔一会儿,就会有一个女孩忍着笑走过来,要求彼此做一下介绍,而我的姨妈在说出我的名字时,就像是在一次扶轮社①会议上某个可怕的司仪似的。

这顿晚餐的苦差事终于结束了——苦差事是一个恰当的描述,因为最后就连凯特姨妈都只是完全沉默地坐在那里。我知道我让她丢尽了脸面,但是我却一句话也说不出来。我考虑的只是如何早点儿离开餐厅——在整个房间里,似乎没有一个女孩想要离开她们的座位。实际上,她们似乎一直在等待我们首先离开。我徒劳地期待着员工们一起从桌边站起来,然后就可以不显眼地和她们一起走出去,可是,我的希望落空了。

凯特姨妈,再一次变成了那个高高在上的时尚女人,她提高了嗓音宣布说:"我们看戏要迟到了,"然后就从椅子上站起来。整个房间立刻沉默下来。刀子和叉子在盘子上噼里啪啦地响了一阵,就没有了声音。就像我们进来的情形一样,当我们离开时,那些伴随着我们的脚步的咯咯的笑声,又不加掩饰地在房间里飘荡开来。我真想把她们的脖子一个一个地扭断,虽然我的姨妈似乎对这一切无所察觉。

我们终于走了出来,而且谁都没有说话。我知道她对我很生气,而我此时仍旧过于痛苦,所以也没有说话,没有就我的行为给出任何解释。我也怀疑我有能力解释清楚。我们在令人沮丧的沉默中走向剧院。如果我要是再年轻几岁,可能会忍不住流下眼泪。我是多么期待这次会面,而她又是如何通过安排在这个餐厅的愚蠢会面,彻底地破坏了我们彼此的心情!她为什么非得这么荒谬可笑,

---

① 一种旨在增进职业交流及提供社会服务为宗旨的地区性社会团体,其特色是每个扶轮社成员来自不同职业,并在固定时间及地点每周召开一次例行聚会。全球第一个扶轮社,于1905年2月23日创立于美国芝加哥。

非要如此奇怪,非要和别人不同?那些讨厌的女孩的笑声在我的耳边回响,它们变成了过去我所在街区那些男孩看到我的姨妈走过时的笑声,于是我感到一阵畏缩。我怎么会知道,正是她自己的独特性才给了我那么多我无比珍视的东西,而这恰恰是其他任何人都无法给予的?当然,我当时根本没有想到这一点;所以,我们只是沉默地向前走着。

当我们走到剧院时,谁也没有说话,我们进入大厅,凯特姨妈本能地转向通向楼座的台阶。我一声不响地挽住她的胳膊,带着她走向正厅前座所在的那个门口,当我们把票根交给引座员时,我说:"今后我们就坐在正厅这里。"这天晚上,她第一次露出了微笑;看到凯特姨妈高视阔步地穿过正厅前座的大门——正如我想象中的她会那样做一样——是一种奇妙的感觉。而且坐在"最前面"的荣耀,立刻就让我们两个人都忘记了一切,也原谅了一切。凯特姨妈就像一艘进港的大船一样通过过道,并舒适地坐在她的前排座位上,如同终于回到家里一样,发出了一声轻轻的叹息。尤其值得一提的是,我们几乎是剧院里唯一的两个人,因为这场戏是这个演出季口碑最差的节目之一,因此,就算是免费门票,也很难吸引人们走进剧院。我们的周围是大面积空位,我们对此视若无睹而且心满意足。

从这个难忘的夜晚起,我们变得密不可分。当然,对于我们见面这件事,我在家里只字未提,但是我每天都从办公室给凯特姨妈打电话,而且几乎每天晚上都会高高兴兴地一起出来吃晚饭和去看戏。我再也没有接近过克拉拉·德·赫希女工之家。我们都心照不宣地从来不会提到那个地方,而是去一个位于第41街百老汇的名叫洛波斯的餐厅,地点就在大都会歌剧院的对面。

洛波斯是19世纪90年代的一个遗存,而且在喧嚣而繁华的20世纪并没有存在多久,不过,它当时的复古色调恰好适合凯特姨妈。墙壁覆盖着缎面,每张桌子上都有粉红色的小灯;而且花上75美分，就能够享受一份相当不错的晚间套餐。不知为什么，在洛波斯餐厅，凯特姨妈似乎并不显得不合时宜。当我们在桌旁坐下来时，没有任何人扭头注视她奇怪的装束，当她声音洪亮地要求点菜时，那些上了年岁的侍应生从来不会对她皱起眉头。说来也怪，她自己在洛波斯的行为举止，一点儿也不像在其他地方那样奇特。那种置身于恰当之所的归属感，似乎终于能够安抚她那饱受折磨的神经——仅此一次，她不再与这个世界较量，而是成为它的一部分。她的谈话理智而精明。她甚至以敏锐的感觉和充分的理解心，讨论起我的父亲和她自己，而且有一次，她甚至少见地以温柔之态握住我的手，说："我希望你有一天会成为你母亲的好儿子，就像你过去是我的好外甥一样。"我怀疑我是否曾经称得上是她的好外甥，但我永远都不会忘记她对我说这句话时的情景。它照亮了我们生活中那么多的黑暗。

总的来说，这一年标志着我的生命的一个转折点。她在这一年年终时去世了。一直以来，我对她人生的这最后一年是她最幸福的一年——我是这样认为的——心存感激；在剧院给我的所有美好事物中，那些免费门票在我的心目中，始终占据着非同寻常的地位，因为是它们使我能够给予凯特姨妈那美好的最后一年。

第 5 章

我想,每一个人都曾经思索过那种奇特的、有时甚至令人恐惧的连锁性事件,而这种事件可能只是由其自身的一个单一的、貌似无辜的行为引起的。我经常不乏困惑地想到这样一个事实:当我在早上刮胡子或者刷牙时,我的脑海里迅速掠过的一个小小的灵感,可能会成为一部戏剧的萌芽,而这部戏剧会导致两个人相遇并结婚,然后生孩子,他们的生活也由此被引导到完全不同的方向。是的,在我的一部戏剧中彼此相识然后结婚的演员,也很可能在别人的一出戏里相识并且结婚,但事实是,他们是在排练我的戏剧的过程中初次相识的,那么,假定他们是在排练其他戏剧或者其他时间相识的,这就很可能导致完全相反的结果——有谁会否认这样的结论呢?这当然只是一种无根据的推测,而且也必然是一个永远无法证实的推测,因为命运是一个不讲情面的战略家。

尽管如此,当安妮·尼克尔斯从她开始写下《阿碧的爱尔兰玫瑰》开头几行的同时,她也正在不可逆转地改变一个名叫莫斯·哈特的办公室勤杂工的一生,这是一种何等奇怪的命数。起初几乎遭到所有批评家鄙视的尼克尔斯小姐的戏剧,在其不可思议的发展过程的这一时期,还没有出现后来使之成为一种持久的戏剧现象的转机,反而在整个演出季表现出了足够多的止步不前的迹象,以至于皮托先生开始考虑这样的可能性:安妮·尼克尔斯可能不再适合为他的明星们创作下一个演出季的剧本了。然而,尼克尔斯小姐对于她自己的创作方向的信念强大而不可动摇。她认为批评家是错误的,而她是正确的,她的这一信念最终成为一种传奇,而且,自从事实证明她是正确的那一刻起,无数戏剧从业者失去了数不清的财富。

皮托先生的困境是非常现实的。和别人一样,他也认定《阿碧的爱尔兰玫瑰》注定会惨遭失败,但只要安妮·尼克尔斯"愚蠢地"坚信这部戏将会成功,她就不可能考虑撰写有利于皮托先生的事业发展的新戏。我不认为皮托先生会巴望着《阿碧的爱尔兰玫瑰》遭遇滑铁卢;他人性化地希望这出戏早点儿撤离剧院,这样一来,尼克尔斯小姐就能够安心地为他撰写新剧本。然而,《阿碧的爱尔兰玫瑰》却顽固地拒绝死亡,而且这种不可思议的顽固,后来让安妮·尼克尔斯成为百万富翁。

在此期间,也就是在那种令人发狂的等待期尚未结束之时,有过一个历史性的时刻:迫切需要钱以便让那出戏得以延续的尼克尔斯小姐,曾经主动向皮托先生提出,愿意以5000美元出让《阿碧的爱尔兰玫瑰》的一半利润。我原以为,哪怕纯粹是出于一种友谊的表示,他也会很愿意给尼克尔斯小姐5000美元,更何况他真正需要的是后者与他继续合作的良好意愿。然而,为了做出让这种合作纯粹是从商业立场出发的姿态,他同意去看星期六日场,把那部戏剧再看一遍,然后再做出他的决定。但是,戏剧决策在那时就和现在一样,经常不可思议地毁于"枕边风"这样的意外因素。这个重大的决定竟然不是由他做出的,而是由皮托太太做出的,而我偶然成为这一过程的见证者。

在那个至关重要的星期六上午,皮托先生指示我在《阿碧的爱尔兰玫瑰》演出第二场之后去见他,并且把我们正在各地演出的日场总收入的电报带给他。在下午四点半,当皮托夫妇从观众席走出来时,我手里拿着电报在大厅等待他们。皮托先生开始阅读那些电报,我站在他们旁边,当他读完电报时,一直静静地站在一边的皮托太太,突然带着一种叫人无法辩驳的奇特的女性逻辑说:"亲爱的,如果你胆敢把5000美元花在这部烂戏上面,那我下半辈子要想买一件新连衣裙或者一件新皮大衣,我看你敢跟我说一个不字。"关于这句貌似完全合理的心里话,我愿意把它看作是戏剧史上最昂贵的结论之一,因为皮托先生没有拿出5000美元去买下《阿碧的爱尔兰玫瑰》的一半收入,于是,安妮·尼克尔斯也就独享了她的数百万美元。她的这一回报实至名归,因为她卖掉了她的房子,典当了她的珠宝首饰,并且在她对于那部戏剧的信念得到确认之前,拒绝写任何东西。正如门肯[①]先生一针见血地指出的那样,在任何时候低估美国公众的低品味,都是非常愚蠢的。

在没有退路的情况下,皮托先生终于痛下决心,改换了剧本创作者。他聘请其他作者撰写下一个演出季的剧本,而且像通常一样安排在劳动节首演——我需要补充的是,它们并没有取得预期效果。实际上,尼克尔斯的感觉经过实践证明是正确的,而且这个新的演出季的业绩,只能说是一般或者勉强及格。然而,其中有一部戏剧,就连蒙大拿州巴特市不算太挑剔的市民都无法忍受。它的主角是一个名叫约瑟夫·里根的年轻的爱尔兰男高音——皮托先生一直都想把他培养成菲斯科·奥哈拉的接班人,而且简而言之,他的表现可说是不可原谅的。在那个广阔的内陆地区,一部戏剧在上演之前名声极为重要,以至于在那里的城镇居民不了解它的口碑的前提下,就想顺利地完成一个晚上的演出,这是难以想象的。事实

[①] 美国记者、杂志编辑和讽刺作家,被视为20世纪上半期美国最有影响力的作家和散文家之一。

上，那里的观众已经事先把情况弄清楚了，也许他们要么是从邻近城镇的朋友（他们已经很不幸地看过了它）那里得到细致的建议，要么是普通的第六感告诉他们应该远离这个戏剧——总之，这出戏相继在多个城镇都遭到了冷遇。

当那个剧团在伊利诺斯州的名声同样糟糕时，他们的收入是那样惨淡，对形势感到绝望的皮托先生甚至让我把剧本带回家中阅读，希望能够找到一个为这个演出季画上像样的句号的新剧本。正是在这种情况下，而且是在读了一本又一本乏味枯燥的手稿之后，我冒出了那个最终让我成为失败的祸根的可怕念头。

那是在一个星期天下午，我记得很清楚。当时，无论我多么理智，我都没有产生过类似这样的念头：我干吗不自己写一部剧本呢，而且肯定要比那些剧本都强。我只是被我花了一整天时间翻阅的那些垃圾闹得心烦意乱，所以忍不住想找点儿调剂，而且我没有多想，就在一台破旧的打字机前坐下来，这是我从布鲁克林一个原本想要把它扔掉的亲属那里要来的，并且在一张纸上打出了"第一幕，场景一"这几个字。在当晚十二点前，我写完了第一幕，第二天早晨，我把它带到了办公室。不过，我此时已经使用了某种恶作剧的手段，因为在封面上，我没有写上我自己的名字，而是把所在街区的三个男孩的名字组合在一起，将这部戏剧的作者称为"罗伯特·阿诺德·康拉德"。我可以坦诚地在此透露：我记的剧本题目叫《亲爱的强盗》，这是一个我已经保守了多年的秘密。但是除此以外，我并不想坦诚到公布有关这一剧本本身的其他秘密。

第二天上午，我把这一幕戏交给皮托先生，并且以随意而自然的口吻说："我昨晚读了一部剧本的第一幕，我觉得写得很好。你应该读一读。"

"谁写的？"皮托先生问。

"一个叫罗伯特·阿诺德·康拉德的人写的，"我回答说，"他是我的一个朋友。"

"那好,我今晚会看看。把它放到我的公文包里。"他说。

就这样过去了。

我不认为在当天余下的时间或者在当晚,我对于这件事有过任何哪怕是一闪而过的念头。直到今天,我也能够百分之百地肯定,我当时的意图,充其量不过是想在我们之间开一个无伤大雅的玩笑,以便为我们寻找下一个好剧本这种苦差事增添一点儿趣味。但是,我对于次日上午皮托先生走进办公室以后发生的情况毫无准备。他还没有把帽子摘下来,就把那一幕戏拍在桌子上,带着十分喜悦的姿态对我说:"我们找到了。不需要再找了,就是它了。如果第二幕戏和第三幕戏也能够写得这么好,我们的剧团就可以回来做准备了。我什么时候能够拿到第二幕?"

"明天早晨。"我回答说。我目瞪口呆,都不知道自己在说什么。

"好极了,"皮托先生说,"给康拉德先生带一封信。你今晚能见到他吗?"

"我想差不多吧。"我回答,我觉得这是千真万确的。

"哦,你要是没见到他,"皮托先生显然是在这个陷阱里越陷越深了,"那就给他寄特快,确保他明天一大早就能收到。我想给他指出在第二幕戏里应该侧重的几个方面。"

仍然呆愣的我在打字机跟前坐下来,开始按照皮托先生的口述敲打那封写给罗伯特·阿诺德·康拉德的长信。我当时为什么没有马上把实情告诉皮托先生,我至今也无法了解。或许我是被他那让人完全意外的热情吓着了,以至于不敢那么快就把那个肥皂泡戳破,或许是因为把这个恶作剧进行到底的想法让我突然感觉很兴奋;但不管是什么,让我在最初几分钟保持沉默的那种力量,还是导致了我后来无力阻止的一连串事件。当他在那封信上签上名字并交给我时,我便知道,我是注定要把这场戏演下去了。

那天晚上,我回到家里开始写第二幕。我差不多一直写到次日早晨五点钟,不过在那天夜里,我还是把它写完了,这听上去也许不可思议。次日上午,我睡眼惺忪地把它交给皮托先生。他马上掐断了电话,立刻开始阅读。这次他的热情甚至更大。

"Mouse,"他说,"给你的朋友打电话,请他下午过来见我,要不你把他的号码告诉我——我想自己和他讲讲。"

我惊慌失措并脱口而出:"啊,他很少在办公室,皮托先生。他每天大部分时间都在法院。他是个律师。"

在类似这样的时刻,敏捷的思维和不光彩的捏造才能,似乎都会突然跳出来帮助所有的谎言家。

"既然这样,那就让他明天过来见我,"皮托先生想了一下说,"你认为他什么时候能写完第三幕?他对你提到过吗?"

"没有,他没提过,"我有点儿吞吞吐吐地回答说,"不过我估计,他明天早晨就能把它交给您。"

"很好,很好,"皮托先生说,"他是一个快枪手,我们现在就需要这样的人才。最好今晚就带给他一封信,免得你打电话找不到他。"

于是,我又用我那因为恐慌而发僵的手指打完了皮托先生口授的四页单倍行距的信。我目光呆滞地看着他在信上签上名字,在一个思维十分清晰的短暂时刻,我的脑海里闪过一个念头:"你现在一定要把真相告诉他。"但是,就在我努力攒足勇气开口以前,皮托先生就率先开口了。

"你知道吗,Mouse?"他说,唇边露出一丝满意的笑容,"我不是一个喜欢给自己脸上贴金的人,但是我认为,我的那封信对康拉德先生帮助很大。我当时要是留一个副本就好了。其实,我希望你现在就帮我打出一个副本。我今晚就把它带回家,拿给皮托太太看看。我一直在跟家里人说,在这个关键时期,你是如何发现了那个年轻人的。"

我当然照他的话做了。向皮托先生承认,他的那些美妙的信一直都是写给他的勤杂工的,已经够糟糕了,让他在他的家人眼中成为一个彻头彻尾的傻瓜,更是我无法面对的事情。任何形式的延误,都能够让我有时间思考——我必须想方设法,努力弱化那个交代真相的可怕时刻产生的不利影响。

那天晚上,我回到家里,开始应付第三幕。唉,第三幕即便对于老手而言也太难写了,因此,罗伯特·阿诺德·康拉德,这个已经被弄得又疲倦又可怜的虚拟作者,当晚没有完成那一幕。第二天,我又敲出了另一封写给康拉德先生的长信。我觉得这封信显然更长,因为皮托先生的骄傲情绪与日俱增,他现在非常乐于以剧本创作的指导者自居,而我也不得不愁眉苦脸地把他的那些想法记录下来。

当天,皮托先生又一次坚持想要见一见康拉德先生,或者至少在电话里和他沟通一下,我只能尽最大努力进行防御。我喏喏地告诉他:"他现在在办一个案子——在法院。他过几天才能有空。"我太过疲惫,几乎就要缴械投降了。我现在最想做的就是完成第三幕,再把真相告诉皮托先生,并结束这一切。我目前最关心的,就是不要因为这个不幸的恶作剧而丢掉这份心爱的工作。我默默地祈祷,希望能够选择一个最佳时机对他吐露实情。我但愿我能够很快完成那一幕,这样就用不着写更多的信了,因为毫无疑问,每一封信都能够让他在事后回忆起自己坐在那里,把它口述给我的情景时,感觉自己有多么愚蠢,所以,我必须极力阻止可能由此导致的不幸后果。

那天晚上,我晚饭后就上床睡觉了,一直睡到午夜。然后我爬起来,坐在打字机前,一直到打出"幕落"这几个字才站起身来。此时是上午八点钟。

现在这个任务完成了,我也终于可以告诉皮托先生了,我感觉精神一振,也令人惊奇地不再觉得困倦了。我迫不及待地想要赶到办公室,当着他的面说出真相。当我九点钟赶到时,皮托先生已经在那里了。我很惊讶地看到他来得这么早,因为他通常是在十点和十点半之间赶到办公室的,此外,他看上去还非常满意。

啊,上帝,别再寄什么信了!我心想。我必须立即告诉他。我还站在门口时,他就说话了。

"拿到第三幕了?"他说。我点点头并递给他。

"皮托先生,"我开口说道——但我没能把话说完。

"马上给你的朋友打电话,"他打断了我,"该死的事情发生了。我昨晚把这两幕拿给亨利·B. 哈里斯夫人看了,你猜怎么着?她说这部剧本写得太好了。她想与我合作推出这部戏,并且拿到百老汇上演。我要让剧团回到纽约,在这里排练这出戏,在罗契斯特市首演,在芝加哥演四周,然后再回到纽约演出。这将是我的第一部在百老汇上演的戏剧,所以,你马上给你的朋友打电话,让他过来签合同。我要到楼下票务预订中心预订一下时间。"

我麻木地注视着他从我旁边走出去。过了一会儿,我坐在一张椅子上,开始苦苦思索,但我什么也想不清楚;我只能向办公室四周张望,仿佛我是第一次看到它似的。就在我仍然坐在椅子上呆若木鸡时,皮托先生从预订中心回来了。

"康拉德先生什么时候过来?"他问,"剧院都订好了。他什么时候来?"

"两点。"我迅速而机械地回答说,好像是别人在代替我说话似的。

"很好,"皮托先生说,"我们得抓紧时间——我们在午饭前有很多事要做,而且我想在他赶到这里前,先读完第三幕。"

我的心怦怦直跳。让一个人在家人面前出丑已经很糟糕了,让他在外面成为笑柄尤其可怕,因为我毫不怀疑他把整件事告诉了哈里斯夫人,还给她看了他写给罗伯特·阿诺德·康拉德的那几封信。我愣愣地盯着皮托先生,他也注意到了,并且说:"怎么了?你有话要说?"我摇摇头。在这一瞬间,我的思维被冻结了,我的反应、言语或者行为的能力,仿佛彻底陷入了瘫痪状态。就在那时,我没有能力对皮托先生说得更多,如果他问我现在的准确时间,我恐怕也没有能力告诉他,因为我的职业生涯此时命悬一线。我去收取电报,整理上午的邮件,以及做其他各种办公室杂务时,始终一声不吭,甚至没有意识到我正在做什么。

当皮托先生出去吃午饭时,他带上了第三幕,我再次在椅子上坐了下来,心不在焉地注视着办公室四周。当皮托先生在快到两点时吃完午饭回来时,我仍旧坐在那里。

"这就是我要的东西。"他一边关上门,一边说。"他肯定仔细读过了我的信。"他看了看手表,"你是说他两点钟来吧?"我点点头。"我真想马上见到他。"他说,一面拿起铁路旅行指南,并坐下来等待。

我静静地坐在椅子上,看着时间一分一秒地过去。最后,他把铁路指南放到桌子上,带着不相信的表情看了看手表。"怎么回事,都三点了,"他说,"他人呢?"

这一次,我不得不开口了。我说了最后一个谎言,以便把那个终将到来的可怕时刻再推迟一会儿。"他一定是在法院被拖住了,皮托先生。有时候,法院到四点钟才休庭。"我说,天晓得我从哪里找到了一个法律术语。

皮托先生第一次使劲儿地看着我。他当然不怀疑这个事实本身,不过他觉察到这当中有什么不对劲儿。他从桌旁站起来,戴上帽子,并穿上大衣。"把你的外套穿好,Mouse,"他说,"我们去他的办公室等他,哪怕需要等一整天也无所谓。我已经把一个剧团从奥马哈市调回来了,我还预定了罗契斯特市和芝加哥的剧院。我还要和他们签合同呢。他那边不能有任何问题,知道吗?快点儿,我们走吧。"最后这句口气有些严厉的话是额外补充的,因为我还一动不动地坐在那里。

我仿佛是无意识地戴上帽子,穿上了外套,跟着他走到电梯那里。我知道,我必须在我们到达大厅之前告诉他;我意识到,可怕的时刻终于来了——因为假如我们走到大街上,他问我罗伯特·阿诺德·康拉德的办公室地址,我要怎么说呢?那个时刻终于来了,我不能再有任何拖延了。我完全被困住了,我深知这一点。我们走进电梯,它开始下降。在电梯飞速到达地面的过程中,我在第八层和第五层之间对他供认不讳,而且我记得我说的每一个字,因为我努力说出来的那两个简短的陈述句,具有一种令人钦羡的效率和戏剧性的简洁,乃至我在很长时间以后,都不能充分理解我是如何做到的。

"皮托先生,"我开口说,"我要坦白一件事。"

皮托先生转过身来,有点儿疑惑地看着我,我毫不奇怪他的反应,因为我的声音还至少多了两个高八度,在我自己的耳朵听上去,它们似乎是从远方传来的。我咽了口唾沫,把接下来的话说完了。

"皮托先生,"我说,"我就是罗伯特·阿诺德·康拉德。"

电梯门打开了,我们一起走进了大厅。

我们又在沉默中从大厅里走出去,走到了第42街。这时皮托先生才做出了反应,表明他听见了我的话。

"Mouse,"他说,"我不知道你是否了解,一个作者写的第一出戏,是拿不到常规的特许权使用费的。"

我简直不敢相信自己的耳朵。"你的意思是——这样行吗,皮托先生?"我结结巴巴地说。

"当然行,"他回答说,"只要你明白,一个刚出道的作者,是拿不到常规的特许权使用费的就行。我们必须拟一份新合同。我想,我最好去见一下哈里斯夫人,并把这个好消息告诉她。"

他慈父一般拍拍我的肩膀,对我露出微笑,然后就快步走向第44街。我一动不动地站了一会儿,突然感受到了一种饥饿感。

是的,那似乎是一种真正意义上的饥饿感。我不记得我在这三天吃过什么东西。我走到转角处的奈蒂克快餐店[①]门口摊位那里,

[①] 在20世纪20年代创立于美国纽约的一家美国快餐连锁店。

吃掉了一根又一根法兰克福香肠,直到花光了回家所需要的地铁费之外的所有的钱。我肯定吃掉了至少十根法兰克福香肠,因为那个快餐店经营者终于对我说:"你会吐的,兄弟——你最好别再吃了。"

他是对的。我刚好及时赶回办公室并冲进了洗手间。我作为一个剧作家的首次亮相,是一个未来的预兆:在我的一出戏在全国各地同时展开的每一个开幕之夜,我都会在男洗手间恶心作呕一番。

第二天,我被正式介绍给了哈里斯夫人,我作为勤杂工和剧院内部剧作家的双职业,也一并开足了马力。

这样的情形在我看来,似乎没有什么不寻常的。我需要在上午履行作为勤杂工的职责,在下午作为剧作家出现,然后在这一天即将结束时,再次恢复勤杂工的角色:关好窗户,清空废纸篓,给信封贴好邮票,然后在去坐地铁的路上,把它们送到邮局。就这件事而言,无论是我本人还是皮托先生,似乎都没有感觉到当前状态和以前有多大的不同,而这正是我所希望的。仍然可以继续做这份工作让我如释重负,所以,就算是皮托先生就这部戏征求我的意见,决定不给我一分钱使用费,我也会毫不犹豫地答应。

出于同样的原因,我写了一部戏剧的消息,在家里几乎没有引起任何波澜。我觉得,我的母亲和父亲对于剧院的操作过程近乎一无所知,因此,他们只是得出了一个简单的结论:这是某种形式的家庭作业,我白天在办公室没有做完,所以只能晚上拿回家接着做。

只有亨利·B. 哈里斯夫人似乎从这件事情当中,感受到了一种隐秘的娱乐效果,而且她从我们初次见面时所表现出的那种表面上的礼貌和客气,就被她眼中闪烁的那种好笑的光芒出卖了。哈里斯夫人是一个富有、风趣而活泼的女人。她是"泰坦尼克号"那场灾难的一个幸存者。她的丈夫亨利·B. 哈里斯——包括《狮子和老鼠》等著名戏剧的演出商——在那场悲剧中丧生,她现在拥有第44街的哈德森剧院、一艘游艇和多匹赛马。我记得,她在我们初次见面时对皮托先生提到过,她刚刚拒绝了有人以一百万美元收购哈德森剧院的报价,在多年以后,当哈里斯夫人陷入困难时期时,我不禁想起了这个时刻。

她对于《亲爱的强盗》过分的偏爱我当时无法捉摸,而且现在我也不能理解,因为她在戏剧上是一个精明的人,在一般性剧本的鉴赏方面,也绝对不是一个傻瓜——也许这可以再一次证明,聪明的人会办傻事,这在戏剧领域尤其适用,这也不可避免地表现在每个演出季,纽约一半剧院都被纯粹的垃圾所充斥。实际上,她对于《亲爱的强盗》的信念,让我们充满了愚蠢的乐观和可笑的紧迫感,因为我们都忍不住想早点儿看到帷幕的升起。每天上午,我们都会在哈德森剧院楼上那间装饰精美的大办公室见面,而且一旦确定了导演以后,就开始大张旗鼓地进入选择演员的过程。

普里斯利·莫里森是一个富有魅力的演员,也算得上是一个相当出色的导演,他受雇指导这部戏剧,而且我几乎从一开始就怀疑,他认为《亲爱的强盗》没有任何价值。然而在当时,导演是无权选择或者寻找他们喜欢和欣赏的剧本的。他们差不多只能被动地接受投资人交给他们的导演任务,而且由于剧院当时处于蓬勃发展的状态,一个导演在一个演出季执导四五部剧本是常见的做法。如果其中一两个很受欢迎,或者五部戏当中有一部非常叫座,那就万事大吉了,他的地位也会迅速上升,在下一个演出季也会变得很抢手。在当时的戏剧界,导演占据的并不是神圣的地位——这个地位是剧作家所独占的。

虽然我心存怀疑,但普里斯利·莫里森丝毫没有对哈里斯夫人或者皮托先生的热情泼冷水——他只是点点头,就他们对这一戏剧的宏伟规划报以微笑,而且,他在要求我对剧本进行微调的过程中,始终都保持着谦恭有礼和不卑不亢的态度。

自从我把第三幕交给皮托先生那个决定性的上午以来,在不到十天时间里,剧团就被调回纽约并开始排练剧本。演员约瑟夫·里根——他演出的节目在任何一个夜晚,都可以被当作适当的礼物送给一对庆祝结婚五周年纪念日的夫妻——担任这部戏的主角,不过需要使用一个全新的演员阵容。我在上午可以参加第一次角色试读过程,不过此后,我要在办公室里一直待到下午四点,然后和皮托先生一道郑重地出席排练过程。

看到剧本的作者在排练厅被呼来唤去,被打发到外面去为剧院经理买一包香烟或者一杯咖啡,这样的情形,一定会让演员感到有些困惑,或者至少有些不合常规。但是,不管他们如何看待这个奇怪的安排,他们都没有把自己的疑问说出口,而且从头至尾始终对我都很友善。没有哪一个演员——甚至包括约瑟夫·里根本人在内——曾经让我跑出去,给他们买咖啡或者香烟,这是一个小小的善意,但不管怎样,我对此心怀感激。

只有那个舞台监督,一个似乎很冷酷的人——我忘记了他的名字——对于整个过程不以为然,甚至极为悲观,就连普里斯利·莫里森那不间断的打趣,也不能够使他摆脱这样的感觉:一场灾难正在等待着他们。他对于这部戏的不满并没有表现在口头上,他只是不时地发出长长的、悲哀的叹息,就像是一只趴在壁炉前面,准备睡上一个长觉的牧羊犬一样。而且当被问到他的这种阴郁状态的原因时,他只是向上扬起眉毛,有些不祥地用一根手指敲敲那部剧本的手稿。

尽管我们那个面带忧伤的舞台监督令人扫兴,但排练气氛却使人感到兴奋。哈里斯夫人在第一次正式排练时才赶到现场,受到她那欢快的情绪和洪亮的笑声的感染,演员们都使出了浑身解数,这部戏剧也似乎变得生机勃勃。在那个阳光灿烂的下午,就连皮托先生也忘记了打发我出去买咖啡,而且哈里斯夫人握着我的手,预言我将有一个光明的未来。三天后,这个剧团、演出商和剧本作者将到纽约罗契斯特市参加首演,大家都一如既往地感到乐观,每一个人的心中,都充满了希望和光荣的梦想。

第 6 章

当一个人尚且年轻或者事业刚刚起步时,生命中会有很多"第一次";但是,有些"第一次"是永远难忘的。我以前从未离开过纽约。我从未坐过普尔曼火车①或者在餐车里吃过饭,我也从未住过酒店。所有这些事情都是接连发生的,这让我倍感新奇。当火车呼啸着驶离位于曼哈顿的中央车站,并且从第 96 街的隧道开出时,我坐在靠窗的座位上,看着一座座肮脏的公寓楼从眼前迅速掠过,其中有一座是我从小到大就生活在那里的地方,虽然我看不清它的确切位置。从那以后,每当我经过那座隧道时,我都会想起我第一次离开纽约的旅行。我坐在那里,怯怯地希望从某一天起,我再也不必回到布朗克斯区,回到那种乏味、贫穷而卑微的日常生活中。

在餐车里,我坐在哈里斯夫人和皮托先生对面,体验到了在无须考虑价格的情况下去点餐是什么感觉,而且那些食品都很诱人。当我在罗契斯特市的酒店房间里安顿下来时,我在床上坐了很长时

---

① 指从 1867 年到 1968 年由"铁路大王"乔治·普尔曼建立的普尔曼公司生产和运营的火车(以卧铺车为主)。

间,品味着以前从未经历过的令人欢悦的私密感。那天晚上,在我的生命当中,我将第一次独享一个房间。直到那一刻,我才知道我是多么渴望个人自由,它对于保持充沛的精神是多么珍贵;在贫穷的状态下,你很难体验到这一切,而且只有不为贫穷所困的人,才能够知道隐私感是一种比黄金还要宝贵的奢侈品。从这一刻起,我开始不顾一切地为拥有属于个人天地的慰藉和至福而奋斗。

经过很长时间之后,我才迫使自己从这种幸福状态中清醒过来,离开这里,到了那家准备在那里进行彩排的剧院。

这部戏只被放在一个舞台背景中进行,这是奥古斯都·皮托推出的所有戏剧的一个首要条件,而且由于动作场面很有限,道具都非常简单(这是另一个必要条件),因此人人都理所当然地认为,彩排过程也会变得简单而顺利。我从那时起才知道,主宰彩排的神灵随心所欲、诡计多端而且不可预测。那些最复杂的场面,有时候会进行得十分顺利,而那些最简单的、被认为不会出现任何问题的部分,却出乎意料地变得混乱不堪。我还知道了另一件事,那就是:一部在各个环节都不会有任何闪失的戏剧,一部几乎从大幕开启的那一刻,就注定会获得成功的戏剧,会首先经历一种水土不服的分娩阵痛,一系列看似无关却不可避免的预兆接连出现,它们让我充满了不祥的预感和迷信的敬畏。

当风平浪静时,酒店的客房服务反应迅速,食物热气腾腾而且美味可口,侍者们都很沉默但效率极高。电话服务和前台接待专业而利落,当你按下电梯门的按钮时,几乎无须等待,它就会奇迹般地迅速打开,而且每次当你走向马路对面时,红绿灯总会迅速变成绿色。

一部在外地试演的戏剧在更多的时候,会像一个醉汉一样变得跟跟跄跄:你在一个多钟头以前就下了食物订单,但你却只能一边饿着肚子,一边不断催促和恳求,天晓得他们是怎么回事!赶来彩排的演员在原本已经迟到的情况下,只能呆滞地看着电梯指示灯的拨号牌数字像凝固了似的,停留在电梯顶层一动不动;当侍者把汤端到你面前时,他那脏兮兮的拇指在盘子上留下的印记,让原本就麻烦不断的彩排过程变得更加令人泄气。当你办理入住手续时,你找不到把包裹送到你的房间的搬运工。话务员会把"请勿打扰"提醒牌作为对于他们的聪明才智的挑战,以至于他们在大清早就会把你叫醒,当然,城里还会有出租车罢工,以及会引起交通堵塞的大型集会。对于一部遇到麻烦的出城戏剧的作者而言,最痛苦的事情,莫过于看到一些头上戴着毡帽、手里捏着哨子的中年男人,醉醺醺地在酒店走廊里拦住你并和你打招呼,而你却急于赶回房间,完成通宵的剧本修改工作,而且你也清楚地知道,这几个人唱着"可爱的艾德琳"和"古老的磨坊"的声音将会在楼内回荡,并且一直持续到第二天凌晨。

当我们赶到目的地时,并非所有预兆都同时露出端倪,我也无法把它们全部辨认出来。但是,当天晚上的彩排一团混乱,会让每一个人产生不好的预感。事事都不顺。随着灯光变暗,幕布会被卡住而一动不动,我第一次见到的那种丑陋到无可匹敌的绿色背景,在对话进行不过两分钟时就坍塌了,差点儿砸到了那个男演员的脑袋。在经过大半天等待并把背景稳固地重新布置好以后,那个用颤音唱着轻快的爱尔兰民谣的主角,一出场就发生了意外:他四仰八叉地绊倒在一个舞台支撑物上,一头撞在那个壁炉上。当他咒骂着站起来时,已经下了一天的瓢泼大雨变成了冰雹,于是在接下来的半个钟头里,几乎一个字也听不清。这导致我对于我的剧本对话的实际舞台效果全无概念。

噩梦仍在继续。如果一个演员去开门,它就会卡住。在排练过程中,当女主角带着一声饱含激情的高呼冲到窗户那里,把它打开并准备叫住刚刚离开的男主角时,窗框一下子掉了下来,她呆呆地站在那里,手里握着整扇窗户。这是一次典型的无比糟糕的排练。到第二幕时,演员们都在舞台上抖抖索索,犹豫不决,他们动辄忘记台词,不安地等待着下一场灾难的来临。果不其然,在第二幕中从同一扇门入场的约瑟夫·里根,再次绊倒在那个舞台支架上——只是这一次壁炉被压塌了,乱七八糟地散落在他的周围。这时候,就连普里斯利·莫里森那一贯良好的精神状态和温文儒雅的举止也不见了,他走到通道那里,嘟哝着咒骂爱尔兰人,尤其是爱尔兰男高音。

只有哈里斯夫人泰然自若。当舞台上接连发生的灾难让这部戏剧变成了一连串荒谬景象时,她始终不动声色地坐在那里;她不时地斜过身子,平静地对满头大汗的皮托先生说:"我对这种状况感到高兴,伙计。一个糟糕的彩排,意味着一个理想的开幕之夜。我从未见到它失败过。"

多年来,我反复听到过这种说法,实际经验也巩固了我的这一坚定信念:除了极少数例外情况,一个糟糕的彩排,必然意味着一个不完美的开幕之夜。实际上,诸如此类的戏剧界的陈腔滥调毫无根据可言;但我当时并不知道这一点,我对哈里斯夫人流露出的乐观情绪深信不疑。

好在第三幕拖拖拉拉地弄完了,只是中间出了一个小事故:有个少年演员在把一个茶杯重重地摔在桌子上时,不小心把它摔碎了,他被茶杯飞溅起的碎片击中了眼睛,直到整出戏波澜不惊地走到尽头,流血才渐渐止住。

里根先生在第三幕进场时,没有再被舞台支撑物绊倒,原因很简单,那个支撑物在中场休息时被挪走了,虽然托起那扇门的舞台工作人员的身影被看得一清二楚,而且很不协调,那个被损坏的壁炉仍然不时地左右摇晃,看上去十分危险。果然,当帷幕落下时,它再一次轰然倒塌,把身体深陷在座位里、只能看见遮住脸部的帽子的普里斯利·莫里森悚然惊醒。他慢慢站直了身体,来到过道处找到皮托先生和哈里斯夫人。他对他们举起帽子,说:"我今晚不再给演员任何提醒了。明天一大早我要去教堂做做祈祷。我建议大家都这么做。"他微微鞠了一躬,就在黑暗的过道中消失了。

哈里斯夫人笑着从座位上站起来。"这就是我喜欢看到的局面,"她说,"糟糕的彩排过程,出色的开幕之夜。我从未看走眼。"她证明自己的那个黄金机会就要到来了!

我们走过这个昏睡的城市街道回到酒店,尽管我们喝过了一杯咖啡,但仍然感觉疲惫不堪。我不止一次在糟糕的彩排之后,一边穿过黑暗的城市街道回到我居住的酒店,一边看着这座城市居民关闭的百叶窗,毫无疑问,其中的一部分居民将成为明晚开幕之夜的观众。我很想知道,他们是否不乏妒忌之心地想过戏剧的经济收入或者巨大成功带来的回报。我也很想知道,他们可曾瞥见过这枚硬币的另一面——戏剧会给人带来多大的脑力和体力的付出以及精神压力——以至于参与者的付出几乎和得到的回报一样多,那些追求戏剧本身充满变数的成功者,必然是由特殊材料做成的。

现在,我用钥匙打开了酒店卧室的房门,惊讶不已地看着我那被动过的床铺。我是那样渴望的隐私感,现在似乎是一个可疑的礼物;虽然我精疲力尽,但却感觉自己十分清醒。那种可怕的睡意全无的状态蓄势待发,于是我知道,想要睡着觉是一种奢望。在当时,戏剧行业在外地的基本必需品安眠药尚未发明出来;或者说,即便发明出来,我也从未听说过它们。我开着灯,甚至懒得脱掉衣服。我在房间里踱来踱去,想到一旦演出失败我将面临的可怕后果。我压根儿就没有在意这部戏剧本身,我自己的名字甚至都没有作为作者而出现,而且,我完全没有体会到任何自豪感,或者它带给我的归属感。我关心的就是我是否会丢掉工作,我到此时为止,已经非常了解皮托先生,我知道他最终不会把责任归咎于他的误判,或者是哈里斯夫人的误判,而会是我的恶作剧。我没有特别怪他,我只怪我自己,我当时居然会盲目、轻率、疯狂而又不可思议地产生那样的怪念头。我痛骂我自己的愚蠢,直到最后和衣而眠,并且做了一个美梦。我梦见这部戏剧取得了巨大成功。

第二天早晨,透过窗户的阳光把我带回到现实中。这是一个寒冷的冬日,但至少阳光明媚。或许人们并不会对在这个寒冷的夜晚走出家门心存感激,但在温暖的剧院里,他们可能会成为大方的、宽容的观众。我已经开始寄希望于那些小征兆了。

到十一点钟时,在剧院里进行了一次彩排,而且这一次,似乎是为了证明哈里斯夫人所言非虚,在舞台上的整个进程,比昨天晚上要正常得多。当然,那个令人作呕的绿色背景依然如故,不过那个舞台支撑物被放在了距离入口较远的位置,这样约瑟夫·里根每次从入口出场时,至少可以昂首阔步,目不斜视。窗户用螺栓固定在框架上,那个少年男演员虽然没有任何保护措施,但至少没再发生更多的意外。现在,与《亲爱的强盗》有关的每一个人,包括演员和演出商在内,似乎令人惊奇地进入了一种催眠状态;而且从那时起,我看到同样的事情经常发生。由于昨晚的恐怖局面没再出现,或者至少在程度上大大减少了,每一个人似乎都对戏剧本身的缺点和不足视而不见。这出戏能够顺利地从一幕进行到另一幕这个单纯的事实,好像麻痹了所有人的头脑(包括我自己),让大家陷入一种喜悦而甜蜜的状态,由此消解了任何一种有效的判断乃至普通常识。在排练进行到一半时,盲目的乐观就像"五月酒"①一样再次在剧院里蔓延,由于每个人都变得陶陶然,哈里斯夫人以其精明的看法和对于这出戏不可动摇的信念而得到全面的祝贺。

在当天晚餐之前,在哈里斯夫人的房间里,我第一次品尝了马蒂尼鸡尾酒。大家也对我举杯祝贺,仿佛我应该得到这样的礼遇似的;但我以前从未喝过烈性酒,第二杯马蒂尼就使我醉得很厉害了。在醉意盎然的状态中,我记得有许多人向我举杯庆贺,我还记得皮托先生甚至向自己敬了一杯酒,因为是他发现了罗伯特·阿诺德·康拉德。当我们前往剧院时,一个个热情洋溢,精神百倍。当我站

---

① 一种德国产的混合甜饮料。

在大厅,带着微微的醉意,看着愉快的观众鱼贯进入剧院时,我甚至短暂地想象出这样的场景:当帷幕最终落下时,我从正厅第三排的座位上站起来,向观众发表一次优雅的简短的演讲,并且用那句不朽的开场白使现场气氛达到高潮,"女士们、先生们,我是罗伯特·阿诺德·康拉德。"

随着灯光变暗,我坐到座位上,帷幕开启。

当那丑陋的舞台背景赫然入目时,观众们似乎吓了一跳,但他们只是出现了一阵小小的骚动,然后就大度地变得气定神闲,开始欣赏演员们的表演。在一出戏的前十五分钟,观众是这个世界上最具可塑性的群体。只要他们产生了一种印象,也就是这场戏最终必将带给他们娱乐或感动,他们就能够接受剧作家和演员随意对他们施加的影响。然后就会发生一种奇怪的事情。在十五分钟左右的时间即将结束时,在剧院里似乎有一个看不见的铃声开始响起,这标志着一个转折点:如果这部戏剧没有从整体上打动所有观众,他们就会成为迥然不同的一群人,你永远别指望再把他们"焊接"在一起。你几乎可以感觉到那个时刻的到来,你能够听到那个铃铛正在无声地报时。

在《亲爱的强盗》的前十五分钟,他们心情愉快地坐在那里,同时预感到(或者说在我看来如此)他们在一个寒冷的夜晚被引出家门,只是为了遭到一小撮人的愚弄。如果这部单调而乏味的作品有一丝一毫的优点,哪怕是一两个补偿性的场景,我相信他们也会立即做出反应。事实上,他们只是完全沉默地坐在那里。我不知道还有哪一种沉默会比这更令人惊骇。以前,我不止一次地感受过这样的沉默,这是一种极为痛苦的体验。然而,我总是对美国观众的礼貌和文明感到惊叹。当他们清楚地意识到自己已被"出卖",他们付了钱却遭到耍弄,并且注定要忍受一个极为无聊的夜晚时,他们并不会变得粗鲁或者难以控制;他们只是冷淡而沉默地坐在那里,而且当每一幕落下帷幕时,他们就迈着沉重的步子走向过道,脸上带着明白无误的希望,那就是期待下一幕戏会变得好看一点儿。

此外,他们作为一个整体还具有一种"白痴天才":他们能够看到荒谬之处,能够无比精确地拒绝虚假之物,当然,他们并不知道其中的原因所在,也不会彼此说一个字。但是就我所知,他们是一出戏的弱点和演员的不足的最可靠的晴雨表。在第一幕戏刚演完一半以后,他们就知道《亲爱的强盗》有什么问题。

这是一个赝品。它集合了安妮·尼克尔斯为菲斯科·奥哈拉撰写的所有戏剧的基本元素,尽管我怀疑这种做法会让一个初学戏剧写作的人赢得荣誉,但那些戏剧至少忠实于同类戏剧所属的流派。而且,它们至少具有一种诚实的美德,而相比之下,《亲爱的强盗》是一种不诚实的模仿和杜撰。

当第一幕在观众不祥的沉默中落下帷幕时,我坐了一会儿,想让大脑摆脱两杯马蒂尼酒的影响。我不愿意去过道那里见到皮托先生、哈里斯夫人或者普里斯利·莫里森,但我希望有人能够告诉我,这出戏不像我想象的那样糟糕。我决定和大厅里的观众接触,听一听他们的意见。这是一个错误。我以最快的速度在人群之间穿梭,但事实上,他们此时好像并不是在剧院里一样。他们正在光天化日之下谈论其他所有的事情,对于刚刚看过的这一幕戏,他们都只字不提。假如我听到有人说,"它真是太差了",或者是,"我从未看过比这更差的东西",我想我会感觉更好过些,可是我没有这样的荣幸。他们对于刚刚看过的东西是那样蔑视,以至于不屑于谈论,这尤其令人难以忍受。

在短暂的舒适过后,大厅的锣响起来,把他们召回到剧院里面。我不愿回到座位上,但我没有其他地方可去。我那时还没有发现在正厅前座后面无休止地来回踱步的释放感,也没有发现钻进街边一家酒吧这一诀窍,因为烈性饮料能够使一个人直面即将到来的惩罚。我像其他观众一样,带着同样可怕的沉默挨到第二幕和第三幕结束。当最终落下帷幕时,人群开始纷纷涌出大门,仿佛外面街道上正在免费发放20美元金币似的。甚至连一丁点儿的掌声也没有。演员们面向撤出的人群背影的固体方阵鞠躬致意,而那个舞台监督——他的预言最终被证明是正确的——大发慈悲地只将帷幕拉起了一次。

我慢慢地走向后台,尽可能延迟与皮托先生和哈里斯夫人不可避免的碰面,但是当我走到那里时,却不见他们的踪影。

那个自彩排以来第一次露出笑容的舞台监督,亲切地冲我打招呼。"我没见过比这更糟的,"他微笑着说,"我见过他们以各种方式离开,"他接着说,"但这次就像是喷射水枪一样。你是在找管理层吗?"

我点点头。"他们在落幕以前就逃掉了。他们让我告诉你,在哈里斯夫人的酒店房间有一个会议,让你尽快赶过去。"

当我准备离开时,他在后面对我喊道:"我要是你,我就不会等着去看媒体评论。我认识这里的一个批评家,他等这样的戏剧都等了一年了。"

我勉强对他苦笑了一下,继续朝前走,但很快就被一个男演员拦住了,他热切地摇着我的手说:"进行得很顺利,您觉得呢?"

我注视着他,不知道这是不是某种残酷的玩笑,可他看上去非常认真。

我发现,在每一个剧团都有这样的演员,不管一出戏多么糟糕,他们总是认为或者假装认为演出大获成功,而且会不嫌麻烦地拦住你,把这个好消息告诉你。当你索要酒店房门钥匙时,他就站在前台跟前等着你。当你打算去买一大堆治疗头痛的止痛片时,他会在药店找到你。当你在深更半夜疲惫不堪地独自走向房间时,他们必然会尾随着你进入电梯,脸上总是挂着讨好的微笑,唇边总是冒出这些荒谬的言辞。我并不知道,这是为了有机会参演这个剧作家下次可能提供的剧本,还是只是为了在危机时刻讨好那些重要人物;然而,这种露骨和愚蠢的谎言,总是比一个诚实的舞台监督直率的蔑视更让人难以忍受。

当我开始敲哈里斯夫人的套房房门时,我已经做好了最坏的心理准备。令我惊奇的是,我清楚地听见从房门横梁空隙里传出哈里斯夫人爽朗的笑声。

我打开了参加我的第一次戏剧会议的房门。在外地的开幕之夜的演出之后,在酒店里举行的这种会议,是戏剧的一个部落仪式,这种不变的仪式多年来像霍皮族①印第安人的祈雨舞那样存在着。地点通常是在演出商或者作者的套房里,而且根据作者的名声或者戏剧的重要程度,参加会议的不仅有与戏剧关系最密切的人,也有在行业内被称为"救援队"的人:那些从纽约远道赶来的朋友或者祝福者,当演出成功时,他们就是第一批赶来庆贺的人,而一旦戏剧遭到失败,他们就会提供体贴而及时的安慰。

如果戏剧具有大受欢迎的特征,房间里就会变得拥挤而嘈杂,屋子里香烟缭绕、觥筹交错,电话铃声就像总统竞选总部在竞选之夜一样响个不停。如果戏剧产生的反响很糟糕,房间里就像突遭放射性元素袭击一样,变得气氛压抑或者冷冷清清,似乎只有作者和管理层不必担心自己受到致命的辐射尘的污染。一两个坚强的来自纽约方面的人——他们的脸上挂着貌似坚毅的神情和强装出来的笑颜——会逗留一时半刻,并且故作轻松地宣布,"当然,大家还需要多努力,"然后就逃之夭夭,他们如释重负的叹息声,就像一场三月飓风一样把他们迅速吹送到走廊深处。

在房间的一角,总是有从客房服务部拿来的一张桌子,桌子上摆放着一瓶瓶啤酒、威士忌,以及三明治和咖啡,它们通常已经变得冷冰冰的,散发出变馊的味道。因为在大多数演出城市,客房服务

---

① 原名莫基族人,住在美国亚利桑那东北部、纳瓦霍居留地中部和多色沙漠边缘的印第安人。

都在晚上九点钟截止,这种用餐通常都是由剧团经理在下午四点钟左右订购的。尽管食物在半夜前交付即可,但包裹在潮湿餐巾里的三明治在傍晚时就会送过来,因此当会议开始时,它们会变得又冷又湿。倘若戏剧演出顺利,看到那些可怜的面包片——它们不再是白色,而是已经变成了浅灰色——以及切成片的坚韧的火腿和软绵绵地堆叠在一起的边缘湿润而滑腻的乳酪,足以让作者胃口大开,但是,如果在外地的开幕演出很糟糕,看到它们就会让他感到恶心作呕。通常情况下,黄油被分开放在对每家酒店餐厅而言都很受欢迎的专用瓷质小碟子里,而且在会议期间,它们会散落在房间的各个角落。香烟在未被用过的小块黄油上被掐灭,口香糖也会以同样的方式被处理掉。如果会议是在作者的套房里举行的,那么第二天早晨,当他到门口去取报纸并且阅读有关演出的最新恶评时,首先跃入他的眼帘的,必然是空啤酒瓶子,只剩半杯的苏格兰威士忌,以及浸泡在融化奶油里的烟蒂。我一直认为,这是举行这种可怕仪式的一个恰如其分的场景,而且在某种程度上——我并不能清楚地确定——房间的这种恐怖景象,似乎更能缓解而不是增添当事者内心的痛苦。

多年以来,我参加的这第一次酒店房间会议,只是在程度上与其他所有同类会议不同。由于作者和剧本同样不重要,没有任何来自纽约的见证这次开幕演出的祝福者,而且由于演出在剧院里经受的是彻头彻尾的溃败,除了哈里斯夫人以外,所有的面孔都带着深深的愧疚感的印记和集体性耻辱的神色,仿佛他们当中有人奸杀了一个十岁的女孩,并把尸体埋藏在树林里,而其他人需要协助他挖坟墓一样。

然而,除此以外,这种仪式都是一样的。那张桌子摆在角落处,上面有啤酒瓶子和成袋的咖啡,软塌塌的三明治,边缘已经开始卷曲的灰色面包,盛放黄油的小碟子装满了在黄油里掐灭的烟头,而剧院经理的雪茄烟烟头正悠闲地漂浮于放在他的胳膊肘跟前、喝了一半的高脚酒杯里。

皮托先生面色凝重地瘫坐在椅子上,而普里斯利·莫里森似乎排除了一切干扰,全神贯注地用桌子上的油脂描绘着一系列造型精美的图案。可是,嘴角叼着一根香烟、手里端着一杯啤酒的哈里斯夫人,却在房间里欢快活跃地大步走动,好像戏剧大受观众欢迎,以至于不得不完成多次谢幕一样。当我走进来时,她朝我摆摆手继续说着她没有说完的话。

"伙计们,我告诉你们吧,"她现在同时对我和其他人说,"今晚的情况绝对没有影响我的情绪。绝对没有。你们知道为什么吗?首先,这是罗契斯特市——而罗契斯特市的人除了知道柯达照相机,他们还知道什么?其次,这是有特定观众群的一出戏。我从最开始读到它的时候就知道这一点,我至今仍然坚信我的判断。给它一个机会吧,伙计们,让它面向属于它的观众,而且你们绝对不会相信,你们看到的是和今晚同样的一出戏。"

房间里出现了片刻的沉默,然后普里斯利·莫里森用温和的声音问道:"那么你认为,这出戏的观众现在躲在哪个城市呢?"他一边继续忙着他的涂鸦,一边头也不抬地说。

"芝加哥,"哈里斯夫人得意扬扬地大声说,"芝加哥之后就是纽约。伙计们,我没必要提醒你们《阿碧的爱尔兰玫瑰》是怎么回事,对吧?"

皮托先生苦笑着做了一个鬼脸,然后在椅子上不安地挪动一下身体。他什么也没说。

"我告诉你我会怎么做,皮托,"她看着他接着说,"而且我建议你也这样做。我会坐明早的火车离开这里。我不会在这里坐上一个星期,去看一部我比任何观众都更了解的戏。普里斯利和莫斯可以继续观看演出,去做任何他们认为必要的事。然后,你和我下周一晚到芝加哥去。要是芝加哥观众也不把这出戏当一回事,我就在酒店大厅里把我的帽子吃掉。莫斯,你别等着了,快喝杯啤酒,吃点儿三明治吧。你的脸儿都绿了,是饿的还是屋里的灯光照的?"

我再一次发现,奇特的情感会导致空前的饥饿感,我狼吞虎咽地把那些三明治吃掉了一大半,几乎一口气喝光了两瓶啤酒。

我不敢看皮托先生,而且坐在尽可能远离他的位置。哈里斯夫人还在欢快地说着,我如释重负地看到皮托先生终于从椅子上站起身来,说,"那好吧,普里斯利,下周一你和莫斯到芝加哥见我。如果在一周内情况有任何好转,就给我打电话。否则的话,我就会站在芝加哥的酒店大厅里,亲眼看着哈里斯夫人吃掉她的帽子。"他对这个小小的玩笑阴郁地笑了一下,就推门出去了。

在罗契斯特市接下来的一周,大概是我为了一出戏而度过的最凄凉的一周。在我多年来去外地参加戏剧首演的其他日子里,我也有过涉及更多痛苦和危机时刻的几个星期,但是,我不记得还有哪一次比这几天的遭际更加使人忧郁。剧院里的气氛令人伤感:观众大概只有稀稀拉拉的分散就座的二三十人左右,演员只能对着近乎空旷的观众席用低沉的声音说出台词,更增加了剧院里的阴郁氛围。我经常在想,究竟是哪些奇特的必然因素,让这些屈指可数的受虐狂们以不可理解的原因坐在这里看戏,尽管他们显然已经得到过警告:这是沉闷的、不能令人满意的一出戏。而且为什么总是二十个人或者三十个人?为什么不是两个人、十个人或者两百个人?但显而易见,即便是最糟糕的戏剧,在一个大剧院里也总会孤零零地坐上二三十人,这就使得剧团必须将帷幕拉开。

在罗契斯特市的整整一周里,剧院观众最多时也不超过三十个人,看到他们两个一组、三个一群地分散在座位的各个角落,你甚至在帷幕开启之前就倍感凄凉。他们在整个演出过程中,始终沉默地坐在那里,当最终落下帷幕时,他们就像开始走进剧院的情形那样,一声不吭而又步履沉重地走出过道,并几乎是全体一致地带着抑郁的表情离开剧院,同时把一个巨大的谜团留在了身后:他们为什么非要不嫌麻烦地来到这里？到这一周即将结束时，我一场不落地看完了《亲爱的强盗》所有的演出，无比单调和枯燥的滋味难以描述，那种痛苦的感觉深入骨髓。可是我不得不坐在这里，挨到每一场演出结束，以便能够向普里斯利·莫里森提供观感。

我从来都不能理解某些剧作家的兴趣：当一出戏在纽约演出期间，他们能够每天晚上来到剧院，津津有味地坐在那里，着迷地欣赏着他们自己的作品反复上演。没错，《亲爱的强盗》并不是一部可以让剧作家本人感到骄傲的戏剧，但就我而言，当我的戏剧在纽约进行开幕演出时，不管它可能取得多么大的成功，我都不能耐着性子看完整场演出。我能够坐在剧院里，看完一两个最喜欢的场景，但是我知道，如果把整出戏从头到尾看完，只会让我觉得痛苦，我甚至没法带着任何程度的愉悦感觉看完它的一大部分。或许是因为《亲爱的强盗》让我充满了反感，使我一生都不愿观看我自己的作品的演出，如果这是真实的，这是我能够找到它的唯一优点的标志。

时间不知不觉地拖到了星期六晚上——对于开幕之夜，戏剧演员们私下里都有一句挂在嘴边的老话，"十一点钟总归要到来的。"而且，我是带着某种解脱甚至是一丝希望，和剧团一道坐上了开往芝加哥的卧铺车。芝加哥的情况，肯定不会比罗契斯特市更糟糕。

我们是在星期日傍晚赶到芝加哥的，我直接去了《亲爱的强盗》将于第二晚上在那里举行开幕演出的艾德菲剧院。在芝加哥，正式演出都是在星期日晚上进行的，作为即将上演的戏剧的作者，我有权获得星期日晚上的"免费门票"的礼遇。乔治·S. 考夫曼和马克·康纳利创作的《马背上的乞丐》，正在进行最后一场演出，我非常想去看看它。当它在纽约演出期间，就是我未能有机会观看的一出很受欢迎的戏剧。我匆匆吃完晚饭，就直接回到了那家剧院。

置身于拥挤的剧院大厅，倾听着那些穿着时髦、充满期待的观众发出的嗡嗡声，看着他们匆匆穿过大门并走到座位那里，并准备享受一场盛宴的身影，这是一种多么不同的感觉。空气里荡漾着明白无误地充满喜悦的气氛,你可以感受到观众们对帷幕即将拉开时这场盛宴的期待。传入我的耳内的,是这个世界上最快乐的声音。不知不觉之间,我忘记了我自己濒临的险境,而是沉浸于人群拥挤的剧院氛围,以及随着脚灯调暗之后,突然弥漫在观众之间的静寂。《马背上的乞丐》至今仍是美国舞台上讽刺作品的里程碑之一,我全神贯注地坐在那里,瞪大眼睛而又充满敬佩地欣赏着演出过程。它对于我们国家的生活和文化荒谬性的一面富有天才的描绘和揭示,已然唤醒了我内心深处某种讽刺性的特质,而且我第一次隐约感觉到,相比于演员艺术,剧作家的艺术当中,可能具有一种更深层次的成就感。这只是一个稍纵即逝的想法,但在回到酒店的路上,我再次想到了考夫曼和康纳利组合与约翰和莱昂内尔·巴里摩尔的组合之间必然存在的不同之处。

第二天上午,皮托先生和哈里斯夫人赶到了这里,而且我有些沮丧地知道,我被转移到了皮托先生的房间。当诸神不再对我们微笑时,皮托先生就会大张旗鼓地采取最经济的节省方式,而我带着一丝惊惧想到,如果今晚的演出同样很糟糕,和皮托先生住在同一个房间,将是怎样一种感觉。

这天晚上,在哈里斯夫人的套房举行的晚餐,对所有人而言都是愉快而令人喜悦的,虽然不像在罗契斯特市第一次晚餐那样有一种近于狂欢的气氛,但在喝下第二杯马蒂尼酒,进行了第三轮彼此祝愿以后,就连皮托先生似乎都陷入了一种盲目期望和过度乐观的状态。在去剧院的路上,他甚至在出租车里开起了玩笑并大笑不止。由于这些戏剧人是那样坚信,一个不可能的奇迹将在开幕之夜出现,以至于当我们赶到剧院时,我们又变得信心百倍,几乎每一个人都忘了一个事实:这和一周前在罗契斯特市上演并遭到可怕的冷遇的是同一部戏剧。

当我瞥了一眼顺着过道走进来的观众时,我的心突然沉了一下。他们当中很多人穿着晚礼服,系着黑色领带,表情看上去和所有看开幕演出的观众并无不同:那是一种威胁性和悲悯心并存的表情。我心想,和在罗契斯特市开幕之夜的那些观众相比,他们恐怕不会以同样礼貌的方式掩饰他们的蔑视之情。我的感觉没有错。

在罗契斯特市,他们是以令人惊讶的沉默来面对那可怕的布景的,但是,当帷幕在芝加哥拉开时,在映入眼帘的场景使其发出一阵难以置信的喘息之后,他们随即爆发出一阵嘲弄的笑声。笑声持续的时间之长,足以淹没开场时的几句对白。当观众再次变得安静下来时,约瑟夫·里根以他从来不曾采取过的一种方式出场了。那是他自己的一种即兴创造,无论在当时或者在后来,他从未解释过他为什么要那样做。他从壁炉之间穿过去,而且自行插入了一句台词,我忘记了他的那句话究竟是怎么说的,但我记得大意是:"当爱尔兰人进城时,每天都是圣诞节。"看到约瑟夫·里根躬身穿过壁炉入场,已经让我一时间感到目瞪口呆了,但是,他的这一即兴发挥更让我不知所措。我听到周围观众先是传来一阵喘息声,然后就再次笑起来,与此同时,他们彼此间开始交头接耳地议论,我突然发现,一个白发苍苍的绅士从他的第三排座位上站起来,朝过道方向走去。一大部分观众也站起身来,似乎要跟着他往外走,这引起了我的兴趣,我低声问普里斯利·莫里森:"那人是谁,为什么人人都在看着他呢?"

"那个人,"普里斯利·莫里森甚至懒得压低嗓音回答说,"是阿什顿·史蒂文斯,芝加哥评论界的领袖,而且我相信他现在是要回家了。"

接下来迅速出现的局面更加令人生畏。在约瑟夫·里根还没来得及用爱尔兰语说出更多"macushla"和"mavourneen"①之前,观众们就开始如流水一样涌向过道,到第一幕幕落时,我身边的座位已空空荡荡,而且我肯定地知道,座位上的人就和阿什顿·史蒂文

---

① "macushla"和"mavourneen"是爱尔兰英语,分别是"爱人"和"亲爱的"之意。

斯一样正走在回家的路上。这一次,我没有让自己再次回到剧院座位,去忍受挨到第二幕和第三幕结束的痛苦。我走到舞台后门所在的街巷,一直留在那里来回踱步,直到十一点钟为止。

有个头脑敏锐的家伙曾这样说过:"他们在城里找到了那个通风最好的地方,然后就在周围建起了一座剧院。"他说得没错。从密歇根湖吹来的大风在街巷里呼啸,好像是得到阿什顿·史蒂文斯专门的授意并找到了那出戏的作者,但是,我几乎感觉不到它的存在。现在,最糟糕的事情发生了,我想到的只是我会遭到怎样的打击,以及这一打击将在何时到来,而这才是我最害怕的。

皮托先生,一个表面上总是动作迟缓的人,在某些领域的行动却十分迅捷,在他的财务领域尤其如此,一旦有任何异常情况,总会促使他立即采取行动。如果《亲爱的强盗》带来的结果就是让我丢掉工作,那么我以后怎么办呢?还要再回到那个毛皮仓库吗?我知道我绝不会再回那里;但是我也知道——我比任何时候都清楚这一点——如今找到一份在剧院办公室勤杂工的工作,是多么艰难的事情。再找到同样的工作几乎是天方夜谭,我也不会在这一点上自欺欺人。那些幸运地拥有这份工作的人——不管他们是否是剧院内部人的亲属——都会一辈子守卫着这份工作。

我认为显而易见的是,任何品尝过戏剧这杯令人兴奋的葡萄酒的人——即便只是在它的边缘行走,或者从事与其有关的最卑微的工作——从此都会永远和外部世界绝缘。戏剧界封闭得就像是一个部落,而且就像一个吉卜赛营地一样,和其他平民世界隔离开来,进入过这一领域的人会被宠坏,从而对与其无关的其他任何事物失去兴趣,他们的余生都会受制于戏剧那种诡诈的诱惑而难以自拔。我既不能也不会让自己面对这样的现实:在下一周的这个时间,我有可能成为一个仓库管理员或者是一个邮差,而我尚未站稳脚跟的这个世界将再次向我关闭——就我所知,这次我可能面临决定我一生命运的时刻。

我在那条街巷里走来走去,在脑海里考虑着每一种逃过此劫的途径和可能性,但归根到底,我毫不怀疑而又十分气愤地接受了这样的事实:我没有任何出路可言。我在十一点钟时开始走回酒店。我敲了敲哈里斯夫人套房的房门,而且没有等待回答就走了进去,因为现在没必要去推迟面对我即将到来的命运。

里面的背景和气氛,与在罗契斯特市的第一次会议毫无迥异,可是,哈里斯夫人展示出她一如既往的品质:她是一个输得起的人,哪怕经受的这次失败是那样彻底和确凿无疑,就连她那乐观向上的精神也不得不承认这一点。

"你刚刚错过一场好戏,莫斯,你没看见我如何试着准备吃掉我的帽子。"她对走进房间的我打招呼说。她随即大笑起来,并走向瘫坐在沙发上的皮托先生。"皮托,"她说,"我们说好了要让这部戏在这里上演四个星期,对吧?"他头也不抬地对她点点头。"每个星期是4000美元,是吗?"她问。皮托先生再次点点头,好像提到具体数字会让他的身体产生一阵剧痛似的。

"那好,皮托,"她接着说,"我的建议是,我们现在就结清和那个剧院的费用,明晚演出最后一场。我们的全部亏损是多少,皮托?包括到现在为止的损失,演出担保的费用,以及把剧团带回纽约并向他们支付酬劳的费用?"

皮托先生从口袋里掏出一个信封和铅笔,慢慢地在信封背面写满了一堆数字。他似乎用掉了很长时间,而且,当他在上面潦草地写来写去的过程中,没有人说话。当他最终写完时,他抬起头来,把信封放到旁边的沙发上。

"说说吧,一共是多少,皮托?"哈里斯夫人有点儿不耐烦地问道。

他的声音是那样微弱,以至于哈里斯夫人不得不又问了他一遍,而当他再次回答时,他的话语听上去非常吃力,就好像是他的一颗龋齿正在被一个蹩脚的牙医拔掉一样。"4.5万美元。"他说。

我痛苦地闭上了眼睛。这一切是在那个安静的周日下午,我在布朗克斯区的一个厨房里开始的!

"我们可以把舞台布景留在这里吗?"哈里斯夫人问。

"不能,"那个舞台监督第一次开口说话了,"我们得把它们从剧院拉走。"

"拉到哪里去呢?"哈里斯夫人问。

"还得找一个有风的日子,在垃圾场把它们烧掉。这也要花钱的。"

哈里斯夫人笑了起来。"我们能不能找到阿什顿·史蒂文斯住的地方,把这些东西丢在他的门口呢?"她说。她想了一下,又补充了一句,"舞台布景和戏剧评论家应该彼此为对方负责。"

普里斯利·莫里森走到我跟前,把一只手搭在我的肩膀上。"我明早就不去看阿什顿·史蒂文斯写的文章了,莫斯,"他温和地说,"不管怎么说,你迟早有一天会带着另一部作品回来,并且让他闭上他的嘴。你说是吗,皮托?"

皮托先生没有回答。他从沙发上站起来,慢慢地走向门口。当他最终开口讲话时,他的声音嘶哑而又凄凉。"晚安,"他说,"我要睡觉去了。"他从门口对我招招手,让我跟他一起走。我轻轻地向他们说声晚安,就把门在身后关上了。

当我们等候电梯时,我一声不响地站在他旁边。他默默地顺着走廊走向我将要和他共享的那个房间。我想,等到我们走进房间以后,他就会宣布我的命运。

皮托先生打开房门,把钥匙"啪"地扔到上面盖着一块玻璃的写字台上;他仍旧没有做声,并开始解开衣扣。看到你的雇主——那个将你的命运掌握在他手中的人——穿着长长的冬季内衣站在你面前,会令人感到很不自在。那是一件能够让任何环境失去尊严感,并且制造出一种近在咫尺的荒谬感的服饰。我对于他将要说的话感到恐惧,再加上我对于眼前的情况是那样尴尬,以至于当他最终开口讲话时,我起初并没有听清他在说什么。

使我惊奇的是,他说的并不是《亲爱的强盗》,而是在外地演出的其他戏剧的收益情况。

"星期六晚上,在密歇根州弗林特市演出的梅·罗布森不到1000美元;在萨吉诺市演出的菲斯科·奥哈拉只有400美元,"他说道,"我不知道这到底是怎么回事。现在是演出旺季,它们的票房收入以前从未这么糟糕过。"他接着列举了其他戏剧的收入,以及他所熟知的在每个城市可能存在的不利条件——它们似乎可以解释收入出现的令人担忧的下降。但是,他说得越多,他的困惑感就变得越强烈,因为对于这种整体性的暴跌,似乎找不到任何合理的解释。

当然,虽然我们当时都不知道其中的原因所在,不过几年以后,那个严峻的答案最终确凿无疑地浮出了水面:"戏剧院线"——作为美国戏剧生命线的主要和必需的辅助物,也是戏剧人最基本的生存条件——正在以惊人的速度消失。那时还没有有声电影,但是,无声电影和早期无线电的魅力,正在大规模侵蚀喜欢看戏剧的美国人的文化习惯。而且我认为,大量生产的汽车带来的强大冲击,以及小城市居民之间的沟通和交流突然变得轻松而便捷的事实,都在既摧毁了院线,也毁掉了那个原本根深蒂固的家庭娱乐的轴心——滑稽通俗喜剧——那场看不见的革命中,扮演了各自的角色。随着它们的消失,也导致了一种戏剧生活方式和年轻演员一种不可替代的训练场所的消失,因为不管培训条件如何恶劣,它至少为那些非科班出身的演员提供了一个试验场,而且不管它存在的意义是否高尚,你至少很容易在那个试验场一试身手。不管训练条件多么糟糕,在观众面前是没有什么可以代替演技的,而且随着戏剧院线和滑稽通俗喜剧的减少,一个庞大而宝贵的观众群体,也跟着永远地消逝了。

当时,无论是皮托先生还是其他戏剧人都没有意识到,他们正在经历的并不是一时的淡季,而是一个时代的终结,而且,演出商A. L. 厄兰格和E. F. 埃尔比这些令人生畏的戏剧界领军人物,仍在统治着正在消失的一个领域。

皮托先生说个没完,真正让我感到吃惊的是,他既没有提到《亲爱的强盗》,也没有提到我本人。我花了好几分钟才确认了这一事实,然后又感觉到胸口处有一块大石头被卸掉了。当然,这意味着一件事——我是安全的!我在剧院貌似危险的立足点仍旧完好无损。我对自己郑重地发誓:在我有生之年,我绝不会再次在一张白纸上敲打出"第一幕"这几个字。我的欣慰感是那样强烈,乃至不自觉地当着皮托先生的面打了一个大大的哈欠。

他看看表,叹了口气。"快到早晨四点了,"他说,"我们睡觉吧。我想坐明早第一趟火车离开这里。"

那天晚上,我在一周里头一次睡了一个好觉。

在回到纽约的旅程中,皮托先生并不是那种令人愉快的旅伴,但没有什么能够影响我的好心情。就连阿什顿·史蒂文斯对《亲爱的强盗》的评论——我在火车的男厕里偷偷地读过它——也没有让我感到多么压抑。他实际上并没有写这部戏的评论。事实上,他是用黑色框发表了一个讣告似的通知:"以下诸位昨晚卒于艾德菲剧院……"然后列出了那部戏剧的名称、作者和演员。

当然,这是一个残酷的玩笑,但我理解他的愤怒,而且我不得不承认,他的愤怒并不是完全没有道理。奇怪的是,这件事似乎并不多么重要。只要我保住了我的工作,有关《亲爱的强盗》的任何事情,似乎都无所谓。

当火车呼啸着进入纽约中央车站时,这种愚蠢的错觉被驱散了。当车灯打开时,似乎一直在座位上打盹的皮托先生,睁开眼睛并开口说话。

"现在的情况你也看到了,Mouse,"他慢慢地说,"各个院线的情况都是如此糟糕,我还是打算让贝拉小姐做我的秘书,让约翰,那个电梯员,倒垃圾筒和邮寄信件。"

我盯着他看了一会儿,然后说:"哦。"

现在,人们都开始从座位上站起来,那个搬运工站在我们之间,把包裹从头上的行李架上取下来。

我隔着他对皮托先生说:"我可以偶尔到您那儿去看看吗——万一情况有变化的话?"

"哦,当然,"他回答说,"完全可以。"他收起他的东西并走向门口,"只要火车一停下,我就要赶快回去。"他扭头对我说道。"我想,我可以马上坐上去贝塞德的火车,那么我们就再见吧。"

我看着他向门口走去。当我来到月台上时,他的身影已经消失在走向台阶的人流中。我茫然地站了一会儿,然后拿起我的手提箱,朝回到布朗克斯区的地铁走去。

第7章

纽约不是一个迎接失败者归来的城市。它的花岗岩和玻璃墙壁不大可能安抚恐惧的心灵，慰藉绝望的灵魂。我爱我出生的这座城市，我总是带着舒畅的心情回到这里。不管什么时候，只要离开这里一段时间，我就会变得焦躁不安，带着真正的思乡之苦的我，总是渴望回到它的怀抱。但是这一次，我的第一次回归，让这个城市在我眼中似乎变得可怕了，仿佛要拒我于千里之外。我第一次有了许多从小镇和村庄来到这里，想要在此闯荡一番的人的那种感受——我觉得被它吞噬了，被它抹掉了。我第一次体验到了什么是绝望，我可怜兮兮地意识到，我目前最应当做的事情，就是忘记剧院，接受明天上午碰给我的第一份工作。

我认为，我对于纽约地铁深刻而持久的仇恨，缘于那天晚上的归家之旅。当然，我就像很多坐地铁上下班的乘客一样，一直都很痛恨它；不过对我来说，那天晚上是我的全部仇恨的象征，是预示着我在未来几年每天下班都要坐地铁回到布朗克斯区的一种征兆。我所感受到的所有痛苦，似乎都体现在它的噪音和污秽中，都不可磨灭地镌刻在密密麻麻地拥挤在我周围的那些人的面孔上。我在杰克逊大道走出地铁站,当我开始步履艰难地走向三个街区以外的家中时,自皮托先生向我宣布那个可怕的消息以来,我的大脑第一次变得有些清醒了。我决定不把我丢掉工作的事告诉我的父母。最好等到这一周结束,到时候我有可能再找到其他工作,那样的话,对他们的冲击就会大大减少,因为我可以把另一份薪水带回家。我已经受够了这一天的坏消息,我不想再把坏消息告诉他们。我也知道,我的父母完全不能理解失去这份工作对我意味着什么,这一事实只会增加我内心深处那种比我的手提箱还要沉重的绝望感。

突然间,我停了下来,我吃惊地看到了我的父亲,他坐在距离我们家一个街区的那个小型香烟店铺的窗口处。那是一个古巴人和他的妻子经营的一个狭小的雪茄烟商店,而且另一个小个子古巴男人过去总是坐在窗口处,从早晨一直忙到深夜,不停地切割烟叶,并将它们卷成廉价的雪茄烟。当家中的处境变得不妙时,我的父亲总会开一个残酷的玩笑:"我都想好了,如果事情更糟糕,我就不得不到附近那家小店上班了。"我们家的情况过去从未悲惨到这一地步,而且,每当想起这种会让全家人脸上无光的可能性,我就会不寒而栗。在我离开的这两个星期里,到底发生了什么事情?要么必定是我们一直想要留住的那两个寄宿者离开了,要么是我母亲或者我弟弟生病了而且病得很重。拖欠医院的账单,是一个永远存在的噩梦。

我急忙加快脚步从那个窗口处穿过。我父亲没有看见我;他正低着头在那块木板上加工雪茄烟,他的手指灵巧地卷着烟叶,而我此时也感觉到,我的心同他贴在一起。我知道,他一定是从上午8点就开始在那里忙碌了。过去我每天坐地铁上班时,都能够看见那个小个子古巴人坐在那里忙碌。这种类型的雪茄烟制作工,不是按照工作时间而是按照制作雪茄烟的数量得到报酬的,而我的父亲实际上一直都会工作到很晚。

我很快就会知道发生了什么事——但是当我越来越接近家里

时,我不停地想:为什么?为什么不幸总是接二连三地发生?当时有一部很成功的电影叫作《救济院的母亲》,据说电影里有个聪明的家伙说过这样一句话:"还嫌救济院本身不够艰难——他们还要用一座山把它挡住!"我是在很长时间以后才听到这句妙语的,可是,当我走上四段楼梯,来到我们的公寓房间门前时,我内心的那种愤激情绪挥之不去。我的母亲打开门,我从她身后一眼就看到我的弟弟,还有那两个寄宿者坐在厨房餐桌旁。我同样迅速地看到,她的眼睛因为哭泣而红彤彤的。

"怎么了,妈——发生了什么事?"我问,我仍然站在走廊里。她把我轻轻地拉进去,并关上了门。然后,她把我拉到客厅。这原是我母亲和父亲的卧室,不过当家里开始接纳寄宿者时,我们就经过一番折腾,把它改造成了客厅。她在床上坐下来,示意我坐在她的旁边。

"你不在家时,你凯特姨妈去世了。"她又轻声地抽泣起来。过了一会儿,她对我简单地说了原委。这一切都发生在一个晚上。他们在凌晨两点被叫到了医院,他们守护在她的床边,她在四点时离开了人世。她死于一种无痛性癌症,而且在弥留之际,她曾经恢复了意识并对他们微笑,还问起我的情况。尽管当她在世时,我的父亲一直不肯原谅她,不过面对她的死亡,他还是表现出了极大的温柔、宽容和理解。当然,我的姨妈身上已经不名一文,不过我的父亲还是坚持为她举行了体面的葬礼,他知道,这一定是我的姨妈内心的愿望,而我们家也因此变得债台高筑。这也正是他坐在附近那个窗口处的原因——他终于日复一日地坐在那里,做着那件他最害怕也最痛恨的事情,只是为了确保他厌恶的那个女人被体面地下葬。

当我的母亲讲述这一切时,我的脑海里闪过的第一个念头是:"我应该早点儿告诉她的。"因为我没有告诉过凯特姨妈,我的一部戏剧即将上演。我私下里有过这样一种幻想:暂时什么也不说,直到有一天,我陪她到剧院去欣赏在纽约的开幕之夜。现在,那种幻想和凯特姨妈都不存在了,但一时间,我没有任何悲痛的感觉——我的情感似乎全部被耗尽了。

"葬礼花了多少钱?"我问我的母亲。

"两百块钱,"她回答道,"我们每星期必须偿还10美元。他们能够信任我们是一件好事,对么?"我点点头。我决定,我明天必须去做我能够得到的第一份工作,我甚至没必要花更多时间去寻找它们并加以比较。我的母亲站了起来,擦着眼睛。"我们先别说这些了,"她说,"你按门铃时,我刚刚给他们端上晚饭。他们都很不错,"她向厨房方向示意,她指的是那两个寄宿者,"而且我们现在也需要他们住在这里,我们需要每一分钱。"

我走进我和我弟弟住的房间,打开了手提箱。上面放着《亲爱的强盗》那破烂的、封面上有手指印的手稿,我还把一份整洁的节目单精心地放在两件衬衫之间,这是我留给凯特姨妈的。我把它们撕成了碎片,扔到了窗外。然后我走进卫生间,把水龙头开到最大,这样,就没有人会听到我在里面哭泣。

第二天早晨,我在七点半以前就坐上了地铁,当我接近市中心时,我在《纽约时报》招聘广告上做了标记。可能得到的工作机会倒是不少——当然,其中没有任何是我喜欢或者愿意去做的,但我没有选择。仓库管理员、物流装卸员或商店勤杂工,我现在做什么都无所谓了。

我决定在第14街下车,然后直接到应聘地点面试,不过,我在时代广场就离开了地铁车厢。在我还没有完全意识到打算做什么之前,我就走向地铁车厢门口,当我从地铁里走出来时,才知道自己已经提前下车了,而且我也知道我想要做什么。在我开始做苦工之前,我要首先到墓地去和我的亲人道别。

我转乘了去往布鲁克林的列车,在到达纽约东部的赛普里斯丘陵之前的漫长旅途中,我感觉内心不可思议地变得宁静而祥和。当我到达墓地时,几支葬礼队伍正在墓地之间缓慢地逶迤行进,但是,看到这样的景象,丝毫没有让我感到心情压抑。这种送别亡者的场面,从来都不会让我感到忧伤,甚至不会让我受到多大的触动。我自己已经体验过太多的不幸,它们让我经受了足够多的折磨。我对于葬礼场面总是不为所动。每当我参加类似仪式时,我总是有些不大情愿,而仅仅将其作为尊重生者而非亡者的一个标志。我更喜欢以非公开方式与亡者道别;葬礼教堂的那种冷冰冰的装饰和布置,对我而言总是一种过时的和不必要的折磨。

到达凯特姨妈被安葬的地方要走很长的距离,而且我有好几次迷失了方向。我很喜欢这种体验。在离开地铁以后,墓地似乎并不是一个叫人感到不愉快的地方。在隆冬时节,这是一个几乎类似于春天的日子,虽然树上光秃秃的,石墓地周围那些保存完好的草坪,却散发出绿油油的亮光。我走到一条羊肠小径的尽头,出现在眼前的就是我的姨妈的墓地,上面还放着葬礼时的几株带着绿叶的花环。它的旁边是我外祖父的坟墓。

我站在那里,一时间不知道该做什么。我受到内心突然产生的某种强大力量的驱使而迅速赶到这里,但现在我来到了这里,却感到有些茫然。我唯一能想到的就是,这里埋葬的两个人在世时,在我的生命中占据着多么重要的位置,而且他们的一生又浪费了多少宝贵的、原本可以获得更多幸福的光阴。

我知道,相比于生活带给他们的处境,他们已经尽了最大的努力。他们本来可以活得更好的。站在这里,有关他们的记忆,变得比以往任何时候都更加清晰。他们的某些话语、他们与我相处的某些时刻,在我的脑海里一闪而过却清晰如昨,我突然意识到,他们在不知不觉中对我寄托过多么大的希望。我一直是他们对抗彻底失败的一座堡垒。我非但丝毫没有感觉到悲伤和自怜,而且因为一种难以控制的愤怒而发抖。去做船务员或者商店勤杂工的工作,不会比和我同龄的成千上万孩子的处境更糟糕,而且我起码可以通过在每个工作日上班养活自己和家人。但是,站在我的姨妈和外祖父的墓地跟前,如果我还是做出那样的选择,我就应该遭到天谴。回想到他们为我所做的一切,我绝不会辜负他们的在天之灵;我在愤怒中下定了决心:不管发生什么情况,我都不会离开戏剧这一行当,而且我永远不会背离这一自我承诺。事实上,从在墓地的那一时刻起,我永远都没有再走回头路。

做出承诺,有一些显而易见的不利之处,其中之一就是,这种承诺过程有时看上去,就像是一种陈词滥调。一个能够构思出我刚刚描述的这一场景的人,要么的确是一个勇敢的写作爱好者,要么是一个非常愚蠢的傻瓜,因为这样的描述必然会给人一种有点儿油腔滑调的感觉。然而,有时只要通过一丁点儿的努力,生活的确经常能够令人不安但却轻而易举地模仿很糟糕的戏剧或者电影,而且,我对此能够提供的唯一合理的解释,就是我在多年之后偶然读到的帕斯卡①的一句名言。他说:"心灵独有的逻辑,是一般理性所无法理解的。"我认为在那特定的一天,这一结论放在我的身上非常贴切。我认为同样正确的结论是:一个人有时会为了那种通常意义上的非理性逻辑而活,哪怕是为此献出生命也在所不惜。所以,即便有人认为我上面的描述是一种陈词滥调,或者说,它的真实性值得怀疑,我也愿意冒这种风险,如实交代我曾经有过的那种最终改变我的命运的逻辑。

我开始向车站方向走去,我知道我会在时代广场下车,而且从那时起,我不会把职业落脚点放在其他任何地方。

当第14街地铁站一晃而过时,我突然做出了决定。现在,该是我考虑做一个演员的时候了。我已经没有什么好失去的了。我从车上下来,扔掉了我在上面的招聘广告做了标记的那份《纽约时报》,顺着地铁站通道,走向通往时代广场的阶梯。

---

① 法国著名数学家、物理学家、近代概率论的奠基者。

和两年前相比,我现在有了一种优势。我不再是一个对戏剧感到陌生的新手了。我知道哪里有戏剧办公室,我会说很多戏剧行话,我也大略知道,我可以尝试的小角色主要有哪些。我需要的是"新手的运气"。我整了整领带,把胸前口袋里那块手帕固定在一个更恰当的角度,又偷偷瞟了一眼口香糖售卖机的镜子里的自己。我看上去已经有些不同了。今天早晨,当我坐地铁赶往市区时,我觉得自己像是一个船务员或者是一个商店勤杂工,但现在,我感觉自己就像一个演员,而我看上去似乎真的是一个演员。我对自己的样子很有信心。我的脸上写满了太多的期待,我迫使自己露出灿烂的笑容,我的眼睛里闪烁着一个底层人要不顾一切地获得生存机会的光彩。如果有必要的话,哪怕是等上一天,我也要以普通勤杂工钢铁般的意志争取找到一份工作机会。而且相比于剧院办公室的其他应聘者,我熟知选择角色的某些秘密,这一点在一定程度上增强了我的信心。我对着镜子练了一会儿,对自己拿捏出的各种表情非常满意。我还有另一个优势,我提醒我自己。就在不久以前,我自己还是一个剧院办公室勤杂工,而且有那么一会儿我突然想到,我至少还可以依靠以前剧院竞争对手当中的一个熟人,请他带我去见见负责挑选演员的人。

我精心选择了我认识的一个办公室勤杂工,我知道他和我一样,很不情愿对应聘的演员说"不",而他也知道,我早就渴望成为一名演员。欧文·莫里森,乔治·泰勒剧院办公室的勤杂工,是一个善良而亲切的人,而且如果我不得不把一个脚趾放进演员们每天在此游泳的这个冰冷的水域,那么,欧文·莫里森是眼下最有可能给我的纵身一跃提供温暖的辅助措施的人。

这是一个明智的选择。他对于我要应聘演员这个消息略感惊奇,虽然我怀疑他已经知道我被解雇的事情,但他却很有风度地没有提到这件事,并且让我等待一下,以便他能够争取机会让我去见泰勒先生。他告诉我说,也许别的事情他可能做不了,但至少可以让我见到泰勒先生。"

我转过身来，在正在等候的其他人当中，找到一个不显眼的地方坐下来，我一边等待，一边听着他们之间轻松的打趣性的谈话。

对于演员之间的谈话方式我再熟悉不过了。那种谈话通常风趣、机智而大胆，另外，因为大部分谈话内容都是以无伤大雅、每个人都能坦然面对的小小的谎话为基础的，它通常也是具有戏谑性和嘲讽性的，甚至带有某种并不会惹人反感的恶意。之所以说它是大胆的谈话，是因为演员自身装备的一部分，就是他每天必须像携带盾牌一样携带的勇气；当他每天早晨出门以前看着镜子里的自己时，不管他可能有着怎样绝望的感觉，只要他站在剧院办公室接受面试，就必须把真实情感完全掩盖起来。他不但要展示出自己最好的一面，还不能向和他一道争取同一角色的竞争对手透露任何这样的信息：他是多么需要获得这一角色，以及到目前为止，他被任何一家剧院选中的机会是多么渺茫。

假如你吃的是简陋的早餐，而且知道午餐必须省掉，那么，让自己保持最佳状态并不容易，另外，一旦当你逆光站立时，你那被熨烫过无数次的外衣便毫无光泽可言，那么，你就很难轻松自如地与别人聊天。但是，大多数演员都有一颗尽可能回避现实的童心，还有对待他们的演员同行的善意，这是我认为在其他行业并不存在的一种特质。

现在，办公室里的一个演员对我转过身来，礼貌地问："你最近怎么样？"

我很熟悉这一行话，就耸耸肩回答说："在百老汇没什么机会。"然后就有意识地压低了嗓音。

毫无疑问，他们每一个人都看得出来，我从未在舞台上表演过，但他们却让我参与到他们的谈话中，好像我是一个老手似的。我专注地倾听着，因为在他们的只言片语之间，在那些愚弄不了任何人的大话和谎言之间，可能隐藏着一些有价值的信息，从而使你有机会了解纽约几乎每一个剧院目前的情况。当那个长着一双亮眼睛、戴着刚刚洗过的棉手套的女孩傲慢地宣布说,她已经拒绝了艾弗里·霍普伍德①一部新戏的一个角色(因为那个角色直到第三幕才开始出现)时,两个站在人群外围的姑娘过了一会儿就离开了。办公室里每一个人都很清楚,那两个姑娘已经直接去了 A. H. 伍兹剧院办公室,因为那个亮眼睛的女孩应聘过那一角色,而且惨遭拒绝,但那部新戏里可能仍有一个角色的人选尚未确定,因此,用一上午时间等到这一信息还是值得的。

这个行业的小道消息可能没有多大的真实性,只是来自于纯粹的想象,但对于新手而言,他们捕捉到的消息通常都是准确的。现在,另一个人开口说话了,而我也竖起了耳朵。"我不知道他们是怎么想的,他们真的以为他们能选到好演员吗?"他不屑一顾地说:"他们要在梅菲尔剧院重新演《琼斯皇帝》,居然想要用区区 25 美元报酬找人演史密瑟斯,而且还没有分红。"他轻蔑地补充了一句。

"这出戏是谁导演的?"有人问。

"谁知道呢,我当时都懒得浪费口舌去打听。"那个人回答说,当大家对他的俏皮话不失时机地发出一阵笑声时,我站起身来,悄悄地走了出去。既然他们选演员有麻烦,这倒可能是我一直希望得到的那种新手的运气。而且不管是否有分红,每周 25 美元比我过去的最高报酬还多 10 美元呢。我和欧文·莫里森打了招呼,说我回头再过来,然后就迅速去往第 44 街的梅菲尔剧院。在泰勒的办公室还有另外一个带着急不可待的表情的演员,他似乎和我一样正准备向门外走去。

梅菲尔剧院是一个后来变成了一个公共汽车总站、具有不超过 200 个座位的小型剧院,但是,当我踏上通向总经理办公室的楼梯

---

① 美国剧作家,被称为"爵士乐时代"最成功的剧作家。

时,它对我而言似乎已经足够大了。它似乎是由和戏剧有些瓜葛的两个绅士拥有或租赁的——我从来不晓得究竟是哪种情况——而且据说是小额资本运作的性质;其中的一个绅士现在就坐在办公室里,心满意足地抽着一根雪茄烟。我有点儿气喘吁吁地对他解释了来到这里的原因。他把桌子上那份打印剧本推到我跟前,说:"你读一下吧。"

我丝毫没有犹豫,也没有一丁点儿的紧张感。我把它翻开并读了起来。五年前,当这部戏剧在马萨诸塞州普罗温斯顿剧院首演时,我并没有去剧场看过,但我还是信心百倍地读了下去,我的英国口音也帮了我的忙。史密瑟斯这个角色是一个放荡的一口伦敦腔的商人,而我对于那种腔调的模仿还算过得去。我必须努力回忆我父亲的口音——它仍然是纯正的英国伦敦斯特普尼市区的发音——以便让台词听上去分外逼真,而且我的耳朵非常灵敏。我十八岁而史密瑟斯应该是一个六十岁的久经风霜的酒鬼这一事实,丝毫没有使我感到慌乱,也似乎没有让桌子后面那位绅士感到有什么不妥。在某些方面,这家剧院确实令人赞叹——它至少不会把一个试听机会提供给一个新手看成是多么荒谬的事情。我读完了相关的一段台词,就把剧本递还给他。坐在桌子后面的那个人看着我,在开口说话之前又点燃了一支香烟。

"没有分红,每周报酬是 20 美元。"他探询地看着我,等待我的回答。

"我原先还以为这个角色是 25 美元呢。"我面带踌躇地说,而且这只是因为我害怕自己显得太急切了——我想,就是 20 美元甚至 15 美元我都会接受的!

"哦,如果我们能够顺利合作的话,我想那个价格也没问题,"他令人愉快地回答说,然后有些令人意外地补充了一句,"对了,你知道现在是几点吗?"

"大概是一点半,"我回答说。

"好,"他说,"你到楼下去告诉吉尔平,说你就是史密瑟斯。他们正在舞台上排练。我答应过他,我在两点之前会帮他搞定史密瑟斯这个角色。如果他想说什么,你就对他说,你是我们找到的这个价位的最佳人选。等一下,"他把已经走到门外的我叫住,"你把这份剧本带上。我想我们只买了两本。"

我抓起书就冲下楼梯。我是百老汇的演员了!我很清楚这里的戏剧管理和生产过程可能非常落后,而且在各个环节都在尽可能地压缩成本,但那有什么要紧的呢?重要的是我有了一种体验全新生活的独特经历,而且这种成就感并不会随着时间延长而消失。在很多年之后,我都会情不自禁地想起当时的情景和感受。

我第一次看到查尔斯·吉尔平,那个杰出的黑人演员就给我留下了相当深刻的印象。他不是一个多么沉着而冷静的人,而且当时正在生着一股无名之火。他本人在指导那部戏剧的翻版,因为《琼斯皇帝》这个角色他已经演过一千多次了。我一直等到排演中间有了一次暂停,才把我自己向他做了介绍。他对于史密瑟斯将由一个十八岁青年来扮演,似乎并不怎么惊讶——从他的言行当中,你会发现他对于任何事情都抱着无所谓和超然物外的态度。他目光忧郁地看着我,并轻轻地叹了口气。"好吧,"他平静地说,"你先等会儿。"

我走到舞台一个黑暗的角落,看着他在指导其他人排练。他也在排练他自己的角色,每隔一段时间,他就会大声朗诵他的台词。他的表演令人震撼。他具有一种将观众深深吸引住的内在激情和狂热的力量,而且,他和《琼斯皇帝》是演员和角色实现了完美融合的一个典型例子。

尤金·奥尼尔曾经说过,吉尔平是他的戏剧中唯一能够淋漓尽致地将他对于角色的内心形象完全呈现出来的演员,而且他可能是正确的。查尔斯·吉尔平是他所属种族最伟大的演员。作为演员,他不仅受到了他的惯常表演范围的限制,也受到了黑人在剧院里所能表演的角色的限制。假如他不是一个黑人,那么毫无疑问,他将成为他所在时代最伟大的演员之一,但是除了《琼斯皇帝》之外,他表演的其他任何角色,都很难让他发挥出自己最大的长处。可以说,他在《琼斯皇帝》这个角色上的成功,以及他扮演其他任何角色可能都无法让他感到得心应手这一现实,进一步强化了他原本就充满暴力和敌意的本性,因此,他后来总是从酒精当中寻找庇护和慰藉。

他现在示意我过来——他已经规划好了第一幕。除了男主人公以外,史密瑟斯是这出戏当中唯一开口讲话的角色,而且整个第一幕只有琼斯和史密瑟斯两个人出现在舞台上。我开始紧张得有些发抖。我在楼上办公室表现出的那种勇气已经完全消失了,我结结巴巴,抖抖索索,而且经常忘记上次读到的地方。吉尔平似乎根本没注意到我正在经受的痛苦,也没有注意到这一事实:就连我都能够听出自己的声音是多么空洞、做作而且显得过于年轻了。

他淡然而疲倦地迈着沉重的步子——他在技术上标示出动作应当怎样进行——"你站在那里……现在我走到你跟前……现在我走回来,坐在王座上……现在你走到我这边来……当鼓声响起时,你走到门口,开始倾听……然后你再走回来……不,不……走到你刚才的那个位置就可以。"

最后,这个过程终于结束了。他看着我,叹了口气。"他们对你说过,我们什么时候开始演出吗?"他问。我摇摇头。"后天——你最好赶快把台词背熟。"他说,然后就准备离开舞台。

我鼓起勇气跟上他,拽住他的衣袖。"您能告诉我,我怎样才能把它演好吗?"我结结巴巴地说。他的脸上第一次露出了笑容。"你演得并不像你想象的那么糟糕。"他轻声笑着说,"你今晚把台词背下来,我们明天再过过招。"他走向了后台化妆室,那里永远都有一瓶好酒在等待着他。

就和我预想的一样,那天晚上,当我回到家里,宣布我当了演员这一消息时,家里人并没有感到多么吃惊。或许是因为一种如释重负的感觉让其他的一切都变得黯然失色,他们现在知道,尽管我丢掉了一份工作,但我已经找到的另一份工作,让我每周可以多赚10美元。我没有太多时间讨论这件事,我对他们解释说,我当晚必须把这个角色的台词记住,而我的母亲再次把这一任务解释成我在白天没有做完的某种"功课",它有可能在明天使我失去工作。所有的人都被她"嘘嘘"地赶走了,这就像在几年以后一样,在我成为一个有影响力的剧作家以后很长时间里,她都会说:"现在先别进他的房间——他在做功课。"她的语气仿佛意味着我是一个不爱做家庭作业的坏学生。我的母亲从来都不认为,一个人能够在家里做的工作会有多大价值,而且我觉得,她始终坚信我在家里所做的一切文字工作,都是某种理所当然的惩罚,原因就是我在外面上班时,没有干好自己的本职工作。

史密瑟斯的台词并没有多少,我很轻松地就把它们背熟了,到了第二天,就像他承诺过的那样,吉尔平先生和我"过了过招"。他不是一个好导演,不过他有一个出色的美德——他会让演员自行体会和表演,他不会浪费大量时间讨论角色的动机和内在情感问题,也不会沉浸于一般导演都很热衷的没有多大意思的方言土语和华而不实的诡辩术。他急躁、偏执,而且有时并不能清楚阐明他究竟想要怎样的效果,但是,本身作为一个一流的演员,他知道告诉每一个人如何表演是愚蠢的,而且他不允许自己当着剧团其他人的面炫耀他的演技和个人见解,正如他对待我的情形一样。

我能够想象,他在前一天已经做出了结论:我能够演好这个角色,而且他现在迅速、平和而且直截了当地和我交流。当我能够正确理解他的意图时,他的指点就会非常关键并且大有帮助,因为就和戏剧有关的其他任何事物一样——其中的进程要么漫长而枯燥,要么充满了突发的严重危机——我做演员的首次亮相,是在当晚进行正式彩排、第二天晚上就要参加首演的压力下发生的。我已经没有时间去过多考虑我的表现是好是坏,因为我在整个下午只对一件事耿耿于怀:我不知道如何进行面部化妆,我感觉到这很丢人,以至于不愿意向剧团里任何人承认这一点。没有演戏经验让我感到颇不光彩,但我最终还是解决了这个尴尬的问题:在晚餐期间,我在兼售化妆品的格雷药店柜台前徘徊不止,直到另一个演员过来为他自己购买化妆用品时,我终于依靠我不知道如何实现我想要的效果这一托词的幌子,让他向我建议了适当的假胡须、演员粘假发用的快干胶水、合适的阴影粉,以及我需要用来扮演品格不端的史密瑟斯的其他所有必需品。他一定给了我很好的建议,因为我晚些时候在化妆室里看着镜中的自己时,不禁吃了一惊。被涂黑的牙齿,稀疏的灰色胡茬,仿佛因酒色过度而变得沉重下垂的眼睑,带着讥讽、懦弱和邪恶意味的卷曲、老化的薄嘴唇都恰到好处。我第一次理解了为什么首次登台的年轻演员如果能够演老人,或多或少是一种福气,而且我感觉到,化妆是如何让演员在舞台上脱离个性,不受个人情感的影响。我对于我获得的这一效果倍感高兴,乃至毫不紧张地顺利通过了彩排,我也不能说在第二天晚上这出戏正式上演时,我有多么怯场。当我站在台后等待帷幕升起时,我略微感觉有些紧张,因为这是我第一次走上戏剧舞台;但是,我想我的确摆脱了那种近于怯场的感觉,因为当帷幕升到顶端时,我的脑海里突然闪过一个意象:"啊,我现在可不是在为西联国际邮寄公司的物品打包或者寄发电报!"当我听到观众对舞台布景表示欢迎而发出的一阵礼貌的掌声时,我感到心花怒放——于是我便顺利地出场了。

在不久之后便走上舞台的吉尔平,受到了在我看来是长时间的雷鸣般的掌声,尤其是对于这个小型的梅菲尔剧院而言,于是,我带着一种愉快的兴奋感,和他演完了这一幕余下的部分,好像我已经有过好几个月的演出经历似的。

在第一幕之后,我很长时间都没有再次出场,直到这出戏的最后几分钟才露面,这样我就有机会从舞台一侧充分欣赏吉尔平对于那个角色的演绎。在那天晚上（在那以后，这种情况并非经常出现），他的表演达到了最佳状态，他呈现出一个非凡的、令人难忘的琼斯皇帝。尽管他在舞台上不时站错了位置，并且被舞台监督反复提醒，但我仍旧被他气势恢宏的表演深深地震慑了。

演出结束时，他得到了观众热烈的鼓掌，第二天早晨，报纸评论对吉尔平充满了溢美之词，令我感到十分意外的是，我也受到了评论家的褒奖。《纽约时报》这样写道："莫斯·哈特所扮演的史密瑟斯，令人赏心悦目。"就连刻薄地评价这出戏是一部低级庸俗之作的《世界报》，接下来却突然写道："这不是吉尔平先生的问题，他永远都不会失去他在这个角色上的'老本'，这也不是他的搭档莫斯·哈特的问题，他把那个卑劣的伦敦商人演得活灵活现。"

我的惊奇是发自内心的。在得到这份工作的兴奋中以及在最后两天的忙碌中，我其实没有任何时间去揣测评论家会怎么说。那是我第一次也是最后一次对评论家视而不见，然而，我现在对于这样的评论可说是欣喜若狂——它们证实了我的信念：从现在起，我必须而且只能从事表演事业，摆在我面前的只有鲜花和荣耀。那天晚上，我迫不及待地赶到剧院并等待帷幕升起。

幸运的是，我在演出前并没有看到吉尔平先生，因为我花了很长时间才上好妆，而且我在这件事上仍然很笨拙。我预计会在中间休息时在后台看到他，就他得到的好评向他表示祝贺，而且毫无疑问，他也会对我自己出色的表演赞美上几句。幸运的是，我当时并不知道，吉尔平先生那天晚上不太清醒，而且管理层决定先不给他支付报酬，而是让他穿上戏装，把他推到舞台上，然后冒险看看他会有怎样的表现。

毫无疑问，他们需要保证业务周转的每一分钱，他们的这种赌博式的做法也是恰当的。我也认为，他们没有就他的状况事先警告我也是对的。我一直都对踏上舞台感到紧张。实际上，我只是能够勉强完成我在第一幕的表演，而且我认为，作为一个演员，缺乏经验这一点救了我。

吉尔平跌跌撞撞地出场了,很像是被人从侧翼推出来似的——实际上,他就是被人推出来的——并且直接走向他的王座,他沉重地坐下来,接着就睡过去了。观众没觉得这有什么奇怪,因为这和这个角色的身份似乎非常吻合。但是我却吓坏了,舞台监督显然看到了我脸上明显的恐慌,他从台侧尽量压低嗓音对我说:"把他摇醒——你过去把他摇醒。接着演下去。"

我过于惊慌,别的什么也做不了,只能按他说的做。我走到王座那里,尽我所能把他摇醒。他睁开眼睛,抬起头惊奇地看着我——他一时间不知自己身在何处,他带着几分疑惑向舞台周围看去,又看看观众,似乎要弄清楚眼前发生了什么事。那个舞台监督再次对我低声说:"继续摇晃他——让他站起来。"

我再一次按他说的做了。我把他拉起来,扶着他的胳膊让他站稳身体,我对着他的耳朵喊出了我的第一句台词。令人惊奇的是,他竟然以正确的台词做了回答。他摇了几下头,就像是一头被困住的狮子一样,他粗鲁地把我的手拨到一边,再次坐到了王座上,这让我大为恐惧。我僵硬地站在那里,不知道接下来该怎么办,我甚至听不见舞台监督从台侧对我的低声喊话。

吉尔平犹犹豫豫地开始表演。他的声音很厚实,他把舞台提示弄得很混乱,不过他长时间坐在王座上,终于重新恢复了对于他的动作的某些控制力,然后站起身来,而且随着这一幕的进行,他甚至在一定程度上似乎恢复了过去强大的表演力,尽管他不时地会突然一把抓住我,以免让他自己倒下去——当然,每一次他都会吓得我灵魂出窍。

在这一切发生的过程中,观众们似乎完全没有意识到,除了戏剧表演本身以外,在舞台上还出现了别的情况,而且当第一幕帷幕最终降下时——我觉得这仿佛足有十年之久——观众报以热烈的掌声。吉尔平一声不吭地离开舞台。我站在原地,浑身颤抖。我抖得那样厉害,甚至都不能擦掉将脸上的化妆油彩完全浸湿的汩汩而出的汗水。舞台监督拍拍我的肩膀说:"我认为我们成功了——好样的!"然后,就端着一杯热气腾腾的黑咖啡,匆匆赶到吉尔平的化妆室。

我回到我自己的化妆室房间,浑身软绵绵地坐在一张椅子上,尽最大努力让自己恢复神智。我甚至不能攒足好奇心或者力量,去确认第二幕能否正常进行,但是显而易见,在黑咖啡的帮助下,吉尔平及时地返回了舞台,而且在接下来的演出中非常出色。最后,当我们站在舞台上向观众鞠躬致谢时,他眨巴着眼睛小声对我说:"你学习表演很快,史密瑟斯。"这就是他当晚或者其他任何晚上的演出中对我的全部总结,因为同样的危机并未经常出现,不过,一旦它真的出现时,足以让那样的夜晚变成真正的恐怖。只有一次,管理层决定取消当晚的演出;在其他时间,当赶到剧院的吉尔平让他们看到了危险信号时,他们会让他穿上戏装,把他推到舞台上,冒险让他把戏演好。我不知道,他是如何竭力地把某些场次演下来的;当然,他能够做到这一点,只是因为这个角色的特征使观众认为,他在舞台上的某些近于眩晕的姿态,是戏剧本身的重要组成部分。可是,每次发生这种情况,都会让我惊恐得发抖。

但不管怎样,我正在努力做到"学习表演很快",正如吉尔平恰当地描述的那样。我学会了一些表演技能,以及他和我认为当时已经熟练掌握的其他舞台艺术的关系,而且从那以后,我不认为自己有任何理由改变我的看法。当然,没有任何一种自负能够和初学者的自负相提并论,而且几乎不言自明的是,对于艺术这种东西,从来不曾有人和那些最缺乏经验的从业者所知道的一样多。但在那个时候,在我看来——而且我至今仍然这样认为——和其他任何事物相比,演戏的成功与否,与演员的个性特质的关系更加密切。当一个优秀的演员走到台上时,他自身所释放的独特的化学效果,可能会让每一个观众把眼睛盯在他的身上,并且让其他演员变得黯然失色,而教育、技术培训和最先进的戏剧理论,尚未产生同样的效果。

当发生这种情况时,所有的技术都似乎变得无关紧要,对不同表演流派的方法的热衷和痴迷,仿佛毫无价值可言。即便一个演员的个性特质——比如迷人的音质或者音色——对于角色本身无关紧要,也会发生这种情况。我绝无极力贬低这种天赋的意思——它和撰写演员说出的台词的能力一样重要,这是一种不是通过教育或者技术培训能够获得的天赋,而且假如没有它,你就很难写出任何一流的戏剧,不管你受过多么好的教育,拥有多么好的动机,或者学过各种各样的写作课程都无济于事。然而,就像专家们常年都在滔滔不绝地谈论导演艺术一样,多年来,关于表演艺术的各种废话大而无当的程度,已经超过了人们的想象。睿智的评论家在评价一部戏的优点时,可能极为敏锐而且富有洞察力,但是面对一部戏的缺点,他们经常欠缺那种将人格魅力与表演过程剥离开来,或者将导演艺术与排戏过程剥离开来,从而进行系统而有机的分析的能力。

在我后来成为导演期间,我和我们这个时代两三个最出色的演员有过密切合作,在我看来,他们的成就的取得,与我的帮助几乎没有多少关系,正如我在导演事业上从评论界获得的好评,更多地应当归功于剧作家的创作一样。那些杰出的演员都有一个共同点——它有时被称为"明星气质",不过在学者当中,它更多地被作为"情感能力"或者"表演深度"而加以讨论。

在我看来,一个不能回避的事实就是:这种个人特质的魔力是一种抽象概念,而且正如 J. M. 巴里①说过的那样,它就像是一个女人身上那种难以言喻的魅力一样:"如果你拥有它,你就不需要别的什么东西;如果你没有它,你拥有别的什么东西都起不了多大作用。"可以肯定的是,任何表演方法的"巫术"不管多么高尚,都不足以产生这种魔力,我所目睹的所有导演的魔法,也不能导致这种特

---

① 苏格兰作家和戏剧家,《小飞侠彼得·潘》的作者。

质的出现。

对我而言值得一提的是,我从很早的时候起,就依稀地意识到了这一点,虽然我不会声称,我当时就措辞清晰地得出了上述结论,但我的确窥见了其中的端倪。这就使我提早节省出了几年的时间,而没有把它们浪费在一种更大的不幸上:在情感方面对于演员和表演一直怀有幼稚的偶像崇拜,以致延误了其他更有利于我的人生发展的事业。在戏剧界,那些没有及时转身离开的人的悲剧范例比比皆是。

但是,在《琼斯皇帝》当中幸运的首次亮相以后,类似上述的使人压抑的念头,从未在我的脑海中出现过。我得意扬扬地做出了结论:我已经找到了自己的人生立足点,做演员对我而言是最恰当的选择,而且根据我的预见,有了如此美妙的开头,接下来等待我的,必然是理想的角色和如潮的好评,而且迟早成为戏剧主角并理所当然地拥有明星地位,也是水到渠成的事情。有一件事是我不能预知的,那就是史密瑟斯是我作为职业演员在舞台上所扮演的第一个、也是最后一个角色;这是我为自己所构想的璀璨的未来之路当中仅有的重大缺陷。所以,当《琼斯皇帝》连续十五周的演出接近尾声时,我开始无知而又自满地规划起我的演艺生涯的下一个步骤。

尽管我已经得到了好评,但我知道,几乎每一个戏剧界人士都看过原来的版本,所以,可能给我带来某种帮助的关键人物,也许并未欣赏过我在其翻版中的表演。尽管如此,我现在能够正视一切刚入行者都会面对的那个困扰性的问题——"你以前演过什么?"而且这本身是一种巨大的财富。尽管我自视颇高,不过我决定绝不挑挑拣拣,给什么角色我就演什么角色,哪怕是演一个跑龙套的。

当前台灯光暗下去时,幕后力量会变得尤其重要。我再次求助于欧文·莫里森,而且,一如既往地对我非常友好的他,帮我弄到了由乔治·泰勒本人签字的一封推荐信。

泰勒先生已将一部叫作《永恒的少女》的英国戏剧投入到排练

中,并由克劳德·雷恩斯和比阿特丽丝·汤姆逊担纲主演,由于这部戏剧需要一些临时性的群众演员,所以这封信是写给那个英国导演巴兹尔·迪恩的,那个喜欢这两个明星和剧团其他人员的人已经从英国过来负责戏剧的排练任务。

在《琼斯皇帝》结束之后的第二天早晨,我在排练开始半个钟头前向那个舞台监督做了自我推荐,并且等待巴兹尔·迪恩的到来。我信心满满地想到,得到这份工作完全不在话下。临时演员通常都是在无须导演过问的情况下由舞台监督雇用的,再加上握有乔治·泰勒写给巴兹尔·迪恩的那封信,我理所当然地认为,对方一定会告诉我说,我得到了这份工作,而且和迪恩先生面谈只是一种形式。当然,这不是一份多么有价值的工作,但它每周有15美元的报酬,而且我知道在得到更好的机会之前,得到一份可以让我留在舞台上的工作,对我而言是多么重要。

排练厅是位于西57街的一个很小的工作室,所以,在演员、导演或者舞台监督之间的任何交流,都会变得非常明显,仿佛完全置于众目睽睽之下。

一般说来,演员都很厌烦在一个如此狭小的空间里排练,因为这会使他们不必要地感到难为情或者不自然,通常也会减弱一个导演在处理除了审查台词之外的其他事物的能力。我很快就推测出,迪恩先生准备利用这一天打磨一些次要角色参与的场景,而那两个主角并不会出现。迪恩先生本人很早就来到了这里,而且随着他的到来,工作室气氛发生了显著变化。从他在门口出现的那一刻起直到排练结束,他带来的紧张感就持续了整整一天,从未消散过,并随着他的每一个眼神和每一句言辞不断升级。

迪恩先生是一个著名导演,而且无疑也是一个天才导演,尽管他才华横溢,却不能够做到激励演员的个人忠诚度或者唤起对他的喜爱之情。他们实际上都被他吓坏了。当他走到舞台监督的桌子跟前时,所有的谈话都停止了,整个房间响起了一阵紧张的咳嗽和清喉咙的声音。舞台监督和导演在轻声交谈,我看见舞台监督把泰勒先生的那封推荐信拿了出来,但迪恩先生不耐烦地把它推到一边,甚至都没有朝我这个方向看一眼。

他相当独断,而且没有和任何人打招呼就开始排练。他排练这部戏剧时,并不按照场景的任何时间顺序进行,而是从第二幕跳到第一幕,或者从第一幕跳到最后一幕,只要他认为合适的话。他的排练过程看上去很吸引人,虽然随着上午时间的流逝,我在心里一直在默默期待他的召唤,哪怕是让我成为这部戏的一个跑龙套角色而不是一个有台词的演员。

如果说迪恩先生很可能属于最后的"专制性的导演"之列,那么根据他的实际表现,我不认为这样的评价有失公允。我认为目前仍然有一些导演对演员实行某种方式的专制,但迪恩先生将他的专制精炼成了一种武器,并且以外科手术般的技巧加以运用。他不能容忍讨论,而且毫不动摇地要求演员按照他要求的方式表演。他说话时嗓门不高,但每一句话都带着一种不可思议的怒气,他令人生畏的沉默也同样不可小觑。你会如同感受一种活物一般感受到他的不满情绪,整个上午,那些不幸的演员都在那冷酷而挑剔的目光的注视下和刻薄言辞的打压下冷汗直冒,如履薄冰。

一点钟过后不久,他告诉舞台监督让剧团解散去吃午饭,当他走到台词提示桌跟前时,我再次看到舞台监督把我的那封推荐信交给他,并且指着我所在的这个角落的方向。他和此前一样,既没有看那封信,也没有看我,而是直接走出了房间。除了等待,没有别的办法,这个舞台监督通知我,或许在下午开始排练时,他会看我一眼。

我肚子很饿,但我决定最好不要离开,以免在他回来时我可能错过最佳时机。演员们总是带着咖啡和巧克力回来,而且最先回来的两个演员给了我一些食物,他们说着上午排练的情况,这时剧团其他人也三三两两地陆续回来了。演员们在聊天时没有提到迪恩先生。他们畅谈着这部戏剧以及在剧中的角色,对于迪恩先生却只字未提。仿佛只要略微提起他的名字,后者制造的恐怖气氛就会再次到来,从而让整个谈话停止似的。而且,谈话真地突然间停止了。它好像是无缘无故地停止的;虽然我背对着门,但我知道是迪恩先生出现了。

我转过身来,看见舞台监督又在表演同样的哑剧:把那封信交给迪恩先生并指指我,可得到的还是同样的结果。在迪恩先生那里,好像那个舞台监督根本不曾说过话一般。

迪恩先生忙着看了一通脚本,然后就大张旗鼓地投入排练。从他的态度来看,这显然又将是一场"恶劣天气",因为他比上午排练时更显得暴躁易怒。他看什么都不顺眼——从那个舞台监督为一个场景摆放椅子和桌子的方式,到演员或站或坐,或倾听,或拿起道具,以及他们入场和出场的方式。他从来都不会公开发火。那不是他的风格。

对于每个在场的人而言,对方正大光明地发一通脾气,在某种程度上更容易接受。迪恩先生的怒气采取的是一种可怕的形式:当每个演员进行表演时,他能够十分准确地评价出他们的不足,而且是用一种充满鄙视的刻薄口吻说出来的。他驾轻就熟地掌握了讽刺艺术,而且敏锐地觉察到每个演员的铠甲的基本弱点,从而使他能够刺破他们每个人可能保留的小小的自信和安全感,并熟练地将其撕成碎片。

那天下午,他的反感和不满,似乎尤其集中在那个性格演员[①]身上。那个演员是一个六十岁左右的老年美男子,但他不是一个很有能力的演员,不过,相比于他本人有限的能力,意识到他在某种程度

[①] 指善于运用表演技巧来塑造各种不同性格的人物演员。这类演员应当具有很强的可塑性,戏路较宽,擅长通过独特的表演进行银幕形象的再创造。

上是迪恩先生对于整出戏感到不满的关键因素之一,尤其让他变得手足无措。他的每一个表演都磕磕绊绊,连最简单的动作都不能做到位,而原因也再简单不过了:恐惧感让他变得战战兢兢,以至于他甚至听不清对方在说什么。对他而言更为糟糕的是,迪恩先生似乎有意识地不再同他讲话,这样一来,那个演员似乎一直都在等待随时到来的打击,而那种打击一旦真的到来,他将会变得更加无能为力。

将近傍晚,就在排练即将结束时,那场打击果然到来了。

迪恩先生显然是把那个老演员当成了一道餐后甜点。在对一个女士进行了一番长篇大论的挖苦之后,迪恩先生陷入了长时间的沉默,然后又突然说起话来,声音温和而平稳,但却无比犀利而准确。"你把那个再来一遍好吧?"他说,他第一次直接对那个老演员说。

"把什么再来一遍,迪恩先生?"老演员问,他一下子变得面红耳赤,而且恐惧地意识到,可怕的时刻终于来了。

"还用说么,就是你刚才表演的那精彩的一段。"迪恩先生以令人吃惊的柔和语气回答说。

那个老演员的舌头在嘴唇上舔了一下,好像是为了张开下巴一样,然后就犯了一个大错:他做出了一个貌似机敏的回应。"我很高兴您这样想,迪恩先生,"他勉强干笑着说,"我自己也比较喜欢这一段。我没想到您会注意到它。"

"注意到它?"迪恩先生说,"确实,确实!我都被吸引住了。"

他阴森森地对老演员微笑一下,然后就用一种使人安心的坦诚态度和个人魅力对剧团其他人发表了一通讲话,而他使用的那些冷酷字眼恰恰表明了他的真实想法。"女士们、先生们,我做过很多年导演了,"他说,"我看到过,也亲身体验过多种表演类型,当然,表演风格也会不断发生变化。我并不拘泥于传统风格,我欢迎创新,但这最后几分钟的表演让我倍感困惑。我以前从未见过我们这位先生的表演方式,而且我认为,我们不大可能再见到这种东西了,所以我建议你们大家都走到我这里来,好好看看他的表演。我虽然觉得这种东西莫名其妙,不过我们还是有可能从中学到某些东西的。"

剧团成员当中出现了一阵不安的骚动,他们和那个老演员一样无助。需要保住饭碗的演员们是无力和导演对抗的。他们全都从分散在房间不同角落的椅子上站起来,走到大厅前面。迪恩先生仔细点燃了一支香烟,往后靠在他的椅子上。"老兄,你往前面点儿,"他和蔼可亲地说,"把你刚才的表演原样不动地再重复一遍。我们可都等不及了。"

出现了一阵令人毛骨悚然的沉默,有那么一小会儿,老演员似乎要表示抗议,但实际上我不认为他完全听清楚了对方的要求,因为他面如土色,他突然低头看着手里那个脚本,就像是看到狗群被主人叫走从而逃过一场杀戮的某种栖树动物。当然,他对于先前的表演毫无概念,而且在这种情况下,让他感到痛苦的并不是表演本身的荒谬性,而是那种最令人尴尬的表演氛围。

幸运的是,表演很快就结束了。迪恩先生并没有打断他。他发表了观点,和先前一样刻薄,在那之后,他没再多说什么。

"女士们、先生们,明天上午×点集合。"他说,然后就走到舞台监督的桌前。

演员们收拾好自己的东西,默默地相继离开。我注视着舞台监督,等待他把我的信交给迪恩先生,可是他已经忘了这码事,他可能也忘记了我这个人的存在。当我从桌上抓起那封信,跟着迪恩先生跑出来时,他已经走出了门口。我在通向电梯的走廊里追上他,一声不响地把那封信递到他手里。就像其他人一样,我对他怕得要死,根本不敢直呼其名。他挥手让我走开,仿佛我就是在他头上嗡嗡作响的昆虫一样,并且大步流星地朝电梯走去。不过,他在电梯门口被困住了,因为尽管他生气地使劲在按按钮,但电梯一直没下来,因此,他不得不面对我就在他眼前这个事实,也不得不面对我仍旧默默地在他眼前举着的那封信。

除了我和这个可怕的迪恩先生,在走廊里并没有其他任何人。他一声不吭地从我手里拿过那封信,把它撕开,瞟了一眼内容,这时,我第一次感觉那冰冷的目光直接落在我的身上。

"这部戏我们只想要英国演员。"他冷冷地说,随即就把那封信揉皱并扔到地板上。

"我刚刚演过一个英国人的角色,迪恩先生。"我回答说,我不知从哪里来的勇气。

"哦,那你演得一定不怎么样,"迪恩先生用那种我在整个下午听到的最讨人喜欢的口吻说。就在这时,电梯门打开了,他走了进去。我并没有跟随他进去——我的勇气还没有大到那种程度。我等待着下一趟电梯。

当我开始回到第42街的新阿姆斯特丹剧院去向欧文·莫里森报告时,天色已经开始变黑了。我走得很慢,百老汇的灯光在我四周闪耀着,而我做出了一个痛苦的结论。迪恩先生的做法缺少人情味,不过他是对的——那个老演员是演员中的庸才,他早就应当面对这一事实了。如果他能够早点儿做到这一点,就不需要面对我刚刚目睹到的他所遭受的那种轻慢和侮辱。严格说来,他是自作自受。虽然我觉得很难原谅迪恩先生的行为,不过我勉强能够理解它。平庸令人恼火,它会使那些不得不面对它的人表现出最糟糕的一面。是什么样的愚蠢的虚荣心导致那个老演员固守这一个行业,尽管连他自己早就很清楚自身的局限性?仅仅是出于怠惰,还是出于一个演员的人生的随意性,使得他在六十多岁的年龄不得不去经受我目睹过的那种可悲时刻?他有英俊的外表和迷人的气质,假使他在很早以前就做出选择的话,他可能很容易在其他领域做得非常好。他为什么没有那样做呢?或者说,就像我自己一样,假如他具有"新手的好运",而没有那么强烈的演戏欲望以及在青少年时期对于戏剧的迷恋,那么,他还会在很早以前,就走上这条让他在今天下午惨遭打击的道路吗?

他当初做出的是不是一种轻率而愚蠢的选择呢?在下午的遭遇背后,是事业失败和虚度一生的缩影,而这种失败尤其表现在不能得到他人的尊重,也无法真正发挥自己的长处。几乎可以肯定的是,他必然早就知道,他充其量就是个二流演员,而戏剧为二流演员提供的廉价的回报,并不足以补偿他遭受的耻辱。

不知为什么,我对那个老演员在当天下午的遭遇非常同情,也能够真切地想象出他内心的痛苦。我不知道别人的情况,但在我的一生当中,我总是会有这种奇怪的心理怪癖。如果我正在写一部戏剧期间,碰巧去看了一部很糟糕的戏剧的开幕演出,我就会迅速而深刻地对作者和那出戏倍感同情,哪怕我可能对那个剧作家完全一无所知。我甚至会对与我完全无关的领域的某个人产生共鸣,然后,经过使人心情忧郁的几个钟头之后,才能够让自己回到现实中来。

现在,我完全体验到了那个老演员的处境,我也感到一阵恐惧感攫住了我的心灵,因为我强烈地意识到,在某些领域,仅仅有愿望和兴趣,并不能给你带来渴望中的回报,不管你如何努力,到头来很可能只是黄粱一梦。意识到这一点让我浑身发颤,我也第一次面临那个严峻的可能性:仅仅有对戏剧的热情以及成为一个演员的强烈愿望,很可能是不够的。我在很久以前就把它们视为理所当然,以至于让我对自己的表演才能进行一次严肃的评估几乎使我无法忍受。如果不是因为那个可怜的老演员的形象始终在我的脑海里清晰地浮现,我是从来不会考虑这一问题的;但是如今,我越是回避这一问题,回避我不愿面对的那个简单得不能再简单的真相,我就越是真切地感觉到,尽管我有一个幸运的开始,尽管我拥有激情和奉献精神,我永远都不会超过一个"过得去"的演员这一限度,而且充其量就是一个合格的演员——而就表演而言,最可怕的词汇莫过于"合格"。

这是一个来之不易的结论。我一直都无法摆脱那种能够满足我的童年需求的梦想,而且与这种目前有关的幻想的元素是根深蒂固的。要把它放弃,让它彻底远离我,就相当于放弃我的秘密的一部分,虽然这个秘密多年来一直都在支撑着我。失去了这个秘密,一种新的恐惧感就会突然袭来。在那一瞬间,我感觉自己比以往任何时候都要孤独——没有戏剧这一目标,我就失去了方向,我不知道该怎样度过生命中的每一天,我感觉到自己被一个未知的、我无力对抗的世界所吞噬。我多年来的所有焦虑和不安全感,以及我的天性似乎占据了上风,竭力保护我长久以来所拥有的梦想,这已然成为我的一种精神替代品和一个具有重要意义的符号。可是眼下,我忽然从内心深处知道,无论我如何依附于剧院,我永远都不会成为一个出色的演员。

第8章

生活中总有某些关键性的时刻,一个人所体验到的情感,可能会脆弱到接近于自哀自怜,但在那种时刻的痛苦,也会尖锐到叫人难以承受,因为那种时刻本身恰恰是短暂而又平凡的。我继续走着,悲哀感和失落感让我不堪重负,当我走到新阿姆斯特丹剧院那里时,我知道,成为一个演员的梦想,已经被我抛在身后了。如果我想要成为我所热爱的这个领域的一部分,我就必须寻找其他出路。我现在意识到,我的前景是多么暗淡。

当我在等待电梯下来时,我很想知道,走出这个大厅、一劳永逸地摆脱剧院的味道,是不是更明智的选择。不过我仍旧站在那里,从显示牌上看着电梯缓慢下行。电梯门打开了,一个年轻人从里面走出来,走向大厅。他名叫爱德华·乔多洛夫·埃迪。谁都不可以说,运气在任何职业当中都不具有多么重要的作用。在我的天性当中,没有一丁点儿的神秘主义意味的存在,但是,我的确目睹过巧合和偶然性在我们的生活中扮演着那样清晰而重要的角色的情况,以至于我不会仅仅把它视为迷信,而是我们的命运当中被称为"运气"的那一部分。它就像命运本身一样,令人难以捉摸而且无法解释。

如果乔多洛夫没有在那一特定时刻走出电梯,我后来还会写戏剧吗?很难说。

我并非要在这里暗示某些愚蠢的东西。但是倘非因为乔多洛夫在那一刻进入我的生活当中,倘非他在那一刻从电梯里走出来,我们也没有在那一刻偶然相遇,我的生活就很有可能从那一刻起走向别的方向,从而导致我后来的处境与今天的我全然不同。这就是我所谓运气的一个最好的例子,我那天晚上没有坐电梯去见欧文·莫里森,而是和爱德华·乔多洛夫一道走出大厅,也走入了我让自己后来在戏剧界发生根本转变的为期六年的学徒和工作生涯。

在我还是剧院办公室勤杂工的那些光辉日子里,爱德华·乔多洛夫曾经到皮托剧院面试过,而且我们立刻就变得非常投缘。他和我同龄,但我以前从未见过像他这样的人。

尽管他当时作为演员到剧院办公室可能是为了寻找一份工作,但他从不像演员那样说话,而且他说话的方式也真的不像一个演员。他的大衣口袋里装着一本《美国水星》[1],腋下夹着一个大部头,那是一本德文书,内容是德国舞台剧权威马克斯·莱因哈特对世界戏剧的影响。我以前从未见过哪个演员拿着这样的道具,而且从他大摇大摆地走进来的那一刻起,他就充满自信,并带有某种与众不同的先锋派气质,他留给我非常深刻的印象。他谈到了梅尔赫德[2]、乔治·凯泽[3]和雅克·科波[4]——对于我的孤陋寡闻的耳朵而言,这些都是新鲜的名字——而且在他后来的造访中,他用一系列激烈但又中听的抨击之辞,摧毁了我心目中的当代偶像的形象。他对于戏剧的态度是无情而又玩世不恭的,而我则是迷恋舞台和崇拜偶像式的,每当他以蔑视的姿态,几乎把我一向奉为神圣的所有的

---

[1] 从1924年到1981年期间出版的一种美国文学杂志。
[2] 俄国戏剧导演、演员和戏剧演出商。
[3] 一位多产的德国剧作家。
[4] 法国戏剧导演、演出商、演员和剧作家。

一切撕扯得体无完肤时,就如有一阵突然而至的大风从我眷恋的那些戏剧杂志发霉的页面吹过,导致我再也不可能像过去那样看待它们了。他在娴熟地运用讽刺艺术方面所展示的趣味、智慧和天才,总是让我捧腹大笑,而且当他展示他的这些禀赋时,始终让我感到耳目一新,就好像是一个乡巴佬面对马戏团的人的招揽一样,那种渴望看到新奇表演的心情难以匹敌。毫无疑问,我是一个谄媚的观众,他也喜欢在我面前展示自己的技艺。与此同时,我在戏剧方面的那种狭窄的眼界正在拓宽和扩大,而我几乎没有意识到这一点。

我们那时还没有成为亲密的朋友,因为他具有一种突然出现,接下来又会连续消失几个月的能力,因此,我们之间不可能建立一种持久的关系。不过,我总是喜欢见到他,喜欢他几乎能够消解一切权威的那种黑色幽默。他的身上永远都有一种吸引人的堂吉诃德气质,而且我可以毫不费力地扮演起他的桑丘·潘沙[①]的角色。在经过一段时间的定期失踪后,他刚刚再次露面,并到皮托剧院去找我——当然,他并不知道《亲爱的强盗》以及后来发生的事情。我向他讲述了实情,包括那个下午发生的事情,以及我对于下一步不知该做什么的绝望感。

他一声不响而又无比专注地倾听着,这是一个知无不言、言无不尽的人意想不到的魅力之一,而且当我说完以后,他大声说:"时间!时间!这就是我们所需要的——时间!我们不能被忙忙碌碌的生活所吞噬。这就是我们必须争取的——时间!"

这是典型的他,他的反应——将我纳入到他的战斗口号当中——也让人心有所动,因为我知道,他一向就很轻视我自己那种胆小的戏剧理想。他自己的理想要豪迈而高远得多。虽然他从未把它们明确说出口,不过我能够推测出,他想成为马克斯·莱因哈

[①] 小说《堂吉诃德》中堂吉诃德的侍从。

特、尤金·奥尼尔、罗伯特·埃德蒙·琼斯①和舒伯特家族②的一个组合体。他的激情杠杆会不时地发生摇摆,但总是保持在一个支点上,那张大幅画布始终没有改变,而现在他又和过去一样,准备在那幅画布上作画了。

埃迪的规划,必然包括那种超过他的能力范围之外的目标,以及对于任何近似逻辑性事物的深切厌恶。他对于似乎不合情理以及需要创新精神的事物的偏好,并未因为他的人生经历而有丝毫减损,而且他接下来提出的建议,和他的个人气质非常吻合。

"昨天有人给我提供了一份工作,"他说,"我告诉过他,我今晚会让他知道我的决定。就是在雷伯尔劳动文化宫接管和指导一个小剧团。报酬不多,但这人有一个夏令营,而且他暗示说,如果我做得很好,他就可能考虑让我在今年夏天承担起娱乐指挥的工作。明白我的意思吗?"

"不,我不明白。"我回答说。

"你没在用你的脑子。"他说,不耐烦地在我的鼻子底下摇着一根手指。"我们需要时间——时间!一旦你走出剧院,就永远不可能再回到里面——你一步也不能后退。你知道吗,我们这样的人没有回头路。所以听我的,我们一起来接管这个小剧团——只有一幕戏的小剧团——你指导三个人,我指导三个人——而今年夏天我会以娱乐指挥的身份到他的夏令营去,你到时候就做我的助手。明白了吗?在乡下待上整整三个月,有一笔薪水,还能报销所有开支。这样我们就争取到了时间——思考和规划的时间。"

"那你以前指导过小剧团吗?"我有点儿上气不接下气地问。

"没有,"他回答说,"那有什么关系?"他热切地看着我,眼睛里流出喜悦的神情,仿佛是在看着远处的风车的堂吉诃德。

---

① 美国著名的舞台布景、灯光和服装设计师。
② 美国纽约的一个知名戏剧家族,创建了多家剧院。

"哦,我也没有,"我说,"我对它的了解还没有你多呢。"

那根手指又不耐烦地在我的鼻子底下摇动。

"哥们儿,那种态度会让你一事无成的,"他叹了口气,"不管是做戏剧还是做别的什么,我们必须现学现卖——现学现卖!——见机行事。那些人都是外行。"

"可我们都是这个圈子里的,埃迪。"我反驳说。

"可谁会去告诉他们呢?"他扬扬得意地大声说,"除非是你。你今晚要做的就是坐在那里,做出那种觉得很无聊的样子。这你总能做到吧?"

"那么在这之后呢?当我们必须行使职责,必须把这些戏搬上舞台的时候怎么办呢?我们的指导能让他们信服吗?"

他大笑起来。"现在有两种选择,"他说,"一种是站在第43街六号大道的角落当无业游民,另一种是我们当中一个人会成为比菲利普·穆勒①或者罗伯特·米尔顿②还要出色的导演。你还需要我来证明哪一种选择更合适吗?"

"不,不。"我急忙说,因为我清楚地知道,他能够说服我相信,月亮是绿色的。"你只需要告诉我该怎么做,免得让我出丑。或许,如果我们告诉他们真相……"

"你头一件必须做的事情,"他严肃地说,"就是先把那些该死的道义丢到一边去。没错,我们以前从未在小剧团做过导演。那又怎么样呢,就让我们现在做导演好了。这有什么了不起的呢?我们只需要硬着头皮往前走就是了。关键就是,"他接着说,"你不要指望道德顾虑能给你带来什么好处。如果你在这件事上瞻前顾后,想得太多,那最后吃亏的只能是你自己。我们用不着过分讲究,你说对吗?"

---

① 美国戏剧导演和剧作家。
② 美国舞台剧导演、演员和演出商。

我们于是就这样说定了。实际上,让我感到踌躇的并不是多么高尚的道德顾忌,而是普普通通的怯懦和畏惧感。虽然我大概知道导演的过程,但是观察普里斯利·莫里森的导演是一回事,身体力行地让自己去做导演则完全是另一回事。而且,我完全缺乏埃迪那种根据情况需要,总是召之即来的持久信心,以及善于通过各种方式让自己脱离困境的态度。不过,他说的有一点是无法回避的——不应当被忙碌的生活所吞噬的时间;一不留神走错路,以至于无法回头这一过程所浪费的时间——这是现在最重要的东西,尽管我心怀恐惧,我知道,我必须和我的这位堂吉诃德式的朋友一起冲向那个风车。

那天晚上,我看着他接手了那个小剧团,我满怀钦佩地看着他不但有力地说服了在场每一个人,也说服他自己相信,他确切地知道他在说什么,尽管他其实完全是在即兴发挥罢了。他说到的很多东西都远远超过了常识以外的范畴,但是,就连深知他在大部分时间对于接下来应当怎么做毫无头绪的我,有时也被他在指导过程中表现的权威感所折服,因为我清楚地看到,他如何把他并未真正掌握的一种技巧或者知识有效灌输给小剧团的每一个成员,并且令他们深感着迷。他那气势磅礴的果敢之举和纯粹的厚脸皮,让我很难按照他所提醒的那样,强迫自己做出一副感到无聊的表情,而且,当他结束了整整一个多钟头的训话,终于坐下来以后,我也不得不在随之而来的掌声中硬着头皮出场了。

他一边把手握成杯状点燃一支香烟,一边冲我眨着眼睛,若非因为我实际上知道我们是两个骗子,我几乎真的有可能相信——就像房间里其他人看上去一样——两个年轻的马克斯·莱因哈特不可思议地来到这里,来接管他们的小剧团。这个国家有理由感谢乔多洛夫没有把才能用到其他方面,比如成为宗教复兴运动的布道者。否则的话,我们的河流、田野和山川,将会挤满那些改变原来的信仰而追随他的皈依者,因为他仿佛只需要通过简单的现学现卖和即兴发挥,就能够做到一呼百应似的,而指导区区一个小剧团对他尤其不在话下。他能够对一大群人实行一种催眠术,使他们相信他想让其信奉的几乎所有事情,而且在很多情况下,他在这一过程中,也能够成功地进行自我催眠。

当我们在那天夜里走向地铁站时,我们对于和小剧团的首次会面的情况非常满意,就在这时,我有些吃惊地听到埃迪这样说:"小剧团运动对于我们文化的影响,很可能也会成为我们的文学复兴运动的开端。"

我险些要转过身来,看看他是在同谁说话,因为我不能相信他正在向我——他的朋友和犯罪同伙——灌输这种梦呓似的结论。可是他的确正在这样做。他一时间几乎是由衷地相信了他自己说的话,而且他会坚守这一信念,直到——这种情况总是发生——他自己的幽默感把他解救出来,让他脱离自我催眠的状态。在此之前,我只能点头称是,并且尽量不让我自己被他催眠。

两天后,我指挥了我的第一次彩排。

这项事务和我预计的一样令人棘手,看到那些阴郁和不满的面孔愤愤不平地盯着我,并不比我枯坐在空无一人的排练室前面一张桌子跟前更令人好过。他们每个人都热切地想要得到埃迪而不是我的指导。在前一天晚上,当整个团队被分为两组,一组由我指挥,另一组由埃迪指挥时,在他们当中曾发生过一场激烈的竞争。如今,尽管他们对我的敌意令人痛苦而且昭然若揭,但我并不怪他们。埃迪已经在他们心目中留下了深刻的印象。他富有活力,个性鲜明,言谈举止中具有一种令人鼓舞的表现力,而那种被迫告别导师,被甩给一个助手级别的指导者的感觉,必然让他们耿耿于怀。我听到了他们有人想要退出的窃窃私语声(他们几乎是毫不隐讳地要让我听到这一点),我也听到了对我的一些贬低性的评价,有的人甚至公开宣称,这种划分对于他们而言是多么不公平。

其实并非如此。埃迪并未出于自私和贪婪而让最好的演员进入他那一组,而是恰如其分地根据戏剧特征、演员自身的长处以及局限性,将他们分为两组。虽然他试图清楚地表明这一点,但人们始终有这样的印象:埃迪指导的那一组将更受青睐,而他们当中的倒霉者将由我来指导。

即使我是一个有经验的导演而不是一个生手,这也会是一个很难处理的局面。事实上,我只是坐在那里拖延时间,我翻阅着面前桌子上的剧本,看上去好像是在为排练做准备似的,其实这只是个幌子而已,因为我一直都在紧张地思考,怎样让自己尽快摆脱困境。我拒绝采用埃迪在前一天晚上对他们的指导过程,我知道那样只会让他们更加懊丧。我很快就决定不采取幽默的方式,因为一旦我的幽默毫无效果可言——就像他们目前可能认为的那样——就会让本来就对我评价不高的他们进一步看轻我的能力;而且在我内心深处的某种东西——或许是我自己那受到伤害的虚荣心——拒绝做出那种取悦他们的努力。正相反,我决定拿出那种我其实并未感觉到,但觉得我必须让他们感觉到的权威感,而且越快越好!

我敲敲桌子要求肃静,当房间里并没有立即安静下来时,我冷冷地看着那些不听话的家伙。除非他们完全安静下来,不然我是不会开口说话的,也丝毫不会动窝儿,我近乎蔑视地哼了一声,来表达出我内心的不满。我可是看到过巴兹尔·迪恩如何把他的坏脾气作为一种武器的!房间里出现了一阵短暂的、令人不适的静默,而且很快,他们当中有几个人挑衅似地继续说话,但我仍坚持自己的立场,在几分钟以后我就知道,我的方法是正确的。房间里变得出奇地安静,即便没有其他方面的变化,我至少使得他们开始注意我了。我已经赢了第一个回合。

当我开始分配角色时,真正的考验就会来临。业余演员的挑剔是出了名的,他们对于导演的敌意是公开而直接的,因为和专业演员不同,他们是自己掏腰包为导演付费的。由于他们通常不可能

"被解雇",因此作为排练的乐趣的一部分,他们总是无休止地蓄意对抗导演,而且很快就会破坏他在某些方面的努力。比如,当他们自以为是地觉得,导演分配的角色与他们的愿望背道而驰,从而使他们无法饰演自己所钟爱的某个特定角色时,他们就可能蓄意"暴动"。当然,我当时对此几乎一无所知;但是,我做出的迅速而幸运的揣测,我从总体上对演员——不管是业余演员还是专业演员——的了解,在当时以及在以后都帮了我的大忙。

在某种程度上,演员很像是一匹纯种马,它马上就会知道那个骑手是否害怕它,而且立刻就会感觉得出来,这样一来,它的牙齿就会啃咬马嚼子,而骑手也就永远别再指望能真正控制它了。

从很早的时候起,就牢牢控制住一个演员阵容,对于首次面对一个新剧团的导演而言至关重要。总有那么一段时间——甚至可能是连续好几天——一个导演(哪怕他很优秀)并非总是知道他应该做什么,或者他做的事是否真的适合那些演员或者那部戏剧。不过,他必须不屈不挠、充满自信地坚持下去,一刻也不能放松他的控制力——他越是感觉没有把握,就越是要让自己看上去胸有成竹。他永远都可以在下一次排练时,改变他做过的每一件事情,但在他挣扎和感到踌躇的当天,他绝不能让演员知道这一点。否则的话,他就会失去一切。

实际上,我在专业剧院曾经目睹过的唯一的不良行为或者恐怖时刻,都是源自一个明星或者一些演员意识到,他们的导演无法控制那部戏剧,或者无法控制他们自身。在这种情况下,难以管束的场面就会出现,排练过程也会成为一场梦魇。我始终认为,被指导者的"暴躁易怒",无非是其内心恐惧感的一个面具,而一旦人们被恐惧感所控制,他们当然就会表现得很糟糕。难道他们不应该那么做吗?演员们知道,在某个不太遥远的夜晚,他们将会出现在一个灯光明亮的舞台上,将自己的形象赤裸裸地暴露给观众,而一旦他们不信任那个为他们提供指导的人(或者对其失去了信心),他们就会意识到自己将在舞台上遭到怎样的冷遇,所以,他们就会因为恐惧而做出反抗,并且通过发脾气和其他不良行为宣泄内心的不满。

然而,只要你观察一个演员团队和一个他们所信任的导演——不管在白天还是在傍晚,后者都能够控制排练的每一刻——你就会看到一个研究实验室的那种氛围和纪律。我总是觉得,导演首先需要做到的,就是创造出一种能够带来安全感和平静的气氛,这样演员才能够将自己的能力发挥到极致。而且,如果他想做到这一点,最关键的就是要对整个过程采取并维持一种强有力的控制——从演员在排练第一天自舞台侧门入场的那一刻起,直到在纽约的开幕之夜的帷幕落下来为止。

归根到底,演员不是表演机器。排练,而且特别是在排练初期,会让每一个演员暴露出他对于自己以及他的这份工作没有把握的心理,而导演的任务之一,就是要尽快发现他们自身的这种弱点,并且要在他能够自由处置的时间范围内,让每一个演员对于自身能力充满自信,对于他承担的角色具有安全感,从而让自己发挥出全部潜力,让那种长期隐藏但却重要的表演机制清晰地呈现在他面前,让他表演的戏剧在舞台上焕发出勃勃生机。

当我坐在那张桌子跟前,因为神经紧张而使得膝盖不停地彼此碰击时,我不知道我是怎么知道上面这一切的,我甚至不知道我是如何瞥见了它的一小部分;但幸运的是,我感觉到了那至关重要的部分——要及早掌握那种控制力——因为从大厅下面传来埃迪在排练时的声音,而且各种回音传到了我的排练室里——他的愤怒的咆哮,他的兴奋的喊叫,然后就是沉迷于那个为其提供指导的富有感染力的人带给他们的乐趣、从而使整个团队爆发出的阵阵哄堂大笑。同样让我感到幸运的是,我没有选择模仿埃迪的风格并同他竞争,因为在这方面,我的能力与他完全不可同日而语。但我并没有沉浸于自哀自怜的情绪而不能自拔。我按我再熟悉不过的巴兹尔·迪恩的风格,分配好了三部戏剧的角色;而且我完全无视在几张面孔上那种暴露无遗的抗议和愤怒情绪,迅速开始了第一出戏的排练任务。

那第一个晚上的确是一种煎熬。我以我的阴沉之态对抗他们的敌意,用对他们的行为不加掩饰的蔑视回报他们的失礼。当排练在十一点钟结束时,我因为不得不忍受那些憎恨我的存在的人的态度而精疲力尽;但是尽管如此,我还是决心把这份工作做下去。埃迪说的没错,一个可以领取工资、所有支出都可以报销的自由夏季,是一个值得为之奋斗的目标,我绝不能因为一个可怕的夜晚就主动认输。

事实上,当我在那天深夜在楼外见到埃迪,并且一起走向地铁站时,我发现他的情绪十分高涨。他精神饱满,甚至兴奋到恨不能排练一个通宵。他见到我的第一句话就是:"瞧见么?我告诉过你这有多么容易。拿这笔钱都叫人有点儿不好意思,是不是?"

我过于疲劳而不愿说话。我只是含糊地答应着,不止一次地聆听着他在地铁车轮发出的背景噪音中,滔滔不绝地说着梅尔赫德的表现主义理论,直到我们在第149街换车各自回家为止。

排练一周三次,而接下来的一次,尽管并不怎么叫人愉快,也看不到导演和演员之间的任何团队精神,但与此同时,它给我带来的痛苦要少于最初的那种烈火般的洗礼,他们都到场了——我刚刚走进房间,就明确地注意到了这个事实。

我原本以为会有几个人退出,并做好了面对这种局面的准备;可是很显然,他们在初次排练之后都出去喝咖啡了,彼此之间谈论了我,而且决定再次回到排练现场,看看接下来会发生什么。他们的好奇心占了上风。

他们悉数到场的事实给了我某种提示。如果有什么变化的话,那就是我比两个晚上之前更霸道也更暴躁了。但是,就在排练结束之前不久,我必然是变得非常放松,在我知道的那个场景当中加上了一个富有想象力的设计,这激发了他们的兴趣,使他们开始对我刮目相看。当出现这种情况时,人与人之间的敌意就会消失,合作就会出现。我在同和我交流的演员之间,以及从房间各个角落观察着我的人群那里,都能够感觉到这种变化。尽管在静默的房间里只能听到我自己的声音,但你会感觉到,一阵由衷的喝彩声和掌声随时就会响起来似的——那是一种特殊的、为一场出人意料的胜利而准备的赞扬。我几乎立即意识到了这一点,但我是聪明人,我知道见好就收的道理。虽然还没到十一点,但我说:"今晚就排练到这里吧。"然后就拿起我的帽子和外套,再次表现出我的巴兹尔·迪恩风格,一声不吭地走了出去。

我现在知道,我可以在任何自认为恰当的时机做出这种虚伪的姿态,但它的确给我带来了很大的好处。我开始把他们集结在我的周围,并且完全根据我的指挥行事。虽然我可能没有教给他们多少表演技巧,但他们至少学会了注意他们的行为举止,在面对下一个为他们提供指导的倒霉家伙时,他们起码会懂得以礼相待,并给他一个像样的机会。事实上,我认为我从他们那里学到的,比他们从我这里学到的还要多得多。虽然他们都是外行,而且没有多少表演才华,但是,如果没有学到在戏剧范畴之外却与戏剧关系密切的某种有价值的东西,你几乎不可能为他们这些渴望走上舞台的人提供有效的指导。

就我自己而言,出于那个我必须面对的简单而又明确的理由,我几乎是在第一时间开始关注一部戏剧的内在结构。在经过许多次不成功的开始和为数众多的跌跌撞撞的过程之后,我终于被迫回过头来,去研究我指导的每一部戏剧当中原作者的意图,获得每一出戏如何构建的知识以实现作者所希望的效果,并且确定如何最大程度地把我所掌握的信息转化为一场能够保持观众兴趣、对于高潮没有任何影响和妨碍的演出,与此同时,还有保持一部戏剧的完整性。这其中所涉及的任务,远远不只是让演员照本宣科地一边表演,一边摸索——我此前差不多一直都是这样做的,我也很快发现这样做行不通。

我当时指导三部独幕戏剧——作者分别是乔治·凯利、洛德·邓桑尼和苏珊·戈拉斯培尔。它们就像三个作者本人之间的情况那样彼此少有相像之处,我也开始对每部戏剧带来的问题感到着迷。与将其真正搬上舞台相比,一部戏剧的机理和构造使我产生的兴趣要大得多,在那年整个冬天,我阅读了我能够弄到的每一部出版的戏剧剧本。由于布朗克斯区的社区图书馆没有收藏出版的戏剧剧本,我就去了第42街的一家大型图书馆,在阅览室里一坐就是一天,完全被吸引住了。当我哪天空闲下来时,我想过我可以(也应该)去找一份白天的工作,以便弥补我那微不足道的晚间收入,但是,我却不能让自己摆脱那种对于剧本创作机制的迷恋。

我并不认为写剧本和演戏一样是教出来的,但我可以肯定的是,我并未有意识而且认真地想过自己创作剧本,因为在整个那段时期,我从未产生过阅读一本如何写剧本的书籍的念头。我只是阅读戏剧剧本本身。我先是阅读我看过的戏剧出版物,然后又阅读从未看过的那些戏剧剧本,我日复一日地坐在那里,就如一个细菌学家借助于一个新型的、更强大的显微镜,试图把一种奇怪的细菌隔离开来一样。关于我是否具有自行写剧本的那种主观意识,大概只能是理论层面的东西,因为毫无疑问的是,在这方面进行的主动探索,在很大程度上与我无缘。我开始察觉到——并且从适当的角度看待——情节与角色之间的区别,演戏的技巧和诚实的技术之间的区别,而且在不知不觉之间,我开始辨别出构建一部戏剧的各个步骤,而且在优秀的剧本当中,我能够体验到作者如何以简洁的笔触做到微言大义,也使得每一个搬上舞台的情节都不会成为一种浪费。

与此同时,我似乎没有意识到的一个方面是——虽然它就发生在我的眼皮底下——我的团队对我的感受发生了180度的逆转。

他们现在很喜欢我！就像埃迪指出的那样，除了我自己，每个人都能够看出这一点。我想，我过于沉浸在白天阅读戏剧的生活中，以至于没有意识到每星期有三个晚上我对那个小剧团进行排练的情况，我只是把它们看作是为了赚取收入而不得不做出的中断。但是，随着真正的演出的临近，当我们每周需要排练四个晚上有时甚至是五个晚上时，我不仅注意到他们如何热切地聆听我的每一句话，而且当每一个演员郑重地对待他们的角色，并在我面前拿出他们的最佳表现时，房间里的气氛变得多么紧张而热烈。最终，在第一次带妆彩排的那天晚上，我得到了前所未有的殊荣（这也是他们对我的态度完全逆转的主要标志）——在排练结束后，我被他们邀请一起出去喝咖啡。我完全没有那种拒绝这种善意的品格，而且从时间上看，当时与真正的演出是如此接近，无论如何也不能破坏我好不容易孕育出的那种团队精神。我不仅无所顾忌地喝了咖啡，吃了大餐，还听凭他们帮我付钱。我觉得这是我应得的。

连续四天晚上的演出——两天晚上分配给我的团队，两天晚上分配给埃迪的团队——取得了空前的成功。尽管埃迪那一组的演出更加令人印象深刻，但我这边的人马的表现也相当不错，而且从各方面的反馈来看，我们这两组奉献出了雷伯尔劳动文化宫舞台上有史以来最出色的演出。我们希望借着这个势头，能够从管理那个夏令营的那位先生那里听到好消息，比如兑现对于那份夏季工作的承诺；但是那个狡猾的家伙坚持说，在他做出决定之前，我们还需要指导另一个在春季演出的团队。除了继续做这件事，我们没有别的选择；因为尽管埃迪一向自视甚高，但他在专业戏剧领域并没有多大的个人市场，而我自己的处境和他完全一样，不过，我现在已经下决心要得到那份夏季工作了。

一种要和埃迪进行讨论的朦胧而笼统的计划，开始在我的脑海里形成，我准备借助它重返剧院，而且要让那份夏季工作成为板上钉钉的事实。或许正是因为要不顾一切地实现这一目标的愿望，使我产生了孤注一掷的心态。我想不出还有其他什么足以使我大出洋相的理由。在形形色色的人群当中，从那些渴望得到一份夏季工作到想要成为总统的人，拼命地要达到某种目标的强烈愿望，是多么令人吃惊地必然会使其丧失判断力、智力或者普通常识。

在那次闭幕演出结束几天后的一个晚上，这个剧团又集中起来，讨论一系列新的戏剧以备春季演出。埃迪再次无私地提出建议，将全部人马分成两个小组，我高兴而且感动地发现，被选在我这组的人都一致同意接受我的指导。由于这明显地证明了我的导演魅力，这让我感到陶醉，再加上我对于保住那份夏季工作的异乎寻常的热情，我决定不再排演独幕剧，而是排演三幕剧。这是一种不合时宜到近乎白痴的灵感，因为无论是这个小剧团还是我本人，都没有处理三幕剧的经验。仿佛为了要使这一举动变得更加愚不可及，我还选择了就连专业演员也会感到棘手的最困难的戏剧之一——易卜生的《群魔》。那个倔强的挪威人和我作为导演的经验不足碰到一起，谁将以最终胜利者的姿态出现，永远都是显而易见的。

从说出第一句台词的那一刻起，排练无论是对于我还是对于演员团队，都是一个令人痛苦的过程，但我要么是太固执，要么是太怯懦，以至于不能承认我的错误，并且改换到其他更容易操作的剧目。正相反，我硬着头皮要把它排演下去，并把我的坏脾气作为虚张声势的一种手段，这样一来，不但毁掉了我过去建立的好人缘，也使我们所有的人都无退路可言，只能不断地走向我选择的那个绝境。

我也能够肯定，就在演出前一个星期，当那个主要演员当场选择退出剧团，大步走过房间并夺门而出时，那不是其他任何人的过错，而是我一个人的过错。现在找其他任何人接替他的角色为时太晚，于是我瞬间再次做出了愚蠢的决定：我自己来演男主人公奥斯瓦德！取消这次表演是根本不可能的，由于我的眼睛盯着那份夏季工作，如有必要的话，就是让我去演女主人公卡米尔都不在话下。

我怀疑过如果我这样做,我将来是否会感到后悔,观众是否会买账。我承认我曾经暗自觉得,由我扮演奥斯瓦德的演出,将会意想不到地大获成功;可是,在我的要求下看了我们的首次带妆彩排的埃迪,很快就打消了这种错觉。他来到后台,一边难以自制地大笑,一边摇头。"很抱歉,"他说,"这个东西太荒谬了,而且你的表演,我的天哪!我尽可能用最宽容的措辞告诉你吧。可笑之极!"

"我倒不关心这个,"我可怜兮兮地说,"它会糟糕到会使我们失去那份工作吗?"

"会糟糕到那种程度,没错儿,"他回答道,"但已经到了这一步,现在说什么都太晚了。"他耸耸肩。"不过,我现在还有别的计划——甚至是更好的计划,所以不要担心。但是,看在上帝的份上,"他接着说,"你们既然非要把它演下去,你就不能在结尾部分多下点儿功夫吗?奥斯瓦德是怎么说的?'圣母啊,我要阳光,我多么想要阳光。'你不要说得就像你是想要得到'葡萄麦粉'①当早点似的。那种语气简直糟透了。"他又爆发出一阵大笑。

我永远都不会忘记那个痛苦的夜晚:我不得不走到舞台上,在整个晚上演绎了一个——就像埃迪一语道破的那样——让我显得极其可笑的角色。它让我痛苦不堪,它也使我同情那些在一部戏中扮演不适合自己的角色的演员,尽管他们必然知道这一点,但他们没有别的选择:缴纳排练场地租金和其他相关费用的紧迫性,使他们只能硬着头皮完成至少两场的演出,而我自己就处于这种尴尬的境地。

尽管如此,由于某种未知的奇迹,虽然我们的演出显然是业余演员水准,但在我们表演《群魔》的两天晚上,观众自始至终都礼貌而安静地坐在那里,虽然在落幕时的掌声稀稀落落,但至少没有任何嘲笑声——那对于业余演员而言也不啻一种噩梦——整个演出

---

① 在1897年由商人C. W. 珀斯特开发的一种早餐谷物食品。

过程也没有受到任何影响。在第二场也是最后一场演出结束时,我坐在那里擦去脸上的化妆品,想到(虽然我一刻都没有忘记那份夏季工作)易卜生从此和我永远分道扬镳,这一瞬间的快感让我如释重负。

无论如何,有一点是明确的:我显然是明智的,因为我已经把日后从事表演的想法丢到了脑后。过去的两个夜晚的惨败,令人郁闷地证明了我的想法是正确的,但与此同时,它也是一个小小的慰藉。当我把那个讨厌的奥斯瓦德的油彩从我脸上擦去时,我能够看到《纽约时报》的招聘广告就在我的眼前晃动,而我再次决定不去理会它们——无论发生什么事,我都没有回头路了。不过,除了有一天可能饿肚皮这件事之外,我无法确切地看清将来会发生的事情。

我突然从我前面的镜子里看见了埃迪那张笑嘻嘻的面孔,我感觉到他那只重重地放到我的肩膀上的手。"我给你带来了无可辩驳的证据:保护以色列的主既不会打盹,也不会睡觉。[1]"他冲着镜子里说。当我转过身来抬头望着他时,他放低了声音说,"我们得到了那份工作!"

果然,拥有那个夏令营的那位绅士很快进入了房间,他脸上挂着微笑而不是愠怒。"你觉得我们的演出怎样?"我天真地问。

"糟透了,"他回答道,仍面带微笑,"但它是易卜生的东西,这是关键。我欣赏敢于犯这种错误的年轻人——我们需要这种人进入'乌托邦夏令营'的团队。"然后,他就向我伸出了手。

这个有些不可思议的恭维,充分诠释了我的这个未来雇主的个性。后来成为剧作家的威廉·帕尔曼是一个夏令营的合伙人之一,尽管由于个人能力所限,他在这两方面的成就都差强人意,但无论在艺术方面还是在智慧方面,他总是给人一种自命不凡的印象。不过,考虑到埃迪作为一个没有经验的娱乐指挥让这个妄自尊大的人

---

[1] 出自基督教《圣经》第121篇。

吃的苦头,他的确是一个好脾气的人,也是一个最具宽容性的人。他再次热烈地摇晃着我的手,在做了另一番类似于"你犯的只是小错,换成别人只会犯大错"的恭维之后,他就笑吟吟地走了出去。

几乎就在意识到我的命运出现这一重大转机之前,我就强烈地感觉到,一种难以遏制的饥饿感将我牢牢攫住。就像过去一样,在一个胜利或者灾难时刻,首先将我带到现实中的就是我的肠胃。

"你拿到了多少钱?"我问埃迪。

"三块钱。"他回答说。

"我是两块钱,"我忘乎所以地说,"我们就用这五块钱,出去可劲儿吃一顿吧。"

"把你脸上剩下的奥斯瓦德弄干净,"埃迪说,"我要请你喝一瓶葡萄酒。"

我听了非常高兴,三下五除二地去掉了奥斯瓦德最后一点儿痕迹,而且我很快变得更加喜悦,因为当我们坐到雷伯尔劳动文化宫不远处那家酒吧时,埃迪请我喝葡萄酒的建议变成了品尝正宗的杜松子酒。

当我喝第三杯杜松子酒时,我几乎醉得不省人事,饿得饥肠辘辘,以至于为了尽快吃光端到桌子上的食物,我爽快地答应了埃迪为我们首次成为娱乐指挥的所有疯狂的计划。在当时,一个人只要花很少的钱,就能得到堆积如山的食物,而我自己就吃光了其中绝大部分,几乎没有停下来插一句话,或者对于埃迪喷涌而出的那些无稽之谈提出反对意见。当用餐结束时,我们才变得清醒下来,埃迪也能够以更理性和不太浮夸的措辞讨论我们的夏季工作,实际上我们只有六个星期左右的准备时间了。

"一个娱乐指挥最大的资产,"他说,"就是要大量储备特殊材料……喜剧小品,歌曲……尤其是音乐喜剧当中的新段子。这是必需的,我们务必得到这种东西!"

"怎么得到呢?"我问道,"我们可看不起那些演出。"

"我有办法。"他神秘兮兮地回答说。

"什么办法?"我追问道,"如果不能去看那些演出,我们如何得到它们呢?"

"回家好好睡一觉。"他回答说,仍然带着一种故作神秘的姿态。"等你睡好了以后,我就告诉你我们怎么做。我们明晚就去搜集这些东西。"在当晚余下的时间,对于这件事他就说了这么多。

正如我在接下来的几周所了解的那样,的确有一些途径——或者至少是埃迪采用的途径——可以搜集到娱乐指挥的资源储备所必需的材料。一种方法就是,在一部极受欢迎的音乐戏剧在剧院演出的中间休息之前,我们会赶到剧院前面的人行道那里。我们会和在第一幕结束时走进大厅的观众交流,拿起必然会被某个人丢到大厅地板上的节目单,颇为招摇地把它在我们眼前挥舞着,然后和观众一道走进剧院去看第二幕演出。

虽然这种做法会限制我们能够偷窃的材料的数量,但是,音乐戏剧和时事讽刺剧的作者,必然会把他们的某些"重型弹药"保留到第二幕使用,而且第一幕的歌曲总会在第二幕或第三幕重复演唱。当然,有几家剧院会在中间休息时对观众进行检查,只是为了杜绝像我们这样的盗贼行为,但这样的剧院只是少数。当时正在演出《齐格菲尔德的荒唐事》的新阿姆斯特丹剧院,就进行了这样的检查,而且密切监视那些在中场休息时的不速之客,不过我认识验票员,而且他不止一次地把我们放进去。《齐格菲尔德的荒唐事》是我们的必看剧目之一,因为它不仅包含大量滑稽短剧材料,还有我后来在几次夏令营表演节目中使用的范妮·布莱斯①这个模仿对象。

每场演出后,我们总是直接赶到埃迪的住所,借助于一只袖珍

---

① 美国舞台剧和电影女演员,1910 年在舞台剧中崭露头角,1928 年步入影坛,其经历后被改编为电影《滑稽女郎》。

手电筒和在节目单上留下的潦草笔记,把我们从演出中偷窃的所有材料汇总在一起。在一段时间后,我们的偷窃成果的准确程度令人吃惊。我们经常能够把整出戏的内容一字不落地汇集到一起,这是因为尽管我们的记忆力有限,但我们的笔记却帮了我们的大忙。

在那个春天,就在我们动身前往夏令营之前,有三部新的音乐剧开幕,为了从它们当中偷窃完整的材料,埃迪有一个更巧妙的计划,因为他觉得能够提供来自百老汇最新节目的材料,对于他作为一个娱乐指挥的声望至关重要。他的理论是,在戏剧开幕期间的一个晚上,舞台看门人可能认不出那些年轻的合唱团队员,因为节目本身才刚刚进入剧院。因此,在开幕之夜演出开始前半个钟头左右,我们会急匆匆地从那个看门人旁边走过,还不失时机地带着兴奋的口气说上一句"喂,你好"或者是"祝你好运"之类的话,好像我们就是合唱团成员似的,然后我们通过舞台,从舞台侧门走出去并进入剧院。随后,我们会迅速进入男卫生间,把自己锁在一个分隔间,直到听到演出序曲开始,我们就会走上楼梯,站在后面观看整场演出。埃迪还有一个观点就是,在开幕之夜气氛总是很热烈,在管弦乐队后面会站着许多捧场的人,因此,永远都不会有人注意到我们。

事实证明,他在这两个方面的看法都是正确的:当我们与舞台看门人擦肩而过时,他也会含糊地对我们打一声招呼;而当我们站在后面时,没有人注意我们,哪怕是一丁点儿的注意也没有——不过,我们之间经过了一场相当激烈的争论,才使我克服了最初的胆怯,埃迪甚至发出了彻头彻尾的威胁,才使我鼓足勇气,从第一个看门人旁边迅速通过。然而,这种做法却收到了奇效,而我经受的这种折磨也是非常值得的。

在那忙忙碌碌的几个星期里,为精心策划夏令营演出季,从阵亡将士纪念日①直到劳动节,埃迪在每一周所表现出的敬业和专注让我感到十分惊讶。一旦那辆风车开始倾斜,他对于任何事物都会不可思议地变得兴奋异常而且热情不减,我也十分欣慰地看到,他能够倾尽全力为我们将要着手的每一部戏剧和每一部音乐剧进行准备,并且制订一个明确的时间表。

遗憾的是,这种异乎寻常的热情和敬业精神,在阵亡将士纪念日之前就告一段落了;因为就在我们动身去夏令营前夕,埃迪得到了一个将在秋季到南非做巡回演出的剧团的加盟邀请。仅仅是"南非"这个词本身,就让他联想起那个壮观而美丽的地方,由此对他产生了直接而强大的吸引力。他很快就失去了对这份夏季工作的全部兴趣,而且我认为,他能够坚持做下去,只是因为这是在秋季到来之前拖延时间的一种手段。

而且,就像在当时盛行于戏剧界的裙带关系一样,他让其他特殊成员进入到我们的夏令营团队中:他的姐姐贝拉,一个叫埃莉诺·奥德利的堂兄,还有三个来自他在雷伯尔劳动文化宫团队的成员。他们不仅全都和我们一样没有经验,而且在整个夏天都成了对他无比崇拜、因而心甘情愿地为他效劳的奴隶,把他的怠惰看成是一个艺术家冥思苦想的习惯,把他的高度缺乏组织性看成是明确无误的天才特征。

当我在雷伯尔劳动文化宫的工作即将结束时,在夏令营演出季开始之前,我必须找一份某种临时性工作,以填补这段空闲时间并且赚点儿钱,我抓住了我找到的第一个工作机会。它都不像是一份工作,而我也只干了一个星期。我在梅西百货连锁公司做巡视员,并不比我扮演奥斯瓦德更出色。我的思绪不仅经常莫名奇妙地神

---

① 每年五月的最后一个星期一,是美国的阵亡将士纪念日。美国人传统上会举行各种纪念活动,向为国捐躯的军人表达哀思和敬意。

游天外——因此有一天下午,我不知不觉地走到第 34 街去呼吸一下新鲜空气(有人后来告诉我说,一个巡视员在上班期间会做这种事,绝对是闻所未闻的),而且对于我们需要的材料的收集和整理工作不只是在晚上进行,在白天也照旧不会闲着。很多时候,我们不能在演出的当天晚上,就把那些可能对我们有用的材料全部写下来,而且这是一种必须由我们两个人一起做的工作,因为我们当中一个人想不起来的东西,另一个人总是会想起来。

梅西百货帮我们解决了这个困难:在第一周的最后一天就把我解雇了,于是,我构思出得到一份理想工作的好主意:只需夜间上班,在白天睡上几个钟头,在白天其他时间和傍晚是自由的。埃迪曾经表示怀疑,但事实证明,有很多夜班的工作可供选择。

纽约这个令人不可思议的城市令人不可思议的特征之一,就是它有大量只在晚上工作的人群。这个城市的日间生活的一大部分,都是由这些夜间工作者支撑和维系的,他们维持着这个城市隐秘的血管所必需的正常循环过程,所以,当每一个黎明到来,并由其他数百万人继续推动这座城市的生活时,他们很少会意识到,正是其他需要通宵达旦地工作的人,为他们在白天的生活和工作做好了准备。

我选择的这份工作地点是在《纽约时报》社,把在白天送到报社服务部的手写招聘广告进行分类,并送到它们所属的适当部门。工作时间是从晚上十一点到次日早晨七点钟,这完全符合我们的需求,我会从剧院直接赶到《纽约时报》社,在上午八点半之前回到家中,一直睡到下午一两点钟,在三点钟之前赶到埃迪的住所,并开始一起整理材料,直到当晚某部戏剧开演为止,因为我们会在中场休息时,再次混入剧院进行"偷窃"。

如此过了两三个星期以后,我发现自己经常在地铁里入睡,而且几乎每天早上都会坐过站,只要我的头碰到软乎乎的东西,我很快就会进入梦乡。奇怪的是,这种颠三倒四的生活状态,一点儿也没有使我感到难以忍受。一方面,我喜欢成为其中一部分的这个城市在夜间具有某种诗意和相当神奇的特质。我们在《纽约时报》社的午餐和晚餐时间是在凌晨三四点之间。我会尽快吃完饭,然后和另一个与我一道工作的家伙在街上闲逛,直到该回去工作为止。我没有必备的天赋,去描述在夜间的那个时刻这个城市所拥有的奇妙特征;但是我确信,它具有一种只有像我这样的夜行者才能够瞥见的难以言说的独特魅力。

虽然我总是闭着眼睛打盹,可能有时候一句话还没有说完,就会不知不觉地睡过去,但我一点儿也没有感觉到疲倦,而是正好相反,我一旦醒过来就会精神饱满,活力无限。整整三个月可以远离过去的生活环境的前景,不能不让我感到振奋,我的喜悦达到了近乎狂热的状态,而这似乎足以驱逐我的疲劳和乏力感。仅仅是不用每天晚上赶回家,并且走过四段脏兮兮的楼梯,回到我们居住的公寓房间这个微不足道的念头,就让我的心里充满了一种几乎无法忍受的兴奋和自由感,而这种感觉也是我过去从未有过的。很难用一两句话描述或者解释那种势不可挡而且令人窒息的无聊,这是贫穷的本质之一。关于贫穷生活的单调乏味和举步维艰,在各种作品中已经有过大量描述;但我不记得它那无聊到使人感到麻木的效果,经常被诉诸笔墨或者言谈之中。然而,无聊的确是贫穷的基调——在其所有有伤尊严的品性当中,这可能是最令人难以忍受的品性之一——因为哪里没有钱,哪里就没有变化,就没有前景和规划。能够摆脱它的色彩单调的千篇一律,摆脱一个没有动感或变化的无聊世界,让我的内心充满了莫大的幸福感。逃离这个夏季的城市,摆脱它那经常挤满疲惫的汗流浃背的成年人和尖声叫嚷的孩子的前门廊和安全出口,进入一个有着绿色草坪和树荫如盖的世界的想法,使睡眠变成了一种毫无价值的享受,也似乎使我拥有了十倍以上的精力。

我突然强烈地意识到,对我来说,夏季一直是最难过的季节,也是我最痛恨的季节。在冬季,贫穷会处于默默无闻的状态;它总是隐藏在拉起的窗帘或者关闭的百叶窗下。但是在夏天,公寓里令人窒息的炎热,会让它蔓延到前门廊、安全出口和人行道上,使它自身的丑陋和罪行暴露无疑。我现在知道,为什么我一直害怕天气变暖,但随着这个特殊的春季逐渐进入初夏,我几乎可以嗅到乡间草地的香气,哪怕我是在地铁车厢里,或者置身于《纽约时报》大楼内狭窄的工作间。

当我们前往乌托邦夏令营这伟大的一天终于到来时,我认为,我那被我的母亲误认为是难舍亲情而流下的泪水(这是我第一次长时间离家外出),实际上更接近于因为能够摆脱地狱般的处境而流下的喜悦的泪水。在我过去所有的旅行当中,几乎从未有哪一次像这样令我神清气爽。

然而,天真总是会带上它的自我毁灭的种子,而我也在那个闪闪发光的夏日,带着我自己的天真去往乌托邦夏令营,就像狄克·惠廷顿[①]带着他简单的包裹和纯真的心灵到了伦敦,他没有听到别的,只听到远处传来的圣玛丽亚教堂动人的钟声。

---

① 英国商人,曾三次担任伦敦市长,著名童话《狄克·惠廷顿和他的猫》的主人公的故事原型。

第9章

乌托邦夏令营是一般意义上的夏令营相当典型的样本,它给了我一个有关娱乐指挥会是什么样子的粗略概念。它包括一个设有餐厅的大型中央建筑,沿湖两侧建起的多个小木屋,以及据说在夜间可以将男女分开的那座湖泊本身——这是一种相当幼稚的假想,好像湖水甚至火圈之类的东西,果真能够完成这种不可能的事情似的!那里有网球场,一个可以游泳的码头,独木舟和划艇,以及一个带有舞池和舞台的娱乐厅,这是夏令营在晚上——至少在灯光关闭之前如此——令人激动的活动枢纽和核心,而且在这一时间段里,湖滨避暑山庄两侧的车辆比例,完全可以和时代广场高峰时段的情形相媲美。

在我随后五年工作过的夏令营当中,乌托邦夏令营既不是最大的一个,也不是最小的一个,有一些夏令营在拥挤的周末接待的住宿客人,其数量从200个到1500个不等。但是,每当我想起它时,心中就会产生一种温馨的感觉,因为它在当时具有一种几乎是全新的夏令营这一优点(我相信这是它的第二次夏季活动),以至于客户们还来不及根据惯例,尚未打开行李箱就立刻开始抱怨说,去年的娱乐指挥团队显然强于今年的团队,这是我在此后工作过的每一个夏令营都会碰到的一种令人恼火的规律性投诉。

当然,夏令营世界对我而言是全新的世界;由于我以前从未进入过那样的环境当中,我认为作为在20世纪20年代一种蓬勃发展的具有美国特色的事物,它一定具有我从未体验过的奇特趣味,而且它在今天不大可能以同样的形式再次出现。对于从二十岁到三十岁这个年龄段的成千上万的年轻人而言,当时成年人夏令营在很大程度上,代表着一种全新的夏季度假方式,它标志着第一次脱离管理模式陈旧、有着标准的长门廊的避暑地酒店——慈爱的母亲会在那里严格陪护端庄娴静的年轻女儿,慎重的年轻男子夜间乘坐装有干草的大车出游时,会小心地随身带上他们的曼陀林①,而且在亲吻一个女孩并道晚安时需要考虑再三。

当夏令营的那第一个老板——且不管他是谁——想到了将前门廊一举拆除、并将慈爱的母亲们拒之门外这个主意,取而代之的是在湖滨建起具有质朴气息的小木屋时,他就拨动了成千上万叛逆青年的心弦,他们早就强烈地向往在二十多岁的年龄新发现的性爱自由,他们越来越多地蜂拥而入,要去体验每一个精明的夏令营提供的那种没有拘束的男女之间的友情派对。我并不是要暗示说,这些夏令营是以森林为背景的身体狂欢之地,而且对于那些小木屋的确大张旗鼓地安排了严格的巡逻;但毫无疑问的是,这些夏令营大受欢迎的基本原因之一,就是其中隐藏的那种永恒的性爱主题。

当然,夏令营在今天依然存在,但是它们和我当时亲身感受的那些缺少约束的夏令营大不相同。实际上,在当时的某个客人或者一个娱乐指挥看来,今天的夏令营几乎变得面目全非。今天,娱乐节目完全是专业化的,而且是通过百老汇代理人向夏令营提供的,另外,规模较大的夏令营经常拿出大笔钱,在周末向客人提供知名

---

① 一种琵琶乐器。

的娱乐节目。高尔夫球场通常雇佣三个（而不是一个）高尔夫球职业教练，而网球场和游泳馆往往由某个前大学或者奥运会冠军负责。

然而，我这里所谈到的娱乐，是由娱乐指挥和他的员工提供的——每一个白天和夜晚的项目，都要由他和他的助手设计、排练和展示，而且那是一项相当繁重的体力活儿！从这些早期的夏令营当中，涌现出了丹尼·凯耶、丹·哈特曼、多尔·斯卡尔、洛伦兹·哈特、卡森·坎宁、阿瑟·科波、菲尔·希尔弗斯这些文艺界人才，以及其他无数佼佼者。善意的记者采访总是暗示说，这些夏令营为那些有才能的人提供了训练场或者跳板，使他们能够一举进入百老汇和好莱坞。可能是这样，但不论别人的情况如何，从我个人的立场来说，我并不赞同这种说法，因为就我的设身处地的感受而言，娱乐指挥经历就是让我终身蔑视对人类精神的令人难以置信的扭曲，也让我对于人类集体追求感官享乐和过度自由持久地充满恐惧。也许那些夏天真正的胜利，就是我能够安然无恙地成为"过来人"；并不是说我拥有了某种创造性的脑力而且毫发无伤，而是指我的体力经受住了沉重的压力，因为在每一个夏令营活动季结束时，我的体重总是会下降15到20磅，而且我对人生的看法更加悲观和消极了。

要了解一个夏令营活动季节能够带来的紧张感和压力感，以及在当时一个娱乐指挥所要面对的巨大挑战，我认为必须把夏令营的一周实际活动日程写下来，而且在整个夏令营活动季，这样的活动日程每一周都要重复一遍，只不过具体材料有所改变而已。

周一是篝火之夜。这大概算得上是一个非正式的聚会，因为新客人通常在周日抵达；在森林里会架起篝火，在提供娱乐节目的同时，会在火上烘烤棉花糖和热狗，这被认为可以使新来者迅速体验到无忧无虑的夏令营精神。我认为的确达到了这一效果——不过由于生火用的木材，以及热狗、棉花糖和坐在身下的地毯必须由娱乐指挥和他的员工拖到森林里去,所以,它对于我们和对于客人们的意义不尽相同:我们并不会体验到同样的轻松、欢乐和无拘无束的感觉,更不用说围绕篝火展开的节目必须经过严密的策划和排练,因此,它们根本就不是非正式的节目。

篝火之夜总能给我带来一种特殊的折磨,因为埃迪在那个活动季之初,就把在点燃篝火时作为庆祝活动开幕曲的全场大合唱的任务交给了我,不幸的是,这是一份我擅长的工作,同时也是我非常厌恶的工作。当我站在篝火前面开始领唱时,我总是不得不态度和善地扯着嗓子喊叫上一番,而全场的人也同样态度和善地以打趣和说笑作为回应。几乎在每一个篝火之夜,我都虔诚地希望我会消失在空气中,或者找个地缝钻进去。

在篝火之夜的节目清单上,我还有其他两个常规节目。一个是莎士比亚的作品朗诵,通常是《哈姆雷特》、《麦克白》或者《罗密欧和朱丽叶》的一段独白,还有一个是用夏威夷四弦琴伴奏的"男女二重唱"节目,我会一边弹奏一边歌唱,而且在当天下午,一位被精心挑选出来的被视为"害群之马"的女嘉宾会坐在我的膝盖上,和我一起演唱。观众在一起跳查尔斯顿舞时,通常会要求我们再表演一遍这个节目的事实,丝毫不会将我对从六月到九月每个星期一晚上的痛恨降到最低程度。

星期二晚上是盛装之夜或化妆舞会之夜。这个夜晚可能被确定并宣布为"格林威治村之夜"、"老蒙马特之夜"或者是"爱情舞会之夜",这要取决于娱乐指挥心血来潮的情况和手头有什么样的服饰。

工作人员必须模拟蒙马特画家村或者格林威治村的风格装扮娱乐厅,还要按照夜总会格调在大厅四周摆放桌椅。而且,出席的客人不论男女,都必须穿上适当的服装,因为如果他们不这样做的话,整个晚会就会失败;所以,从星期二午餐后到下午的大多数时间,我们都要走遍每一个小屋,帮助客人们准备服装,或者说服那些不情愿这样做的人按照我们的要求穿衣打扮。

大多数姑娘都会按夏令营宣传册对于盛装之夜的建议,带着临时赶制的服装来到夏令营;但是男人通常除了他们必备的白色法兰绒长裤和蓝色运动夹克,其他什么衣服也不带。我们在夏令营衣柜里储备了一些服装,专门用于每周都会出现的这种紧急情况,而且,当我回忆起有多少男性嘉宾不愿听命于我的纠缠,让自己摇身变成一个来自蒙马特的公民时,我至今还没有看到舞台上或电影中有哪个法国印第安土著式的人物,会像他们那样让我感到不寒而栗。相对于其他任何一种服装,我们的衣橱里似乎总有更多的印第安土著服装,尽管出于我至今无法理解的某种原因,"古日本之夜"似乎是男性嘉宾更偏爱的一类盛装之夜。

对于"老蒙马特之夜",通常都会表演一个或者两个"大木偶剧场"①的短剧。其结果是,第二天在夏令营里几乎从来都找不到番茄酱,因为我们把它用于模拟表演恐怖短剧所必需的流血效果,而且娱乐指挥团队成员的头发通常用番茄酱糊成各种形状,导致接下来的两天里,夏令营里基本没有番茄酱可用。

在"格林威治村之夜",会有长时间的烛光自由诗朗诵,朗诵者通常都是埃迪,而涉及埃德娜·圣·文森特·米莱②的诗歌往往由我来朗诵。当第一个夏天结束时,没有人会比我更加厌倦听到"我的蜡烛从两头燃烧,它坚持不了一个晚上"。我记不清有几个"格林威治村之夜",我不得不用整个的埃德娜·圣·文森特·米莱、部分的埃德娜·圣·文森特·米莱以及在没有她的踪迹的情况下,硬着头皮坚持一个晚上!

在"古日本之夜",我们会展示结合了本地笑话和熟悉的歌词、属于我们自己版本的歌舞喜剧《日本天皇》,而到了"有情郎之夜",

---

① 法国巴黎的一个知名舞台剧剧场,多以恐怖剧为主。
② 美国抒情诗人和剧作家,她获得了1923年普利策诗歌奖。

我们会安排有宾客表演的活人画①,他们会穿着涂上金色和银色油漆的服装出场,而这些当然是由汗流浃背、颇有怨言的员工设计完成的。

星期三晚上是"游戏之夜",在舞蹈之间,穿插着有奖性质的马铃薯比赛、麻袋赛跑、独腿比赛和花生接力赛,虽然管理层认为,在这个无忧无虑的夜晚未必非要安排什么娱乐节目,但娱乐指挥人员鼓励大家参与游戏这一点却被认为是必要的,因此他们必须以身作则,在每一个比赛开始时都要第一个站出来,还要确保每一个害羞的尤其是没有吸引力的女孩在当晚至少参与一项游戏。你很难对那个和你一起被系在一只大麻袋上,并且沿着娱乐厅地板一瘸一拐地冲向终点线的害羞女孩或者一只丑小鸭产生真正的同情之心。正相反,和一个长相难看、戴着厚眼镜而且前门牙向外凸出的女孩并肩在地板上滚动花生,怎么也不会点燃你的内心深处那束同情的火花,反而会使你产生一脚踢向她的上门牙的冲动。

然而,要逃避当天晚上的这种绅士之举是绝无可能的,因为夏令营有一项不可侵犯的规则——在任何情况下都不能够打破的规则——男性娱乐指挥成员只能和未获邀请的女孩跳舞,而且必须确保那些害羞、难看的女孩首先得到邀请。娱乐指挥和他的助手必须身先士卒地做出表率,不仅在舞蹈中如此,在夏令营所有活动的其他各个方面也都是如此。

这当中其实有一个充分的理由。每一个夏令营参与者总是以女性为主——女性的数量有时是男性数量的两倍以上,对于这个棘手的问题,精明的夏令营管理者想出了一个有效的解决之道:雇用大学生而不是专业服务员守候在餐桌旁,因为这些大学生在完成了他们的餐厅工作之后,就是娱乐指挥成员的一部分。实际上,如果一个年轻的医学系和法律系学生是一个舞蹈好手,而且在娱乐厅能

---

① 舞台上活人扮的静态画面。

够与人"打成一片",那么不管他可能是一个多么蹩脚的服务员,这种做法都不会有任何问题。不过麻烦在于,那些大学生不喜欢和那些"恐龙"——正如他们所称呼的那样(这和我们没什么不同)——跳舞,并且使用各种策略,确保在管弦乐队演奏每一首舞曲之前,都会首先挽着一个吸引人的女孩走到舞池中。在每一个夏令营活动季之初,总是有一项通用规则:如果一个女孩在乐曲前16小节没跳过舞,她就必须立刻找到舞伴并进入舞池。后来还有一项不容改变的规定:每一个女孩在当晚最多只能跳一支舞,这是因为男孩总是在瞄上一个漂亮女孩以后,就会和她跳完所有的舞曲,有的人甚至天真而且明确地公开宣布:他只和她一个人跳舞,当晚不会再选择其他女孩!

在每一个夏令营活动季的七月中旬,必然有一两个藐视这项规定的不听话的服务员被打发回家,这是因为当一个服务员和一个客人之间的爱情不可避免地开始萌芽,而一旦发生这种情况,他就会和他心爱的女孩跳完每一支舞曲。为了以儆效尤地对其他人表示震慑,除了把他打发回家没有别的办法。我并不总是确定那是爱情在服务员的内心深处萌芽的缘故,因为一旦一个服务员瞥见女孩眼中那种明确无误的光彩,一种几乎不可避免的结果就是:那个不幸的女孩从那时候起,在她为期两个星期的整个假期里,就很难见到阳光了。事实上,她大部分时间都会在厨房里帮他擦银器和做沙拉,然后又会帮他摆放餐桌。这些可怜的人在刚来夏令营时都是满面红光,神采奕奕,而在两周后离开时却眼窝凹陷,意气消沉。

奇怪的是,这种客人帮助服务员打下手的做法,并不会遭到夏令营老板的斥责或阻止,在某种程度上还会得到他们的祝福,因为我不认为在没有那些不计报酬的"女奴"的帮助的情况下,那些连续几个夜晚在月光下泛舟湖上的服务员,能够顺利地在每天早晨六点半起来准备早餐。我甚至确信,总的来说,是爱使得夏令营的银器一如既往地整洁如新。不管在哪一周,从餐桌摆放的情况和装饰精美的沙拉的制作水平,你经常能够判断出是否有女宾客和哪个服务员在热恋中,而且一旦爱情在厨房里开花结果,就意味着在娱乐厅的夜晚舞会将会出现使人头痛的局面。我还敢肯定,在夏令营的那几年,永远毁掉了我对于舞蹈的乐趣。我现在很少会走到一个舞池地板上。因为在整整六年时间里,我一直都在和"恐龙"跳舞,这足以使我更愿意接受那种令人愉快的选择:在我的余生当中,我宁可坐下来欣赏别人跳舞,而不是主动参与其中。

在夏令营当中,唯一没有安排跳舞的一个夜晚是周四晚上,而且你可以想象,娱乐指挥团队成员有时有这样的感觉:星期四这天来得这样缓慢,而它消失得又那样彻底——仿佛会一去不复返似的。那是一个篮球之夜,是由我们自己的一个服务员球队对抗某个兄弟夏令营的服务员球队,比赛地点有时是在我们自己的娱乐厅,有时是在他们的娱乐厅。这个夜晚似乎总能得到夏令营老板慷慨的支持,因为这毕竟是一个员工完全不需要考虑排练周末的戏剧和音乐剧演出的夜晚,但是实际上,我们并不能够得到真正慷慨的眷顾。在星期四晚上篮球比赛结束以后,老板通常都会在他们自己的住地为精心挑选的客人举行一个派对,娱乐指挥团队成员不仅会被邀请参与这个派对,而且差不多是奉命出现在那里的,因为他们需要我们为他们的庆祝活动提供必要的娱乐节目。我认为他们的想法就是,既然娱乐指挥团队在整个晚上都没有为他们提供服务,他们现在就必须气喘吁吁地这样去做,而且要从半夜开始。

夏令营生活的另一个职业性的危险,而且是一个可怕的危险就是,在娱乐厅关闭之后,客人们每周都有两三次在他们自己的小屋举行派对,而娱乐指挥团队成员总是会被召唤过去。考虑到他们每周的资金支出,在每一个客人看来,这似乎都是天经地义的,因此,娱乐指挥团队既要履行他们的公共服务义务,也要在私下里为他们提供服务,而绝大多数夏令营老板也都支持这样做,在这种情况下,如果你拒绝在派对上出现,无论是出于自卫还是纯粹的疲惫,到了第二天早晨,在客人们中间就会怨声载道,他们会长时间而且大声抗议,声称娱乐指挥团队成员拒绝"合群",到了第二年夏天,他们就必然会选择一个娱乐指挥团队"合群"的夏令营。

我们只能够避开某些派对,而其他派对我们只有尽自己最大努力去忍受,因为如果说有什么事情比我们为客人提供服务更加糟糕的话,那就是在他们自己的派对上领受他们的"表演"。几乎每一个举行派对的客人在内心深处都有一个深藏不露的概念:他(她)和夏令营员工同样富有才华。这是他们证明自己才华的机会。而且每当我今天想到那些穿着奇装异服的年轻人一手拿着腊肠三明治,另一只手拿着一杯芹菜味的奎宁水,大吼说"我是阿拉伯酋长"时,仍然会感觉浑身发冷;或者说,每当我的脑海里出现很多头脑简单的女孩在那样的派对上演唱她们个人版本的"达达尼尔海峡①"的场面时,我就很想知道,我当初是如何挨过那整整六年却没有进入疯人院的。

不过在夏令营生活当中,有一种危险却是娱乐指挥团队成员不必承受的。那是一种完全由客人自己面对的危险,而且它对于娱乐指挥团队而言像是一种永恒的娱乐之源。这种危险是很简单的,但在我工作过的每一个夏令营都必然会长期存在。除了在他们的行李上的首字母缩写之外,不论是男客人还是女客人,总是以完全匿名的状态来到夏令营的;而且,当他们穿上他们的夏季服饰第一次出现在娱乐厅或者餐厅时,你不可能说出来到这里的是一个船务员,还是哪个阔老板的儿子。出于同样的原因,你也不可能说出首次露面的那个姑娘是一个华尔街经纪商的私人秘书,一个钢铁企业的经理人,还是说——而且这种可能性更大——一个布卢明代尔市手套专卖店的女销售员正在开始她为期两周的假期。

---

① 1919年由德裔美籍歌词作家和音乐出版商弗雷德·费希尔推出的一首流行歌曲。

每一个行李箱都鼓鼓囊囊地塞满了各种物件,它们是行李箱主人省吃俭用而节省下来的每一分钱换来的,当中包括各种漂亮的运动衫,驼绒裤子,或者是带有印花图案的细棉布上衣,更不要说还有最新款的游泳衣和名牌套装。它们每时每刻都有可能起到吸引和撩拨异性成员的作用。当然,在客人们当中有一些富有的男孩和女孩,我甚至可以假定,一个大老板的公子或者一个华尔街经纪商的私人秘书,偶尔也会出现在这里。但大体说来,每年夏天光顾夏令营的客人,其主体大都是由船务员、簿记员、法律文员、接待员以及其他难以归类的成员构成的,他们来自于纽约市及其周围地区,只是为了在此度过每年两周的休假。

作为在夏令营假期的组成部分,男孩追求的性爱目标和女孩追求的求偶目标,都大有机会在这里实现,前提是双方都要尽可能避免暴露他们在夏令营的真实身份,他们需要像玩一种游戏似的,让对方以为自己将要接替一个企业经理人的职位,或者将要从富有的父亲那里继承一大笔财产。这是一种具有各种玩法的游戏——一个说谎和矫饰的庄严的小步舞,而且娱乐指挥团队每两个星期,就会不乏乐趣而又带着极大的恶意,看到某种微妙关系的发芽和开花。事实上,只要有机会,我们甚至协助和教唆那些伪装者,这不仅有助于我们报复我们不共戴天的敌人——那些客人——而且每个白天看到贞操的城堡遭到袭击,每个夜晚发现在那白色法兰绒裤子面前显现的犹犹豫豫和摇摆不定,实在会给人带来一种不同寻常的启发,以及一种难以言喻的娱乐效果。当然,你不可能知道,那些穿白色法兰绒裤子的年轻小伙子,是正在攀向日后成为职业经理人的阶梯,还是在金贝尔百货商店地下室工作的包装工人。法兰绒长裤自己也不可能知道,他手臂挽着的那个在娱乐厅与他起舞、穿着花纹图案薄纱的女孩,是否真的就像她看上去那样,是个年轻有为的女士。我们会为那座城堡被全面攻陷的确切日期打赌,我们倾听着像蓟花的冠毛一样在夏令营传播的谎言,并因此感受到了无穷无尽的乐趣。在漫长而又无趣的夏令营活动季,它让我们找到了一种发泄口。但是,当星期五上午到来时,就连这种乐趣也都会变得弱不禁风,因为星期五晚上我们必须忙于"戏剧之夜";而且由于埃迪在组织管理上的严重失职,星期五和星期六的晚上——星期六是"音乐喜剧之夜"——总是异乎寻常地艰辛而曲折。当然,除了我们其他所有的活动以外,每周演出两部独幕剧,以及在第二天晚上的所谓"原创音乐喜剧",绝对不是一件容易的事。

尽管如此,在每周之初安排和组织工作时,假如埃迪哪怕能够做出最少的努力,我们就不会像通常那样,需要付出繁重的体力劳动和艰辛的脑力劳动。然而,他在这方面的表现总是令人感到无奈。戏剧角色总要等到星期二晚上才开始分配,而到了星期三晚上,埃迪很有可能会改变他的想法,并且决定另起炉灶,排演其他两个独幕剧。我们几乎总是要等到周四下午,才能够拿到音乐喜剧的剧本,而且由于除了脚本本身以外,还必须筹备配套的歌曲和舞蹈,所以到了星期五上午,这两个节目的排练过程的混乱状况,往往惨不忍睹。毫无疑问,如果埃迪在周中改换戏剧的话,全体员工就不得不赶来帮助重新绘制舞台背景,更不要说还要设计出各种巧妙的方法,把上面写着关键台词的小纸条分头贴在道具和家具上,这样我们才可以偶尔瞥见它们,并且在需要时,可以知道接下来我们要说什么。如果戏剧节目涉及的是室外背景,这个过程倒比较容易,因为那些小字条可以固定在灌木丛背面,甚至还可以不显眼地贴在石头墙壁顶部或者篱笆上。当涉及室内背景时,埃迪表现出了无与伦比的设计天才,他使得我们可以有意识地走到一个放有一张提示纸而观众却无法察觉的位置,而且这个过程似乎是戏剧本身一个自然的组成部分。当某部戏剧涉及的是一个室外背景,但出于某种需要,必须在光线极其暗淡的情况下进行表演时,他在这方面的天才甚至达到了一个新高度:他把提示纸条粘在岩石后面,每张纸条旁边挂着一只小手电筒。当我们打开手电筒,准备快速看一眼接下来该说什么时,他就会让剧中的一个角色这样发话:"在一年的这个时间还有这么多萤火虫,是不是有些不同寻常?"考虑到剧情是发生在寒冷的冬天,而且我们都穿着大衣,戴着棉手套,有如此多的萤火虫出现确实不寻常。观众甚至从未窃笑过——我愿意相信,这是对于我们高超演技的一种罕见的褒奖。

在几乎每个星期四的晚上,在夏令营老板的派对结束以后,我们通常都必须整晚排练。我们会在大约凌晨一点时开始彩排,并在光线昏暗的大厅一直排练到次日六七点钟,而且在这种情况下,埃迪总是处于最佳状态。事实上,我不止一次地发现,他那缺乏条理性的行为模式的原因之一,就是这可以无意间带来一种紧张和压力,从而使他得以按自己最喜欢的方式工作。我怀疑有许多戏剧界人士在这方面和他没有什么不同,他们都必然会首先制造一种"火场",然后让自己扮演一个"救火队员",这可以让公众看到他们如何在压力下,潇洒自如地展示自己与生俱来的天分。埃迪这样做究竟是出于一种自觉还是不自觉,这也许无关紧要,因为就在那些夜晚,随着时间一分一秒地流逝,当每一个人都在接近疲惫的顶点时,埃迪却俨然处于个人最佳状态。

他会喝下一杯又一杯黑咖啡让自己保持清醒,他会吃掉一块又一块巧克力为身体赋予能量,而且奇思妙想层出不穷。当我们昏昏沉沉地等待黑夜逝去白天到来时,他会毫不留情地催促我们每一个人,完成一个被压缩的、令人痛苦的排练过程,尽管假如进行必要的预先安排和组织,我们通过四次轻松而合理的彩排,就可以完成同样的任务。但是,那却不是他的风格,或许这正是他的长处,也是他的短处。我们眼窝凹陷,摇摇晃晃地走出大厅,争分夺秒地睡到上午九点钟,然后我们必须到餐厅吃早餐,和客人彼此间说笑并"打成一片",然后接着开始当天的活动。

在当天下午四点钟,娱乐厅的大门会因为我们的彩排再次关闭,我们会在那里一直待到晚上十一点钟演出结束为止。接着,不管演出是好是坏,掌声如雷还是掌声寥寥,我们都会蜂拥地爬上山丘奔向餐厅,在厨房里大吃一顿,然后在半夜时再次下山赶到娱乐厅,经历和前天晚上相同的一番程序。只是这一次,由于它是"原创音乐喜剧"的第一次完整彩排,而且歌舞队是由自告奋勇地参加演出的客人组成的,所以,当排练到将近早晨五点钟时,有些人变得情绪急躁或者大发脾气的情况并不少见。

星期六是星期五的一个完整的重复——在九点钟起床,开始当天的活动,直到下午四点钟时继续彩排为止;只是在这次彩排上,大声呵斥和火星四射的混乱局面成了一种必然。就灯光提示、道具和服装以及场景的快速变化而言,每周的这些音乐剧——尽管它们是仓促而业余的偷窃之作——不但程序烦琐,而且难度很大。由于在星期六下午疲倦和烦躁会达到相当高的水平,音乐剧的彩排过程会变得相当恐怖,直到我们可以看到,观众从山丘上下来走向娱乐厅,这种恐怖局面才会告一段落。然后,我们会拉下帷幕,并祈祷一切顺利,设置舞台背景的过程所发出的碰撞声,有时会淹没管弦乐队正在演奏的序曲。

在开始演出这一天帷幕再次拉开之前,夏令营服务员工很少能够和娱乐指挥团队融洽相处,就连他们彼此之间也经常横眉冷对。到星期六晚上结束时,能够使大家保留住最后一点士气的原因是,我们都太过疲倦,以至于记不得在当天下午究竟为什么事而发生过一系列激烈的争吵。

在星期六晚上的节目之后,必然要为第二天离开的那些客人举行欢送会,不过在星期天早晨我们可以不去吃早餐,可以等到下午两点才露面,因为那时候,大巴车将会赶来接那些准备去火车站的客人。娱乐指挥团队会站在餐厅台阶上,合唱夏令营歌曲以及当时的流行歌曲(里面加入客人的名字和营地一些流行语)的即兴模仿作品,并且嬉闹打趣,像小丑一样做出各种怪相,创造出一种类似于狂欢节的气氛,直到那些大巴车和小汽车离开为止。

我们在三点半会回到台阶那里,因为从火车站返回的大巴车会带来新的一批将在这里度过接下来两个星期的客人,我们也将为这些新来者唱起另一组表示欢迎的夏令营歌曲。要么是埃迪,要么是我自己,会将欢乐的气氛推向顶点,我们会假装是那种愚蠢的服务生,然后把新来的客人的行李混在一起,或者是打开一个女孩的手提箱,让她的内衣裤散落出来,并且对她的物品进行模拟拍卖。这个荒谬可笑的"仪式"总会有很多观众,因为留在夏令营的客人会聚集在台阶周围,不仅仅要看到娱乐指挥团队如何"搞怪",还要为未来两周搜索有潜力的追求目标。

星期天晚上对于娱乐指挥团队来说,是一个相对容易打发的时间,因为在娱乐厅里总会放映一部影片。不过,在此之前有一个"见面会",其目的就是把娱乐指挥团队逐一向新客人进行介绍,同时我们每个人都要表演一个节目,主要是演唱音乐剧或者戏剧里的一首歌曲。然后——有时候甚至当电影屏幕还没有完全落下时——娱乐指挥团队就已经走在回去睡觉的途中了,一个个疲劳不堪,而且几乎全无意识,因为我们又熬过了一周时间令人沮丧的夏令营生活。在星期天夜里,我有时脱掉一半衣服就在床边酣然入睡,而在一个钟头以后就会醒来并且懊恼地想到,明天晚上的这个时间,我又将站在营地篝火前面,并带领大家唱歌,于是新的一周又将再次来临。

这就是一个娱乐指挥在夏令营的一周日程。我似乎不该交代那么多细节,但仔细想来,却实在是必要的。

然而,必须承认,夏令营生活并非完全没有补偿,或者没有任何实际回报与乐趣。首先,这实际上是我有生以来,第一次生活在一个有树木、草坪和花坛的地方,而且当早晨醒来时,我睁开眼睛,便能够瞥见窗外一座被松树围裹的湖泊,而不是像过去那样,看到的是肮脏的庭院和一条条纵横交织的晾衣绳,这样的乐趣是难以描述的。每天早晨，我都会体验到一个内心无比纯净的喜悦时刻，不管这一天的其余时间是何等糟糕。

其次，尽管夏令营的食物按照美食标准，实在是不足为奇，但至少算得上种类繁多，都经过精心准备，而且就餐环境很体面，另外，我可以自行选择吃什么，本身就是一种特殊的享受。我此前没有意识到，我是多么厌倦在家时的那些一般家庭食物：日复一日地端上桌的那些炖汤和汉堡包，而我在夏令营时，第一次吃上全新的三餐或者四餐——而且每顿饭都不同。我整个夏天都在大快朵颐，好像随着每一顿饭结束，我都能够看见，我将在整个冬天再次面对的无休止的炖汤和汉堡包似的。

也许在夏令营第一个夏天向我提供的最大奖励，就是我学会了游泳——这还要得益于作为一种惩罚，我在那天夜里被一些服务生粗鲁地扔进湖里的那次体验，因为我曾经悄悄地溜出娱乐厅，并且逃过了最后三支舞曲。就像大多数在城市里长大、整个夏季都是在家门前路缘石上度过或者在附近糖果店徘徊的孩子一样，我一直非常害怕下水。尽管我可以言之凿凿地确认，在夏令营的最初几周，除了快速地洗个澡之外，我几乎没有任何自由时间，但是在内心深处，我渴望能够划着独木舟到达那座湖泊的中间，并且隐藏在湖岸某个拐角处，在半个钟头左右的时间里远离夏令营的喧嚣，然而，任何不会游泳的人都被严禁使用独木舟和划艇这一事实，让我渴望独处一隅的这种逃避念头被彻底打消了。实际上，我甚至害怕独自驾乘划艇外出，因此我尽可能，也不得不与那座湖泊保持距离。

然而，在我第一次被抛到湖水里以后——我当时就惊喜地意识到，我不会立刻就沉下去淹死——我在次日黎明就爬起来，并和那个救生员一道，开始了为期两周的游泳课程。那是一个幻想能够成为演员的年轻人，但他的恳求在埃迪那里遭到了冷遇。作为对答应让他在周末演出的一部戏剧里扮演一个角色（他的女友将在那一天来夏令营）的回报，他使用了他的特长并教我学习游泳。实际上我学得很慢,因为我依然非常胆怯,值得庆幸的是,我终于有资格独自驾驶独木舟泛舟湖上了。

从我第一次把独木舟推离码头,笨拙地划向湖中心的那一刻起,我的心灵就体验到了一种前所未有的释放感,我终于可以不必再考虑那些愚蠢的、我不得不和女嘉宾一起唱歌的男女二重唱节目,或者是不情愿地把那些日本服饰套在我这个大男人的肩膀上的做法。这是一种全新的感受,而且在那第一年以及我在夏令营度过的最后几年,我终于能够下水游泳了。

那个救生员在舞台上几乎都不知道怎么迈步,更不要说表演了,不过我遵守了承诺,在他的女友到夏令营的那一周让他扮演了一个角色,因为我知道他有恩于我。在第一次划独木舟之后,几乎每天我都会设法偷偷溜出来半个钟头左右,把船迅速划向湖中央,从那里听到的夏令营的声音不仅相对微弱,而且不知为什么,它们变得不再那么令人讨厌;我会让船只自由漂移,让不断拍打在独木舟龙骨上的湖水发出的单调声响将我带入到一种平静的遐想中,使我暂时忘却了这样的事实:在大约一个钟头以后,我就要扮演范妮·布莱斯在《科恩女士在海滩上》当中饰演的那个角色,或者是主持一场歌咏比赛。

我有时会设法跳过晚餐环节,在独木舟底部放上几瓶可口可乐、一些饼干和几盒葡萄干,直接奔向湖泊尽头一座小岛那里,独自享受长达两个钟头的美妙时光。正是在那些时间里,当我赤身裸体地躺在草地上,让接近傍晚时的阳光沐浴在我刚刚游过泳的身体上时,我开始筹划着如何让自己再次重返戏剧世界。这一次,它不再仅仅是有关光荣的梦想或者任何宏伟的计划,而是一个有关如何在戏剧领域站稳脚跟的长期策略。我甚至对埃迪都没有提及这些计划,因为我无法忍受我的这些幻想被刺破或者引爆——至少在当时我不想面对那种打击。我在湖泊尽头那座小岛独处的那些时间,是一个必需的精神绿洲,一种可以振作精神的兴奋剂,使我能够安然无恙地度过在夏令营的第一个夏天,因为我憎恶我当时所做的大部分事情,收拾包裹马上回家的愿望,几乎变得一天比一天强烈。

我痛恨自己不得不取悦那么多的人,而其中多数人都是我所不齿的。我痛恨自己不得不随时听候差遣,被迫参加那些毫无意义的客人派对并为他们提供额外的娱乐节目,而且最令我痛恨的,就是我看到自己像滑稽可笑的小丑一样围着篝火蹦来跳去,或者在餐厅台阶上"耍活宝"。倘非因为我学会了游泳并为自己创造了那些偶尔独处的机会,我很怀疑我能够熬过第一个夏令营活动季,因为我无法摆脱内心深处那些自我意象——那些在娱乐厅所度过的无比痛苦的白天和夜晚。

独自躺在那座小岛上,我不但能够和我每天奉命去做的那些令人讨厌的工作达成和解,而且能够看到在夏令营的夏季时光与我编织的重返剧院的计划实现完美的匹配。凡是符合这一目标的事物都是可以忍受的,不管它是否会给我带来屈辱!当我荡舟湖面时,不管时间多么短暂,我都开始看到,尽管我们做的大部分戏剧和音乐剧都很粗糙,但它们都为那些在日后能够在真正的舞台上赢得掌声的作品打下了基础,而且就和过去一样,当一个人拉开帷幕并且调暗灯光时,他就能够开始学到有关戏剧本身有价值的东西。我在夏令营学到的一些教训,为我日后从事专业戏剧提供了很大帮助,因为在业余表演中某些绝对化的要素,在专业剧院也是同样适用的。

首先,我开始确信,仅有才能本身是不够的,甚至真正的、一流的才能也是不够的,卓越的才华和自信的心理,也未必能够保证最佳演出效果。不管是演戏还是编剧,都需要将这种才能转化为另一种特质的能力,那就是实现一部剧本全部内涵的潜力,只有这样,表演才能够发挥出剧本的最大价值。有太多的剧本在打印页面上的效果,都要好于它们在舞台脚灯后面的效果。因为在一般的戏剧舞台上,当作者在打字机上键入"第三幕结束"这几个字的那一刻,似乎就存在着要挫败他的这部剧本的合谋,而且从排练的那一天起,这个合谋就变成了一种有条不紊的行动。在一部剧本通向被风暴席卷的百老汇海岸曲折而又充满岩石的浅滩上,到处散落着优秀的剧本和一流的演员的残骸,以至于作者或者导演在波士顿或者费城就开始感到厌倦,更不要说抵御来自纽黑文的飓风的打击了。

在夏令营的那些夏天,我开始学习摆脱疲惫感并且独立思考,我慢慢意识到,厌倦和疲惫是戏剧创作之路的两大劲敌。只要它们占据上风,就会剥夺一个人的勇气和在危机中即兴发挥的能力,因为从长远来看,耐力和才能本身一样,是在戏剧领域获得成功必不可少的辅助条件。在夏令营的第一年,我不止一次地看到埃迪如何把无序的局面变得有序,如何把一个彩排烂摊子变成一次值得称道的表演过程,而他所凭借的手段,就是朝气蓬勃和具有感染力的勇气——这使他对于周围那种乱哄哄的失败气氛充耳不闻、视而不见——以及不惜一切代价保持充沛精力的能力。这两种无价的财富——它们似乎是彼此相辅相成的品质——和他所拥有的任何戏剧才能都一样宝贵,这也是我从他身上学到的足以让我铭记一生的课程。多年以后,无论在夏令营还是在专业剧场,厌倦都是我与之抗争和较量的一个恶棍,就像是一个魔法师需要驱逐隐藏在暗处的一个魔鬼一样,而且相比于如何让第二幕顺利落幕的灵感或者一种巧妙的剧情设计,我更看重在凌晨三点钟也能够照常工作的勇气。

我能够与夏令营日程达成和解是一件幸事,因为随着时间进入到八月份,每一天的活动都变得加倍困难。八月而不是四月——套用 T. S. 艾略特①的那个名句来说——是最残酷的月份。到了八月,夏令营最拥挤也最嘈杂,工作人员的身心健康处于最低谷,而且

---

① 英国 20 世纪影响最大的诗人。他出生于美国密苏里州圣路易斯,1927 年加入英国籍,1948 年获诺贝尔奖文学奖。

那些在六七月期间,在一天内就能够解决并被忘却的小吵小闹,现在会发展成明显而公开的敌意。娱乐指挥团队工作人员之间彼此很少说话。甚至就连服务员都敢于公开反抗,因为他们知道,他们在八月份是不会被解雇的,毕竟餐厅里总是人满为患,那种原本只能接纳四个客人的小木屋,现在会睡上六到八个客人。仿佛是为了增加我们的痛苦,也是为了强化所有娱乐指挥的噩梦,在那一年八月中旬前后,我们迎来了持续时间长达九天的下雨天。

娱乐指挥人员可以用来为自己争取时间进行排练,以便准备当晚节目的那些白天活动,包括网球比赛、游泳比赛和高尔夫球比赛——我们总是不遗余力地确保几乎每天都有这些比赛。现在,由于户外活动被取消,娱乐厅从上午十点直到半夜都是开放的,我们顿时变得束手无策,因为我们不知道怎样帮助八百多个浑身湿透、牢骚满腹而且越来越愤怒的客人打发每一个白天和夜晚。在早上九点半,我和埃迪会透过被雨水拍打的娱乐厅的窗户,看到一个穿着黄色雨衣、打着黑色雨伞的长长的队伍,像流水一样从那座山丘上下来并走向娱乐厅——而且一个个都在大声抱怨。当然,他们也的确没有其他地方可去;当他们到了那里时,他们会三五成群地坐在那里,身上湿漉漉的,散发着套鞋和泥土的味道,并且怒视着娱乐指挥工作人员,好像是在责怪我们没有给他们找乐子。他们来之不易的假期被无可救药地毁掉了,但我们可能对他们产生的同情感也是短命的,因为出于某种无法解释的原因,他们似乎不仅怪罪我们不能够让他们在每天二十四个钟头里持续开心,而且也把连日不停的雨水迁怒到我们身上。他们向威廉·J. 帕尔曼提出了措辞激烈的投诉。当倾盆大雨连续下到第五天时,他们开始一波一波地撤出夏令营,而且当天气似乎没有呈现出任何好转的迹象时,被客人在夏令营高峰时节的大量离开弄得发狂的帕尔曼先生本人,失去了他一向为人称道的乐观而开朗的脾性,转而变得无节制地愤怒,痛骂娱乐指挥人员马虎而且懒惰,并且尖叫着说,我们败坏了不论在好天气还是坏天气,他的夏令营都能够提供最佳娱乐服务的良好信誉。事实上,这是非常不公平的,因为我们不仅尽了最大努力让愤怒的客人有事可做而且感到开心,我们还别出心裁地设计出了一些出人意料的项目。除了"寻宝"活动、广场舞会和英语拼字比赛,以及在娱乐厅里面举办的一次物品交易会——有叫卖者和摊位,还有一个打扮成威廉·詹宁斯·布赖恩①的样子的音乐家,当一个棒球击中了他脚下摊位的那块木板时,他跌到了一个水缸里——以外,埃迪还举办了探戈舞培训课程,而我也举行了有关"理想婚姻"的研讨会,并通过笔迹做性格分析。我对于笔迹分析所知甚少,正如埃迪对于探戈舞的细节所知甚少一样,但是,当雨水持续到第八天时,我们一直都在以某种麻木而又不受控制的状态延续着这一过程。

在第九天傍晚,我们屏住了呼吸,看着晚霞大有果敢地取代覆盖住西部天空的低云之势,就在第一眼瞥见那苍白的阳光时,情绪有些激动的埃迪,挖起一勺他原本准备抹到一根法兰克福香肠上的芥末,隔着桌子甩到我的脸上。我也挖了一勺芥末并对他如法炮制。于是突然之间,仿佛是见到了一个期待已久的信号一样,芥末和辣椒酱在整个餐厅里飞溅开来,被弄到脸上、衣服上、墙上和天花板上。这后来被称为"芥末大战"——为什么四百来个人会用芥末攻击对方,并且大笑大叫着引以为乐,我对此无法解释;但是,在夏令营持续八天的雨水,几乎让人们接近精神错乱的程度。很显然,即使是一个年轻人健康的神经系统,对于这种压力的忍受也是有限度的,而八天就是他的极限。在接下来的几年里,我在其他夏令营也经受过类似的雨季,而且它们永远都像是一种梦魇;然而,没有哪一种梦魇,能和乌托邦夏令营仿佛永无休止的倾盆大雨相提并论。

随着太阳再次在头上升起,我们重新振作起来,努力挨过这个

---

① 19世纪后期的美国政治家,美国民主党的代表人物,三度成为美国总统候选人(1896年、1900年和1908年)。

夏令营活动季的剩余时间,这也和 W. J. 帕尔曼采取的几项严厉措施不无关系,因为埃迪的注意力正在转向即将到来的南非之旅,他对于乌托邦夏令营娱乐厅的活动安排缺乏兴趣,变得再明显不过了,他的排练变得越来越杂乱无章,很难让人相信这是当初的那个埃迪。一个历史性的周六晚上的音乐喜剧,完全是在舞台上临时准备的,当幕布徐徐拉开时,从舞台一侧传来了埃迪高喊接下来该做什么的声音,而且此前从未举行过任何形式的彩排。观众们开始吼叫和嘲笑。在那个星期天,我们并没有出现在餐厅台阶上,为离开的客人唱欢送歌曲。但是,我们后来又及时赶到那里,为那一批刚从车站抵达的客人唱欢迎歌曲,因为我们都模糊地认为,新客人毕竟还没有时间和前一天晚上的那些观众交换意见。

接着,劳动节突然来到了——我在夏令营的第一个季节结束了。

我的体重降了 15 磅。我的脸色苍白;那延续了九天的雨水,以及随之而来的为劳动节那个周末所做的准备——我们整天都要在娱乐厅排练——剥夺了我最后一点儿晒太阳的机会,我的眼球也似乎深陷在眼窝里。真是遗憾,我们没有安排和尤利乌斯·凯撒[①]有关的场景,因为尽管整个夏天我的食欲惊人,但我却具有一副凯撒大帝所具有的消瘦和饥饿的形容,因此,我无需任何化妆,就能够扮演他这个角色。

到劳动节过后第二天的下午,客人、服务员和娱乐指挥团队都离开了营地——除了我以外。这就像是突然爆发了一场霍乱,把这个地方的所有人都清空了,只有四周的树木和万里无云的天空,俯瞰着仅仅在前一天还是另一番景象的营地——当时,络绎不绝的人流让草坪和道路上人满为患,并且驾驶所有可用的独木舟和划艇荡舟湖上。我已经征得威廉·J. 帕尔曼的允许再待上三四天,而当

[①] 古罗马共和国末期杰出的军事统帅、政治家。

地工人正在封闭夏令营,并使之做好过冬准备。

　　埃迪在早上已经坐上了开往纽约的火车,他的下一个目的地是南非,实际上,他将随同一个包括卢瑟·阿德勒①和哈利·格林②在内的剧团前往那里,而我在随后两年多时间里没有再见到他。在此之前,彼此间仍旧不怎么说话的夏令营其他工作人员,和最后一批客人一起离开,他们围拢在大巴车、汽车和成堆的行李跟前,只有我独自一人站在餐厅台阶上,并挥手和他们告别。

　　我站在台阶上,望着两边都是小木屋的道路和湖泊。眼前一个人也见不到——没有一个在阳光下晾干头发、并在法律允许范围内将肩带的位置降到最低的姑娘;没有一个男孩在他的小木屋前做俯卧撑,以便向女孩炫耀他的肌肉。这个可爱的九月的一天变得无比沉默,既听不到狼叫和男人的口哨,也听不到裹着浴巾准备去洗浴的女孩在屁股被掐时发出的尖叫。再也没有人弹奏四弦琴,没有谁用唱机在播放"印度之爱",而另一部唱机则用更大音量的"日本睡魔"将其淹没。在每一次就餐时间都会人声鼎沸、就像是一个咆哮的锅炉厂的餐厅,在我的身后变得空旷而沉默。

　　我漫步到娱乐厅并向里面窥视。在劳动节嘉年华的告别仪式上的残迹,在地板和墙壁上散落得到处都是。在空荡荡的舞台上,放着在前一天晚上,我扮演《科恩女士在海滩上》当中范妮·布莱斯饰演的那个角色时使用的铲子和水桶。正中央已经被踢出了一个大洞、我和埃迪分别扮演加拉格尔和西恩这两个角色时使用的那两顶草帽,静静地躺在脚灯处,而在一个乐师的座位上随意搭着一件黑色斗篷,那是我在最后一次篝火晚会上,表演我的哈姆雷特独白所使用的道具。面对这种景象,我只是报以宽容的微笑,然后又继续漫步到湖泊那里。下周一早晨,当我醒来时,我不必像以前那样

---

① 美国舞台剧演员、影视演员和戏剧导演。
② 美国知名歌舞剧演员。

懊恼地想到,我在当晚又要再次装神弄鬼般地表演哪个小丑角色了——而且在下一个星期一,我也同样没有类似的烦恼,而是需要考虑其他事情。

在夏令营独处的剩余这三天时间,使我有更多的机会思考。我驾驶着我最喜欢的那只独木舟,直接划向那座小岛。夏令营从未让我如此愉快,而且我知道,我可能再也不会有这样的体验了。但是现在,在营地度过夏天,已经是我的计划的一部分,它也将是我生活的一部分,直到我永远在剧院站稳脚跟为止。我清楚地意识到,或者说,在我忙里偷闲地在这个小岛上所展开的那些思考使我相信,只有通过充分的自我认知和杜绝做各种白日梦的过程,我才会找到重新进入剧院的道路。表演不在此列。

我已经知道了这一点,就连我们在这个夏季完成的各种戏剧节目当中,我在某些情况下作为一个演员所获得的成功,也没有使我改变我在这一问题上的结论。我已经迅速地排除了兼职做戏剧办公室勤杂工的可能性,因为在不可预见的未来,即便我不得不硬着头皮去做一个娱乐指挥,我需要的也绝不仅仅是免费戏票和嗅到戏剧办公室的气味。我想要的,无外乎是成为戏剧本身的一个积极参与者。

我想了很久,从每一个可能的角度进行分析,我甚至想到隐瞒我的经验不足,并且争取得到一个舞台监督的工作,但是我觉得,即使不会被很快发现,我也很可能在寻找这份工作的过程中被饿死,因为舞台监督的工作几乎是最难找到的。在冲动之下,我一时间甚至考虑过给埃德加·C. 戴维斯写一封信——他是一个容易受骗,而且似乎有些疯狂的得克萨斯人,他曾经拿出数千美元资助一部叫作《梯子》的戏剧,并且提供免费门票——我想让他为我提供资助,直到我在剧院找到自己的位置为止。但是,对方凭什么资助我呢?我在脑海里把这封自荐信的内容构思了一半就停止了。即便是一个疯狂的得克萨斯人,也不会仅仅因为对方对戏剧痴迷,就把钱白白送给一个来自布朗克斯区的不认识的年轻人！我列出了戏剧界其他潜在的也许更理性的捐助者的清单，包括奥托·卡恩[①]在内，然后就把它撕掉了。我自己的现实感使我在把这些名字写下来时，就对自己嗤之以鼻。

最后，我得出了这个结论——它是如此简单，以至于我很想知道，我为什么没有马上想出来——对我而言，我要再次进入舞台那扇门的唯一途径，就是写剧本。

几乎只有通过这个途径，我才能够靠近那个把守后台大门的头发斑白的老门卫。一俟想到这一点，我没有任何犹豫——这就好像是另一个苹果掉到了牛顿的头上，而我就此一劳永逸地确立了我自己的戏剧万有引力定律。我立即就知道我是正确的。我也随即想到，找到一生的事业具有多么大的偶然性。从那以后，我也很想知道，其他人在艰难探索真正的人生归属时，是否也经历过同样奇特的过程。当我模糊地认定自己做出了正确的选择时，我就开始为实现这一目标进行了细致的规划。

我不会愚蠢到认为写剧本是很容易的，或者说即便容易写，我也不会认为它们必然是成功之作，或者一定会被搬上舞台。在一部作品被搬上舞台之前——更不要说取得成功——可能需要经历多年时间，完成多部剧本。问题是，在这期间，我如何赚钱养活自己？我已经摒弃了当初炮制出《亲爱的强盗》的那种心态，我不会再从事那种投机取巧和哗众取宠似的创作——实际上，其中的某些拙劣的对话，至今仍然令人尴尬地在我的耳边回荡。即便我在结束作为船务员或者办公室勤杂工一天的工作后，能够在厨房餐桌那里迅速完成另一部剧作，我能够拿出一部好作品的几率，也是微乎其微的。

我本能地知道，如果要在这种高风险的玩骰子游戏中有更多机会获得回报，我就需要让自己心神安定，让自己在创作时间里保持

[①] 20世纪初期的德裔美籍投资银行家、收藏家、慈善家和艺术赞助人。

头脑清醒、思维敏锐。我要成为一个剧作家,首要的就是要让自己有充分的闲暇时间,埃迪和已经过去的这个春天和夏天,已经向我指明了方向。如果我能说服威廉·帕尔曼让我继续在雷伯尔劳动文化宫导演戏剧,再导演其他一两个小剧团(因为只有一个小剧团不足以支付我的食宿费用),那么在夏季的娱乐指挥工作,就能够使我在一年内不用为生计发愁,直至我在秋季时再次接手其他小剧团为止。除了夏天,只有晚上的时间会被工作占用,而剩下的时间我就可以用来写剧本。这似乎是简单而确凿的,几乎是一个既成事实。从那时候起我需要做的,就像在被问到如何完成一部剧本时,一个著名剧作家所做出的那种愚蠢的回答:"只要'写好对话'就是了。它们都在我的脑子里了,"这个傻瓜敲着他的前额说,"我现在需要做的就是写好对话。"

当我在暮光中从湖面上划船回来时,"写好对话"似乎是这个世界上最容易的事情。工人给餐厅窗户钉木板的锤击声在湖面上发出微弱的回音,如同剧作家的名望在敲击我的房门时发出的轻柔的咚咚声。

三年后我再一次回到家,摁响了我摁过那么多年的门铃,并且等待着房门打开。

第 10 章

回家的感觉很奇特。我并不确切地知道,在离家这么久——这也是我离家最长的一段时间——之后,我期待看到什么。我觉得,我从营地带回了渴望看到变化的幻想——在某种程度上,我的母亲、父亲和弟弟将会"不一样",甚至就连那些昏暗的房间和破旧的家具也不再像以前那样丑陋。

当然,什么也没有改变。尽管我的母亲和父亲很高兴看见我回来,但他们对我这个夏天是怎么过的,甚至是我在夏令营做了什么这些事完全漠不关心,而我的弟弟伯尼像往常一样不怎么搭理我,只有当我向他提出一个直接而明确的问题时,他才会同我说话。在我尚未坐下来之前,他们就长篇累牍地说起家里亏欠杂货商和肉商的账单,两个没有租出去的寄宿房间,还有这个月初就应该交的拖延了三个月的租金,这种情形是那样熟悉,好像我从来就没有离开过这里似的。还不到半个钟头,我又会回到过去被奴役的状态;仿佛自从上一个春天以来,我熬过的时间还不到一天,而且我就像往常一样,在当晚刚从地铁站出来一样。

但是,这次回家和以前相比,还是有不同的地方——而且是一个非常显著的不同。我不知道,其他人第一次长期离开家时,是否也会体验到同样奇特的情感变化。我的意思是,我的这次远行,使我开始以全新的眼光看待我的母亲和父亲,最重要的是,我开始重新审视我和我弟弟之间的关系。是否人人都会有那样一个确定的时刻——我们好像是第一次看到我们的父母——似乎是在用陌生人的眼光来看待他们?

我相信存在这样一个时刻——我们不再像往常那样看待他们,不再注意到他们是否变老,不再把他们看成是一个值得尊重或者忍受的长辈的符号,或者说,我们不再关注他们看起来像什么,因为在这样的时刻,我们会在突然之间,第一次把他们看成是普通的人。这是一个稍纵即逝的瞬间,而且很快就会被通常那种孝心和亲情——在两代人之间那种通常所谓"血浓于水"的感情——的表象所取代。然而,当这样的瞬间出现时,它似乎会切开一生的爱与恨的某种硬壳,而且不管它持续的时间多么短暂,我们都会把我们的父母看成是那种真实的、会犯错误的人,而且有那么一小会儿,我们甚至认为他们无可指责。

当我站在我们的公寓门口,按下门铃并等待门打开时,我确切地体验到了这样的瞬间。我的母亲打开门,我站在那里,眨巴着眼睛看着她,好像我看到的是一个意料之外而且令人惊奇的陌生人似的,我看到的不是我最早期记忆中的那张面孔,我看到的也不是我自己的眼睛从能够辨别物象那一刻,就看到的那一双眼睛。但是,我确凿地感觉到,或者说我似乎觉得,我正在凝视一个陌生人——我第一次把我的母亲看成是一个活生生的人。即便当我们伸出胳膊彼此拥抱,而她的第一句问候的话传入我的耳内时,我也意识到,我听到的似乎是陌生人的声音——仿佛那不是一个儿子所听到的自己的母亲的声音——我好像已经想不起过去成千上万次耳熟能详的告诫、恳求和警告。那是一种年轻的、宛若音乐一般的声音——不是我所认为的我熟知其每一个细节的声音;那张面孔,也不是我想象中布满皱纹和饱经风霜、被无数要求所摧残的面孔——以至于我在亲吻她之前,忍不住要多看她几眼,而且我惊讶地发现她的脸仍然年轻,没有任何衰老特征。

我的父亲站在她的身后等候着,他也是一个陌生人。在他后面站着我的弟弟,严肃而且不苟言笑——他们三个人都显得那样遥远,好像是我从远处瞥见的三幅肖像似的。在回到家的最初几个钟头里,我自己如同一个陌生人一样,在那些熟悉的房间之间穿梭着——几乎就像是一个观察员——我清楚地看到了我父亲那种令人心碎的悲伤和失败,有那么一会儿,我理解而且能够原谅我母亲的专制。

但是,我的思绪更多地转向了我弟弟和我自己。我们此前一直住在一起,但我们之间只有最少量的沟通,而且几乎丝毫没有意识到对方的存在——意识到我们作为人的基本需求。我们更像是陌生人——我们每天晚上睡在同一张床上,却极少交流,当每天早晨醒来时,我们之间的距离会进一步加大,因为我们形同陌路,各行其是。

我们为什么没有共同语言呢?是七岁的年龄差异把我们分开的吗?仅仅是那七岁的差异就把我们的心灵锁住了吗?我不这么认为。随着年纪增大,年龄差距带来的心理距离会逐步缩小,而且一个十二岁的男孩已经是一个有独立思维的人了,他有自己的爱好和强大的判断力,也形成了自己的一种气质——关于这些,我对于我的弟弟伯尼一无所知。在那种已成为我们之间一种生活方式的令人不安的沉默中,我不但能够发现在我身边长大的那个男孩的一些蛛丝马迹,而且现在我第一次觉得有必要知道它们。虽然这件事很有难度,但是,当我尝试着把我们生活中一些分散的碎片组合在一起时,我想我可以知道,为什么我们几乎没有了解对方的机会,我甚至能感觉到我们之间为什么没有形成一种正常的关系。毕竟,当我每天下午放学后在那家音乐店工作时,他还只有五岁,当我第一次把自己关在那家毛皮仓库里时,他刚刚七岁,而当我十八岁时带着《亲爱的强盗》的全面溃败从芝加哥返回时,他只有十一岁。几乎在他会说话之前,我就已经离家下社会了;现在他十二岁,我十九岁,而我对睡在我旁边的这个完全陌生的人感到困惑,并且痛恨这种局面。也许在我离家外出的这几个月里,我第一次在潜意识中感觉到对这个弟弟的需要,这是一种以前从未有过的需要,或者说,我强烈地渴望有一个我可以倾吐的人。不管那究竟是什么,我都强烈地感觉到,我必须尝试缩短我们之间的距离。

在回到家的最初十二天里,我明确地意识到以前从未想过的一种情况。家庭生活的主要决定开始交给了我,不仅是我的母亲,就连我的父亲都认为,我——而且只有我——应当做出那些决策,这似乎是理所当然的。即使是出现那些最小的日常生活危机,我的母亲都会求助于我,而不是求助于我的父亲,我内疚地发现——虽然这种意识来得有点儿晚——在最近几年里,我的父亲已经越来越退到了幕后,而我现在已经取代了他作为丈夫和父亲的位置。这在一般家庭中并不是多么稀奇的变化。那个养家糊口的人,不管他是否愿意(有时连自己也不知情),都会逐步承担起本不属于也不应当属于他的角色。当这种情况发生时,家庭关系就会出现错位、扭曲和迷失方向的局面,而且往往在此后多年内,都很难再次恢复正常状态。所以,我的弟弟会排斥一个他从不了解的哥哥,或者拒绝接受我已经成为我父亲的替代者这一事实,这并不奇怪。

贫穷不但会剥夺一个人的物质需求,也会剥夺有尊严的生活的权利——这种掠夺可能包括失去一个弟弟和父亲。萧伯纳曾经一针见血地指出,贫穷既是上帝也是人类的一种罪孽,他或许还应当补充一句:贫穷带来的丑陋可以等同于邪恶。我决心为这两方面做点儿什么。

我环顾四周,审视着我度过了人生最初十九年的丑陋。我看着我的弟弟,他比以往任何时候都更加孤僻和冷淡,于是我决定,明年夏天我必须想办法带他离开家里,跟着我去夏令营。他到时候就快满十三岁了,对他而言,在餐厅做一个服务员助手,应该不会有太大的难度。

如果我也能够想办法给我父亲在餐厅安排一份工作,例如在娱乐厅销售香烟和软饮料,那么我们所有这些人在夏季的收入,或许能够使我们搬到另一个地方,住进另一个公寓——我希望尽可能远离目前让我们所有人感到窒息的这种丑陋。即便这种努力所带来的无非是让我和伯尼的关系变得更亲近一点儿,它也值得尝试。

我的希望最终落空了。事实上,经过漫长的时间之后,我们彼此才完全摆脱了过去的束缚,而我一直对那些失去的岁月感到内疚和遗憾,因为我没有体验到我现在所钟爱的那个机智、迷人和善良的弟弟的陪伴。

我现在讨厌让片刻时间从身边溜走,但在我返回那座城市将近一周以后,我才给威廉·J. 帕尔曼打了电话,并请求在即将到来的冬季再次接手雷伯尔劳动文化宫的那个小剧团。我认为在我们再次接触之前,先多等一点儿时间是明智的,因为我确信,他对于在夏令营那最后一次未经彩排的音乐剧的记忆,仍然是鲜活如新的。事实也正是如此,他对于埃迪制造的混乱局面难以忘怀而且感到愤怒,并认为我也难辞其咎。不过,他对我的想法表达了令人惊讶的理解和支持,而且愿意把那份工作交给我。他甚至还推荐了在布朗克斯区远郊的另一个小剧团——它正在发展,或者更确切地说,正在消亡。总之,他需要一个导演,还为我写了一封推荐信。

我投入工作的时间我比我所期待的要快得多。到十月中旬,我每隔一天晚上就在布朗克斯区和第14街之间通勤,到了十一月份,我已经开始排练一部戏剧了。尽管指导两个小剧团,但两份工资加起来,每周还不到28美元,不过足够勉强糊口了。重要的是我现在白天有时间写作了,我带着无与伦比的信心投入其中,我的铅笔似乎从来就没有停止过在纸面上的移动。

　　对于写一部什么样的戏剧这一点,并没有花去我多长时间,我已经熟悉了各种戏剧的套路,我也选取了最熟悉的个人生活——供膳性质的寄宿家庭,每个房客都有自己富有戏剧性的、能够触及灵魂的故事。当然,它在我看来,是一个全新的、仿佛是上帝所赐的灵感,作为一种戏剧材料来源,它既新鲜又真实。

　　整个冬天,我都在缓慢而又认真地写作,我无意识地使用我所见过的那种陈旧而又老套的编剧技巧,我一直轻率地认为,我写下来的是一种独特的甚至是大胆的创新之作!我写得自在而愉悦,完全没有意识到那些对话语言浮夸而晦涩,所谓的创新不过是模仿,采用的风格是尤金·奥尼尔和乔治·凯利的不恰当混合。而且,就像是首次尝试通常所具有的特征一样,我的作品以极为严肃和正直的态度,以及过于真实的视角审视了生活的辛酸和讽刺意味,而没有向当时的流行趣味做出任何让步。除了其他方面的特色以外,它的故事原型包括:作为主人公并管理一个膳宿家庭的我的母亲,作为一个看门人和勤杂工的我的父亲,以我和埃迪为原型的两个才华横溢但却极不走运的演员,还有将我的姨妈和我的外祖父糅合在一起的角色:一个失去了昔日的荣光、被愤怒所控制的南方淑女,她的惨死以及作者振聋发聩、充满智慧和同情的总结,为这部戏剧的最终落幕画上了句号。无论从哪一点来看,这都是一副极为糟糕的戏剧,但我却没有意识到——至少没有很快意识到这一点。

　　我在二月中旬带着胜利的感觉完成了这部剧本,也为我自己成为一个剧作家的罕见才能感到惊叹。但我还是耐着性子,坚持让自己遵守了一项承诺:把手稿放上一个星期而不去看它。我不知从哪里获得了一种信息,那就是老练的剧作家总是会把一部剧本冷却一段时间,也就是说,当他们再次阅读的时候,他们可以冷静地、不带感情地对自己的作品做出评价。我把这视为一种奇特的职业传统,而我现在把自己视为专业人士——尽管毫无疑问,我的作品还未在布朗克斯区上演过——但我却急不可待地渴望使用我听说的每一种所谓的职业技巧。

于是,在我写完《缓缓落下的帷幕》一周后那个阳光明媚的二月份的上午,我走进浴室,锁上了门,坐在空浴缸里,脑后垫着一个枕头,打开写满密密麻麻的字迹的纸张。不需要经过长时间阅读,我就发现这个戏剧有多么糟糕——在读到第六页时,它的陈腐和无趣就让我感到震惊。我几乎不在不走出浴缸的情况下,就想把它扔到马桶里放水冲走,而且等到我读到第二幕的时候,我更是很难相信,我居然会写出这种东西。之后很长一段时间,我都默默地躺在浴缸里——我想知道在此前的一个星期,我为什么那样天真,我也对一个创作者——哪怕是像我这样一个新手——在拿起一支铅笔开始写作时,可能受到的自我欺骗影响的程度感到惊奇。我为什么会犯这么大的错误?虽然我是业余作者,但我也应该更了解事实。至少我已经接触过足够多像样的剧本,然而,放在浴缸里我旁边那厚厚的一沓纸张,似乎令人难以置信地证明了我在这方面的无能。我觉得没有一行字能够展示出我能写好明信片的迹象,更不要说一部戏剧了。一方面,我怀疑自己从一开始就错了;另一方面,从这以后,我不再轻信任何所谓戏剧界老前辈对于容易轻信的新人提供的所谓金科玉律,而我必然已经碰到并牢记在心的其中一个就是:"要从你最熟悉的东西写起——不要偏离这个领域而去尝试你感到陌生的事物。只能以你熟知的场所和人物作为背景和角色,并始终坚持这一原则。"这句有关戏剧创作的"箴言"是很荒谬的,因为它忽视了对于所有创作——包括舞台作品和其他相关作品——而言,想象力所具有的难以衡量的重要价值。由于这句荒唐的话出自一个著名剧作家之口,所以我慷慨地照单全收,写我熟知的地方和人物,由此限制了想象力的发挥,而假如我选择的背景和角色并未受到我自己的态度和偏见的深刻影响的话,我在想象力方面的运用,就很可能会有更大的空间。我从一开始就只是把我最熟悉的东西写下来,并且坚持这样做。这部戏剧具有真实性，它缺乏的是生活气息和想象力——即通常所说的创意写作的两个必要成分。

好吧，我没有时间再浪费了。意识到这个问题是一种预先警告。我以为我不会再犯同样的错误。但是，尽管这个简单的道理给我带来过很大的冲击，但在多年以后，我还是一直在犯相同的错误。剧本创作是一个极为残酷的行业，它不仅仅是最难以驾驭的文学形式——我认为其中一个原因，就是它会带来极为丰厚的回报——而且似乎是一个人永远无法从过去的错误中获得真正进步的一门手艺。就这件事而论，一个木匠或者一个鞋匠，抑或是一个律师或者一个医生，都是带着一定程度的职业才能起步的，而且在经过十年或者二十年的职业实践以后，的确能够学会制作出一个很好的橱柜或者一双像样的鞋子，抑或是为一个案子辩护，或者正确地诊断一种疾病，这被认为是理所当然的。

对于剧作家而言却并非如此。经过二十年的实践之后，他固然可以在文字处理能力上变得十分娴熟，他也可能把第二幕写得尽善尽美，但第三幕却变得虎头蛇尾，而从他的整个作品来看，他会让人联想起那种浅薄的初学者，甚至是从未为舞台表演写过一行字的人。

如果说在一个演出季，一个成功而且有地位的剧作家写出了成熟、可靠的作品，而在下一个演出季，同样是这个作者，表现出的却是一种极为糟糕的编辑才能，而且这一点令批评家和公众感到恼火并且似乎无法解释的话，那么，他也会令这个剧作家本人感到懊丧和困惑。他接下来会恨恨地问自己："我对我的职业而言完全是个门外汉吗？在一个演出季写出的是一部成功之作，而在下个演出季拿出的却是一部糟糕透顶的作品，这种情况果真会发生吗？我从我不断实践的这门手艺中，真的永远学不到任何东西吗？"

我认为答案既是肯定的，也是否定的。一个人经过多年的学习当然会取得进步，但一个人学会的只是剧本创作的表面技巧，他永远不知道如何避免重大错误。也许从任何剧本创作艺术过程中,一个人不能获得真正稳妥而可靠的改进的原因,就是每出戏都有其自身特有的、独立的生命。一部戏剧的问题,并不代表其他戏剧的问题,在上一部剧本中得以避免的错误,和在当前剧本中必须避开的错误没有任何关系。与那个确切知道必须在血管哪个部位找到切口和缝合点的外科医生——或者针对其案件具有可以援引的法律先例的律师——不同,剧作家在每个新的剧本中,都会面临他之前从未执行过的操作。相对于每一部新的戏剧,剧作家都是在未知海域中航行的哥伦布,他会不安地预感到,哪怕他逃过了一场叛变,那些不友好的印第安部落——批评家和公众——也将汇聚在他的航程尽头的海岸上,等待着割掉他的头皮。难怪当他每次重新开始撰写"第一幕"的时候,他都会浑身发抖,在公共出版物上大声呻吟,让他的那些有宽容心的同行或朋友听到他的抱怨。因为如果他是一个尊重他的手艺的人,而不仅仅是一个戏剧产品推销商,他就会非常清楚,不管他的技术多么过硬或者取得过多大的成功,只要他在一张空白纸上重新写下"第一幕"这几个字,而且允许自己面对充分而残酷的事实,那么,他其实是第一次在创作一部戏剧。他的多年的经验和过去的成功毫无意义。倘若他对自己足够诚实,他就必须正视自己的不足和限度,并且与之达成妥协,因为在此期间,他从他的职业中几乎没有学到任何东西。

曾经有过这样的情形——而且不止一次——我坚定地认为,当我从那个浴缸走出来,把手稿扔到壁橱的一个抽屉里时,我仍旧决心要成为一个剧作家的做法,无论是对我本人还是对于戏剧界都是一种闹剧。然而,在那个豁然开朗、心明眼亮的时刻,我对于我最初的错误想法如何导致我误入歧途,因此必须把我的结论进行检验这一发现是那样振奋,以至于我已经准备好立刻开始写另一部剧本。但我知道,我必须等待。

二月下旬和三月上旬,是所有需要娱乐指挥的营地为了即将到来的夏季而招兵买马的时间,而且获得一份兼顾我父亲和我弟弟伯尼的工作,不可能像单独得到一份工作那样容易。但是就这一点来说,我已经下定了决心,不管我不得不接手一份什么样的工作,或者在什么样的地方工作。我甚至排除了尝试进入卡茨基尔山①——后来被称为"'罗宋汤'游乐区"的地区——大的营地或者酒店的可能性,理由是我只担任过一个夏季的娱乐指挥助理的经验,将会妨碍我搞定一份娱乐指挥的工作。我知道只有我被聘为娱乐指挥,才能够坚持让我的父亲和弟弟与我一道工作。我认为,即便是没有卡茨基尔山,还有其他很多地方可供挑选。但我错了。

大多数营地不但不愿聘用一个只有一个夏季的娱乐指挥助理的经历、还要在合同中加上他的两个家庭成员的人作为娱乐指挥,而且大多数夏令营老板和乐善好施的威廉·J. 帕尔曼不同,都对我在他们的娱乐厅舞台上津津有味地排练凯利、萧伯纳和奥尼尔的作品这一前景感到惊恐。实际上,只要一提到这一类东西,就会让他们不寒而栗。我在很长时间以后才意识到,我的那种毋庸置疑的夸张而愚蠢的姿态,使他们迫不及待地打电话召回了他们在去年夏天的娱乐指挥,不管他们是好还是坏!我愚蠢地强调在夏季弘扬"高贵的艺术"的做法,让他们一个一个对我敬而远之。当我仅仅提到埃德娜·圣·文森特·米莱和洛德·邓桑尼时,他们怎么可能知道,我模仿过一个令人印象深刻的范妮·布莱斯,一个无可挑剔的英国伦敦商人,我会弹奏四弦琴,还能在餐厅台阶上"耍活宝"?我毁掉了我拥有的所有门路和好机会,到了三月底,我开始绝望了。到了四月,我知道剩下的都是垃圾,是那些没有哪个自尊自爱的娱乐指挥甚至会考虑是否接受的工作,因为它们不仅支付最低水平的工资,而且毫无疑问,它们提供的是最糟糕的工作条件。

然而,这些最低档次的夏令营的老板,显然都在耐着性子,等待

---

① 美国纽约州东南部一处面积广大的避暑胜地。

像我这样的傻瓜在四月份出现,因为后者已经没有更好的目标可以选择了,而且就在那倒霉的四月的一天,我赶到了面试地点,同阿克塞尔先生进行了一次致命的会面。他不是那个本应恰如其分地被称为"垃圾"、实际上却叫作"月光乡村俱乐部"的夏令营的老板和负责人。他是一个身材敦实的小个子男人,有一双明亮而冷冰冰的眼睛,全身上下显然具有那种被加以掩盖的怪人特征。

但是,他留给我的第一印象,却并没有让我产生戒心。当然,所有夏令营老板在个性上都有古怪的一面,因为一个思维正常的人都不会首先把管理一个夏令营作为一种生活方式。当然,这当中是有赚钱的因素,但他们赚到的钱并不足以抵消维护夏令营的运转所涉及的各种人力和物力,而且从现实角度来说,夏令营老板几乎都毫无例外地并非真正对赚钱感兴趣。让他们着迷的是那种生活本身,是管理一个夏令营的想法和理念。这些人是一个特殊的族群,他们的脸颊上总是泛出妄自尊大的红晕,他们的眼睛闪烁着真正疯狂的光芒;他们的营地是一种最让他们迷恋的东西。他们只有在夏天到来时才算是真正地活着,而且不是一种苟活——他们会大张旗鼓地参与其中。他们在冬季里似乎一直在冬眠,敷衍了事地从事某个所谓的职业,但他们苦苦等待的却是能够给他们带来快乐、满足他们全部虚荣心的夏季,因为只有到了这样的时刻,他们才能够统治所有那些接受他们管理的人,并且成为那种无与伦比的君主。他们把他们的营地看成是一个小王国,他们在那里的确可以享有最高统治地位,而且根据他们内心的自我意象——通常和拿破仑的自我意象很相似——他们在整个夏季,都在郑重其事地发布他们自己的法规和法令,他们的妻子和孩子扮演的是皇室角色,而贫穷的亲属就是现成的扈从,作为皇帝的慷慨施舍的一部分,他们会无偿地得到为期两周的假期。他们的首相当然就是娱乐指挥,而且如果他不能在宫廷里理顺关系——包括那些穷亲戚在内——他就注定会倒霉的!

在应该受到诅咒的六年时间里,我为那些自负而自私的皇帝扮演了愚蠢的首相的角色,而且我要把前者当中的最糟糕者这一桂冠授予阿克塞尔先生,这对他而言其实是一个不小的荣誉。在为数众多具有自大倾向的怪人当中,这项桂冠无疑应当而且只能属于他。一方面,他具有其他大多数人没有的那种魅力;另一方面,他是一个病态的骗子,而且归根到底,我不知道哪一方面更令我对他反感——是他的魅力还是他的谎言。

我坐在他的办公桌对面,仔细地斟酌对他的问题的答案;相比于我面谈过的其他人,他的兴趣是那样真挚,他的坦率是那样令人神清气爽,我很快就放松了戒备,重新提出了将凯利、萧伯纳和奥尼尔作为夏季戏剧节目的一部分而搬上表演舞台的请求,尽管我私下里曾经发誓说,我不再提及这些在其他地方如同过街老鼠一样不受欢迎的名字。

令我感到惊奇的是,阿克塞尔先生不但没有反感,而且似乎很有兴趣。他承认迄今为止,在月光乡村俱乐部娱乐厅的娱乐层次相对不高,可他看不出有任何理由不努力提高一下现有的层次。他灵活地建议说,只要是以恰当方式予以表现,哪怕是夏令营的观众也会对提供给他们的节目欢呼雀跃,他还声称,他很愿意冒险尝试其他夏令营甚至没有勇气去尝试的东西。

我简直不敢相信自己的耳朵!我带着一颗沉重的心坐在他的对面,并且说服自己不管对方提供的是什么条件,只要我有机会得到这份工作的话,我就必须得到它,而且我第一眼看到他,以及在四月底月光乡村俱乐部仍然没有一个娱乐指挥的事实,使我有充分的理由假定,这是一个太差劲乃至其他任何人都没有考虑的夏令营工作。在听了阿克塞尔先生讲述了十五分钟以后,我颇为庆幸地确信,我掉进了一个蜜糖罐里——我被其他所有夏令营所拒绝的运气几乎好得不能再好了。这似乎是所有工作当中唯一为我量身定做的一份工作。

我踌躇地等待了我能够等待的最长时间,然后才直截了当地提出了我的父亲和伯尼那个问题。我对阿克塞尔先生说,如果他不能接纳我的父亲和我的弟弟,我就不可能接受这份工作。我调动了我可以调动的最多的勇气,因为我完全不能肯定,假如他拒绝了我的要求,我能否舍得放弃这份工作。阿克塞尔先生再次令我大吃一惊。他很愿意为我弟弟在厨房安排一份工作,并让我的父亲负责娱乐厅的小卖部,只不过作为交换,他需要向我提出一个小小的条件。我愿意比平时提前两周来到营地并让娱乐厅准备就绪,以便迎接阵亡将士纪念日那个周末吗?

月光乡村俱乐部在佛蒙特州,要在那里把一切安排妥当,显然要比在更接近纽约的夏令营的难度要稍大一点儿。当然没问题,我当即向他保证;但是下一周就到了五月一日,剩余的时间这么短,怎么可能聘请到娱乐指挥团队和一个管弦乐队呢? 这些都已经搞定了,他快活地解释说。这个乡村俱乐部和就在附近山脚下的夏普伦湖海滩的一家童子军夏令营是合作关系;而且营地辅导员都是根据他们过去的戏剧培训情况精心挑选的年轻人;只要我需要,他们渴望随时听候我的召唤。就连那个夏令营护士都在学习成为一个兼职歌剧表演者,她也可以被考虑成为娱乐指挥团队的一员。一个完整的管弦乐队已经到位,他们看起来不仅是一流的音乐家,并且具有出色的嗓音,还可以同时充当演员使用。

虽然我很想要得到这份工作,但我还是感到踌躇。一个娱乐指挥不能够自行安排他自己的工作人员,尤其是他在上一个冬天选择的工作人员,这是不可思议的,更何况他是否有足够的运气或者判断力选择恰当的人员,会在很大程度上影响到整个夏季的成败。目前的情况是违反常规的,至少可以这样说。我以前从未听说,工作人员在娱乐指挥到来之前就已经准备好了,注意到我的脸上有了一丝犹豫和怀疑的迹象,阿克塞尔先生拉开办公桌的一张抽屉,并取出了看似法律文件的一张纸。

"我会把你的父亲和弟弟写到这份合同里，"他说，"而且不用担心员工问题——相信我的话。我在你身上下赌注——你也要在我身上下注。在这里——只需填写你父亲和你弟弟的名字，然后签上字就可以了。"

他露出了他特有的那种极为坦率而真诚的笑容，并且把那张纸从桌子对面推给我。我同样报以微笑，但正如我想到的那样，工资低得可笑，而且我的父亲和弟弟除了食宿以外，什么也得不到——他们的工资来自客人的小费，所有的小费将会在夏季结束时，在服务员和其他帮工当中进行分配。

"也许我们的工资没有其他夏令营那么高，"当我坐在那里，盯着眼前的那份合同时，阿克塞尔先生说，"但我们可以通过其他很多方式来弥补这一点。"他从办公桌后面站起身来，手里拿着那支钢笔走过来。"到夏季结束时，你会希望付给我们一笔钱，因为这里为你们提供了一个美妙的假期。"他轻声笑着说，"这儿——在这儿签字——这样，我就可以正式欢迎我们月光大家庭新成员的加入了。"

他的笑容变得更加灿烂，并把那支钢笔递给我，他的另一只手像父亲般地放在我的肩膀上。当我把我的名字写在指定的两个空格处时，他的手始终放在我的肩膀上，我还没来得及把墨水吹干，他就把它从桌子上一把扯走了，同时摇着我的手，一边目送着我进入走廊，一边欢快地对我表达着良好的祝愿。

"不管你需要什么——你想要什么——都可以随时来找我。我会为你，还有你的父亲和弟弟准备好五月十五号的火车票，我会提前一两天先赶过来等着你们。你今天为你自己做了一件非常好的事。"当他关上门时，他扭头诙谐地补充了最后一句，他那真挚的笑容仍留在他的唇边。

品味着最终得到一份工作和那种温暖的微笑带来的安全感，我完全赞同他的说法，却丝毫没有意识到，我刚刚和我在很长时间内都不会再遇到的一个最彻底的无赖签订了一份合同。

那天晚上,我踌躇地使用了我的全部说服力,向我的母亲、父亲和弟弟描述了我即将为他们的生活带来的那种变化。我已经做好了与他们争辩整个晚上的准备,而且如果有必要的话,我会把这一过程延续到开往佛蒙特州的那辆火车开车前一个钟头,因为我知道,我正在让他们的生活发生一个多么大的变化。我准备好了无休止地和他们争辩,但我丝毫不能肯定,我能够使他们接受我的意见,因为让我的母亲和父亲在他们的婚姻生活中第一次分离,把我们所有的家当储藏起来,让我的母亲在接下来的四个月里离开家,独自住在一个小公寓房间里,绝不是一件小事情。

我很清楚我的母亲对她那小小的家庭世界那种强烈的感觉,以及为了避免使她以及她的家庭成员在任何意义上分开而展开的严酷战斗。只有毫无希望的现实,才得以使我在过去短时间内曾经离家在外。让我感到无比惊奇的是,她是第一个同意我的请求的人,是第一个看到"树挪死,人挪活"这一智慧的人,也是第一个宣布自己赞成改变现状的人。直到今天我都不理解这是为什么。这违背了她的每一个性格特征——违背了她似乎认为不可侵犯的一切。

那个简单的道理也许是:她可能到了山穷水尽的程度,她每天都在殚精竭虑地考虑如何应付肉商、食品杂货商、送牛奶的人和房东的催债。当然,不管我们搬到哪里,她都必然还要面对这种事情,但是最起码,那些老套的恳求和谎言对一个新的肉商和房东可能管用。可能就是这么简单。否则的话,我无法解释她为什么会那样迅速而且乐于接受这种改变,尽管我原本以为,我的提议会遭到她激烈和执拗的反对。事实上,我对自己如此轻易地获得的胜利有些目瞪口呆,但我的母亲快速和出人意料的支持,对我们所有的人都产生了积极的影响。

我们谈论着、喊叫着并且相互打断,立刻就我们将要去的地方制订计划——甚至讨论了找到一个小公寓、并不再依靠寄宿者支付租金的可能性,我以前从未有过这种想法,不过它让我们所有的人感到兴奋,因为我们都同样受够了那些阴郁的人似乎永远都在我们当中来回走动的局面。那种只有我们一家人坐下来吃饭,而且不和其他人分享我们居住房间的前景,是某种值得细细品味和津津乐道的东西,哪怕这仅仅是一种预期。我们所有的人都对即将到来的巨大变化感到一点点陶醉和兴奋,而且当我们在当晚上床睡觉时,我觉得,我的弟弟同我说话时,第一次不再像一个陌生人了。

"夏令营什么样?"当我们并排躺在黑暗中时,他问道。

我试着向他解释,我也描述了我希望我们将会共同拥有的那种美好时光,我头脑发热地急于进入那种他尚未做好准备面对的亲密状态,所以,他又故态复萌地陷入了沉默。但是我已经相当满意了。这是一个值得铭记的幸运的一天,不管我对于那些从未谋面的员工和我将去往的那个夏令营有什么样的顾虑,我都不再理会我那谨小慎微的本性容易产生的刺痛感,并且拒绝受到它们的影响。有了一份安全地藏在枕头下面的工作和对未来的有把握的认知,足以使人安然入睡,我相信,当我以后每天早晨醒来时,我再也不必面对那个肮脏的庭院了。

接下来的两个星期,近乎邪恶地变得飞快。由于剩余时间非常仓促,需要做的事情很多,所以,好像每分每秒都变得极为珍贵。作为这一年的尾声,在雷伯尔劳动文化宫的那个小剧团和在布朗克斯区的那个剧团,正在向公众展示它们的艺术。我的白天都被彩排所占据,夜晚则被表演所充斥。我也必须经历超过十九年的人生带来的杂乱,在把我们的家当储藏起来之前,其中的某些必须抛弃,这个任务因为我母亲敝帚自珍的本能而变得复杂。首先需要为她找到一个我们离家在外时的住处,而且如果可能的话,最好能够找到一个当我们返回时,就可以居住的新的公寓。我自己把数不清的时间都用在了重新整理我和埃迪在去年夏天夏令营里使用过的材料,其中很大一部分都被我不经意地放在了什么地方,以至于很难找到,我不得不翻箱倒柜,找遍了房间每一个角落。

在无比忙乱的最后几天里,我突然苦恼地发现,除了两条被阳光晒得褪色的绿色游泳裤和几件领子严重磨损的运动衫,我没有任何夏天的衣服。在乌托邦夏令营,我可以从埃迪那里随意借来我需要的衣服,来填充我那空荡荡的衣橱。我作为月光乡村俱乐部的一个正式娱乐指挥而首次亮相的全部服装,除了这两条游泳裤和两件皱巴巴的衬衫,就是我每天穿在身上的这件藏青色哔叽上衣。

现在,作为一个娱乐指挥,一件运动上衣和一条白色法兰绒长裤,是一个圆桌骑士所必需的一套铠甲——对于一个在阿瑟王的宫廷上一个没有盔甲的武士而言,它也许是更有必要的,因为相比于在演出之夜站在帷幕前宣布演出开始,或者出现在餐厅以及在娱乐厅舞池上的娱乐指挥,这种装束至少可以显得不那么傻里傻气。无论他的衣柜里缺少什么,不管他的衣服数量少得多么可怜,一件运动上衣和一条白色法兰绒长裤,应该是他最起码的底线。他必须拥有这两样东西。我知道,我不能没有它们就去夏令营,但是我知道,等到我们支付储藏家当所需的定金,给搬家工人的钱,并给我母亲目前留下足够多的钱作为生活费,直到我能够从夏令营给她寄来一些钱以后,剩下的钱恐怕连买一块手帕都不够,更不要说一件运动上衣和一条白色法兰绒裤子了。

尽管这样做会令人尴尬,可我不得不请求阿克塞尔先生预支一点儿钱给我。毕竟他说过"不管你需要什么,你想要什么,可以随时找我"这种话,而且这种要求既是为了我自己,也是为了他着想。他会理解一个穿着藏青色哔叽衣服的娱乐指挥显然不成体统。阿克塞尔先生一定会理解这一点。他会迅速而且富有同情心地证明他的魅力、直爽和善意,正如他在我们初次见面时所表现的那样。我当然必须拥有运动上衣和白色法兰绒裤子。他已经注意到了我那次的装束。所以他一定会答应我的要求,他还可能敦促我再多买一件运动衣和一条灰色法兰绒裤子作为换洗之用。

但是,这当中有一个小麻烦。他有合作伙伴,而且他的合作伙伴与他自己之间的一项严格规定就是：在任何情况下，他们中任何人都不得向任何员工预支任何款项。他一定是注意到了我那张耷拉下来的脸，因为他立刻就露出了灿烂的笑容，仿佛他按动了脖子下面一个开关似的，他的声音也变得活泼了。他叫我别担心，他有一种解决办法。他的一个好朋友在第八大街拥有一家服饰用品店。我可以去那里，提他的名字，选择任何我需要的物品，然后让他们直接寄到月光乡村俱乐部，并且把费用记在他的名下。这样困难不就解决了吗？的确如此。我对他表示了由衷的谢意。我们又聊了几分钟，现在，我迫不及待地想要走出办公室，赶到那个服饰用品店。

虽然我从未去过任何可以让我大肆挥霍的地方，但在当时以及在后来很长一段时间里，我一直对服装非常着迷。那就相当于是一种服装饥饿，而且我似乎从来不能让这种感觉得到满足。我曾经声称，我从来不把在夏令营的大多数男客人穿的那种高级服装放在眼里，但暗地里我很羡慕他们。我渴望乃至觊觎天蓝色高领毛衣以及带黄铜纽扣的条纹夹克，从上衣口袋处微微探出的彩色手帕，一条匹配的领带，一双麂皮鞋和一件名牌皮革上衣。我带着真正的激情，渴望得到这些荒谬的服饰。因此，你大概可以想象，我是带着多么大的紧迫感，匆忙赶到第八大街和那家服饰用品店的。我站在店外，花了五分钟时间，打量着橱窗里的衬衫、大衣和长裤，当我推开门走进去时，货架和衣钩上的每一件服装，都让我激动得发抖，因为我不停地在想象我把它们穿在自己身上的情形。我起初几乎什么也看不到，这不是因为我一直站在外面明亮的阳光下，而是因为考虑到那些五彩缤纷的宝贝儿可能很快就将归我所有，因而让我变得眼花缭乱。

我有一两分钟简直说不出话来。我以前从未有机会走进一家服装店，并且说："我要这个——给我两套。"没有哪一个像我这样关心着装，而且第一次感受到有机会购买服装的乐趣的人，能够知道或者理解我此时体验的那种发自内心的喜悦。我继续经受着那完全可以被描述为"服装陶醉"的折磨。我盲目而轻率地买下了一件又一件衣服,就像是一个不受控制的周末购物狂一样。我多少有一些疯狂。我几乎没有多看几眼,就买下了那件运动上衣和那条白色法兰绒长裤,接下来,我又不假思索地买了毛衣、衬衫、袜子和领带,以及在服饰领域被称为"小装饰"的东西——代替领带而系在脖子上的围巾,可以反穿的双色毛线套衫,一件沙滩外套,以及上面绣满了飞鱼的凉鞋,还有我购买的所有衣物当中那件最贵的衣服,一件完全无用但也完全令人不可抗拒的男子晚便装,它的衬衫口袋处,有一个似乎是金丝线刺绣的盾形纹章标志。我穿上它站在镜子前面,兴奋不已地看着镜子里的自己。能在哪里或者在什么情况下,以什么方式穿上这件让我很有面子的衣服,就连我自己都不能解释;但是我知道,我不能不买下它。就连那个等待我试穿衣服的店员都对我做的这件蠢事提出了异议,他建议我考虑清楚,最好过一阵子再来看看,等他们的店长、阿克塞尔先生的朋友本人在这里时,将会给我提出更好的建议,可是他休想劝阻我。我几乎根本舍不得把它脱下来,并交给他让他帮我重新包好。

当我挑选完毕以后,我买下的衣物合计135美元左右——这些钱在当时至少够三个人配备两个夏天的衣服。那个店员对一下子卖出这么多东西有些激动,他握着我的手,真诚地答应我说,他会把情况向阿克塞尔先生的朋友进行解释,把物品直接寄给在佛蒙特的阿克塞尔先生,并把费用记在他的名下。我认为,他已经大致理解了我对衣服有多么大的激情。当我摇摇晃晃地走出店门时,就像是一个醉汉在早晨摇摇晃晃地走出一家通宵酒吧,因为发自内心地感到心满意足,所以身体里仍旧感觉暖洋洋的,经过这么长的时间,我的饥渴终于得到了满足。我清楚地知道,我的这次购物愚昧而且疯狂,我买不起它们当中的任何一样东西,我甚至不知道怎样还清这笔钱。但是话又说回来,这些似乎根本都不重要,对于渴望一醉方休的醉汉来说,当他的宿醉在明天消失之前,他所做的一切都是不受理性控制的；因此，在我们离开之前的剩余几天里，我都是在一种微醺而恍惚的状态中度过的，我每天想的实际上只是那些衣服。我在脑海里打开了每一件衣服的包装，我看见自己穿着一件可以反穿的毛线套衫、脖子上缠着一条黄色围巾走进餐厅或者娱乐厅。我甚至发现了一个可以排演的独幕剧，因为它能够使我有机会穿上那件晚便服站在舞台上。我觉得，我甚至可以在我的小木屋里举行一两回派对，并作为东道主穿上那件晚便服。每天傍晚，我迫不及待地渴望太阳快点儿落下去，并在第二天早上快速地再次升起。每经过一天，我们在这个令人讨厌的公寓的时间就少一天这个事实，使得我想要早点儿离开的冲动增加了一倍。

然而，当最后一天终于到来，而我睁开眼睛，最后一次环顾卧室墙壁上那些带条纹的壁纸时，我以为我会体验到的那种兴奋感奇怪地消失了。我想不出这是为什么。或许是任何事物的终结都会莫名其妙地让人感到一点点忧伤。也许这似乎意味着要抹掉我的姨妈和我的外祖父最后的痕迹，毕竟那些房间见证过他们生前的存在；或者说，那可能是因为我对这个地方的痛恨已经被消解了，而现在我们将要永远离开这里。

我们每个人必然都在以各自的方式体会到这种情感，因为当我们走下四段楼梯并来到街上时，我们都神情凝重，一句话也没有说，我们依旧沉默地站在那里，站在房子前面的台阶上。我的母亲再次表现出了她那令人惊叹的一面——就这一次，她并没有落泪。她完全可以落下一两滴眼泪，毕竟是要看着家人离开她去往别的地方，而她将要独自住在一个小公寓里。她并没有哭，而是显得十分镇定。实际上，此时已经没有太多的时间用来宣泄情感了。搬家公司的敞篷货车已经停在路边，搬运工从车上跳下来，他们大发慈悲地缩短了我们道别的时间。在她和搬运工一道回到楼上之前，她只能有时间和我们每个人快速吻别。当我们走向角落处时，她再次从前面窗户那里对我挥手，接着我们就走上了进入火车站的台阶。

第 11 章

到达佛蒙特州用了一整夜时间;我们坐在车厢里,感觉这趟旅行漫长、炎热而不适。列车似乎逢站就停,随着它频繁的进站出站而导致的车身晃动,使我们很难入睡。即便我们可以在座位上勉强睡过去,早在火车在次日凌晨六点到达我们的目标车站之前,我们就放弃了这种毫无意义的休息。

我们带着行李和包裹走到月台上,因为没有梳洗而显得蓬头垢面,腹腔内饥肠辘辘,我们在暗淡的光线中眨巴着眼睛站在那里,希望瞥见那辆本该来接我们的汽车的踪影。我们压根儿就没有发现它,附近也看不到任何类似一家小餐馆或者饭店的地方。在铁路对面相当远的地方,似乎有一座闪烁着灯火的房子,看起来像是一个通宵咖啡店或者是一个提供烧烤的酒吧,但是它的距离太远了,我们不能冒险和那辆汽车错过。这里也见不到可以向其咨询或者留下口信的任何售票员。售票窗口紧闭着。

在空旷的车站,我们坐在行李箱上等待着,因困倦和饥饿而有些发抖。"他们一定是汽车爆胎了。"我强打精神说,我想进一步调动其他两个旅伴的情绪,却由于牙齿已经开始打颤,而让我接下来的这句话失去了分量——"好事多磨。这不是您经常说的话吗,爸?"我问道。他没有回答,我也就没再说话。我们只是坐在那里,可怜兮兮地凝视着通向汽车站而且汽车很可能从那里出现的那条道路的方向。最终我站起身来,走到一扇上面标有"男卫生间"的木门那里。在里面,盥洗槽内堆满了雪茄烟头和湿透的、似乎是"警方公报"的残余物。地板上散落着烟头和代替毛巾使用的卫生纸——尽管我想不出别人会如何使用这样的盥洗槽洗手。我停留了很长一会儿,才从卫生间里走出来,因为我已经气得发抖,而且感觉到一种奇怪的恐慌。我们到来的这种方式在我——一个总在留心观察各种预兆(不管是好是坏)的人——看来,是一个凶兆,它预示着我们即将面临一个可怕的夏天——我似乎在这一瞬间意识到,佛蒙特州将是我们的灾难之地。我踌躇不决地站在那个肮脏的洗手间跟前,不确定是否要在车站等待下一趟火车开出然后返回纽约,还是继续在这里忍受煎熬。可是我们哪有钱买火车票呢?何况回去做什么呢?我们的家具已经储藏起来了,我的母亲待在一个小公寓房间里;而且在外面,我的父亲和弟弟坐在行李箱上,等待着我把他们带到承诺过的那个充满牛奶和蜂蜜的夏季。

当我回到他们那里,再次坐在我的行李箱上时,我知道我们必须去那个地方,因为我们已经没有别的地方可去了。

在迟到了大约两个半钟头以后,在八点半左右,一辆汽车带着可怕的刹车声停在了车站里。那个头发斑白、沉默寡言而且满脸阴沉的司机,甚至都懒得从车上走下来,而是从他的嘴角挤出了一句话,"你是娱乐指挥吗?上来吧。"我盯了他很长一会儿。我竟然愚蠢地产生了一种隐约的期待,那就是看到阿克塞尔先生本人坐在汽车里,对我们的到来表示欢迎,并用他那特有的魅力和现成的微笑对我们进行安抚。可是现在,虽然我们在这里等了两个半钟头,却连一点道歉或者懊悔的话都没有听到。

"我们在走之前先喝一杯咖啡可以吗?"我问道,"我们在这里坐了很长时间了。"

"你们到了营地就可以喝到咖啡了。"他没好气地撇撇嘴回答说,而且丝毫不曾动过手,帮我们把行李箱和包裹放到车里。他甚至都没有等到我们坐稳当,就突然开动汽车离开了车站,我们又听到了同样一阵刺耳的刹车声和轮胎的尖叫声。直到我们已经走出很远一段距离以后,我才想起来问:"到营地有多远?"

他的回答,也是他在剩下旅途中唯一对我们说的一句话是:"45英里。就和我过来的距离一样。"他补充说,似乎只是为了阻止我可能问他其他问题。

我们沉默地坐在车上,由于意气消沉,我们彼此间也没有说话,不过当我注视着从眼前掠过的佛蒙特州的乡村景象时,尽管受到了不小的打击,但我却突然来了精神。面对着那些美丽的丘陵,清新而整洁的田野,以及田野上可爱的农舍和吃草的畜群,一个人不可能长时间处于无精打采的状态。佛蒙特州对你的眼睛而言是一场盛宴,而且在一个早春上午第一次瞥见这里的景象,足以改变最沉重的心灵或者最压抑的情绪。我感觉到压在胸口的石头开始卸掉了。世界可能并不像你认为的那么糟糕,我安慰自己说。在那个凄凉而昏暗的火车站,在没有吃上早餐而且等待那么长时间的情况下,所有的一切都自然会呈现出一种邪恶的外观。不管怎样,为什么不再等等看呢?在如此美丽的背景下,情况怎么可能真的那么糟糕呢?我的情绪突然由坏变好,而且开始哼起歌来,这部分固然是由于解脱,而我认为,这主要是因为我异常高兴地发现,我的信心又回来了。

早在我们进入通向那个俱乐部的那条道路之前,原本令人陶醉的周围的乡村景象,就突然变得惨不忍睹。那些丘陵和绿色的田野忽然不见了,就像是一个舞台监督对一群舞台工作人员大声宣布"撤掉道具"一样,而且取代迷人的丘陵和青葱的田野的是大片荒芜的沙地,就我们的目力所及,映入眼帘的只有矮小的树木和蔓生的毒葛。在汽车行驶几英里范围内的道路两侧,似乎没有其他任何东西,虽然我知道,我们肯定正在接近夏普伦湖本身,而且我听说过它的美丽,也见到过它的照片。实际上,月光乡村俱乐部在它的宣传小册子的封面所展示的,就是那座令人惊叹的湖泊的图片。

突然,汽车来了一个急转弯,我看见了一个标志牌,它歪斜地挂在入口处的两根柱子之间,上面写着"月光乡村俱乐部"。我使劲地盯着那个标志牌,那几个字的油漆已经剥落,我再次开始感觉胸口发紧。第一印象可能是真实的,当一个人接近月光乡村俱乐部时,他得到的第一印象就是:这是一个邋遢的地方。这不是通常我们所说的那种肮脏,因为肮脏并不总是用肉眼立即就可以看到的;但是在某种程度上,邋遢和松散的管理瞬间就可以看到,而且总是令人不快,哪怕这种第一印象是在坐车经过入口处大门时所形成的。那个在微风中摇摆、挂在多年积锈的铁链上的标志牌,早已显现出了它的金属本质,那条尘土飞扬的道路两侧的大块石头,在它们最初作为装饰物被放在这里的那一天起,恐怕就没有见过它被涂上过一层白色油漆。在那些石块所围裹的曾是花坛的地方,现在只有杂草和毒葛,而且道路本身有大坑,里面仍积满了雨水,以至于汽车不得不七歪八拐地避开那些最深的水坑。最后一个坑也是最大的一个坑,司机要么是没看见,要么是懒得从旁边绕过去,所以一股水浪从汽车下面飞溅起来,把我们全身都浇透了。汽车在月光乡村俱乐部主建筑前面停下来,当我们从车里走下来以后,有那么一会儿,我们实际上并没有注意到那座主建筑,或者就此而言的其他任何东西,这在我看来倒是恰如其分的。我们的脸、头发和衣服,都是湿漉漉的。我们像落汤鸡一样站在那里,我们使劲擦去我们脸上和眼睛里的泥土,并试图看清我们周围的景象。那个司机已经把被淋湿的行李箱和包裹丢到我们旁边的地面上,对我们被淋湿这件事连一句道歉的话都没有,就把车开走了。眼前一个人也没有,在楼内也看不到任何生命的迹象。我抬头看着那座建筑,心一下子沉了下去。它迫切需要涂上一层新油漆,而且屋顶就像一张张布满麻点的面孔一样,留下了因为太阳炙烤而产生的数不清的褐色斑点,有些屋顶瓦已经掉了下来而且没有更换。中间部分看起来,完全像是一个被遗弃的旧窝棚——例如一个临时搭建起来,用来过上几个不太舒服的夜晚的钓鱼俱乐部。当我们现在站在这个形容丑陋、仿佛用不了多久,就会变成一堆倒塌的木料和破烂的纱窗的混杂物的建筑物前面时,我们不由得目瞪口呆。那些窗口处歪歪扭扭地挂着破旧的黄色窗帘,在门廊上可怕地摆放着一些严重磨损、很快就要散架的柳条家具。

我的弟弟看了我一眼。他无需开口,我就能知道他在想什么。我看着远处,虽然心情焦虑,但还是带着安慰的口气自欺欺人地说:"所有夏令营在开营之前看上去都是这样的,他们在阵亡将士纪念日之前,会把一切安排好的。别光站在这里看了,我们去找找这里的人吧。"

我在前面带路,他们跟在后面,我们的湿鞋踩在门廊的硬地面上发出"吧唧吧唧"的响声。就在门内有一个小小的休息室和服务台,再往里面是一个大型休息室或者会客室,那里有一个下垂的天花板和一些涂着厚重的油漆、上面有很多划痕的椅子,它们都丑陋地堆叠在一起,面对着后面那个似乎是餐厅的大房间,因为我们能够看到在一面墙壁处高高垒放的桌子和椅子。

我们继续在里面穿行,由于在餐厅里似乎也没有生命迹象,我们就直接来到了厨房,这是一个被烟雾熏黑的大洞穴,它的墙壁和橱柜表明,消防部门刚刚离开这里,而且还没有时间洗去烟灰和污垢。去年的油脂在火炉上结成了厚厚的一层;一堆脏兮兮的杯子和碗碟堆在水槽里,一块肮脏的抹布丢在上面。但是,一只咖啡壶明白无误地放在炉子上。这是一个破损严重、有很多凹痕的老式瓷釉咖啡壶,我在任何地方的厨房里,都从未见过比这更受欢迎的景象。

我们像饿鬼一样奔过去。我屏住呼吸把它摇了摇,然后如释重负地发现还剩下半壶咖啡,而且还是温热的。我们连半块儿食物也找不到——至少是在眼前看得到的地方如此。一只饥饿的老鼠在看过这个厨房以后,也会气愤地直接掉头跑回到山脚下的!不过,冰箱和一个橱柜都配有闪亮的新挂锁,这是里面藏着食物的一个不错的提示,而且可能是这个该死的地方仅有的新东西——当我走回到炉子跟前时,我痛苦地心想。"我们在这里至少可以暖和一下,把身上的水烤干,"我对父亲和弟弟说,"食物都锁起来了。"

但我的弟弟突然发出一声胜利的呐喊。在对一个橱柜翻找的过程中,他突然找到了一盒"无花果酥饼",显然是去年夏天留下来的。当然,它们硬如岩石,但并没有发霉,我们站在炉子边,把它们放在煮沸的咖啡里浸泡一会儿,就用勺子把它们捞出来并塞进嘴里,这是我们在过了十四个钟头以后第一次吃东西。

就在我们站在炉边喝下最后几口咖啡,并且嚼起快速分解的"无花果酥饼"时,月光乡村俱乐部的一个生命迹象,通过厨房那扇纱门出现在我们眼前。那是一个年轻人,比我大不了几岁,有着一张胖胖的、好脾气的面孔,只是此刻他的脸上覆盖着一层厚厚的尘土、碎秸秆和锯末,看到我们站在炉子旁边,我们的湿衣服被烘烤出的水汽顺着我们头顶袅袅上升,他似乎并不感到多么惊奇。

"原来你们已经到了,"他直接对我说,"新来的娱乐指挥,对吧?"

我点点头。"我刚才还以为我们弄错了——我以为我们来的日子不对。"

"哦,没有,"他回答说,"就是今天。阿克塞尔先生说你们今天过来。这是令尊和令弟吧?"他显然知道我们。"我叫赫伯·莫里斯,"他补充说,一边逐一与我们握手。"到开营时,我是接待员。现在我正在给新餐具拆包,还要铺床垫。要不要我带你们去看看铺位?"

"谢谢,"我回答说,"可是阿克塞尔先生在哪儿?"

他大致朝门外做了个手势。"就在那边。"他说。

"我们坐车过来时,压根儿就没见到他,"我说,"我想找他去。"

"哦,你会见到他的,"赫伯笑着说,"你不可能见不到他。他在马背上。"

我看着他,因为那种微笑显然别有深意。"在马背上?"我问道。

"他整个夏天都会待在上面,"赫伯咧开嘴笑着说,"除了吃饭、睡觉和洗澡以外。他从那该死的马背上管理这整个地方。我们管他叫'哥萨克疯子'。你很快就会弄明白这里的情况的。要我帮你们拿东西么?"他走向我们的行李箱和包裹。

"谢谢你,赫伯,"我感激地说,"这是我们下车以后,听到的第一句暖心窝子的话。"

赫伯笑了起来。"任何人第一次看到这个地方,都需要听到这种暖心窝子的话。去我们的狗窝朝这边走,伙计们。你父亲睡在主楼,所以我先带他到楼上去。"

我们跟着他上了楼梯,来到屋顶下一些小房间那里。这里有四个小房间,虽然每个房间都有墙壁和一扇门,但它们很难被称为房间。没有窗户,只有一个天窗,尽管外面是凉爽的春天上午,但这个密不通风、经过日晒的房间已经很闷热了。

"还有谁睡在这里,赫伯?"我问道,并沮丧地环顾着四周。

"面包师傅和他的两个助手,"他回答道,"我猜想在烤炉前面站了一天以后,他们会觉得这里很凉快。等一下,我帮你们把天窗打开。因为昨天下雨,我只好把它关上了。它开着的时候还不是那么糟糕,不过这个该死的东西关不紧,所以要是赶上夜里下雨,你就等着挨浇吧。"

我几乎不敢看我的父亲。他坐在那个没有铺床单的床垫的边缘,注视着房间里的情况。他不习惯奢侈的环境,天晓得是怎么回事;可是我看得出来,屋顶下的这个狗窝污秽的程度让他吃惊。我不知道该对他说什么。我没有勇气尝试就这一新的灾难做出解释。我的弟弟一次又一次地直视着我,什么也没有说。

"你干吗不把行李解开呢,爸,"我说,"我会去找阿克塞尔先生的,看看是怎么回事。"我再次转向赫伯。"我和我弟弟睡哪儿?"我的声音那样小,以至于他不得不让我重复一遍。

"哦,"他回答说,"你弟弟和其他帮厨的、服务员还有我睡在白金汉宫,你自己住巴士底狱,就在娱乐厅跟前。来吧,"他乐呵呵地喊道,"到白金汉宫朝这边走。"

白金汉宫原来是一个厨房后侧几百码的经过改造的鸡舍,它的设计风格介于粪坑和焚化炉之间,而且首先映入眼帘的,就是门口处那些没有遮盖的垃圾桶。低矮的房门迫使你不得不弯腰进入,在走到房屋中间的 V 型天花板下方之前,你始终都得佝偻着身子。它曾经作为一种兵营使用,两边墙壁跟前摆放着两排长长的行军床,行军床下面放着床脚柜,每张床上方墙壁上都有挂衣服的钩子。房间另一头有一个开放的淋浴器和马桶,没有任何浴帘或门之类的遮挡物。天花板上悬吊着几个灯泡,灯泡的细绳上还沾着去年的捕蝇纸和死苍蝇。

赫伯似乎是旁若无人地忙碌着,仿佛根本不在意我们的想法和感受——它们在我们那哭丧着脸的表情当中已经暴露无遗。

"把这张床放到我那张床旁边,伯尼,"他说,"在这个地方,只有这两张床没沾上厨房、污水坑或者垃圾堆的气味。这就是先来这里的一个好处。去年我用了那边那张床,后半夜我只能睡在外面,宁可挨蚊子咬,因为我受得了蚊子,但受不了那种气味。准备好去看看巴士底狱吗?"他轻松地收住话头,转身看着我。

"我觉得,"我悻悻地说,"我觉得我现在做好了看到任何东西的准备。"

我没有回头看我的弟弟,就跟着他走了出去。在我能想到一条出路之前,我能做什么或者说什么呢?我跟着赫伯一起走,脑子里似乎只想着如何找到阿克塞尔先生,并且要求他向我们提供回家的路费,我不管是否签了合同,我们的家具是否已被贮藏起来。赫伯在我旁边轻松地吹着口哨。

"这里是不怎么样,"他仿佛是无忧无虑地说,"可是管它呢?既来之,则安之。现在已经来不及找另一份夏季工作了。他就是这么把人拉进来的,包括你们在内。如果你需要交秋季入学的学费,就比如我、那些服务员还有其他人,再加上他从那么远的地方把你们弄过来,你还能怎么样呢?"

"但是你去年在这里都待过了,赫伯,"我说,"你干吗还要回来呢?"

他耸耸肩。"赶上倒霉点儿啦。我叔叔答应过我,在他的店里给我安排一份工作,可是他食言了。我是等得太久了,所以只能跑回到哥萨克疯子这里。这是我有把握得到的唯一一份夏季工作,而且我需要交学费。你会习惯的。如果你非常需要钱,你什么都会习惯的。"他轻声笑起来。"不过我敢打赌,我是唯一一个去年在这里待过、而今年还来这里的人。只有傻瓜才会来这里两次。"

"可他怎么招揽客人呢,赫伯?"我问,"他们没必要非来这里——他们可以去一些像样的地方。"

"哦,只要把这里收拾一下,看上去就不会像现在这么糟糕。他会到处喷点儿油漆,铺点儿碎石,在门廊和餐厅摆上一些该死的天竺葵。"他露齿而笑,"不过狗窝还是老样子——就像你们刚才看到的。他就是这么对付过去的,因为来这里的客人基本上都是湖边那座夏令营的孩子的父母。他们充其量就在这里住上三四天,所以他们不会太计较。他们才不在乎这里有没有什么好玩的——他们来这里可不是为了享受。他们过来就是要看看自己的孩子游来游去的,或者获得一枚射箭奖牌,然后他们就统统走人了。他能够把他们弄到这里来,是因为这里是唯一靠近那个孩子夏令营的住所。不过去年他有了新的决定:他想吸引一些年轻人过来,所以他弄了一个娱乐厅,还聘请了一个管弦乐队和一个娱乐指挥。"他停顿了一下,大笑起来。"去年那个可怜的娱乐指挥!我想他这辈子都忘不了他去年的经历——如果他现在没被关在疯人院的话。"他扭头看着我,"对了,你是怎么被哄到这里来的?是因为他在办公室说的那些鬼话吧?"

我点点头。

"是的,他会让你做一场白日梦,"他接着说,"我去年就上了大当。当我来到这里时,我简直不敢相信自己的眼睛。"

"哦,我是不会留在这里的,"我激动地说,"我可以告诉你这一点。"

他似乎真的感到惊讶。"真的么?"他问,"你回去能找到工作?"

"找不到,"我承认,"但我不会留在这里。"

"我明白了,"赫伯温和地说,他立刻就发觉了我的虚张声势。"哦,万一你留下来的话,那就是你的大教堂。你瞧那个娱乐厅。"他指着前面几百码以外一座未上漆的建筑物。

我顺着他手指的方向凝望着一个小型建筑,窗口处装饰着一些曾经是日本灯笼、而现在是悬挂的彩带似的东西,它们在微风中无力地摇曳着。

"不完全是白金汉宫,"赫伯看着目瞪口呆的我,"不管怎么说,最好到里面看一下,"他补充说,"如果你真的决定留下来的话,还有太多的事情要做。"

我默默地跟着他走到娱乐厅。它的里面和外面一样都没有上漆,是用最简陋的方式建成的。一场像样的佛蒙特州风暴就会把它撕成碎片,而且我很想知道,它是如何从上一个冬天的狂风中幸存下来的。地板上有一些未能熬过冬天的生物——一只花栗鼠,几只田鼠和一些蝙蝠,不管它们是为了寻找娱乐还是为了搜索食物,反正它们都已经死去了——当我从它们上面跨过时,我苦涩地想。我站在那里,盯着那小小的舞台。那个拉开了一半的帷幕有一个大洞,而首先让我感到印象深刻的,是舞台中央那些类似于手绘图案似的鸟粪。一个舞台脚灯凹槽已被踢坏了,我毫不怀疑,这是那个可怜的娱乐指挥的一个告别姿态。我也朝它踢了一脚,两个啤酒罐慢慢地滚了出来。舞台地板上堆满了灯泡的碎玻璃,在正中央堆着一座小山似的空可口可乐瓶子,最上面是一根棍子,上面吊着一条破烂的女人内裤——这是去年夏季胜利大逃亡的一个孤零零的标志。我走到舞台上面,朝一个化妆室瞥了一眼。也有些动物死在那里,虽然见不到它们的遗骸,但可以闻到恶臭的气息。我捂住鼻子,走到桌子上那面化妆镜跟前,去阅读写在上面的涂鸦。它们主要是由几个骂人的字眼组成的简单句子,暗示出阿克塞尔先生可以对他自己,对他的娱乐厅、他的客人以及他的夏令营怎么做——几乎说得明明白白,而不是含沙射影。我很高兴我能忍住这种气味走到镜子这里。不知为什么,读到这些信息,让我的感觉好多了。

化妆室的一角处矗立着一个很大的衣柜;我想看一下里面的东西,可是我听到赫伯的声音从娱乐厅外面传来。"嗨,快点儿,"他喊道,"我们该走了。我得回去弄床垫子。"

我从后门走出去。"好,"我说,"你只要告诉我睡觉的地方就行了。不管怎么说,我今晚总得在这儿过夜。"

他默默地指着一个几乎就在我们正对面的那个锡皮屋顶的窝棚。他叹了口气。"就是那个了,"他说,"就是那个巴士底狱。它完全归你所有。"

我难以置信地盯着他。"可这是一个工具棚,对吗?"我问道,仍然无法相信我的眼睛。

"直到去年它还是一个工具棚,"赫伯说,"你说的一点儿也没错。我猜当娱乐厅建好以后,哥萨克疯子的木料用完了,工具棚也用不上了,所以这就成了娱乐指挥下榻的地方。"

他走到我前面,推开门。"啃!"他大声喊道,因为他闻到了一股扑鼻而来的恶臭空气。"他们应该开着这扇门。有这个锡皮屋顶,你在这里都可以煎鸡蛋了。"他站在一旁,让我走进去。就连赫伯都宁愿留在外面,让我一个人在里面查看。

我没有逗留很长时间。从锡皮屋顶慢慢流下的铁锈颜色的水,顺着脱色的墙壁往下滴落,并且在粗糙地覆盖着木板、中间露出很宽缝隙的泥土地面上形成了小水洼。看起来,只要一场大雨就可以让这里泛滥成灾,因为在木板下面的地面完全是泥土。旧牙膏管、瓶盖,一条碎裂的三角护身绷带,还有一些生锈的沙丁鱼罐头散落在木板下面,就在它们去年夏天被扔在这里的位置。不管我的前任可能是一个什么样的人,他都绝不是一个整洁的人,一个可能认为清洁会带来好运的人,而且他显然毫不担心污秽会带来疾病,因为就我的目力所及,这个房间每平方英寸范围内的所有物品,都是一样的肮脏。

这里的温度必然有华氏90度左右,空气闷热得令人难以忍受。我开始觉得有点儿想要呕吐。我随意地看了一眼那张行军床,它那没有铺床单的床垫上,有着泼溅的啤酒和咖啡的深色痕迹,然后我就快速地走到了外面。我大口地呼吸着新鲜空气,从赫伯旁边经过,然后将整个身体趴倒在地。

赫伯关切地在我旁边蹲下来。"你没事吧,"他问,"你觉得不舒服?"

"没有,"我说,"我就是想找个地方躺下来。我太累了。"

这是真的。当我站在那个闷热、污秽的房间里时,整个上午的痛苦和不幸似乎都向我袭来,于是我突然间感到疲惫不堪。我怀疑自己是否还能再走100码的距离。

赫伯在我旁边坐下来,一声不吭地咀嚼着一根小草。"从他那里要回回纽约的车费可不太容易,"他终于说道,"这是有过先例的。"

我没有回答,只是面朝下躺了一会儿,随后坐起来,回头看着那个工具棚和娱乐厅。

"不,我要留下来,赫伯,"我说,"我别无选择——我只能留下来。"我简要地对他说了我们的困境,我们被储存的家具以及没有地方可回的情况,即便我可以在这个城市很快找到另一份工作——我非常怀疑这一点。

"是的,我想你被困住了,"他说,"可是你知道吗,"他接着说,"既然你知道你上当了,而且你也看到了,不管这里的条件有多么差,实际情况也许还不会那么可怕。你会看到的——我毕竟在这里待过。"他站起来低头看着我。"在我离开之前,你是否还需要我帮你做什么,或者还需要我告诉你什么事?我得回去了。"

"不需要了,谢谢你,赫伯,"我感激地回答说,"你刚才已经帮了不少忙了。你只要告诉我,我到哪里去拿我的邮件就行了。我估计我的邮件到了。"

"还没收到你的邮件,"他说,"我是负责邮件的。一封信也没有。"

"不是信,"我说,"是包裹。几个大包裹。它们一定是在这里的什么地方。它们是两周前寄出的。"

他摇摇头。"压根儿就没见到,"他说,"你是用货到付款邮寄的吗?如果是的话,他们不会把东西寄到这里。你得到城里的邮局领取。"

"哦,不是,"我回答道,"他们不是按货到付款发货的。他们把费用记在阿克塞尔先生本人的账上,不过东西是直接邮寄给我的。"

赫伯睁大眼睛盯着我。"记在阿克塞尔先生本人的账上?"他说。

"是的,"我回答说,"是他让我这样做的。我需要一些衣服,所以他让我去他的一个朋友那里,并且对我说,不管我买什么,都记在他的账上,叫他们直接发货。"

赫伯正在盯着我。"那么,那个人同意了吗?"他问。

"没有,"我说,"我去的时候,那个店主不在那儿,但是他的店员对我说,他会告诉老板,并在第二天发货。现在都过去两周了,"我补充说,"他们一定是送到这里的什么地方了。你确定没见到它们,赫伯?"

赫伯慢慢地对我露出了同情的笑容,那也是一个人对于一个不太聪明的孩子露出的宽容的微笑。"是的,我敢肯定我没见到它们,"他说,"一共花了多少钱?"

"花了不少钱,"我承认,"我当时有点儿疯了。我买了135美元的衣服。"

他突然大笑起来,并躺倒在我旁边的地上笑个不停。"你是疯了,没错,"他说,"不是因为你买了很多衣服,而是因为你太轻信了。任何人只要了解阿克塞尔先生五分钟以上,都不会赊给他哪怕是一包薄荷糖。唉,哪怕是只有一分钱,他们都不会信任他。就算是他们从车上卸下一捆芹菜之前,他也必须要交现金。你在这里见到那些衣服的概率,就和我挥一挥手,就能从那个湖上飞过去的概率一样大。"他挥舞着双臂,再次大笑起来。

"那他干吗要打发我去那里,赫伯?"我提出异议,"如果他知道那个人肯定不会发货,他为什么还要那么做呢?"

"这我可不知道,哥们儿。"赫伯耸耸肩,"只要能够让他摆脱困境或者把你弄到这里来,让他说什么、做什么都可以。我当初第一次走出他的办公室时,他让我相信,我就像是他的儿子,而且到去年夏天结束时,他可能会让我成为这个该死的地方的一个合伙人。如果他愿意的话,他都能让你相信月亮是绿的。那些衣服还在你去的那家店里原封不动地放着,伙计,相信我!"

我看着赫伯,深吸了一口气。毋庸置疑,他说的是真的。现在我知道,那些衣服永远也不会送到这里来了,而这几乎是最令人失望的事情。可笑的是,在这个可怕的上午,我都没有忘记那些衣服,当我知道我必须留在这里时,我首先想到的,就是那些等待被打开的包裹。它们可以带来很大的补偿。

在我的成年生活中,我第二次感到自己想要哭泣,而且几乎就要哭了出来。我沉默的时间是那么长久,以至于赫伯转向我,对我说,"搞什么呢?就是几件衣服嘛,再说你现在又不用付钱了。有什么穿什么呗。"

"麻烦就在这里,"我苦涩地说,"我就有这件衣服。"我指着身上穿的那件皱巴巴的蓝色哔叽。

"你的意思是,你只有这一件衣服?"赫伯问,"你到这里就带了这一件衣服,别的都没有带?"

"除了几条游泳裤和两件运动衫,再没有了。"我回答说,"我该怎么办呢,赫伯?"我焦虑地说。"我不能整个夏天,就穿这件衣服走来走去的吧。"

"哎呀,我的衣服你都可以穿,"他回答说,很快又同情地补充说,"可是我的衣服不适合你。我太胖了。也许等服务员来到这里,你可以管他们借。他们人都不错,不过说实话,他们通常都不会有太多衣服。"他叹息了一声,"我觉得,你只能想办法从他那里弄点儿钱,到城里去买几件,"他不太有把握地说。

"可是他会借给我钱吗?"我也感到怀疑地说,"我以前就是这么做的,所以他才打发我到了那家店里。他一分钱也不会预支给我。"

"哦,所以他才会那么干,"赫伯说,"但是我现在有主意了!没错,你可以慢慢地磨他,只能这么办。你就跟着他的屁股给他要,直到拿到钱为止。等他从马上下来去洗澡或者做别的事情,你就给他来那么一下子。嘿,你看,"他突然喊起来,"在那边。"他跳起来,指着离这里有一段距离的一个小房子。两个男子疯狂地把手臂在头上挥舞着,绕着那个小房子跑动着,还一边跑一边回头看。

赫伯发出了一声呼哨,并且高兴地蹦跳着。"现在用不了一分钟,你就会见到哥萨克疯子和他的马了,"他大声说,"他会把他们赶到里面的。"

"那是什么?"我也大声对他说,"这是怎么回事?那两人是谁?"

"那是面包房,"赫伯说,"那两个可怜的蠢货是中东欧或者波兰过来的——他们几乎连一句像样的英语也不会说——所以,他就把他们骗到这里当了面包师傅。他们是昨天上午过来的,刚看了一眼他们的工作环境,就不想干了。他每次都会用一条鞭子把他们赶回去。瞧,他来了!"

带着一声狂野的哥萨克人的喊叫,或者带着被我视为是那种狂野的哥萨克人的叫喊,阿克塞尔先生骑着马从那座房子的一角处出现了。那是一种体型很高大的黑色动物,而且他骑得很娴熟。他穿着马裤,系着绑腿,穿着一件鲜红的衬衫,我后来知道,这是他的夏季制服。果不其然,他拎着一条黑色的长鞭子,而且使用得非常灵巧而老练。一看到他,那两个人就快速跑过那座房子的那一角,仍旧挥舞着手臂,只是在片刻之后,当阿克塞尔先生骑马赶到他们的身后,用鞭子在他们的脚下抽打着,以至于泥点子溅到了他们的衣服上,他们才回过头来看一眼。我困惑地看着这一幕。他显然并不是真的想要用鞭子打他们——他原本很容易就把他们抽打成碎片——而只是要吓唬他们,把他们赶回面包房。他们又围着那座房子转了两三圈,那两个人在马前疯狂地奔跑,他拿着鞭子在他们跟前的地面上狠狠地抽打着,直至那两个可怜的家伙放弃了努力,站到了面包房门口处,并在那里冲着阿克塞尔先生挥着拳头。他用鞭子的末端示意他们回到面包房里,而他们最后晃动一下拳头,随即走进去,关上了门。

赫伯在我的旁边跳跃着。"嘿,你这个哥萨克疯子,"他现在朝那个方向低吼着,他很清楚阿克塞尔先生听不清他的话,"嘿,你这个狗娘养的,你那可怜的娱乐指挥就在这里。你过来吧,你这个狗娘养的哥萨克,过来打声招呼吧。"

阿克塞尔先生意识到有人朝那边喊,就掉过马头看着我们的方向。赫伯亲切地朝他挥手。"你这个恶心死人的东西,你这个哥萨克疯子。"他热情洋溢地低吼,并示意他到我们这边来。

阿克塞尔先生用脚夹了一下他的马,然后很快疾驰而来。他就像马戏团的驯马人一样,就在我的正前方勒住了他的马,并微笑地俯瞰着我。还是同样坦率而豪爽的笑容,而且实际上还有点儿眩目,这是因为他坐在马背上。

"欢迎,欢迎,"他说,"欢迎来到我们的月光大家庭。"

我抬头看着他,张开嘴想要说话。我还没来得及说出一个字,他就从我身边绕了一圈,然后就骑着马快步离开了,一边回头喊道:"我们再聊,我们再聊。现在有很多事情要做;很多事情。不管你想要什么,你需要什么,尽管开口。"

我们默默地看着他,直到他从地平线上消失为止。

"是的,"赫伯打破了沉默,恼火地说,"你想要什么,只管开口。多么慷慨……可是你首先得跟上他,现在你明白我的意思了吧?"

"是的,"我心情沉重地回答说,"现在我明白了。谢谢你所做的一切,赫伯。"我把手伸给他,我们严肃地彼此握手。他那一贯的好情绪似乎突然消失了,他一句话也没有说,无精打采地走开了。我在那里愣愣地站了很长一会儿,才慢慢地走向那座巴士底狱。如果我今晚要在那里睡觉,的确有很多、很多事情要做,就像阿克塞尔先生说的那样。

我踢开了门,走了进去。我的脑海瞬间闪过我在纽约时就想象过的情景:作为一个派对的东道主,我穿着那件漂亮而现在却并不存在的晚便服。我环顾周围,狂笑起来。当我俯下身去,开始从木条地板下面捡起那些垃圾时,我痛苦地想,我在夏令营的第二个演出季,也是我第一次作为真正的娱乐指挥的历程正式开始了。我懊丧地扪心自问:回归剧院是否真的值得?

第 12 章

大约十天后,就在阵亡将士纪念日之前的那个周末,第一批客人陆续到达,这个令我感到不满的夏季随之如火如荼地开展起来。这并不是一个——我必须如实地交代这一点——彻头彻尾的、糟糕到不能再糟糕的夏季。在二十岁的年纪,一个人不可能在很长时间里,都让自己处于完全凄惨的状态,不管他的生活和工作条件可能有多么糟糕。在二十岁的年纪,一个人在每天早上醒来时,都会有一种朦胧的幻觉,那就是这一天不会像前一天那样糟糕,而且二十岁的韧性——那种对抗糟糕的食物、长时间的工作以及待在一个潮湿、闷热的陋室里的能力——是惊人的。直到夏天结束,我都从未感觉到自己像我们初次到达时那样悲惨,因为其实从那以后,我压根儿就没有时间停下来思考这种处境有多么可悲。在月光乡村俱乐部每天的小苦难,变成了接踵而来的一个个大灾难,并在夏季结束时达到了高潮。当前的这些灾难,都是整个夏季这座冰山下面的一角,而且我必须承认,其中的一两个是我自己造成的。

第一个是来自我的首秀,而且是在阵亡将士纪念日的那个周末。我固执地选择了我钟爱的奥尼尔、萧伯纳和凯利,尽管月光乡村俱乐部娱乐厅的舞台道具严重匮乏,但为了让阵亡将士纪念日这一天变得更有意义,我选择上演《琼斯皇帝》并亲自扮演主角。这实际上是以固执的态度去完成一个难以完成的任务,尤其是因为有了那些向我承诺过的一流的演员,而且是在那些童子军夏令营辅导员还没有到达,而我跟前只有六个乐师和那个喜欢西方歌剧的护士帮助我排练这部戏的情况下。尽管如此,我还是顽固地——几乎是报复性地——推进我的计划;这主要是因为,我把它视为是对阿克塞尔先生的一种惩罚,因为从一开始就预示着这个夏季将会变得多么糟糕的那些迹象,我决定我必须为此做点儿什么。我意识到,这个季节的第一次重要演出就注定遭到失败,这必定能够给我带来某种邪恶的满足感,这是我报复阿克塞尔先生为数不多的方式之一。

阵亡将士纪念日的演出、七月四日国庆节的演出以及劳动节的演出,是那种一个娱乐指挥都会尽可能做到尽善尽美的夏令营演出活动——是让他自己和他的团队战胜其他夏令营对手并获得殊荣的重要机会,同时也能够为他在下一个工作季节找到一份更好的工作创造条件。他自己作为一个娱乐指挥的命运,不仅和这三次演出关系密切,也关系到这个营地本身的声誉。因为在那些周末,夏令营的人员最拥挤,尤其是在阵亡将士纪念日的周末,那些看到夏令营活动季首演的客人是最有可能回到城里,并将那个夏令营的情况传播开来,宣扬某某夏令营拥有一个多么出色的夏季娱乐指挥的一批人。而且,在阵亡将士纪念日那个周末之后由客人传播的好名声,很容易帮助这个营区在这个夏季余下的时间吸引更多的客人。

我完全清楚这一点,我也清楚我在为阿克塞尔先生掘墓的同时,也很可能是在自掘坟墓,因为其他夏令营管理者都在密切观察竞争对手的情况,以及哪些娱乐指挥制作的节目最出色。但是,我对于阿克塞尔先生的怒火和愤恨是那样强烈,以至于我愿意和他同归于尽。一方面,我仍旧对我当初是如何上当并掉入陷阱的过程耿耿于怀;而另一方面,随着第一批客人的到来,我的服装问题突然变得异常尖锐。我认为,是服装而不是其他任何东西,使我不顾一切地带着复仇心推进《琼斯皇帝》,因为尽管我有两三次在其下马时堵住了阿克塞尔先生,但我的恳求没有给我带来任何帮助。他假装对他的那个服装店朋友没能把衣服寄过来感到震惊,并且轻描淡写地建议我坐车到镇上去,买来我需要的东西,同样由他付款。但是,他一分钱现钱也不肯拿出来。当我指责他彻头彻尾地不诚实,拒绝徒劳无功地再跑一趟时,他非但没有发火,反而态度温和,神情自若。"也许你是对的,"他承认道,"那些佛蒙特州的店主在钱的问题上很可笑。"

"每个人对待钱的问题都会很可笑,"我尖刻地说,"特别是当他们该拿到的钱没有拿到时。"

他心情愉快地笑了起来,就好像我刚刚说了一句奥斯卡·王尔德①风格的妙语似的。"钱,钱,钱,"他开心地笑着说,"我没有太多考虑钱是好事——那样我晚上会睡不着觉的。听我说,"他补充了一句,脸上依旧挂着他那无比憨厚的笑容,"我会把账目给你看的——我会打开办公室的保险柜。你要是能在里面找到钱,不管有多少,你都可以拿去买衣服。我们现在手头的每一分钱现金,都用在每年夏令营开营准备上了,而且在客人付费之前,一分钱也不会留下来。柜子里是空的,我的伙计,"他叹了口气,"不过你下周再过来一趟吧,我不会让你空手回去的。"

他和过去一样又在说谎。在大概五个星期以后,直到六月底,我才从他那里要到了 25 美元,最终买了那条白色法兰绒长裤和一件带黄铜纽扣的蓝色运动装。与此同时,我不得不尽快面对我缺少现成衣服这个事实。我知道,假如我一日三餐都穿着同样的蓝色哔叽衣服在餐厅出现,那么人人都会知道我的窘境。尽管我能够在白天穿着游泳裤和衬衫在营地里走来走去,但是到餐厅吃饭时,我必

---

① 爱尔兰著名诗人、小说家和剧作家。

须有一件短上衣,而且我不可能在夜里永远穿着游泳裤——即便这是可行的——以便保管好为演出准备的那条像样的法兰绒裤子。

我足够巧妙地解决了这个问题,因为它是必须解决的,但那是一个我所想到的令人痛苦和屈辱的解决方案。直到今天,每当我想起我在整整五个星期那种荒谬的状况,我的内心仍然会感觉到那种尴尬的浪潮,而且在那之后的几年里,如果我在街上碰见了在那个夏季见到过我穿的怪诞服装的某个客人,我就会为了避开他而走到街道的另一面,这是因为我使用过夏令营衣柜的服装,并且假装那可笑的装束是一个娱乐指挥为客人"耍活宝"的一部分。

实际上我认为,我能够在月光乡村俱乐部找到一个衣柜是幸运的,因为每一个夏令营——无论它们有多小——通常都有一个衣柜,每年都会从一些百老汇服装公司(比如伊弗斯公司和布鲁克斯公司)购买各种廉价的废弃服装补充进去。大约花上100美元左右,伊弗斯公司和布鲁克斯公司就会把各种太过破旧以致不能继续租借,但在夏令营演出中也许仍可使用的服饰运送到夏令营,而且这种衣物被认为是娱乐厅演出装备不可或缺的一部分。不用说,那些服饰已经褪色和发霉,有时候几乎破烂不堪,但经过修改和加工,它们能够用上一个夏季,而且当演绎一出需要一套军装、一个西班牙舞者的服饰或者必不可少的印第安酋长头饰的戏剧或者小品时,它们就是无价之宝。

一俟考虑清楚我必须做的事情,而且穿上那些服装是我唯一的出路,我就取出了后台化妆室那个衣柜里的存货,并把它们在舞台上加以使用。不出所料,阿克塞尔先生购买的,是能够买到的最廉价、最老旧的破烂货,其中大多数不仅因为去年夏季沾上的汗水而板结,也因为数百个惊慌失措而汗流浃背的业余演员曾穿着它们去往全国各地,因而带着令人作呕的汗酸味。我选择了那些最不难闻也最不可笑的服饰,叫来了当时已经成为我的全部工作人员的那六个乐师。"我想让餐厅和娱乐厅的气氛变得活跃一点儿,"我宣布说,"我要在每次开饭时穿着不同的服装走进去,在晚上进入娱乐厅时也是如此,而且不管我穿什么,在我出现之前,都需要小号和萨克斯管为我适当伴奏。明白了吗?"

他们不明白。他们看着我的样子,就好像我突然间发疯了似的。

"非常简单,"我接着说,"比如,我在今天午餐时要作为一个美国南部联盟的将军走进去。"作为一个例子,我举起一件脏兮兮的制服,它那破烂的肩头处还挂着类似肩章的饰物。"能理解吗?嗯,你们要在我之前演奏美国南部乐曲'我们的南方'——演奏两次,并且要在餐桌之间走动。然后我会入场。再有,如果我今晚进去时要化妆成保罗·李维尔①,你们就演奏'扬基歌'②,我会事先让你们知道我穿什么。这是一个很好的噱头,非常管用。"我补充说,好像我丝毫就没注意到他们一直都在盯着我似的。

"OK,今天午餐时就演奏'我们的南方',"我愤愤地说,"我去年在乌托邦夏令营就是这么做的,而且十分受欢迎,所以你们就按我说的做吧。"我撒谎说。

"可以,"那个钢琴演奏者愤愤不平地说,"我想我们也只能这么做了。"他们拖曳着脚步走了出去,互相嘀咕着。这是他们表达对不得不做的事情的激情的惯常方式,尤其是当这个要求是由我提出的时候。他们几乎毫不掩饰对我的厌恶和不满,而我相应地也不会掩藏我对他们的感觉。他们是一些可怜的、脸上长着粉刺的年轻艺术爱好者,而且从看到他们第一眼起,我就知道他们能够给我带来多大帮助。我很容易想到,他们并不会欣然接受要演绎作为丛林一族的"琼斯皇帝"就要把自己涂黑——不只是他们的面孔,而是把他们的整个身体涂黑——的做法,但他们对此无能为力。他们整天过

---

① 美国独立战争时期的一个英雄人物,后来成为美国英雄主义和爱国主义的象征。

② 美国独立战争时流行的一首歌曲。

得像一些迷迷糊糊的梦游者一样,好像从未从初到时受到的那种打击中恢复过来。实际上,就和我一样,他们在第一次看月光乡村俱乐部时也大为震惊,然而,他们演奏每一种乐器都那样糟糕,乃至于我对于他们任何人都没有感觉到同情,而且他们显然非常懒惰,也缺少合作精神,他们不但不愿协助清理和打扫娱乐厅,就连他们自己的宿舍——它们比我的住处更加肮脏——都不愿收拾。

我看到那个小号手和萨克斯管吹奏者带着乐器走出娱乐厅,我又低头看了一眼仍旧拿在手里的那件制服。差不多到午餐时间了,如果我要那样做的话,我现在必须行动,否则我知道,我可能根本没有勇气去做。我穿上裤子和外套,系上腰带,并把那顶帽子(对我来说,至少尺寸有点儿小)戴到头上。我试图不去照镜子,但我还是忍不住。我看上去很可笑。不知怎么回事,那是一种悲哀和阴郁的效果,而不是喜剧效果。我看上去愁眉苦脸而且傻里傻气,就像是一个孩子在试图穿父亲的衣服而被当场抓住一样,我脸上那种明显的殉难者的表情,更增加了这一印象——仿佛有人刚刚对我大喝一声:"马上把衣服脱下来,放回去。"

虽然我在镜子里是这副尊容,但到了这一步,无论是那些乐师还是我自己,都已经无路可退了。我对自己说,如果我穿了一件蓝色哔叽衣服走进餐厅,而且是在小号和萨克斯管演奏"我们的南方"的情况下,那么效果就会更加可笑。我表情严肃地粘上一撮小胡子,然后向窗外望去,直到我确定最后一个客人已经走进餐厅为止。这样,我就能够以最快速度冲到主楼门廊那里。在光天化日之下穿着这身衣服,而且不得不解释我为何如此打扮,会让我保留的最后一点勇气跟着损失殆尽。

那两个乐师闷闷不乐地站在门口过道里等待着。

"好了,"我说,"一边往里走,一边演奏吧。"他们把乐器放到嘴唇上,开始大声吹奏起"我们的南方"的开头曲。从外面的门廊那里,我就能够看见餐厅里的每一个脑袋都转过来。我看见两个乐师在餐桌之间行进,一面大声吹奏,就深深地吸了口气——他们的第二遍演奏就要结束了。我必须在音乐还在演奏时走进去,否则,我深知自己很可能会转身就跑。

我又深吸了一口气,然后高视阔步地走进餐厅,并戏剧性地在门口暂停了一下。"美国南方腹地的纽森斯①将军,"我用南方口音大声宣布说,"到你们北方地区稍作停留,看看你们这些该死的北方佬在炎热的夏天如何进行社交活动,并受你们的娱乐指挥委派,宣布今天下午的活动安排。"我停了下来,发出了一声我觉得听上去像是反叛者的喊叫。整个餐厅都爆发出一阵愉快的笑声并鼓起掌来。因为不知道是怎么回事,他们像受了雷击一样无比安静地听了一会儿;但现在他们意识到,在餐厅里的这个为他们"要活宝"的人,就是娱乐指挥本人。他们用更大的笑声和更多的掌声,欢迎我对于下午的活动安排,而我终于能够在我的桌前坐下来吃午饭了,因为尴尬和恼火而大汗淋漓,心跳不止。此时,更加受欢迎的人似乎是阿克塞尔先生,他在此过程中一直在餐厅里,而他现在在餐桌之间走动着,满脸兴奋地听着人们对这个新来的娱乐指挥多么擅长"搞笑"的恭维。他甚至厚颜无耻地在几周以后(甚至在我最终有了自己的几件衣服之后),建议我再来上么一回,而且我非常怀疑直到最后一刻,他还会随时放弃勉强答应交给我的那 25 美元,因为毫无疑问,他发现那些客人喜欢看到先前的这一幕。让我感到恐怖的是,他们期待看到那些装束,甚至会试图猜测我下次出现时会穿什么样的衣服。

那天晚上,当我走进娱乐厅时,我向他们展示的形象是一个老印第安侦察兵,并且不出所料地听到了笑声、掌声和尖叫声。在第二天午饭时,在"稻草中的火鸡"这首乐曲伴奏下,我打扮成丹尼

---

① "纽森斯"(Nuisance)的意思是"讨厌之人"。

尔·布恩[①]——戴着浣熊皮帽子和其他装束走进去,因此感受到了大概时隔二十五年的"大卫·克洛科特[②]热"。但是,他们的笑声和掌声越是响亮,我就越是讨厌他们、我自己和我的雇主。我每次身穿某种可笑的装束走进餐厅或者娱乐厅时,我在那一刻到来之前,都会深吸一口气,因为我万分恐惧地感觉到,尽管那张嘴长在我的身上,但我脱口而出的,可能并不是当天下午或者晚上的活动安排,而是一连串肮脏的骂人话。

我就是在这种报复性的心态下开始排练《琼斯皇帝》的,我知道演出效果会很糟糕,但不管我多么疯狂地幻想和阿克塞尔先生扯平,我都没有想过,那天晚上最终会成为一个怎样可怕的噩梦。在那晚演出之前的几天,我作为约翰·西尔弗[③]、路易十四[④]和亚伯拉罕·林肯这些人物形象的出现,使观众在那个周六晚上对我在娱乐厅舞台上作为琼斯皇帝的形象出现准备不足。当然,月光乡村俱乐部的客户对见到奥尼尔的悲剧本身就准备不足。我怀疑当时在他们当中,是否有几个人曾听说过奥尼尔,而且在阵亡将士纪念日那个周末,他们对于星期六晚上那场重量级表演的期待,总是某种类似于音乐剧的混成品,里面充满了时事讽刺和夏令营笑话之类的东西。

我觉得,这是可以被预见到的,但我并没有想到,当我作为那个醉醺醺的可悲的皇帝走上舞台时,他们竟然想当然地认为,这是一个讽刺我自己的可笑装束的滑稽短剧,而且他们大笑不止。我涂成黑脸这一事实,似乎让它变得更加可笑,他们慷慨地鼓掌,耐心地等

[①] 美国的拓荒者和探险家,对于美国边疆地区(尤其是肯塔基州)的开拓,使他成为美国最初的民间英雄之一。
[②] 19世纪的美国民间英雄、拓荒者、战士和政治家。他在流行文化中通常被称为"荒野之王"。
[③] 罗伯特·路易斯·史蒂文森的小说《金银岛》中的主要角色。
[④] 法国波旁王朝著名的国王,1643年至1715年在位。他的执政期是欧洲君主专制的典型和榜样。

待着我开始高歌一曲,或者进入穿着软底鞋跳舞的那种常规模式。当他们慢慢明白,他们正在被迫坐在那里看完一部严肃的悲剧时,我能够感觉到他们向后仰坐,感到生气而又失望。前排几个人从座椅上站起来并走出去,他们用超过了在舞台上的我本人的音量宣布,他们要去打牌了。

然而,相对于在当时心怀不满的听众和几个走出去的人,还有其他事情让我感到焦虑。在这个可怕的夜晚,就连大自然本身似乎都选择与我作对。

当天上午清朗而又炎热,可是到了午后,太阳突然消失了,一股冷空气向这个乡下袭来。我后来知道,这个短暂的寒流是佛蒙特州的一种天气现象,有时会在暮春时节甚至在初夏出现。一场真正的霜冻,可能会突然对佛蒙特州的乡村造成严重破坏,并且经过在夜间的短暂停留,一举摧毁庄稼和花草。这场残忍的寒流,就选择出现在我组织表演《琼斯皇帝》这天下午,其中大部分情节涉及那个皇帝跌跌撞撞地走在热气腾腾的丛林间,身上只裹着一条缠腰布。当我登台表演时,我不仅仅是因为寒冷而发抖,因为在正餐时间前后,像玻璃球一样大的冰雹已经落到了营地里,随即犹如一个冬夜的刺骨严寒笼罩住了这个地方。赶来的观众已经穿上了毛衣、雨衣以及他们从床上取下的毛毯,呼啸的冷风吹进了有开口的娱乐厅里。当然,我在第一个场景中还能应付过去,因为那个皇帝在离开皇宫进入丛林之前,他身上还穿着制服。但是,当带着那块遮羞布出现,而且不得不一再地重复"我简直要热死了"这句台词时会发生什么,我确实没有想过。

果不其然,当我在第二个场景中首先出场时,身上只有那条缠腰布,当我第一次高喊"我简直要热死了"的时候,从黑暗的大厅传来难以抑制的"嘿嘿"的笑声,它们向舞台上蔓延过来。我的内心受到了震动,并等待最糟糕情况的发生。最糟糕的情况并没有姗姗来迟。从那些更有修养也更有同情心的观众当中,传来了一阵嘘声;

然而,当那几个身体消瘦、面有菜色,而且还容易被辨认出来的乐师从硬纸板做成的棕榈树后面走出来,并且浑身发抖地站在那里时,整个娱乐厅爆发出一阵不可抑制的笑声。天晓得!就算是他们的牙齿没有打颤,双腿没有被严寒冻得发抖,他们的样子就足够滑稽可笑了,但真正让他们痛恨的是不得不使用黑色化妆染料,把身体涂成一个个条状和块状。他们现在看上去,完全像是从一个麻风病人隔离区逃出来的六个人,或者是某种恶性皮肤病患者。而且,那个年纪轻轻就长了一个大啤酒肚的鼓手,出于某种鸵鸟似的虚荣心,因此选择没有给他的身体的这一部分涂上黑色油彩,所以,一个白色球体从他的缠腰布下面鼓凸出来,使他看上去仿佛随时就会生产一样。我自己并不敢多看他几眼,虽然我浑身发抖而且可怜兮兮,但我并不能坚强到忍住不笑,因为伴随着他在舞台上的每一个动作,观众们都在大笑不止。他很自然地以为是他的那块遮羞布松开了,他越是疯狂地去拉紧它并试图把自己挡住,观众的哄笑声就越是强烈。

仿佛要使情况变得更糟糕似的,当手鼓开始响起时,两三个乐师并没有跟上节奏,好像他们在整个排练过程中就听不到鼓声一样,而且其中一个人的遮羞布果然松开了。在这千钧一发之际,他慌忙用手去抓并且及时抓住了它,但他这个可笑的动作,还是迎来了观众的一阵掌声和快乐的尖叫声。

我自己的牙齿现在正在打颤,不仅仅是因为寒冷,而且因为我痛苦地意识到,我必须坚持把它表演到最后一刻,因为《琼斯皇帝》实际上是一个篇幅很长的独幕剧,而且要在没有中场休息的情况下全部演完。在这种情况下,不管是为了我自己,还是为了观众恢复控制力起见,我绝无机会离开舞台,而且我看得出来,他们现在都处在一个近乎歇斯底里的状态。到了这个时候,他们已经不能自制,他们可以因为一切理由而大笑,也会无缘无故地大笑。当这种笑声在观众当中响起时,它是一种集体性的歇斯底里。在那个娱乐厅里,尽管看上去没什么值得好笑的东西,他们也会笑个不停。即便是回味先前的某种东西,也会让娱乐厅里的某个人兀自发出一阵震耳欲聋的笑声,而其余观众也会不受控制地加入其中。他们跺着脚,敲打着椅子,而且每当那个白痴乐师不得不从舞台上经过时,他们就会吹着口哨,就好像他是一个吉卜赛女郎,正在表演一种脱衣舞似的,他们最终开始跟着手鼓节奏打拍子,完全淹没了我的声音。然而,我现在已经不在乎了。我固执地念着台词,脑子里想着如果有机会的话,我一边洗热水澡,一边在喝煮沸的咖啡,从而让自己再次得到温暖的情形。我身体的每一个关节,都冻得隐隐作痛。

在戏剧的最后时刻,当我举起我的左轮手枪对准太阳穴,高喊一声"瞧这银色的子弹"并按下扳机时,后台的左轮手枪并没有响,这并没有多大妨碍。在这样一个一败涂地的夜晚,那个空弹并没有照例响起来,似乎只不过是一个小错误。就连那些观众都笑得太累了,乃至没有因为这一最终的失败环节而发出标志性的怒吼。不管怎样,我还是倒在了舞台上,我倒希望此刻自己真的死掉而不是在演戏,我等待着帷幕关闭。它们慢慢地合到一起,而且让我惊讶的是,这落幕的一刻,得到了热烈的掌声和欢呼声。

我起初无法理解那种掌声,后来我才意识到,我显然在这个糟糕的夏令季节给他们带来了一种快乐,就好像我是故意为他们奉献了一场滑稽的阵亡将士纪念日演出一样。我缺乏热情地鞠了一躬,然后就疲惫地离开舞台去洗澡,那些仍然发抖的乐师也悄无声息地尾随在我后面。不管怎么说,它结束了,而且对于这几个和我一起经受了这场折磨的倒霉蛋,我甚至能够感觉到一种同志式的情谊。

但是,这一切并没有结束。当我们开始淋浴时,我们才知道《琼斯皇帝》尚未结束,它带来的屈辱就像红字[①]一样,将在很长一段时间内继续在我们身上留下烙印。一开始我们以为,不管我们如何努

---

① 旧时一些西方国家被判通奸者佩带的标记。

力地擦洗,那些黑色化妆品不会从我们身上掉落并不是什么大事,因为从喷嘴淌出的细细的水流像往常一样不怎么热。但是,当我们彼此一遍又一遍地给对方擦洗,直到身体变得发红和疼痛时,有一件事情才变得那样明显:我在化妆室那个化妆匣里发现的化妆品,一定是阿克塞尔先生从某个农村商店买来的存货,而且可能是自从黑人剧团①演出在佛蒙特州已不再时髦以来,它可能就一直搁在货架上。不管它最初含有什么成分,能够用肥皂水把它清洗掉的那种成分,早已随着黑人剧团演出一道蒸发了。

我打发一个乐师拿来了一罐煤油,我们把它浇到身上,但那种东西仍然像章鱼一样,紧紧地固定在我们的皮肤上,我们的身上和脸上的不同部位,都有许多大块的黑色斑点。它们在当天晚上、第二天早晨甚至在接下来的几个星期,都没有掉下来。

那几个乐师第二天走出去,在一些隐蔽的岩石后面给全身"太阳浴";这倒是起了某种作用,言下之意就是,他们终于让身体恢复了一致的颜色,只是在皮肤上留下了一层淡淡的黑色圆点花纹。我没有时间出去晒太阳,所以在八月初之前,我不得不带着黑色斑点出现在一些令我感到尴尬的地方。为了对付鼻子下面那块明显的黑斑,我在那天晚上唯一一想到的补救方法,就是我不再刮上唇的胡须,这就使我在当时看上去,好像是要模仿查理·卓别林一样。

但是,在那个夏季里的一个人物,在此后三十年里将始终与我为伴。他的名字是约瑟夫·M.海曼,而且他是月光乡村俱乐部一个付费膳宿的客人。他偶然观看了《琼斯皇帝》最后一次彩排,并在将近两个钟头时间里,站在后排静静地看着我们。

现在,一个娱乐指挥并不欢迎在彩排期间进入娱乐厅的客人,不过他或者他的员工对此几乎没有什么办法。我们不能命令客人离开大厅,所以,当那些客人大模大样地坐在舞台最前面的椅子上,

---

① 19世纪起源于美国、常由白人扮演黑人并演唱黑人歌曲的一类剧团。

盯着我们彩排时,我们对抗他们的唯一方法,就是任何客人一旦出现时,我们就会尽可能压低声音并相互提示。这通常都很奏效。不管是那些喜欢盯着看还是打哈欠的人,听不到彩排的任何声音,很快就会感到无聊,并且用不了多久,通常都会拖曳着脚步离开大厅。

然而这个客人有些特别,当我用余光瞥见他进入娱乐厅时,我注意到他并不是一屁股坐在舞台前面的一张椅子上,而是一直待在娱乐厅最后一排,一边观看着我们彩排,一边一根接一根地抽烟,直到大概两个钟头以后彩排结束为止。

对于一个客人而言,这种举动是那样奇特,以至于我不是从后门离开舞台,而是受到强烈的好奇心的驱使直接走下舞台,穿过长长的大厅走到他的跟前。他仍旧站在那里。

"你是一个坚强不屈的人,"我说,"怎么会喜欢看彩排?"

他没有回答,而是递给我一支烟。"你怎么会到这种地方来?"他问,"以你的能力,你应该去更好的地方。"

"说起来话长,"我回答说,"我就像被老鼠夹子夹住的老鼠一样,被困在这里了。你对戏剧感兴趣吗?"我问道。

他还是没有直接回答。"你这里似乎很缺人手,"他说,"如果你需要人料理灯光和帷幕,我很愿意帮忙。以后彩排,不管你什么时候需要我,我都愿意效劳。"

我看着他,他显然是非常严肃的,而且他主动提出帮忙可说是恰逢其时——毫无疑问,我眼下处于严重缺兵少将的状态,我迫切需要有个人帮我做好灯光提示和帷幕方面的工作。

"你是认真的吗?"我问道,"你每天可能需要好几个钟头都待在这里,也许在周五晚上是一整夜。你不会有多少机会去做别的事情,你要有心理准备。"

"我知道,"他回答道,"但你要是愿意让我帮忙的话,我会毫不犹豫。这不算是一个大忙,"他咧嘴笑着说,"再说我还有机会看到其他很多人看不到的东西!"

"但你却是在帮我一个大忙,"我感激地说,"你能在五点钟左右来找我吗?我会帮你把灯光提示都写下来,然后我们一起过一遍。"

"没问题,"他回答说,然后伸出他的手,"对了,我名叫乔·海曼。"

这是我第一次听到这个人的名字,而且在这以后,我记不清有多少次当我处于困境或需要做出决定时,我都会求助于他。我们握了握手,并且一起走向湖边,我们压根儿都没有想到,从那个时候起,在我的人生每一个关键时刻,乔·海曼几乎总是陪伴在我的身边。他当时有二十五六岁或者更大一些,他有一张憔悴而忧郁的面孔,嘴角处那似乎永远挥之不去的嘲弄和怀疑的笑容,更是令人印象深刻。尽管他有一种愤世嫉俗的神态,但他与生俱来的善良品质表明,他眼神中透露的玩世不恭只是一种假象。他为人孤僻、固执而直率,对自己的观点深信不疑,对通常意义的生活缺少激情,尤其是对人类现状感到失望,这几乎完全和我的情况相反。两个气质和性格完全不同的人,很难保持长期的友谊。然而,我们的初次见面,却成为我的生命中最有意义的事件之一。我想他对于戏剧的激情,是从一开始就让我们的友谊得以建立的纽带,因为他是一个憎恶商业的商人,而他实际上和我一样对戏剧充满好奇和迷恋。出于某种原因,而且必然是他自身所具有的奇特心态这一特殊原因,他立刻就对我产生了信任,而且幸运的是,对我来说,他是一个无比诚实而坚定的人。

第 13 章

现在,由于开营演出和夏令营开营周已告结束,我的主要关注点转移到我的父亲和弟弟身上。

在最初的两周,除了让他们尽自己最大努力生存下来,我已经别无选择,因为在此期间我早已自顾不暇。可是,不管我对于如何弥合我同弟弟的鸿沟抱有多大的希望,这种希望已经变得越来越脆弱了,即便它的确并没有完全消失。

当然,他对于我作为娱乐指挥需要行使怎样的职责,并没有真正的认识;但我知道,看到我的某些装模作样和傻里傻气的姿态,对于他是不小的震动,因为他以前从未见过我的这一面;就像现在一样,他当时是一个腼腆、缄默而传统的人,我几乎是想当然地认为,在这种宽松、随意而且傻里傻气的夏令营气氛中,他会接受我有时令人尴尬的行为,把它看成是我的工作不可分割的一部分。遗憾的是,他并未如此。

那个夏天,当我第一次穿着那种可笑的装束站在餐厅门口时,即便我们之间有望建立起某种亲密感,那种希望也都消失殆尽了。当打扮成联邦将军的我在众人面前亮相时,他手中有满满一托盘的脏盘子——而且有那么一会儿,我觉得他就要让那个托盘掉到地上。事实上,他站在那里盯着我,好像是在某个噩梦般的游乐园注视着一个哈哈镜,然后他就满面通红而又气愤地冲了出去。在我后来的出场中,他都会尽可能飞快地离开餐厅,好像是要表明他和我之间没有任何家庭关系似的,而且他尽可能避免见到我,不过,如果我们碰巧在路上偶然相遇,他就会恨恨地朝我这个方向瞥上一眼。

我的父亲的情况完全不同。实际上,我的父亲在这个夏天发生了令人惊喜的变化,因为如果说我弟弟看到的是他以前从来不知道的我的另一面的话,那么我从我的父亲身上,也看到了全新的、使人惊奇的一面。从那天夜里娱乐厅的那个小卖部开张,他站在柜台后售卖饮料、香烟和雪茄那一刻起,他就仿佛年轻了十岁,变成了一个健谈、欢悦和令人愉快的人。他很快就让自己成为营地最受欢迎的人之一,而且他知道这一点,并且享受这个过程的每一刻。

无论是他的儿子还是他的妻子,似乎都没有意识到那个简单的事实:随着他在我们家庭中的角色越来越渺小,而我的母亲支配性的个性已经侵蚀了他那温柔的一面,导致我的父亲越来越孤独。他变得更加封闭,也更愿意活在他的个人世界里。过去,当我每天晚上回到家时,我已经习惯看到他坐在窗口处,身上裹着一件硕大的灰色旧毛衣。现在,他已经发生了180度的大转弯。看到他走马灯似地活跃于营地四处,令人感到温暖而且也叫人有些好笑,与此同时,就像那件灰色旧毛衣和他的沉默一样,属于他的特征之一的干咳也没了踪影。

由于他终于不必再承担丈夫和养家糊口者的角色,他的咳嗽与那件毛衣和沉默都永远消失了,他的寂寞也不见了,取而代之的是他又恢复了过去那种乐观本性带给他的全新乐趣,他对于他那可怕的睡觉环境和长时间工作,从来就没有半点儿怨言。我甚至怀疑他是否注意到其中任何一个方面,因为他是那样尽情地继续享受和陶醉于这个对我来说,乃是最悲惨的夏天之一的每一刻。

我对此很是感激，不仅是为了他，也是为了我自己，因为我当时几乎不能为他做任何事。夏令营的日常活动现在如火如荼，我几乎一刻也分不开身，无暇他顾，我总是在忙碌过一天之后，在每天夜里沉重地躺倒在"巴士底狱"的那张床上，尽可能让自己好好睡一个通宵，而避免因为不得不考虑次日的节目而难以入睡。

在几个星期以后，我陷入了一种不自觉的忧郁状态而似乎无法唤醒自己，所有的外部事件——包括不断出现的营地危机——无论是大是小，好像都不会给我留下任何印象。被压抑的愤怒和令人讨厌的无休止的苦差事，让我的承受力几乎达到了极限，足以让人产生一种杀人躁狂症。在七月底，当篝火之夜、化妆舞会之夜、游戏之夜、周六夜晚演出和各种客人聚会，令人乏味地相继接踵而来，我每天都像是处于一种具有偏执狂特征的白日梦状态。我会"幻想"自己首先放火烧了娱乐厅，进而烧了夏令营主建筑物，这些幻想并不仅仅代表着瞬间产生的心理满足感，而是长时间的、有意识的白日梦，充满了明确而具体的细节，而且每一天都会有新花样，都有一个开端、中间和结尾。当然，结尾总是那种喜人的景象：我顺着那条山路向下走向火车站，以便赶上那趟开往纽约的火车，月光乡村俱乐部被烧焦的残骸仍在我身后冒着黑烟。

在这个时候，我病态的心理活动的另一个表现，就是我对于金钱深深的迷恋和过度的忧虑。我不仅会把我花的每一分钱都算出来，而且在花任何不值一提的小钱时，我的胃里都会感受到一种真正尖锐的刺痛，我几乎没有注意到，我正在开始逐渐减少花费，直到我完全停止使用我自己的钱为止。实际上，晚上我会站在娱乐厅小卖部旁边，并从客人那里乞讨香烟和可口可乐。我是那样公开而无耻地做这件事，以至于连续几个晚上达到了近乎彻头彻尾地乞讨的程度。虽然我很清楚我在做什么，但我却不能停下来。我会站在一个客人跟前，如饥似渴地盯着他吸烟或者喝饮料，直至他倍感尴尬，不得不给我一支烟或者一瓶可口可乐。在长达六个星期的时间里,除了每周一上午我寄给我母亲的 10 美元以便支付她的吃住费用以外,我没有花掉一分钱工资。在这个奇特时期的最后两周,我甚至不买牙膏,而且根本不刷牙,也从来不把衣服送去洗,因为我们必须自己掏洗衣钱。我有意留着稀疏而蓬乱的胡须,因为我不想购买刀片和剃须膏。我胡子拉碴,很少洗过的衣服也整天脏兮兮的。接着,就像这种奇特的情况开始出现时那样,对于金钱的痴迷最终完全消失了。与此同时,很大一部分忧郁和绝望也似乎不见了,我剃掉胡须,再次变得干净而整洁起来。

这并不是说营地的生活变得比以往令人愉快,因为随着时间进入八月份,客人的数量日益增加,无论白天还是晚上,社交活动在每一个钟头都变得越来越频繁。于是,我终于开始意识到,这个夏天就要结束了,对于我来说,那个似乎永无尽头的七月份,似乎将要永远被画上句号了。现在,我的内心有了一定程度的信念,因此,我每天晚上睡觉前,都会在日历上标出在劳动节前剩下的每一天,这很像是囚徒在等待刑期结束时,会勾掉日历上的日期一样,而且几乎是在我没有察觉的情况下,这个夏令营活动季的最后两个星期,就一头"扎进"了那个至关重要的劳动节周末。

在劳动节之夜,当这个季节最后一次演出的帷幕降落时,我一动不动地在舞台上站了很长一段时间,以便让自己慢慢地意识到,我所受的折磨终于结束了,我全身的每一个细胞都将体验到那种快感——但什么也没发生。除了我在这个夏天那么多日子里竭力摆脱的那种同样沉闷和麻木的感觉,我什么都感觉不到。我们在这个时刻所急需的一切——服务员、乐师,等等——是打破那种紧张状况的某种有效手段,例如在乌托邦夏令营的那次芥末大战。但我们都过于疲惫而且彼此厌烦,我们也恨透了月亮乡村俱乐部,所以,除了冷漠地狠踢脚灯,敷衍了事地把一大堆瓶子堆在舞台中央,留待明年夏天那个娱乐指挥把它们清理干净,此外什么也做不了,然后,我们默默地跋涉了一段路程回去睡觉了。

我最后一次环顾了"巴士底狱",回想起我第一次惊恐地看到它时的情景——那仿佛是在多年以前——而且尽管我很疲惫,我还是走到厨房后面那个垃圾桶那里,带回来两个装满垃圾的纸袋。做这种事情似乎愚蠢而又卑鄙,但我还是小心地把纸袋放在门外,以便等到次日早晨把它们分散在木板条下面。

然后,在这小小的恶意之举之后,我深感满意而又异常清醒地开始打包。我知道有一趟凌晨开出的火车,而且眼下我最想要得到的,就是从阿克塞尔先生那里拿到我的工资,从而让我的父亲、我弟弟和我自己坐上那趟火车。如果我能够做到的话,我会即刻把阿克塞尔先生、他的马,还有他的笑容和他这个该死的郊外夏令营抛到我们身后。我终于开始入睡了,并允许自己最后一次沉溺于一种幻想中——返回到纽约,建立了一个协会或者娱乐指挥联盟,并且永远把阿克塞尔先生和月光乡村俱乐部放到夏令营休假的黑名单当中。

只能通过幻觉和梦想战胜阿克塞尔先生有多么荒谬,在第二天早上就很快得到了充分证明。当我在早晨离开"巴士底狱"时,我是那样习惯于面对映入眼帘的第一幕景象——在地平线的某个角落处,发现那个毋庸置疑地骑在马背上的人,以至于当我最后一次走出门口,却没有看到那匹马和那个骑手的时候,我立刻就意识到,有什么地方不对劲儿。我不安地感觉到,那种景观缺少一种明确无误的标志,就像是一个水手正要驾船进入直布罗陀海峡,而直布罗陀港口那块巨大山岩却没有从迷雾中慢慢出现,可能会让人感觉不安一样,当我在走向餐厅的路上,并经过房门紧闭的那个办公室时,从里面传出的不寻常的低沉吵嚷声,让我的不安加剧了,于是我匆匆吃完了早餐,便赶到那个夏令营服务台那里找赫伯·莫里斯。他也没了踪影。我在阿克塞尔先生的办公室周围转悠了一会儿,最终办公室的那扇门轻轻打开了,他从里面走出来,面色苍白而且有些发抖。

对于一场灾难即将降临到我们头上的预感,在我的心头掠过,不过我立刻就把它抛到了一边,因为即便对于我那活跃的想象力而言,那种预感也过于恐怖而让人难以接受。"发生什么事了?"我问赫伯,"里面怎么了?阿克塞尔先生去哪儿了?这是怎么回事?"

他摇了摇头,示意我走到服务台那里。他的眼睛睁得又大又严肃。"全体员工——辅导员、服务员还有帮厨,所有的人——十一点钟到餐厅开会。"他小声说。

"为了什么?"我低声问道,"发生了什么事?"

"昨天夜里,阿克塞尔先生坐火车离开这里去纽约了,"他回答道,"他留下了一封信。他的合伙人是今天早晨看到的。现有的钱仅够那些孩子和辅导员坐火车回家。没有人能拿到工资,一分钱也拿不到。他们现在正在那里把他们的钱凑起来,争取让我们余下的人回家。就连服务员的小费也没指望了。"

我愣愣地盯着他,因为过于震惊而似乎没有听清他说的每一句话。"我不知道我们大多数人怎么解决秋季学费问题,"他接着说,"在九月十五号以前必须交上去。几乎人人都把工资累积起来,以便最后用它来交学费。"他目光锐利地看着我,"你在夏季把大部分钱都提出来寄到家里了,对吗?你很幸运,哥们儿。"

我对他摇摇头,还是不能说话。他轻轻地吹了一声口哨,然后叹息了一声。"总而言之,我们在几分钟之后都能听到那个喜讯。我们一会儿开会见吧——我得先到里面去了。"他从服务台下面抓起几本账簿,再次回到了办公室。我原地站了很长一会儿,然后走到外面,走到一个空旷的地方,避免和我见到的任何人打招呼。我不想成为这个消息的传播者,也不想和任何人讨论这件事。我需要时间思考,但我似乎想不清楚现在必须而且很快就要面对的结果;我也无法迫使自己去找到我的父亲和弟弟,亲口把这个消息透露给他们。我只能够想到我遭受过的折磨,我睡过的那个藏污纳垢的地方，我在这个夏季每一个可怕的时刻流下的汗水和产生的憎恶感；而且我痛苦地想到，在某种意义上，我本来应该知道会发生这种事，也应该足够聪明地每周提取我的全额工资。当然，这种懊悔毫无意义，因为我无论如何也不可能预见到这个最终的灾难。但是，我越是想起这件事，就越是强烈地感觉到自己本该预见到这种结果。当我在附近徘徊时，我经受着对我的愚蠢的鄙视，以及对于阿克塞尔先生的愤恨的折磨。假如他的马在那一刻出现，我就会朝那个可怜的动物身上扔石块。

在十一点钟，我到餐厅参加了全体员工会议。他们现在都知道了那个可怕的事实，当那两个合伙人当中的一个详细说明目前困境的程度以及他们几乎对此无能为力时，所有的人都表情严峻而沉默地坐在那里。我们都拿到了薪水的白条，说是会尽快全额支付给我们——这是一种哄骗不了任何人的夸大其词的承诺；服务员的小费也要根据明年的小费情况进行计算，他们声称也将全额支付。由于孩子们是首先要考虑的，而且必须坐火车把他们送回去，所以，辅导员会陪伴他们同行；其他所有人都会得到同等数额的坐火车的费用，以便到达这个数额所能允许的尽可能接近自己的家的地方。余下的路程，他们将不得不搭便车旅行。

根据我在当时以及之后所能够了解的情况，阿克塞尔先生实际上并未带着任何钱潜逃，只是没有直接把营地的收入和开支的真实情况告知其他合伙人——对于一个坐在马鞍上的人而言，这显然是一个有点儿困难的任务。由于他的合伙人和我们一样很难赶上他下马，因此，他脸上挂着微笑熬过了这个夏天，只留下足够长的下马时间，并且给他们写完了那封信，那封他们今早在保险柜里看到的信——而不是钱。

我们闷闷不乐地在那张桌子前面排队，一个脸上挂着悲伤表情的合伙人，给我们每个人发放了一笔用来买火车票的钱，它至少将能够帮助我们离开佛蒙特州。在队列中，我站在我的父亲和弟弟身边。他们对于这种情况的反应,完全符合他们的自身特征。我的父亲仍然平静而淡然,他最遗憾的(或者看起来如此)事情,就是这个幸福的夏天终于结束了。他似乎没有意识到——或者不愿面对——这样的事实:我们一向拮据的经济状况终于跌到了谷底;但是,我并没有强迫他想到这一点。我对于他的乐观和好脾气感激不尽。他总是无视"令人苦恼"或者"使人讨厌"的事情这种一生的习惯,是一种叫我一直感到恼火的特征,而我现在却能够带着放松和感激的心情接受它。这是我第一次羡慕甚至崇拜那种我一向将其视之为我父亲的一个重大性格弱点的东西。

我的弟弟和平常一样保持沉默,可是从他的态度当中,看不到一丝责怪的意味。我想在那一刻,我们的心比我们有生以来任何时候都变得更加接近。他和我一样很清楚,我们的处境变得多么艰难,更不要说他已经经历过的这个悲惨的夏天,而这一切都是因为我的缘故。但他的沉默传达的是理解,而不是指责。此时无声胜有声,他的无言的同情,构成了我们此前存在过的那个最初的脆弱的纽带。虽然我们没有说话,但是,当我的父亲不停地嘟哝着的时候,我们的目光偶尔相遇,我充分地察觉到我们之间达成的心照不宣的共识,那就是要一起分担这个家庭危机,所以我们什么都没有说。尽管我怨恨自己,但我开始感觉好些了——分享一个共同灾难总是能够减轻负担。事实上,在给我的父亲购买了一张直达纽约的火车票以后,仍然会留下足够多的钱让我和我弟弟赶到奥尔巴尼,于是我紧张的神经进一步放松下来。

这种结果比我设想的要好得多。带着悲伤的面孔的合伙人,表现得很像个绅士。如果我们在路上有点儿运气的话,或许用一天一夜多一点儿的时间,就能够赶到目的地。

事实上,那并不是一次多么艰难或者多么痛苦的旅行。如果我们有足够多的闲钱购买食品,它实际上就会是一次很愉快的旅行。

在当时,搭便车是一种被认可的做法,而且我们没有费多少周折,就搭上了一辆又一辆的汽车。不过,饥饿——真正的饥饿,而不是知道自己的食欲很快就会被满足的那种暂时性的饥饿——成为我和我弟弟从来不曾经历过的体验,我们很快就察觉到,它可以成为一个多么可怕的旅伴。我在那次旅途中发现,过度的饥饿的欲望会导致对于饥饿本身的深入思考。我思考的结果就是,饥饿是一个在任何情况下,我都不希望再次经受的体验,尽管圣徒和殉道者证明,一旦摒弃和克服身体需求,就会得到莫大的精神回报。如果说我需要一个例证,证明我是一个世俗的生物,因此难以摆脱我的身体那种可耻的、令人讨厌的需求的话,那么我是在搭便车的过程中得到了这一例证,因为当我们在奥尔巴尼走下火车时,我们身上剩下的钱,仅够我们坐地铁回家。我们很快就花掉的那一点点钱,是在当最初的饥饿感向我们袭来时花掉的。

余下的路途虽然时间不长,但我们还是经受了痛苦的折磨。那是令人悲愤的二十四个钟头。饥饿感的爪子是那样有力地抓挠着我们的肠胃,我至今能够无比清晰地回忆起那个诱人的场景:一个小孩独自坐在路边,腿上放着一大盒葡萄干,并且一把一把地把它们塞进嘴里,我带着恶意站在那里注视着他——我记得我必须抓起那盒葡萄干、然后撒腿就跑的那种难以抑制的诱惑,尽管我缺少那种勇气,而且没有饥饿到非要那么做的程度。

我也非常明确地记得,我在一个加油站看到,一个男人将一块吃了一半的三明治扔到一个垃圾堆上,它沾上了一点儿尘土,但完全可以吃,我考虑过是否要在他离开之后,偷偷摸摸地把它捡起来。我再次缺少足够的勇气,或者是某种愚蠢的虚荣心阻止我厚着脸皮,大胆地把它抓在手里。但我肯定的是,考虑到几个钟头的饥饿,不管周围是否有什么人会注意到,其实没有任何一种对于文明之举的考虑因素,能够阻止我直接奔向那块面包和熟肉,并将其塞到嘴里。从那时起,我总是很容易理解一个饥饿的人考虑撬开一个保险箱,或者打碎一个面包店的玻璃窗是多么正常的事情,而且在我们所有人的内心深处都隐藏着一种被勉强抑制的野蛮特征这一点,从来都不会让我感到惊讶。

尽管饥肠辘辘,我们还是顺利回到了布朗克斯区,只不过我一直怀着过度烦躁的感觉,而我的弟弟刚回到家时,只要一吃东西就恶心呕吐,这也着实让我们虚惊了一场。然而,我们已经没有多少时间可以浪费在过度烦躁或者肠胃不适上面。我们需要考虑下一步的安排。

幸运的是,我母亲的那个带家具的公寓房间——现在也被我的父亲所占用——的房租,一直交到下周,而且女房东已经答应我和我弟弟可以在她的客厅沙发睡一两个晚上;她也愿意为我们提供饭食。显而易见,虽然这种安排是出于善意,不过充其量也只能维持几天而已。房东太太有她自己的烦恼,她承担不起我们格外增添的烦恼。如果我们敢于诚实地面对事实的话,我们其实无家可归,虽然我们暂时有地方可住,但除了我寄给我母亲的仅剩的 10 美元的钱以外,我们已经身无分文了。

在我的记忆中,我们还没有哪一次处于这样窘迫的境地。我们的生活已经到了最低谷。我的母亲再次让我感到吃惊。当家庭生活面临困境时,她的防御机制弱不禁风,她在危机当中的既定处理方式,通常是流下无助的泪水,并把它作为直面危机的一种实用方法。但现在,就像我们当初前往夏令营的那一天一样,她依然没有流下一滴泪水,而且保持着清醒的头脑。她甚至在等待我回来之前,就在一个信封背面写下了一些亲戚的名字,在每一个名字的旁边,她还写下了我们有可能从他们那里借到的钱的数额。

我接过信封,迅速把这些数字累加起来。对我们的需求而言,这是远远不够的。根据我的计算,我们需要不低于 200 美元才能够拿回我们储存的家具,包括付费把它们送到我们的最新住址,还有租赁新公寓通常必须预先交的一个月租金,以及在我于十月下旬再次开始我的小剧团工作之前,我们全家人需要的生活费——要解决这些问题不能少于 200 美元,这是在任何时候都令人不能小觑的一个数字,而在这个特别的时刻,它似乎格外叫人望而生畏。

我们认识的任何人——不管是亲戚还是朋友——拥有的现金,都不能够确保让我们借到 200 美元。穷人了解穷人,有钱人了解有钱人。这是拉罗什福科①不曾说过、但却理应想到的格言,不过另一方面,拉罗什福科从未在布朗克斯区住过。

我使劲地盯着那个信封,希望把我的母亲写在每一个亲戚名字旁边的那个数字扩大。它们加在一起不过是区区的 110 美元。我直截了当地表示拒绝去借这些钱。我指出,尽管我们的情况很糟糕,但去借这笔钱并把它们花在房租上,用不了多久,只会加剧一个原本就很糟糕的局面。当然,有一种可能性是永远存在的,而且一想到它就令人胆寒。这种可能性就是:我在夏天的娱乐指挥工作和在冬天的小剧团工作的规划,可能会无果而终。如果这是真的,那么我似乎别无选择,只能放弃写剧本的想法,并且明天早晨就要到就业市场找一份稳定的工作。我并没有暗示这一点。我只是勉强想到了这种可能性。我已经浪费了太多时间,尽管现实条件非常严峻,我还是决心捍卫用更多可以自行支配的时间从事写作的好处。它代表着我重返剧院的一个大好机会。

我清楚地记得埃迪的警告:永不回头——不然你就会被吞噬!这句话以其毋庸置疑的正确性,再一次在我的耳边回响。自哀自怜并不是一种令人愉快的情感,它也是一种不会带来任何结果的情感,因为它所隐含的中途弃权的特征,很快就会成为悲观绝望的起点,而我现在正在陷入这种状态。我沉默地坐了很长时间,我的母亲最终不再言语,开始从餐桌上收拾碗碟。我知道他们都在等着我说话,等我做出某种结论,但是我没有吭声。我陷入一种巨大的恐

---

① 17 世纪法国著名的格言和回忆录作家。

慌情绪——一种突如其来的新的恐慌,与我们的现状没有任何关系。我不能够给它一个名称,虽然我可以依稀推测出它的内容。

我一直有一种强大的、几乎是压倒性的家庭凝聚感,其根源也许是种族性的,只是在祖先的严峻历史进程中,它作为返祖特征的一部分基本消失了;也许我继承的那一部分,要多于在我眼中我母亲的那种强烈的家庭责任感。我现在感觉到,那种家庭纽带正在消失,感觉到我们的家庭虽然很小,却正在我的眼前土崩瓦解。那是一个人会在孩童时期而非成年时期感觉到的那种无理由的恐慌。强烈的焦虑感让我心惊肉跳,一波又一波揪心的恐惧,让我说不出话来。我不记得还有哪一种情感如此惊心动魄,如此令人窒息,我相信我至今仍然心有余悸。它可以在某种程度上解释我多年以后的怪癖——一种重复次数如此之多,以至于它几乎可以被称为一种"癫狂症"的习惯——购买公寓和住宅,对它们进行最大限度的装修,然后以当初不遗余力地配备家具——甚至连每一个火柴盒和烟灰缸都要考虑周全——的那种同样不可遏制的劲头抛弃它们。似乎没有任何公寓或住宅能够安全到足以使我泰然自若,对抗我至今仍然感到后怕的那种家庭解体的画面。新的房屋,下一座公寓,更宏大的住宅,总是能够大幅度地驱逐那种恐惧感并带来安全感,它们能够彻底击碎围坐在一个陌生人的厨房餐桌周围,却没有属于我们自己的家的那个画面。或许在阿克塞尔先生的朋友那家服饰用品店表现出的那种购物狂热,和我后来无休止地装饰房屋的劲头如出一辙,因此,我不顾一切地购买的那些黄金袖扣和衬衫饰钉,数不清的镀金烟盒、黄金钥匙链、项链、戒指和手表,都是我不断对付那可怕的一刻的护身符。

我现在从桌子那里站起来,走出厨房,然后走出了这所房子。这所房子距离我们原来的地方大概有三个街区的距离,于是我走回到我们过去住的公寓前面,注视着四楼窗户。我们的公寓已经租了出去,我和我弟弟睡了那么多年的前面那个房间的窗户,显然已经挂上窗帘,一个女人的身影从那里探出来,她的两侧各有一个小孩,他们都漫不经心地注视着下面的街道,就像我和我弟弟在小时候所做的那样。即使是现在,我的口袋里仅有我母亲剩下的那几枚叮当作响的硬币——这是我们现在拥有的所有的钱——能够离开那些讨厌的房间,而且知道我们永远不会再回去,仍然让人感到舒适,因为这也是一种胜利。

  我因为看到这样的景象而放松下来。不管我们目前的状况有多么不堪,也强于住在这样的地方,那些房间对我来说,已经成为失败的象征。看到那些熟悉的窗户,那个通向守门人房间的褪色的栏杆,已经破损的楼梯,那些堆满发育不良的天竺葵和无力下垂的橡胶树的太平梯,就像是一剂强心剂,使我的大脑摆脱了所有的遗憾之情,并且巩固了在我的心灵深处下定的决心。我只要想到它可能再次成为我的家,想象着我顺着台阶走进肮脏的过道,再爬上那四截楼梯,我就会产生一种极其厌恶的感觉。无家可归并不是最糟糕的事情。真正糟糕的是故步自封,是没有努力打拼出一条出路,于是突然之间,我想清楚了这个问题。现在走回头路,意味着放弃的不仅仅是成为一个剧作家的想法——它也意味着放弃对一种生活方式的愿望。我现在知道,我没有理由放弃实现那种愿望的机会,因此,我必须为此做些什么。在这个城市里,必然有人可以借给我 200 美元,必然有某个我没有想到或者一时忘记了的人,某个我现在必须想起来的人。

  我立刻想起了以前认识的那个一度最富有的人——亨利·B. 哈里斯女士。她曾经对我很有好感,而且她是一个十分慷慨的女人。我转过身来,疾步走向角落处那个糖果店。它的一侧是我曾经坐过的那个台阶,在现在看起来似乎漫长而久远的那些夏天,我曾经给那些孩子讲过德莱塞和弗兰克·诺里斯①的小说故事,那曾经

---

  ① 18 世纪美国作家,代表作是《小麦三部曲》。

是我融入他们中间的唯一途径。那时候,幻想进入戏剧界似乎是相当容易的事情。

现在台阶上坐了另一些孩子,他们看上去和我过去认识的那些孩子仿佛难以区分,我羡慕地看着他们。不管他们长大后有什么样的梦想,他们的梦想都会比我自己的梦想更加可靠。戏剧在很大程度上是一种诅咒。

我在电话簿上查找到哈里斯夫人的号码,把它交给了那个操作员。电话几乎立刻就接通了。哈里斯夫人出城了,而且在十一月下旬之前不会回来。我所知道的那个最富有的人就到此为止了。

我一时间又想到了皮托先生,不过他不像哈里斯夫人那么富有,我已经使他付出了足够高昂的代价。他有充分的理由拒绝我,哪怕我能够想到一个足够好的理由向他借钱,因此,我不再考虑给他打电话。我渴望埃迪从南非回来,不是因为他很可能拥有200美元,而是因为他总是那么聪明,仿佛能够凭空把钱召唤出来似的;而且在这样的时刻,就像拼命地想要抓住最后一根救命稻草的人一样,我甚至想到了埃迪的家人。有那么一会儿,我考虑到去华盛顿高地①并且向埃迪的父母借钱。他们当然知道我。可是尽管想到这一点,我也知道,他们不大可能有那么多钱借给我,何况我也没有理由从他们那里借钱。

我开始搜肠刮肚地思索。

普里斯利·莫里森可能会借钱给我,因为他显然确信我能够写作,虽然他很熟悉《亲爱的强盗》的情况。但是,我不知道去哪里找到他。他似乎并不在我的电话簿里。就在我翻动电话簿,徒劳地寻找他的名字时,另一个似乎信任我的才能的人的名字进入了我的脑海。

乔·海曼。他在夏季再次回到过夏令营,而且再次处理灯光提

---

① 纽约曼哈顿区北部的一个纽约居民区。

示和帷幕方面的工作,我们也再次长时间谈起过戏剧的事情。到目前为止,我们顶多只能算是在夏季里的熟人,称不上是关系多么好的朋友,但不管怎样,我在我们的一次谈话中了解到,他是这个城市第二大针织品企业的一个全资合伙人,知道这一点对我而言就足够了。

  有那么一会儿,我惊恐地发现,我想不起那家公司的名称,就连他自己的名字也没有在黄页上单独列出来。后来,我想起他说给我的电话号码,就把它给了操作员,由于紧张,我的嗓音也比平时要沙哑很多。当我把我自己的名字说给那个说"下午好,这里是霍尔曼针织工厂"的声音并开始等待时,"最后的机会"这几个字,似乎就在电话亭的玻璃门上一明一暗地闪烁。

  乔·海曼立刻就走到了电话跟前,他的声音既温和又使人舒适。他下午都会在办公室,他说,而且我任何时候去找他,他都会很高兴看到我。我对他说,我会在半个钟头之内,不,一个钟头之内赶到那里,我有点儿气喘吁吁。我挂上了话筒,然后给自己买了一瓶樱桃苏打水,让自己的神经稳定下来。我必须确保正确地表达借钱的请求。不会有第二次机会;如果我失败了,不会再有另一个代表200美元的姓名有如神助般地进入我的脑海。

  在乘地铁进入市中心的路上,我想起他在我们的一次谈话中说起的一件事情。当我坐在他的办公室那张办公桌对面时,我首先对他提到了那件事,尽管采取的并不是我预想的方式。任何坐在一张办公桌对面,并且向对方借钱的人都知道,那是一种叫人感到何等不快的感觉。就像是竭力结束一场恋情一样,做这种事没有任何尽善尽美的方法。我努力地唠叨了几分钟,尽管我在乘地铁进入市中心的过程中,在脑海里预演过那个对我们双方都不失尊严的场面,但是,从我的嘴里吐出的那几个字眼的方式却完全不同。我吃惊地听到自己竟然用那种好战的口气说话,它让我感觉那样陌生,我也没有任何能力对其进行修正。

"如果你说话算话,"我冒失地说,"这是你进入剧院的机会。你今年夏天对我说过,你打算有一天卖掉你在这家企业的股份并且开始搞戏剧。那么好吧,我来写剧本,只要你能借给我 200 块钱,你就可以把它们搬上舞台。这对你是一个很好的机会。"

我停了下来。我无比惊讶,仿佛刚才这几句话是出自别人之口似的。即便是在我自己听来,它们也显得很是粗鲁,而且有一种居高临下的意味。我麻木地心想,我向一个其实不算有多熟悉的人借钱算是怎么回事?!我为什么不能诚实而且直截了当地告诉他说,我是一个不名一文的穷光蛋,所以没有他的帮助,我可能就要完全放弃写剧本的想法。事实已经足够简单了,而且相比于我刚刚说过的那些空洞无味的废话——恐怕他和我一样都不敢相信自己的耳朵——它听上去至少还有一种体面的意味。

我可怜兮兮地从办公桌对面盯着他。他毫无表情地听我把话说完,随即他的脸上露出了微笑。"没问题,"他说,"我们是合作伙伴。你想要现金还是要支票?"

"现金。"我平静地回答,我过于惊讶,以至于忘了补充一句"谢谢你"。他掏出钱包,数出了 200 美元。

"你把剧本写完吧,"他把那些钱递给我,"也许我会那么做……卖掉这里的业务然后搞戏剧。可能不会那么快,但总有一天会的。对了,如果将来你需要我管理你的财产,你可以随时找我。"

我有些笨拙地说了一句"谢谢你",然后我们握了握手。

我坐在地铁返回来,我的手紧紧握着放在裤兜里的那些钱,当我安全地到达布朗克斯区时,我几乎无法打开被汗水粘紧的它们。我从未有哪一次见过这么多钱;当我把钱扔到我母亲房间的床上时,我认为,我的父母以前也从未见过这么多钱。他们使劲地盯着那些钱,又盯着我,似乎是为了确认这些钱不是我偷来的,我不耐烦地打断了他们的问题。我和乔·海曼的故事,我以后再对他们说吧。我现在想知道的,是我们将要在布鲁克林租的那个公寓的细节——我的母亲在几周前,就在一封信里对我提到了这一点。如果可能的话,我想要明天晚上就搬家。我们眼下的居住空间如此逼仄,我甚至不打算再多看它第二眼。

我的母亲实际上并没有看过那个公寓。它是由我们在布鲁克林的亲属代看的,并且说那是一座新楼里有三个房间的一套不错的公寓,而且就租金而言,即便不接纳寄宿者,我们也住得起。

"租下来,"我毫不犹豫地说,"到楼下给他们打电话,让他们帮我们租下来,告诉他们,我们明天上午就过去交定金。"

"可我们还从未见过它,"我的母亲提出异议,"而且得坐一个多钟头的地铁——它距离科尼岛①只有一站地。"

不管在当时还是在现在,对于土生土长的纽约人而言,布鲁克林的那个地段都似乎是另一个区域,而且对于忠诚于布朗克斯区的我的母亲来说,我似乎是在建议我们长途跋涉到西部荒野。

"没关系,"我坚持说,"最重要的是尽快租下来。你去和布鲁克林那边通话时,我会打电话给搬家公司。我们明晚就搬到那个公寓。"

我的紧迫感占了上风。桑蒂尼兄弟公司——那个储存和搬家公司的工作人员在他们这个最忙的月份,通常都难以应付这么急切的要求,但还是屈服于格外多付的5美元加急费这一贿赂。我这笔要求提速的钱没有白花。不到一个钟头,一切都已安排妥当,在第二天八点钟,我们就踏上了去往布鲁克林的旅途。我已经得到保证,家具会在十点钟以前送到。知道我们将在属于我们自己的厨房里吃晚饭,的确是一件快事。

我们的新家即便是距离时代广场,都有超过一个钟头的地铁路程,这一事实后来的确给我添了不少麻烦,但是现在,我只为一个念

---

① 位于美国纽约市布鲁克林区的一个半岛。

头感到高兴:我们正在尽可能远离布朗克斯区。这个变化本身在我看来并非不值一提,尽管那个新公寓多少让我们所有的人感到惊讶。当我们怀着喜悦的心情凝视着那个全新的建筑物时,在一层的那三个小房间,让我们美好的期望破灭了,不过和我们已经离开的那个地方相比,它们对于我来说,就像是泰姬陵①一样。

这个建筑物本身有一个小小的前院,那里种植着一些树木,还有一座小喷泉,没有任何伸出来的难看的太平梯。我们的公寓房间明显地被设计成一个管理者或者看门人的住处,正好在楼房入口处,在大街上行走的每个人,都能够透过窗户看到屋内景象;没有任何隐私可言,除非一天二十四小时拉上窗帘。

由于我的母亲坚持保留的六个房间的家具使然,这些小房间将会变得过于凌乱,但是这没有关系。至少除了我们自己以外,不会有其他任何人在里面活动。我把定金交给了管理员,当搬家公司的货车赶到这座楼房前面并开始卸货,同时将我们的物品搬到里面时,我宣布说,我要到附近散散步,看一下周围的情况。这只是部分属实。真正的事实是,看到我们那些寒碜的家具在新邻居好奇的目光下被搬到里面,会让我感到十分惭愧,强烈的羞耻感,让我宁可远离那样的场面。

当搬运工开始把家具从车上卸下来时,我匆匆地离开了那座建筑物。在走了一个街区的距离之后,我在一个糖果文具店买了几沓黄纸。我很想知道,这里是否还有其他靠近科尼岛的海滩。当我们在这里住下来时,它可能会是我的一个工作地点。确实有另一个海滩,在八九个街区以外,就在我前进方向的正前方。我买了一些糖果和一盒奶酪饼干,就朝那里走去。

这是一个温暖而且令人舒适的九月上午,我惊喜地发现,这里

---

① 印度知名度最高的古迹之一,在今印度距新德里200多公里外的北方邦阿格拉城内,是莫卧儿王朝第5代皇帝沙贾汗为纪念已故皇后阿姬曼·芭奴,即泰姬·玛哈尔而建立的陵墓,被誉为"完美建筑"。

的海滩冷冷清清,一个人影儿也见不到,海湾边缘是一片沙地。我认为,如果它总是这样空空荡荡,除非天公不作美,让我难以外出,不然的话,这里就会是一个理想的工作地点。我感觉疲惫不堪,但展开工作的冲动非常强烈。在二十岁的年纪,时间会变得无比珍贵。那些上了年岁的人总是说,岁月不饶人;我担心的却不是年老,而是在本该成就一番事业时却无所成就。我由衷地感觉到,时间用只有二十岁的人才能够感觉到的强烈的生命意识,鼓舞着我那热切的精神。

我环顾了整个曼哈顿海滩,有那么一会儿,当我想到,我似乎越来越远离百老汇而不是更接近它的时候,我的精神受到了打击。但是,那只是稍纵即逝的一刻。在这个特殊的日子,没有什么能长时间打击我的精神。在我看来,我已经把握住了有关戏剧的一个最大的秘密——生存——那些教授人们怎样表演或者撰写戏剧的书籍或者院校,都很少讲到这个隐藏的秘密。生存的艺术甚至很少被提到。然而,它和才能本身一样,是戏剧生涯的一个重要先决条件,因为有了一种生存的才能,一切才有可能;如果没有它,一切都无从谈起。

我知道,我现在能够生存下去,我会坚持写剧本这个事业,不管我在未来面对的是其他什么样的阿克塞尔先生,我都不会选择放弃。现在去关注我的任何戏剧有一天是否会在百老汇上演,似乎为时过早,我需要做的,就是珍惜我走到今天这一步所拥有的几乎是奇迹般的好运气。不管有什么样的守护天使正在我的上方仁慈地看着我,他都已经给我带来了乔·海曼,几沓黄纸,还有一个空旷的撒满阳光的海滩;鉴于这最后三天发生的情况,我不必再提出进一步的要求了。

我堆起了一个沙堆并倚靠在上面,使劲扭动了几下屁股将其陷在里面,让自己坐得更舒适一些,然后定下心来,开始撰写剧本。

下 部

第14章

四年后,几乎在同一天,同一个海滩的一处地点,我再次坐下来。我的口袋里装满了糖块儿,一沓黄纸放在膝上。自从那个九月上午我第一次坐在这里以来,似乎发生了很多事,又似乎什么也不曾发生过。

我刚从又一个夏令营回来,担任了又一个活动季的娱乐指挥,工作地点是一个叫弗拉格勒的大酒店,它被称为卡茨基尔山地区的"枫丹白露"①。这四年里我去了远近很多地方,甚至远至堪萨斯城。我现在身价很高,在"罗宋汤"游乐区一带是个有声望的娱乐指挥。初出道时在乌托邦夏令营的那一年,以及在月光乡村俱乐部形同奴隶的遭遇,都已是苦涩而遥远的记忆,考虑到我现在的地位和身价,那是一些可以跟我的员工闲聊的笑料,同时也是让他们觉得不可思议的笑料。

我在弗拉格勒大酒店刚一上任,就有26个员工供我支配,而且

---

① 法国巴黎大都会地区内的一个著名市镇,位于巴黎市中心东南偏南34.5英里处。

不包括服务员和乐师。他们当中有的后来成为夜总会的明星和两个美国爱乐乐团的独唱。我的主要助手名叫多尔·沙利,他表情严肃而安静,但雄心勃勃。毋庸置疑,我是"罗宋汤"游乐区的"娱乐之王"。我的主要对手是唐·哈特曼,格罗辛格尔大酒店的娱乐指挥。后来多尔·沙利成了电影制片公司米高梅的掌门人,哈特曼成了派拉蒙影业公司的领袖。在1929年夏季,即便我们这些富有雄心的年轻人的自我评估丝毫谈不上谦虚和谨慎,但谁都没有想到过,我们可能拥有如此辉煌的将来。

除了提高了作为娱乐指挥的地位,在这几年来,还有很多其他的变化。夏令营和酒店的娱乐事业发生了巨大的飞跃。资金充足,竞争激烈。夏令营和酒店的娱乐队伍不断壮大,素质也日渐提高,从而能够提供更多的娱乐活动,特别是大型演出节目。跟往年相比,每个夏天都会有所不同。

在我到达之前的那个夏天,弗拉格勒大酒店的业主,已经开始感受到最大的对手——格罗辛格尔大酒店的挤压,于是决定建立"罗宋汤"游乐区一带最好的娱乐厅,并雇用了除唐·哈特曼以外最好的娱乐指挥来管理。我刚来的时候,他们已建造了配备齐全、可容纳1500人的剧院。它的配电盘、飞阁楼和景观码头,毫不逊色于纽约剧院。这是卡茨基尔山地区的骄傲。星期五和星期六晚上,看演出的观众盛装而入。在活动季的高峰时期,我的声誉常常导致剧院爆满,观众从方圆几英里的其他酒店来观看我的节目。节目对这些外来人是收费的,因此到了周六晚上,总有几百人被拒之门外。

作为负责这一盛景的指挥,我早已不再用低下的手段来偷艺了。我已无须在中场休息时混进剧院并站在后面,在袖珍手电筒的光亮下偷记笔记。在下一个活动季,那些有幸雇用我的夏令营会给我提供剧院座票,而且我还有个随行速记员。只要我用手轻触一下她的胳膊肘,她就会正确而熟练地写下我们偷学的任何节目。

即使在繁忙的夏季,我也不会无休止地参与各种活动。我基本上不再参加"篝火之夜"和"游戏之夜",只是偶尔露面而已。不过,我仍然经常在夏天的音乐剧里表演男女声二重唱,并参演《科恩太太在海滩》这样小有名气的剧目。但是,让小剧团娱乐厅周复一周地观众爆满的节目,还是那些类似于《炫耀》和《玛丽·杜根的审判》这样的大型剧目,以及《无畏》这样的短剧。多尔·沙利在此剧中表演得完美无缺。这些剧目让几英里外的格罗辛格尔大酒店的娱乐指挥唐·哈特曼如坐针毡。

这些成就理应值得欣慰和骄傲。想想我和埃迪初出道的窘境,以及后来我独自支撑的情景,真是天壤之别。我不再需要亲手把木头块拖到篝火堆旁,不再需要亲手为客人准备在树林里坐的毯子;也不再因为没有衣服而不得不穿上夏令营衣柜里的陈年残货,这样丢脸的事不再发生;我也不再需要阿克塞尔先生之流的怜悯,或者身不由己地去参加客人举办的派对,并且坐在那里睡眼惺忪,疲惫不堪。

我自嘲地心想:前后对照虽是大有差别,但还远远不够。要不然,每年九月我就不会回到同样的海滩,坐在我现在坐的地点。我现在已做了六个夏天的娱乐指挥,六个冬天的小剧团导演,从而得以幸存下来。每年冬天,我都会初衷不改地写完一部剧本。这些剧本都安全地存放在厨房里,静静地躺在经久不用的碗架的顶层。第七部剧本正在等我下笔。我手握铅笔,将黄纸放在膝头,新的故事将再次展开。跟往年九月一样,我凝视着海湾对岸的曼哈顿,我的信心不再像过去那样强大,我丝毫不敢肯定,这将是我在这里的最后一个九月。

所有六部剧本都已提交给百老汇最好的管理机构,所有六部剧本都已被迅速地回绝了,并将原稿退回。这些剧本都必然有某种缺陷,问题究竟出在哪里,我不是很清楚,抑或是思路不好,抑或是写得不到位。每部剧本都比前一个更好,在这一点上我倒是很有信心。在写作的专业技巧上,我曾煞费苦心地钻研,让自己一次比一次发挥得更好。我不再允许自我欣赏,不再被华丽的辞藻所诱惑,从而误以为那是悦耳的音乐,因为这样做就太危险了。每当重读作品时,我会竭力保持冷静,用挑剔的耳朵去聆听,去洞察其本来面目。我认为,最后两部剧本比其他剧本写得更精炼,更适合舞台表演的要求。然而,这两部剧本也被迅速地、毫无回旋余地地回绝了。毋庸置疑,这些剧本缺少一些必要的元素或成分,戏剧的某一个特质一定是被我忽略了。除非还有一个令人不快的可能性,那就是,我没有任何写剧本的天赋。无论是真是假,我还不准备接受这个缺少天赋的结论,至少目前还没有。但是,是到了该想清楚的时候了,我觉得不仅这大有必要,而且还有点儿晚了。我很清楚一件事:娱乐指挥不是长久之计。娱乐指挥这个行当,也有潮流和时尚的变更,这跟许多其他行业没有什么不同。今年最抢手的娱乐指挥,明年夏天很可能就只是个助手,甚至是个普通工作人员。即便如此,根据我的粗略估计,在接下来的三个夏季,我可以继续充当娱乐指挥,这是不容错过的机会。但是,机不可失并不意味着只是做相同的事,也不意味着每年冬天完成一个剧本,秋季还要回到这个海滩,再写出一个新剧本。

如果对失败不进行解剖,那么屡败屡战的过程,都只能代表勤奋,此外没有任何意义。这一次,我在开始下笔时一定要谨慎一些,至少要确信我选择了有价值的题材。我的口袋里装了一封信,这封信对我有相当大的影响。这是理查德·J. 麦登的回信,他在美国戏剧公司工作,我已给他寄去了两三部剧本。几个星期前在夏令营时,我收到了两封拒绝信,这封信是其中之一。麦登先生在信中详细地解释了他拒绝我的剧本的原因。这封信和另一封信的评语,几乎像是一面镜子,让我不得不仔细思考。

麦登先生善意地表示会对我的未来剧本加以考虑。不过,他在信中的原话是,"在您寄来的剧本中,迄今为止最好的部分是幽默片段,为什么不尝试写一个喜剧呢?我非常强烈地觉得,你可以写出一个好剧本。"我重读了这封信,然后把它放在口袋里,依然感到十分困惑,跟我第一次读它的感受没有两样。我从来没觉得,我写的剧本有任何幽默片段,除非因角色要求而不得不加入少量的幽默。

这是理所当然的。因为在戏剧上,我绝对是个清高的人。我崇拜的戏剧之神是萧伯纳和奥尼尔。在我的眼中,萧伯纳是写政治和社会情感方面的戏剧家,不是喜剧家。奥尼尔代表了戏剧的情感。像所有的清高之人一样,我对其他戏剧种类不屑一顾。我并不赏识当时的流行喜剧,对那些能够成功地写出喜剧的人,我少有佩服之情。我丝毫不知道怎么写喜剧。我对喜剧的想法,似乎跟流行概念一点儿都不沾边。只有乔治·S. 考夫曼和马克·康纳利的喜剧,似乎跟我那荒唐和离谱的喜剧感有些血缘关系。我喜欢他们的一些剧作,比如《多尔斯》、《女士》、《骑马的乞丐》或者《影星麦尔龙》,但对我来说,模仿这两个大师的戏剧形式是愚蠢的。他们在讽刺剧方面占据着不容置疑的统治地位,其他人可谓望尘莫及。

我重新考虑理查德·麦登的信,开始决定写喜剧。这也许是个大胆的举动,可我当时并不觉得。因为如果我有胆量尝试写一个喜剧,也只能遵循考夫曼和康纳利的传统,否则根本不必去尝试喜剧。我绝不会幼稚地认为,写喜剧是很容易的事。无论如何,如果我真要找出以前几部剧本失败的原因,我就必须郑重地掂量麦登的话。假如他是正确的,我为什么还要年复一年地模仿萧伯纳或奥尼尔的作品呢?这样做完全是在浪费我的时间。如果我拥有某种写不同剧种的能力或天赋,最好是努力证明或反驳它,这样一来,我起码可以找到一个确切的答案。去尝试一下没什么不好,我已经无路可退了。我对征兆的迷信再一次起了决定性的作用。这将是我的第七部剧本,七是一个幸运的数字。我决定尝试喜剧。

我有点不情愿地把萧伯纳和奥尼尔的衣钵从我的肩膀上拿下,庄重地把黄纸垫在我的腿上。我没有想得太多,便在整张纸上写下了一个标题。通常情况下,我总是最后确定标题,有时甚至在剧本写完相当长一段时间以后,我才最终找到标题。我总觉得标题是一出戏中最不重要的部分,无论是那时还是现在,我始终都这么想。但在那一时刻,我觉得这个标题非常合适。我写出的这个标题是:《一生的一次》。这个标题似乎也是说,这次是我第一次,也是唯一的一次尝试写喜剧。我凝视着它,开始在脑海勾勒第一幕。

不妨先让我们回顾一下当时的情况。1928年,有声电影虽初来乍到,但已如雷电一样来势凶猛。1929年,有声电影开始进军好莱坞。起初大家对有声电影将信将疑,抱着观望态度,随后整个好莱坞完全变了样,一下子成为经济和艺术的活动中心。我从来没去过好莱坞,但这并不能阻止我的想象力。我能够想象得出,随着有声电影的突然出现,好莱坞可能发生的种种变化。

一个喜剧,尤其是一个讽刺喜剧,总是受作者自身特质的影响,作者对礼仪和习俗的态度,以及他的生活圈子,似乎是喜剧的根基。对写作对象地地道道的第一手经历,应该是十分必要的。但有时却不然,尤其是对于讽刺剧而言。作家需要让美妙的想象力充分地漫游在他选择的题材领域中。这比粗浅的调查研究更为重要。调查研究的危险在于:其结果很可能只是研究,但缺少娱乐效果。通常,在作家进行调研之前,观众知道的和作者一样多。因此,作者必须具有开创性的想象力和富有讽刺的视角。观众对作者在调研上付出的心血和研究所得的材料并不感兴趣。如果作者在霓虹灯下向观众卖弄辛苦得来的知识,他们绝不会善待作者。他们这样做是有道理的,因为他们不是来这里听课,而是来剧院看演出的。

我认为,对好莱坞或拍电影一概不知,丝毫不影响我对这两个主题的感受。我不受障碍地着手写作,并受到一个专业杂志的宝贵帮助,这本杂志的名字是《综艺》。每周一期的《综艺》,是我写《一生的一次》唯一的调研材料。《综艺》用精明而机智的眼睛打量好莱坞。这本杂志不受好莱坞的自我吹捧和极力抗议的影响,对好莱坞当时的危机做出了一流的分析。撰稿人能用简单的英语陈述句写出独特的篇章。我读了《综艺》里关于好莱坞的每一个字。一个刚从马尾藻海中上来的海洋学家或海洋植物学家,也不会比我采集到更多更好的标本。

令我感到惊讶的是,这部剧本在三个星期之内就完成了,其速度之快让我觉得有些不妙。如此轻而易举,让我觉得难以置信,因为我从未这么快就写完一出戏,短剧本至少也要四到六个月时间;当然,这不包括给奥古斯都·皮托写的那出戏,那也是我的第一次半途而废的努力。不知为什么,当时我理所当然地认为,写戏时付出的辛苦越多,效果才有可能更好。我现在觉得事实可能正好相反,写作时的辛苦,常常会以某种方式渗透到舞台之上,暴露在霓虹灯之下。

写出一部最有个性、最令人愉快的喜剧,通常是作家的一大幸事。写作的时候不那么辛苦,也没有太多痛苦,观众在看剧时才会感到轻松愉悦。毫无疑问,我在写《一生的一次》时确实感觉很愉快。我的感觉太好了,以至于我有些怀疑。我不知道这部剧本究竟是好是坏。我读了好几遍,试图用考夫曼和康纳利喜剧的标准来衡量它的价值,但我还是没有定论。我自己觉得这个剧本有新意,虽然有些荒谬;但它究竟是否有娱乐效果,我却无从得知。这次写作的风格,对我是全新的尝试,是我随意做出的决定。结果就是,我没有一个合适的尺子来衡量它的优劣。只有一个办法可以让我知道这部戏到底好不好,那就是看它是否会逗乐观众。我决定找到一群观众检验一下。我在乘坐地铁的途中做出了这个决定。当时我正要去新泽西州纽瓦克市的一个小剧团,去指挥晚上的排练,这是我在那儿工作的第二个季节。我在地铁里又读了一遍剧本。作为一个小剧团的指挥,我的声望地位在那几年也发生了急剧的变化;这跟我做娱乐指挥的情况是一样的。我可以随意挑选任何一个小剧团。我选择了两个小剧团,一个在布鲁克林,一个在纽瓦克市。虽然这意味着我要花很多时间在地铁上,但我并不介意。纽瓦克市的小剧团活泼有趣。小剧团成员比我指挥过的任何小剧团都更成熟,他们在各方面都优于一般的小剧团。作为这个小剧团的精神核心,多尔·沙利自己也写剧本和短篇小说。几乎所有的小剧团成员都有远大的志向,要么立志成为舞台场景艺术家,要么当导演;要么虽是业余演员,但希望会很快从这儿学有所成,接着到专业剧院工作。在百老汇值得看的戏剧,他们都看过了,这是一种职业需求。他们的评判力很出色,但他们不是一群容易谄媚的观众。这正是检验我的剧本所需要的基本条件。

我从未做过这种事:我突然决定取消晚上的排练,给他们朗读一下《一生的一次》。无论他们的反应是好是坏,肯定会打消我对这部剧本的顾虑。我很快就会知道,这个戏剧到底好不好笑,因为笑不是可以伪造的反应,无论观众对作者有多少好感。不管是一个人还是一千个人,从耳朵开始聆听的那一刻,观众立即就会成为一种判官,尽管他们之间会有天差地别。除非作者过于自我迷恋,不然的话,每一个作者的耳朵里都携带着盖革计数器①,它会快速地告诉他,他是否收到了空洞虚假的笑声抑或是真正的笑声。这是不会出差错的。

在打开排练厅的门的那一刹那,我犹豫了一下,我觉得应该再想想。就像带着痛牙去就医一样,一旦你坐到牙医诊所外间的等候室,牙就不觉得疼了。在那一刻,我不再那么肯定这样做的正确性。难道我真想知道,这部剧本是好是坏吗?不过,这种心虚只持续了片刻,我的好奇心或虚荣心很快就占了上风,那时已经没有退路了。我草草地道了晚安,然后立即宣布当晚不再排练,取而代之的是,我将朗读我刚刚完成的新剧本。

大家对此相当兴奋。他们早已清楚我想成为剧作家,但我很少跟他们讨论这方面的事情。自从我与小剧团最初打交道的不愉快

---

① 一种用于探测电离辐射粒子的探测器,通常用于探测 α 粒子和 β 粒子。

的经历以来,我与其一直尽力保持着严谨的工作关系,不把个人生活牵扯进去。从第一次到最后一次排练,我始终如此。那天我想要听到他们的笑声,而不是他们的恭维,因此我仍要继续保持这种态度。在我打开手稿的一刹那,我意识到房间里出奇地安静,大家都在期待着。我开始紧张地阅读。很长一段时间后,我才听到第一次笑声。只注意笑声本身,是我当时犯的一个错误,因为再好的戏剧也不能让观众一听就笑,因为在刚开始的时候,未免要花时间来推出剧中人物和背景。他们是反应迅速而且熟悉戏剧的观众,我早就意识到,我在某个方面是对的,那就是:好莱坞和有声电影在当时是展示讽刺剧的最佳载体,时间显然已经成熟了。

比起其他的舞台剧种,讽刺剧对于时机的成熟有着更高要求。观众必须首先做好准备,承认为他们所接受、并生活于其中的文化是用于辛辣的讽刺的理想主题,并准备迎接讽刺剧作家对他们自己进行的不乏尖刻的评价。那天晚上,我继续朗读我的剧本,让我受到极大鼓舞的,并不只是我听到的第一次笑声。他们立刻就领悟了剧本的要义,对剧本下一步要表达的内容以及表达方法都有预感,这给我带来了更大的鼓舞。笑声更加频繁,我也没那么紧张了,读得也更有信心了。

我对自己的作品总能朗读得很好。这并不是什么好事,我绝对不能忽略其危险性,而且要尽我所能去防范它。但我也不能故意不好好读,即便我可以读得很糟糕;我总是认为,如果一些人都在听你读戏,故意不好好读是愚蠢之举。因为善于朗读,我的耳朵已习惯于辨别那些细微差别,我可以分辨出在那些好评中,有多少是因为我读得好,有多少是因为剧本本身写得好。大声朗读剧本初稿,是一个很好的晴雨表,剧本的实力和弱点一下子就会暴露出来。如果仔细聆听,不被听众的善意所迷惑,作者就可以从中了解到很多内情。那晚读完以后,我很有把握地认为,我写了一个非常有趣的第一幕,普普通通的第二幕,相当平淡的第三幕。早在剧本读完之前,我已经完全意识到:因为写得太快,剧本的质量受到了不小的影响。毋庸置疑,这部剧本虽然有缺陷,却充满了朝气蓬勃的活力,这种活力也许是其最宝贵的资产。尤其值得一提的是,它能够让观众捧腹大笑,这意味着我有一种令人惊讶的写讽刺剧的才华。如果这群观众是对的,这部剧本可能将是我第一个卖得出去的作品。

读完后,我感觉很兴奋,他们也是一样。然后是七嘴八舌的大声讨论。我的心思完全放在重写这个剧本上,想着我会以多快的速度完成它,然后交到理查德·麦登的手中。不过,我仍然竖起耳朵,想要听到多尔·沙利的评价。我不再想理查德·麦登了,而且事实上,在接下来的三个星期,除了多尔·沙利正在提到的那个人,其他人都被我抛到脑后。他提到的这个人是杰德·哈里斯,在20年代中后期的戏剧界,这是个家喻户晓的名字。作为一个最初无人知晓的人物,他突然间如流星一样划过天空。他像一颗冬季里闪烁着白色冷光的明星,忽然照亮了20年代原本暗淡无比的戏剧苍穹。他给戏剧界带来了无可置疑的、奇迹般的影响。他看上去永远都不会出错,他将一个又一个戏剧搬上舞台,而且无论接手哪一出戏,它都会变得轰动起来。他性情的变幻莫测、他的火爆脾气,他对剧本的敏锐的处理方式,都已成为一种传奇,并迅速成为百老汇的民间传说。可以说,在那些日子里,每一个有抱负的剧作家的祈祷都是大同小异的,那就是:"上帝,请让杰德·哈里斯接我的剧本吧!"无论怎样,这都不是一种过于夸张的说法。

房间里很喧哗,多尔·沙利嗓门很高,以吸引我的注意。他说:"杰德·哈里斯会看上这部戏的,他会爱不释手的。"他停顿了一下,又提了提音量,好让大家都听到。"没必要重写,就原样发给他,明天上午就发。谁敢跟我打赌?我敢打赌他会买下这部剧本的。"

"这不是那么容易,多尔,"我说,"即使我不顾它现在的糟糕质量,直接把剧本寄给他,事情也不是那么简单的。我不敢保证会有人读。想想吧,每部剧本都会被自动地送到杰德·哈里斯那里。我的剧本会有比别人更好的机会吗？如果说我的剧本有什么优点的话，那就是它的时效性。如果等久了没人读，它就失去了价值，就会成为好莱坞的又一个笑话。我需要让这部剧本尽快被人发现。"

"等一下，"他得意扬扬地喊道，"假如我可以做点儿手脚，让你的剧本不被送到杰德·哈里斯的办公室，而是出现在他住的酒店，你觉得怎么样？"

我摇摇头，对这种天真之辞沮丧地笑了笑。"你还记得当海达①开枪自杀时，布莱克法官说的话吗？他说：'人们不会做这样的事情！'像我这种从布鲁克林的穷地方来的不知名的剧作家，是不可能把剧本直接送到杰德·哈里斯的住处的。我不认为他的办公室接待员会告诉你说，他住在哪个房间。他们会用自己的生命来守护他的住址这个秘密的。"

"不是他的办公室，"他坚持说，"他的姐姐西尔维娅住在纽瓦克市，那是杰德的老家。我现在就给她打电话。"他迈步走了出去。

我耸了耸肩，并开始整理我的东西，心想：他会很快发现，戏剧演出商受到封建君主一样的保护，他们一定住在固若金汤、有着炮塔和护城河的城堡里。我刚把手稿塞到公文包里，他就回来了。

他大喊着："他姐姐说了，可以那么做，没问题！"他对自己的成功以及我一脸的惊讶深感满意。"他住在麦迪逊酒店，"他继续说，"她说，最好给他发一封电报并告诉他，你想亲手把剧本交给他。然后，你可以当面说服他，并让他立即读你的剧本。"他笑了，又说，"怎么样？你还有其他任何借口不把手稿交给他吗？"

我被他的兴奋所感染，说："没有了。"随即又问他，"我在电报里该怎么说呢？你既然能把事情办到这个地步，不如告诉我该说些什么。"

整件事情不知不觉地发生了变化，我们好像在给一个杂志举办

---

① 挪威剧作家易卜生在 1890 年所创作的戏剧《海达·盖伯勒》的主人公。

的全国性征文大赛投稿似的。大家围着桌子议论纷纷。小剧团成员都挤在我的身边,争先恐后地提出建议,嗓门一个比一个高。矫情的词句和公然的谎言不绝于耳,简直得不到一刻的安静。在这样乱糟糟的环境下,怎么能够写好一份电报,而不致使之被扔到废纸篓里呢?最终的结果就是,我们写就的那封电报冗长而刻板,措辞过于讲究。我觉得很不安,因为那封电报听上去,好像是在威胁杰德·哈里斯万万不能错过这一杰作似的。那天晚上,我的心情完全是随大流,我的情绪受到了整体氛围的影响。在整个晚上,从我突然决定阅读我的剧本开始,一切都变得那样不寻常,以至于到最后,给杰德·哈里斯发个冗长的电报,并愉快地签上自己的名字,似乎都是自然而然的事。

这并没有结束!大家成群结队,都来到西联国际邮寄公司办事处看我发了电报,然后一起去了一家通宵咖啡店喝咖啡,吃面包圈,以此作为庆祝。仿佛人人都觉得,既然电报已经发出,接下来杰德·哈里斯就会买下我的剧本,并将迅速决定排练日期一样。

我在纽瓦克市地铁站等车,内心感到飘飘然,几乎快乐得不知所措。我错过了最后一班回到纽约的特快地铁,因为我晚来了一个多小时;我只好坐慢车了。慢车通常并不准时,它的时间表说变就变,而回家的旅程长达三个多钟头,但我并不介意。在我的想象中,我刚发出的电报好像插上了翅膀,正在顺着地铁线飞行一样。我忍不住相信多尔的大话终会兑现,并且得意扬扬地认为,杰德·哈里斯将会读我的剧本,并且买下它。

我打起盹来,其间醒过好几次,杰德·哈里斯的声音总在我的耳边回荡,而且只重复着一句话:"好了,三个星期内彩排!"那种声音响亮而明确。到了布鲁克林区地铁站,这句梦呓已经变为"下周一排练"。

第 15 章

我似乎只睡了一小会儿,当我睁开眼睛时,看到母亲站在我的身边,手里拿着个黄色信封。她说:"一个多钟头前送来的,但我不想把你吵醒。你昨晚回来那么晚。"

"你应该把我叫醒,"我喊道,"信上也许有今天上午的预约。现在是什么时候了?"

她惊讶地问:"你跟谁预约了吗?现在快十二点了。"

我一下子抢走了她手中的电报,撕开信封。虽然处于半梦半醒状态,但我预感到杰德·哈里斯要见我。没有哪个戏剧演出商发来电报,只为说个"不"字。我盯着电报上简短的文字:"今天下午两点在麦迪逊酒店见。杰德·哈里斯。"

这区区几个字,让我从床上一跃而起并冲到厨房里,"咕咚咕咚"地喝了几大口咖啡,接着一遍又一遍地阅读电报,我的手始终把它攥得紧紧的。有生以来第一次,我的名字和一个名人的名字连在一起,这是多么令人振奋的经历啊!即使这种名字的关联是出现在电报这个微不足道的小东西上面,我还是情不自禁地幻想着突然间功成名就的景象。

我刮胡子和穿衣服时,越想越觉得,我这么兴奋是很荒谬的,它毕竟只是一张"传票"而已。很显然,杰德·哈里斯并未把他读过的每部剧本都搬到舞台上。尽管我努力将现实与幻想分开,但昨晚那些观众的笑声还是一次次地在我的耳边回响,我怎么都无法回避。如果这个剧本同样能够逗乐杰德·哈里斯,这就很可能是我最后一次乘坐地铁。我早已知道,如果赚了钱,我会首先花在什么上面,那就是出租车。无论何时何地,我可以想去哪儿就去哪儿。即便只是几步路、半个街区,我也要坐出租车,我再也不坐地铁了。

地铁在脚下轰鸣,我试图在脑海里勾勒出种种见面的情形。如果我表现得太过敬畏,那会更加证明,我只是一个初出茅庐的贫穷的剧作家。如果我执意要他马上读剧本,那就可能是太过鲁莽了,同样不可取。

我试图在脑海里重现杰德·哈里斯的模样。我以前在杂志和报纸上见过他的照片。于是,一张面孔突然从我的记忆中跳出来,图像清晰得犹如刀刃一般:他瘦弱憔悴,胡子刮得干干净净,脸颊上有一圈黑髯,一双深陷的眼睛令人难忘,它们含义深邃而富有进攻性,他的嘴唇在镜头前总是略带笑意,但也似乎预示着一种未来冲突和不够友好。从这张脸上,我不知道该预期什么,我不清楚该怎样在他面前表现自己,因为我知道,先入之见是不可靠的。

进入和名人第一次见面的住所时,拜访者事前总会带着各种想象。在很多情况下,名人几乎总是令人失望的,因为他们没有传说中的那么神奇,这是可以理解的,因为相反的可能性极小。另外,与名人的第一次会面,通常是最紧张的时刻,那种时刻对于英雄和英雄的崇拜者来说,都会带来同样尴尬和不舒服的感受。

但是,在跟著名的杰德·哈里斯第一次见面之前,我无论如何也料想不到,我竟然会吃惊得张口结舌。那种情形是那样不可预料,以至于我认为,他完全是在故意虚与委蛇,以便让那些即便是最厌世嫉俗的人和最有忍耐力的人也要感到很不舒服。可以说,他本人跟他的其他传奇故事一样,叫人感到不可思议。

在麦迪逊酒店前台,我说出我的名字,并且紧张地等待着。随后,服务员背对着我低声打电话。过了一会儿,他说:"哈里斯先生希望你等一会儿。"我瞟了一眼桌子上的时钟,差一刻到两点,我来早了点儿,这时我才意识到,我路上太过兴奋,乃至于忘了看时间。我走到大厅里的一把椅子那里,面对着时钟坐了下来。

麦迪逊酒店主要给客户提供长期住宿,它的核桃木镶板的接待大厅优雅别致。我看着衣着光鲜的客人从电梯里走出来,踅到前台,把钥匙留下或者取邮件,带着富人所特有的不张扬的气度和泰然自若的神情。我一边看着他们,一边无耻地幻想着金钱能够带来的美妙生活。这是我经常沉迷的一个白日梦。对金钱的无休止的沉迷,似乎表明一个人缺乏正确的道德价值,但我当时并不这么认为。即便现在我也认为,这确实不如想象的那么糟糕。那些从生下来就从不缺钱的人,在生活上根本无须多虑,因此,他们对钱的看法,或许跟我有所不同。让他们过上一段穷苦日子,他们很快就会发现,金钱早已迅速成为他们的主要关注对象。有孩子的人不会过多考虑这个问题:孩子是上天给予父母的礼物,但没有子女的夫妇除了孩子以外,别的什么都不想,直到生了自己的孩子,或者成功地收养了一个为止。生育和金钱看起来很不同,但实际上差别很小,人类大部分时间都在沉迷于这两件事。一旦实现了目标,它们很快就不再那么重要了。但令人惊讶的是,如果缺乏其中的一个,尤其是金钱,我们的心灵就不再有足够多的空间,去考虑更高尚的情操问题。我从不鄙视我对金钱的钟爱,我认为这是人之常情,而不是一种幼稚的、需要隐藏或拒绝承认的劣根性。

我全神贯注地做着有钱人的白日梦,当我再次抬头看了一眼时钟的时候,已经是两点二十分了。我冲到前台,跟服务员打了个招呼,再次说出了我的名字。他回答说:"哈里斯先生知道你在这儿,你只能等着,我们不能再给他打电话了。"

四点钟的时候,前台服务员换了一个人。我又过去碰碰运气,但结果还是一样。哈里斯先生不能受到干扰。从服务员的语气中,我意识到哈里斯先生的命令是不能违背的。我回到椅子那里,沉重地坐在已经从头到尾读完的报纸上。我开始变得不安,虽然戏剧圈的人早就有约会迟到的恶名;像往常一样,紧张情绪使我感到饥饿。但是,大厅角落里的报摊只是兼售糖果,我又不敢出门,生怕我离开时,就有电话找我了。

时针指向五点的时候,我开始担心晚上我在布鲁克林的排练,因为当晚排练时间较早。但不管怎样,我决心一定不能错过这个机会。毕竟,杰德·哈里斯已经回了我的电报,其速度之快使我确信,戏剧史上的一件大事,可能已在楼上被加以书写。我安慰自己说,杰德·哈里斯可能正在跟一群名人密谈,在重塑一出未来大戏的命运,我在此只不过多等一会儿,何必为此叫苦呢?

为了找点儿更有意义的事情做,我把手稿从信封里拿出来并开始阅读,却又很快把它放了回去。昨晚那些似乎富有幽默感的充满活力的对话,现在却变得乏善可陈。想到那双敏锐的眼睛正在扫描这些文字的情形,我突然想要逃跑。这种临阵脱逃的想法是那么诱人,但我还是克制住了自己的冲动。我已经有太多次亲身见到过他人的怯场,现在轮到我了,我怎么能跑呢?!我没有逃之夭夭,相反,我坚持坐在那里,可怜兮兮地盯着时钟。

五点二十分,服务员示意我到前台那里。我向他慢慢踱去,希望看起来显得从容不迫。他正忙着翻弄许多神秘的红绿色的纸条,好像这个行业的员工都是这样无休止地打发时间。他连看都不看我一眼。当我站在他面前时,他语气平淡地说:"哈里斯先生叫你留下你的手稿,明天中午十二点在这儿见。"他说完,便伸手来接我的信封。我把手稿递给他,没说一句话。我怎么也没料到,等了三个半小时,竟然连见面的机会都没有。我觉得十分失望,仿佛被骗了一般,却不知原因是什么。

我茫然地走出酒店大厅,到最近的一家餐馆买吃的。吃到第三个汉堡时,我觉得不但胃口好多了,心情也有了变化。我转而认为,推迟会面是一件因祸得福的好事。他显然是想在明天上午读到我的手稿,否则,为什么通知十二点见面呢?我的心情突然又充满了希望,就跟前天晚上一样。我艰难地把注意力转移到晚上在布鲁克林的排练当中。

那天晚上,我基本上没有睡好觉。第二天早上,我又早早地起了床,刮了胡子,穿好衣服,以便有足够的时间准备跟这个大人物见面。中午时,我准时到了老地方,把名字报给同一个前台服务员,他又同样地背对着我低声打电话。然后,那个服务员又只是淡淡地重复了前一天的原话:"哈里斯先生希望你在这儿等他。"我站在那里,感到无比震惊,怎么也不能相信我刚刚听到的话,然而,我只能呆呆地走向我昨天坐的那把椅子。

我想:"今天应该不会跟昨天一样,那样做没有任何意义。他为什么要回我的电报?为什么要我留下手稿?又为什么要我今天再来呢?"事实证明,那天我有足够多的时间,去思考这些问题和许多其他想法,因为桌上的时钟慢慢地从十二点走到一点,从一点走到两点,然后从两点走到三点。随着时间的流逝,我的辛酸开始变成苦涩,从苦涩又变成心酸。但是,我决心继续等待,即便要在那儿坐上一夜,明天又坐上一整天,我也要等待下去。我坐在那里,心想,我面对着的那个电梯,一定是杰德·哈里斯的必经之路,不管什么时候,只要他一走出电梯,就会发现我在这里,所以我既没打盹,也没走神,而是郑重地守住岗位。

在我起身去报摊买杂志的时候,服务员示意我走过去,说道:"哈里斯先生,"他似乎对这两天发生的事丝毫不感到惊讶,"哈里斯先生希望明天上午十点钟见你,上午十点,要准时。"这是我有生以来见到的对时间观念最大的贬低。我说:"告诉那位先生,"我刚开口就马上止住了。如果哈里斯先生要和我玩游戏,我会跟他一起玩下去。我郑重地向服务员点点头,就走出大厅。还不到四点,而且我今晚没有排练。

我从麦迪逊酒店走到第 41 街和百老汇路交汇处的卢德利餐厅。每天下午四点,都有一群人聚在这里喝咖啡,我是成员之一。无论何时,只要有时间,我都会从布鲁克林的住处赶到这里,加入他们的聚会,我很多次专程到这里参加日常讨论,因为像我一样,这是一些虽然贫穷但却志同道合的兄弟,我们都拼命地想进入剧院,并推翻目前的那些头面人物。

这些聚谈让我感到充实而愉快,主要是因为我们都是一些自以为是、尖酸刻薄的家伙。我们一无所有,因而也不怕失去什么,我们还有什么不敢说的呢?在戏剧界,没有任何方面让我们满意。如果美国剧评家伍尔科特赞美一出戏,我们马上会把它贬得一文不值。不仅如此,我们还会指责他为他的"阿岗昆圆桌"朋友投赞成票。另外,如果英国珀西·哈蒙德嘲笑一出戏,我们会很快去捍卫它。如果演员很受市民的欢迎,他们就不会受我们的欢迎。我们把谴责和蔑视留给那些成功之流,而把我们的热情给予那些不幸的作品,尤其是从国外来的进口货。在美国戏剧界的剧作家中,特别是新出道的和年轻的剧作家,很少受到我们的认可,即便是对于那些例外的少数剧作家,我们也只是带着不情愿认可他们。我们不满、嫉妒、有偏见,并且很不公平。对于戏剧的讨论,我记不起在我的生平中,还有哪一阶段比那时更令人满意的了。

在文艺讨论中,那些诋毁成功者的做法,通常最令人感到振奋。我敢肯定,在今天的戏剧界,也会有这样一些不甘平庸的群体,他们聚在星罗棋布的小饭馆和酒吧间,一边搅动着咖啡,一边发泄对成功者的不满。这是个永远不会落伍的游戏,跟戏剧本身一样迷人;

每当一个大人物成了落水狗时,大家都会高呼"宾果"①,就像合唱团唱赞美诗一样嘹亮。

那天下午,当我走进餐厅时,已有好多的人在场,他们正在攻击某人的声誉,我慢慢走到我们那一桌。几个较为固定的成员,已经坐在他们固定的座位上。其中包括埃迪·乔多洛夫,他早已从他的非洲之旅返回了;奥斯卡·瑟林,我们当中唯一的未来演出商;爱德华·埃里斯库,跟我和乔多洛夫一样,以前做娱乐指挥,现已转向作词;一个叫莱斯特·斯韦德的年轻男子,我们当中公认的主席和仲裁。他们正在对前一天晚上刚开幕的一出戏开刀,毫不留情。普雷斯顿·史特吉斯和阿奇·里克那天没来;前者不常来,一个年轻的小伙子,对剧院的见解总是非常清高,对我们很是瞧不起;后者是个忧郁的年轻演员,后来到了好莱坞,改名叫加里·格兰特,从此永远甩掉了他那忧郁的情结。

像往常一样,莱斯特·斯韦德愤怒地敲打桌子,试图阻止讨论陷入无序状态。没人清楚莱斯特是怎么窜上这个领导者地位的,因为他没有明确的戏剧野心,这在我们当中很少见。他是天赋的"信奉者",一旦他认为某个人毫无才能,没人敢不同意,因为这就像是打开了尼亚加拉大瀑布的水闸门一样,他会大发雷霆,对此人进行无休止的抨击和谩骂。没人知道他是如何选择他的"天才"的,用什么样的标准,或为什么选择这人而不是那人;这是他自己的秘密。一旦他宣布每年选中的人,没人胆敢提出质疑。

他能在我们之中成为领头,主要是因为他那仿佛无限多的剧场知识。他对所看过的戏过目不忘,据说他从两岁起就去剧院看戏。不仅如此,他还能像一部百科全书一样,记录下他看到的一切;在戏剧年鉴出现之前,这种习惯是无价之宝,犹如历史案件对律师一样

---

① 宾果是一种填写格子的游戏,在游戏中,第一个成功者会大喊"宾果"来表示取胜,以此而得名。

重要。他的判断并不总是正确,但众所周知,因为固执的个性的缘故,他的见解不会受我们影响,我们的好恶也不会左右他的看法。因而,他总是可以乱中取胜,在每次的圆桌会议讨论中成为主宰者。

我很希望用我在麦迪逊酒店的传奇故事给大家打打牙祭,但我犹豫了一下,因为我忘了告诉莱斯特,我刚写了一出新戏。这似乎是不可饶恕的!很长一段时间以前,莱斯特曾表示,他相信我、奥斯卡·瑟林以及阿奇·里克将会大有成就,这让我们觉得个人地位高如骑士而且身负重担。我们清楚地知道,被授予这样的荣誉,意味着我们三个都应直接向他汇报我们的每一个戏剧活动,不管是大是小。如果不那么做,不但会招致罗马主神朱庇特一样的愤怒,并且对他而言是一种不必要的打击,因为最近他忙得像推动竞选活动一样,力图帮助我们把一只脚迈进剧院的大门。他不停地跟那些与剧院有关联的人联络和搭讪,比如那些读剧本的代理人,以及秘书、导演,甚至包括办公室勤杂工。有时,他会"埋伏"在时代广场附近的大街小巷,看见戏剧界的人就上去打招呼,说:"目前最优秀的年轻演员是阿奇·里克",或者是,"留心一个叫莫斯·哈特的剧作家,他是个后起之秀",抑或是,"如果你想把钱赌在剧场上,那就资助奥斯卡·瑟林吧,他将是一个杰出的演出商"。他对看好的人信心十足,就像所有真正的狂热信徒一样;他对他们的占有欲太强烈了。

在某个瞬间,他看好的你会摇身变成他的敌人。他曾在水晶魔球里看到你富有才华,前途无量;现在,他会把这个水晶球向你砸去,砸到你这个忘恩负义之流的脸上。在对他的尊重方面,你不能有丝毫误差。那种不成文的行业规矩,你必须一字一句地服从,否则,大难将会降到你这个马虎鬼的头上!

然而,想把我最近两天的冒险经历,向大家炫耀一下的愿望太强烈了,克服了我对莱斯特的胆怯。我等着插嘴的时机。当时我们正在讨论一出戏剧,从第一个晚上观众的反应,到当天早报的评论,都被我们说了个遍。一场大批判之后,房间里突然安静下来,我觉得时机成熟,立即勇敢上阵,讲述了我的经历。

莱斯特的反应很快,而且果然不出所料。"你是在浪费时间,"他厉声说,"杰德·哈里斯绝不会做那部戏。"

"你在瞎说,"我忍不住反驳道,"你怎么会知道?你还没有读过我的这部剧本。"

"我是没读过它,但我知道他不会做。"他吼叫着,"为什么我没有读呢?你说说看,你给我看了你其他多少糟糕的剧本。"他又愤怒地补了这几句。

我安慰他说:"你可以读读它。我有一个副本,明天可以拿给你。"

他阴沉着脸说:"我明天很忙。"随后一甩袖,离开桌子并走出餐厅。

我喊他回来,但其他人急于听我讲完这出新戏,不让我去追他。他们坚持认为,他会忍不住去读的。他们当然是正确的,莱斯特没能受住诱惑。读了我的剧本后,他立即成了《一生的一次》最狂热的支持者。

那天晚上,我独自去了剧院。我坐在广丘剧院的楼座上,观看《六月的月亮》在下面的舞台上上演。我就好像是一个年轻的医学院学生一样,坐在一家医院的露天剧场当中,观看两个著名的外科医生在做一个高难度手术。在《六月的月亮》里,乔治·考夫曼和金·拉德纳在讽刺剧的创作生涯中,都达到了各自的顶峰。我很荣幸能看到他们两个杰出的作家都处于演艺生涯的黄金时代。那天晚上看完《六月的月亮》,我私下里钦佩不已,又不禁把它跟自己目前的首部讽刺剧作品进行比较。从写作风格上看,二者非常相近,我也并不觉得自己写得差很多。

就叙述过程而言,《六月的月亮》脉络清晰,我的剧本则摇摆不定;《六月的月亮》直奔主题,我的剧本则曲折多变。乔治·考夫曼那双敏锐的眼睛和那只沉稳的手,在剧本和舞台上都烙下了深刻的痕迹；他那难以磨灭的敬业精神，就是他的个人商标。尽管《一生的一次》有明显的不足，不过，我并没有觉得有太大的缺陷，我也不再有昨天在杰德·哈里斯那里所感受到的恐慌和自卑感。明天我们见面时——如果我们真的见了面——我不会低着头，不会故作谦逊。不管他是多大的人物，明天都将是我最后一次到那个前台服务员那里报上姓名。

第二天早上十点钟，我站在酒店的前台，服务员照常在电话里低语了几句。在脑海里，我想着如果他胆敢再次让我傻等着，我该如何给哈里斯留一个口讯。服务员却对我说："哈里斯先生说，你可以上楼去了。"我愣了愣，还在想着我刚琢磨出来的开头句。"套房810－12号。"他有点儿不耐烦地说。我盯着他待了一会儿，然后转身走向楼梯。

麦迪逊酒店的楼上铺着厚厚的地毯，环境安静而优雅。过了一段静悄悄的走廊，我看到一扇门，上面标有"810－12"，我轻轻地敲了几下。套间的门虚掩着，好像主人正在里面等着客人，我虽然敲了门，但没有人回答。我等了等，再次敲了几下，里面仍然没有人答话。我按了门铃，立刻听到铃声响个不停。

过了片刻，一个压低的声音似乎从远处传来，说："进来，进来。"我推开门，走过小门厅，进到客厅里面。房间里好像没有人，烟灰缸里没有香烟头，看不到书或报纸散乱地扔在地上的景象，桌子上没有喝了一半的水杯，以及任何其他的生命迹象，仿佛这个旅馆房间还没人住似的。有那么一会儿，我在想，是不是我弄错了房间号，于是情绪一下子紧张起来。正当我站在那里犹豫不决时，一个更加清晰的声音从卧室里传来，说："进来！"

我穿过客厅走进卧室，里面有两张单人床榻。其中一张有人睡过，被子被踢到了地板上。两张床中间的小桌子上有两个烟灰缸，里面装满了抽了一半的烟头。桌子上还有一大摞剧本；另一张床上乱丢着两本手稿，我一下子就认出其中一个蓝皮封面的，那是我的

《一生的一次》。窗帘还没拉开,房间还很暗。它的大名鼎鼎的房客依旧无处可寻。我站在门口,不知道怎样做。在一间卧室——尤其是在陌生人的卧室——是应该有所避讳的,在里面走动,让我感到很不自然。里面又传出一声招呼:"进来,进来。"这一次我听出来了,毫无疑问,声音是从浴室里传出来的。

浴室的门是在右边,我的视野刚好被挡住。当我把身子转向那里时,我看到浴室的门大开着。我走向浴室,对名人的怪癖有点儿困惑;在迈向门槛的一刹那,我惊呆了。哈里斯先生正站在盥洗槽和镜子前,而且是赤身裸体的。他正在刮胡子,继续用手里的剃刀剃他的那半边脸颊。他没有转过头,只是对着镜子中的我讲话,好像我们两个人是在格罗斯夫诺宫①的客厅里轻松愉快地交谈。

他说:"早上好!很抱歉,我不能早点儿见你,一直拖到现在。"

我不记得我是怎么回答的,甚至不记得我是否做了任何答复。我感到十分尴尬,不知道该说些什么,该看哪儿。和杰德·哈里斯的第一次见面,无论如何都会很紧张,但以这种方式会面,更是让我措手不及,我感到震惊。我不知道镜子里的我是什么表情,但如果他曾打算让我张口结舌的话,他确实轻松地达到了目的。

他剃完了他的一侧脸颊,把剃须刀放在水龙头下冲洗,然后转身对着我,完全暴露了他的正面身体。他说:"我昨晚读了你的剧本。"他好像全然不觉得,他没穿衣服有什么不妥,然后又说道:"我很喜欢。"

我同样没法回答。我时而抬头看天花板,时而低头看着地板,假装没看见他。没有什么比这种视而不见更叫人恼火的了。我盯着浴帘,瞅着镜子上面的灯具,几乎无处不看,除了我面前这个裸体以外。最后,我的目光专注地放在他的一绺头发上,然后继续盯着

---

① 地处伦敦,在第二次世界大战期间是艾森豪威尔总部所在地,后来改建成美国大使馆。

那里,完全是目不转睛;我知道,当时我多么尴尬,我张口结舌,完全像是个大傻瓜。

哈里斯先生却好像在一个清晨接待某个勋爵来访似的,他很有礼貌,几乎过于客气,并且非常健谈。不幸的是,我基本上没有听到对方在说什么。我看着他刮完胡子,看着他洗了脸,看着他随后坐在浴池边缘,精心除掉了脚趾之间的一些死皮。我最多听进一两句话,仅此而已。

哈里斯先生可能注意到我傻愣愣而又哑口无言的反应,但没有做任何表示。他一边讲话,一边从我身边走过去,到卧室里穿上衣服。当他终于穿上内裤时,我才听清楚他在说什么,当然,我对已错过的每一句话都感到遗憾。毫无疑问,我认为杰德·哈里斯在剧院方面很有见地,我没听过比他在这方面更健谈的人。在我见过的人中,只有一个人可以跟他相提并论,那人就是如今已故的欧文·塔尔贝格①,因为后者的口才可以让听者产生同样的兴奋感。这跟参加一群具有一流头脑的人的讨论一样:气氛好像带了电一般,大师级的人物或高谈阔论,或娓娓道来,能够把听众紧紧吸引住。

即使当时处于近乎迷失的状态,我也可以明显地意识到他的话语的分量,在戏剧方面,我从未听过比这更有新意的言谈。他一件件地穿上衣服,我的头脑也一点点地变得清晰起来;他穿好衣服以后,我也能够全神贯注地聆听他的意见。他对《一生的一次》的批评同样尖锐而彻底,对剧本的潜力和隐患一语道破。他针对如何写讽刺剧,还做了一番无比深刻的评论。

他口齿伶俐地从《一生的一次》讲到契诃夫②,话题很快又转到他正考虑是否要将其搬上舞台的名叫《万尼亚舅舅》的新剧,随后他又尖锐地谴责了另一个演出商。接着,他的话题又转到当代一些美

---

① 在电影早期阶段的美国电影制片人。
② 俄国剧作家、短篇小说家。

国剧作家:"他们的剧本质量太差,还不如印刷纸张值钱。"最后,他又口若悬河地分析了一通《一生的一次》,听得我头晕目眩。

我完全被他迷住了,他的口才对我的感染如此强烈,以至于我忘了问他这个最重要的问题:《一生的一次》是否好到他最终决定做这部戏。但我张口结舌,好像被魔力定在那里一样。我只是听着他滔滔不绝地大讲特讲,对诸多戏剧都进行了精妙的评论。他一边讲话,一边抓了件外套,走出卧室和套房,朝着电梯奔去。我这才回过神来。

"你去市中心?"他问,同时按了电梯按钮。我点点头。"好,"他说,"你可以顺路带我一程。"

我们坐电梯下楼,穿过酒店的前厅并离开酒店。他跳进出租车,我也紧跟着。一路上,他继续不停地讲着,妙语连珠。他讲话的技巧很高,又把这一技巧用得十分娴熟。无论多么夸张、多么重要的话,听起来都像是一种窃窃私语。不论他讲什么,他都不大声说出口,他好像是有意这样措辞柔和,以便听者不得不身体前倾,洗耳恭听。

他一刻不停地讲着,当出租车来到第45街的莫罗斯剧院之前,他转身说声再见,就跳出了出租车。我看着他消失在那个剧院过道那里,一时间有点儿愕然,而且不知何故,我突然感到很疲劳。这是个奇特的人,他身上的活力如此强大,以至于他在场时,整个气氛都令人那样兴奋和激动,等到他刚一消失,你会瞬间觉得疲惫不堪。

他从我的视野里消失后,我在出租车里呆坐了好一会儿才回过神来,司机转头问道:"哥们儿,要去哪儿?"我这才意识到,哈里斯先生已经留下我来付出租车费。我付了车费,走向地铁,心里仍在回味着名人的那种不合世俗的、奇特的处事方式。不知道对《一生的一次》来说,这次诡异的见面到底意味着什么。在我听过的他不绝于耳的话语中,我抓不着一句要点。我不知道他到底是否会接受我的这部戏;我也找不到一句暗示,表明他对它完全不感兴趣。我完全不知道下一步该怎么做。我有幸跟这个大人物见了面,他光着屁股接待了我,并允许我付他的出租车费,我相信,这意味着一个简单的电话或信函,并不足以牵制住这个难以对付的老滑头。我决定让事情保持现状,什么也不做。在我看来,相比于其他任何战略,沉默更能对哈里斯先生产生影响。

接下来的两三天,对于这种保持沉默的战术,我们议论纷纷。反对派的声音很大,也很激烈。我那个在纽瓦克市区、醉心于舞台生涯的小剧团成员坚信:既然已经接触上了,何不趁热打铁,抓住这一线时机呢?我在卢德利餐厅的讨论小组,由倔强的莱斯特·斯韦德牵头,坚持要我立即撤回剧本,然后马上交给其他代理人。在所有戏剧生涯的各个阶段中,无论在其萌芽、顶峰还是走下坡路的阶段,最具风险性的一件事,就是朋友莫衷一是的意见。在各种戏剧活动中,无论它们多么轻浮或者不够严肃,但总有好的、让人安慰的一面,那就是没有放之四海而皆准的规则。在演戏、写作或导演方面,一个人说得再对,马上就可找到相反的例子。没有什么是一成不变的。今年被认为是正确的做法,明年却可能显得很愚蠢。

剧院之所以存活到今天,没有被电影和电视所吞噬,还要归因于剧院不能容忍重复,这跟电影和电视的疯狂世界不同。在剧院里,重复孕育着失败。相比于其他的艺术形式,剧院更公平,也更简单:一个人如果在戏剧界浸淫足够长的时间,他所得到的与他应得的刚好匹配,不多也不少。这使剧院成为公共艺术中最危险、但也会给人带来最大成就感的职业。在这一行业里,无论他人的建议多么可行,意图多么明确,也代替不了自己的判断力。每次我远离自己的价值观,一味听取他人的意见,都会遭受不可避免的消极后果。

我听了两方的一切建议,最终还是决定维持现状,那就是什么都不做。虽然在这期间,我也有内心动摇不定的时候。大约两个星期后的一天早上,莱斯特·斯韦德打电话叫醒我,他给我的消息让我无比惊讶:另一个演出商山姆·哈里斯读了我的剧本,并约我当天下午去见他的代理人马克斯·西格尔,地点是在一个叫音乐盒的剧院。他在电话里讲得很快。最初我还没完全清醒,搞不清他在讲什么。过了一会儿,我才把头绪理清,但要对他发火已经太晚了。我真愚蠢,怎么会认为我给他的《一生的一次》那个副本会安安静静地待在他那里呢?

他背着我把稿子交给一个剧本的代理人,名叫弗里达·菲什拜因,她在这个行当是个新人。菲什拜因小姐在一两个演出季之前,曾把剧作家埃尔默·莱斯的剧本《街道》成功地卖给大演出商威廉·A. 布雷迪,而其他代理人虽也试过,却碰了钉子。自从《街道》走红后,现在所有剧院的门都对菲什拜因小姐大开,以红地毯般的隆重相接相送。无论她推出什么剧本,不论好坏,都会被视为珍宝并及时阅读。人们默认了这个靠不住的假设:一旦一出戏走俏,很多好戏都会从同一个代理人那里接踵而来。莱斯特因为不同意我坐等杰德·哈里斯表态,就自己做了主。

莱斯特没有对生米煮成熟饭的事实道歉,相反,他对自己的本事大加称赞,坚持要我在下午见马克斯·西格尔之前,尽快到城里跟菲什拜因小姐谈谈。

当然,对我——一部剧本还没被拍成舞台戏的作家——而言,这并不是件坏事。和杰德·哈里斯那次见面后,我从他那里没再得到任何音讯,但我还是心存希望。不过,山姆·哈里斯是一位杰出的演出商,如果他真的对《一生的一次》感兴趣,而不只是剧本代理人捕风捉影,那么这次会面也许会有助于进一步提高杰德·哈里斯的兴趣,并迫使他做出决定。

菲什拜因小姐体态臃肿,满头红发,戴着多个戒指和项链,她很少有机会让莱斯特说话。我们是在卢德利餐厅共进午餐的。言谈之间,我可以感觉到,她跟莱斯特的想法是一样的,那就是:杰德·哈里斯有可能只是显得对剧本非常感兴趣,但根本没有将其搬上舞台的意图,他这样做是为了"拖死"那些剧作家,并从中获取恶意的快感。虽然他不做任何承诺,但剧本却被压在他那里,使之从市场里消失了,导致别的剧本代理人根本没有机会读到。对于这样的分析,我不断点头以示同意;但如果杰德·哈里斯决定引诱我,不管其中有无虚假承诺,我都不会错过他接纳这部戏的机会。

我们站在音乐盒剧院的外面,比预约的两点钟来早了些,大家都面带微笑,似乎是在彼此提醒对方:《一生的一次》当然会在这里演首场。那时的我们,并不比别人更加想入非非,因为音乐盒剧院是当时每个剧作家梦寐以求的剧院。如果说剧院对戏剧的成功本身有任何贡献的话,那么音乐盒剧院就是这样的一个剧院。除了伦敦的干草剧院,我没看到其他任何剧院有这么好的舞台气氛,它是那样独特,而且生机勃勃。即使我们是在大白天踏进的剧院的大门,但一俟进入黑暗的礼堂,我立即对这家剧院产生了好感,那是一种说不清的好感,我觉得这个剧院无论在何时,都会处于最佳状态。

我们沿着楼梯走到了中间楼层,有人领我们到了山姆·哈里斯的办公室,在那里,马克斯·西格尔正等着我们。我环顾四周,感觉深为满意。山姆·哈里斯的办公室,是杰出的戏剧演出商应有的办公室,它因坐落在一个剧院里,显得更有一种职业化的味道。很多演出商的办公室,都坐落在普通的办公楼,包裹在一个用铬钢制成的小隔间里,这样的办公室总是好像缺了点什么。在派拉蒙大厦的最高层,演艺界的人很难处于个人最佳状态。因为剧院生意虽然试图要跟其他行业的生意一样,甚至努力装得很像是那么回事,但从严格意义上讲,它根本不是生意,而是一堆乱糟糟的充满个性的人群。在这个群体中的每个人,如果敌意能获准在各自的无序、紊乱、反常和混乱的环境中生存,那么他们个个都会出类拔萃,并干出一番大事业。这群人似乎缺乏组织、邋邋遢遢而且缺少和谐,但并不意味着他们处于完全的无政府状态,尽管表面看起来常常如此。他们有自己特有的自然进程和规律,它们有时会不知不觉地排成各种美丽的对称性的图案,但外人很难发现其中的奥秘。

在哈里斯先生的办公室里,大多数家具都不知是从哪儿弄来的,好像是一些被丢弃的陈货。除此以外,你无法解释刻板的意大利文艺复兴时期的椅子为什么会搭配法兰西帝国时期制造的桌子。美国早期的长椅子被用来当茶几,上面放着台灯和烟灰缸。沙发和安乐椅是格鲁吉亚式和现代风格的奇怪组合,即便是它们的围罩的风格也差别很大。但这些不太正宗的混合物,整体效果却很不错,看上去非常戏剧化,显得奇妙而亲切。没有哪个舞台设计师可以想出比这更恰如其分的舞台道具,因为这种设计立即就会告诉你这个房间的用途。

山姆·哈里斯的代理人,也就是马克斯·西格尔本人,也是个微笑可亲的家伙,他一下子就让我放松下来。他向我表示祝贺,说那个剧本令人赏心悦目。他解释说,他读后就把剧本寄到加利福尼亚州,山姆·哈里斯现在就在那儿,和欧文·柏林①一块访问好莱坞。"哈里斯先生给我发了个电报。"他说。然后把电报从桌子上拿给我,并且读道:"'我喜欢这个剧本。问问那个年轻的剧作家,能不能跟欧文·柏林合作,把它改写成音乐剧。山姆·哈里斯。'"

听他读完电报后,我沉默了片刻,然后看着莱斯特和菲什拜因小姐的反应。我惊讶地发现,他们正开心地笑着。我没有犹豫地站了起来,跟马克斯·西格尔直截了当地说了我的想法。至今,每当回想起那时的自负、矜持和那句措辞漂亮的话,我的脸仍然会有点儿发热。但那时,我的确是响亮而又清晰地说:"西格尔先生,我不写音乐剧。我是个剧作家,我写剧本,也只写剧本。"我表情严肃地看了菲什拜因小姐一眼,然后转身向门口走去。他们呆呆地盯着我,好像要站起来,但却没有。我独自朝门口走去。

马克斯·西格尔追过来,说道:"等一下。"他笑了,"如果你不

---

① 美国作曲家和作词家。

愿意,你不必写音乐剧,我给哈里斯先生另发一封电报。"

他拿起一支铅笔,在一张纸上疾书。"这个怎么样?"他问,大声读着他写的电报。"'年轻的剧作家说,他是剧作家,不写音乐剧,并且不谈音乐剧,你对这剧本本身有兴趣吗?'"读完了电报,他又问道:"这么说好吗?大白话,说清楚了吧?"

"清楚了,"我回答,又大胆地加了一句:"还有其他演出商对这个剧本感兴趣,所以他要尽早下决定。"

菲什拜因小姐和莱斯特朝我狠狠地使眼色,但马克斯·西格尔很快让他们忘了对我的恼火。他笑着说:"哈里斯先生做决定很快。明天早晨,你可能就会听到他的答复。"说完他便跟我握手告别,又说道:"你有胆量,一口气拒绝了山姆·哈里斯和欧文·柏林两个人,这样的事我不会天天见到,幸会。我觉得你是对的。"

现在轮到我笑了,对着我那两个虽内心恼怒、却仍然保持沉默的同伴笑了一下。我跟马克斯·西格尔握了手,然后大步流星地走出了他的办公室。在外面的大街上,菲什拜因小姐和莱斯特不由分说,随即对我大吼大叫。我耸耸肩,没跟他们争吵,我依然坚信我的正确性。当时,我仍然对杰德·哈里斯保持了很高的期望,觉得我随时都会得到他的回音。这才使我轻松地拒绝了美国音乐界的大师欧文·柏林。此举也许表现了我的胆量,但也许那不是胆量,而是十足的鲁莽。我这么做,是因为我心里偷偷而且不切实际地认为:最终,杰德·哈里斯会决定接手哈特的剧本,而不是契诃夫的剧本。

在戏剧方面,事情一旦有进展,就会进展得跟光速一样快。第二天早晨醒来时,我就得到了口讯,让我给马克斯·西格尔回电话。我马上给他打了电话,他说:"山姆·哈里斯给我发了个电报,说,'告诉那个年轻的剧作家,我要做他写的那个剧本,前提是乔治·考夫曼喜欢这出戏并同意合作。那个年轻的剧作家愿意跟考夫曼合作吗？我会把剧本用航空邮件给考夫曼寄过去。'"

我说:"西格尔先生,能不能再给我读一遍电报?"我当然知道电报的内容,只是借机获得一分钟的时间来做出决定,一分钟足够了。他还没读完电报,我就做好了决定,"跟他说可以。"接着又问:"我什么时候会知道,考夫曼先生是喜欢还是不喜欢?"

"他一拿到剧本,通常当天就读,"马克斯·西格尔回答道,"一有消息,我会马上给你打电话的。他后天会收到剧本,我想,星期四你会得到答复。行吗?"

我说:"行!"

他笑着说:"我就去写合同。考夫曼一定会喜欢的。在此期间,你不要写任何音乐剧了!"在电话里,他轻松的笑声听起来那么亲切。"再见,剧作家。"他又补充了一句,然后挂断了电话。

我迫不及待地等着下午四点钟到来,要把事情的进展告知卢德利酒店的朋友,尤其是莱斯特。我预料到他们的反应,假如莱斯特跟我想象的一样愤怒,我要做好充分的准备。不出我所料,莱斯特火冒三丈。以前我静候杰德·哈里斯时,他就强烈地反对,现在声音更大,反对得也更激烈了,对我愿意跟乔治·考夫曼合作感到不可思议。

"这剧成了他的了!""没有人会知道,你的名字也在里面!""你还不如跟乔治·考夫曼说一句'再见',然后走人!""所有的功劳都是他的!""人们根本不会知道,你跟这个剧有什么关系!""你应该用第一部剧本,来建立你的声誉!""你把自己亲手写的剧本交给考夫曼,这等于跟你自己说再见了!"

我们越吵,声音越大,最后,酒店的经理虽听惯了吵闹,也觉得我们太过分了,不得不走过来,让我们安静点儿,要不然我们就得离开。对于我的朋友的反对意见,我抗议了一会,但没有作用;我内心里觉得,他们说的全部或一部分也许会成为事实。但我想得到的是一个千载难逢的机会:跟那位大师级剧作家学习。如果在这部剧本上我得不到公众认可,充当学徒的机会也是值得的;况且我还年轻,以后还会写其他剧本。我说什么都没用,他们听不进去。最后,我不得不退一步,说道:"我们不必在这瞎争论了,乔治·考夫曼也许对《一生的一次》毫不感兴趣,再说我还没跟他们签合同,要改主意也未尝不可。"我的这些遁词哄骗不了任何人,更不用说哄骗莱斯特了。所以,紧接着的三天,我没在卢德利酒店露面。虽然我根本不想更改我的决定,我却清楚地知道,继续跟他们辩论不是件好事。尤其是埃迪,他不仅善辩,而且好胜,他会让所有的辩论都误入歧途,有时他这样做,只是为了取胜。我不希望被他们说服,因为我越想越认为,到头来,跟乔治·考夫曼合作的机会,甚至比杰德·哈里斯演出我的剧本更重要。

事到如今,我必须尽快把剧本从杰德·哈里斯那儿拿回来,要不然他会认为,他随时有权把它搬上舞台。但我还是又等了两天,才鼓足勇气给麦迪逊酒店打了电话。我很难想象他对我此举的反应。也许是宽宏大量,也许态度冷淡而愤怒,也可能是介于两者之间。早晨九点钟,我给他打了电话,希望这个时候对他而言时间太早,因而我不必直接跟他讲清楚,只需留言即可。但令我恐怖的事发生了:电话立即转接通了。

杰德·哈里斯接了电话,他低沉却活泼的话声从电话线里传来,听起来还是那么令人兴奋。他总能制造出这样的气氛,即便在电话里也不例外。我结结巴巴地把想法说了。电话里一下子安静下来,对方什么都没说,只有我反复解释并道歉。最后,我也沉默了,尴尬地等在那儿。那时,我很感谢大发明家贝尔先生发明了电话,他给了我和不说话的对方留出了一个珍贵的空间距离。

他最后还是开口了,声音比刚才更加温和。他说道:"我认为你这样做完全正确。这个演出季,我要做的第一个剧本是《万尼亚舅舅》。我认为美国至今还没有成功地演出过一部契诃夫的剧本,你同意么?"这话问得毕恭毕敬,好像是一个俄罗斯戏剧专家正在征求另一个专家的意见,而不是跟我这个外行在讲话似的。我如释重负,赶快说了几句同意的话。

又是一小段时间的沉默,然后,他又轻声地开口问道:"你认识乔治·考夫曼吗?见过他吗?"

"没有。"我答道。

他又问道:"你知不知道他读了剧本没有?"

"他今天可能会读,"我回答道,"他今早会收到我的剧本。这是我给你打电话的原因。哈里斯先生,我非常感谢你。"

"听着,"他插话道,"这是乔治·考夫曼家里的电话号码。写下来。你给他马上打个电话,告诉他,杰德·哈里斯说了,这部剧本正适合他。再见。"

我还没有机会再讲一句话,对方就挂断了。我坐在那里,盯着一阵电话机,觉得杰德·哈里斯真是不可捉摸的人。有那么一会儿,我有一股强烈的冲动,想要马上再给他打电话并说声谢谢。不过我最终决定,还是在给乔治·考夫曼打完电话后,我再给他写个便条,这样做更体面些。于是,我抓起电话。

电话铃响了一下,立即就有人接了,对方说道:"是我,"而不是"哈罗"。我说:"可以跟考夫曼先生讲话吗?"对方简短地说:"我就是。"

"啊。"我惊了一下,一时找不到别的词。我本以为,首先接电话的是个秘书,因为秘书应该是著名剧作家不可缺少的行业工具,就像打字机和纸一样重要。当我突然发现,我是在跟乔治·考夫曼本人讲话时,我顿时仓皇失措。

"是谁?"对方有些急躁地问。

我只好说:"我的名字是莫斯·哈特。考夫曼先生,您可能不认识我,但是,山姆·哈里斯正把我的一部剧本寄给您读。"我停了停,突然没了胆量。

乔治·考夫曼说:"我今早收到了,晚上就读。"

"啊,"我不知还要讲些什么,看来在交谈方面,我实在是太不出色了。对方也没吭声,我不得不咽了咽口水,接着又说:"那很好。杰德·哈里斯读了这部剧本,他要我跟您说,他认为这个剧本很适合您的风格。"

讲了这句话时,我已经略微地觉得有点儿不对头。但毕竟说出来了,我马上松了一口气,而且并未立即意识到,对方没有答话,我以为电话挂断了。

"哈罗,哈罗?"我对着话筒喊了几句。电话没挂断,乔治·考夫曼的声音又传过来了,每个字眼听起来都很冰冷。"杰德·哈里斯感兴趣的任何东西,我都不会感兴趣!"他说完就挂断了电话。

我放下话筒,傻傻地盯着它,感到说不出的沮丧。

后来我才听说,那时候,乔治·考夫曼和杰德·哈里斯为了一件戏剧上的事发生了争吵,他们非常不合,时至今日还不能和解。

很明显,这件事的背后有不良的动机,它给我带来了可想而知的不良后果。对此,我只能找到一种解释:如果杰德·哈里斯因为我撤回剧本想要报复我,他的确做得很熟练,并用了最狠毒、最具伤害性的方式。对这种幼稚的恶毒之举,我怎么都无法理解。三四年后,我又见到了杰德·哈里斯,我仍然对这个绅士敬而远之,因而不能当面问个究竟。而且我也没有勇气与他交锋,再说多年前的事情已经不再那么重要了。

但在当时,这件事却关系重大。与乔治·考夫曼合作的希望突然崩溃了,我麻木地坐在电话旁边的椅子上,不知该怎么办才好。我呆呆地盯着窗外,后悔自己怎么那么愚蠢。有那么一会儿,我想打电话给莱斯特和菲什拜因小姐,我甚至想到了马克斯·西格尔,但我觉得,即便是马克斯·西格尔也无法挽回败局。况且我不能让他们看我的笑话,我不想听到"我早告诉你不要那么做,你却不听"之类的话,我何必伸手打自己的脸呢?

我最后决定,还是若无其事地照常过日子。当然,我可以到别处推销我的剧本。如果这不足以安慰我,我还可以用塞翁失马焉知非福来安慰自己。但这些安慰都没有多大作用,失掉与乔治·考夫曼合作的机会,对我打击很大。因为我自始至终相信运气,相信运气在戏剧这个行业扮演着一个重要角色。剧本、作家、演员以及导演,都是剧院这个大拼图的一部分,他们神秘地糅合在一起,最后拼成了一块美丽的镶嵌图案。其中,时机似乎起了非常重要的作用。我从小就深信运气,对运气的神秘崇拜,使我不顾一切地要抓住这个可以跟乔治·考夫曼合作的机会。

当初,当马克斯·西格尔给我读山姆·哈里斯的电报时,我强烈地觉得,我的运气来了,现在,我同样强烈地觉得,我的好运没了。我虽然相信运气,但也不会建议读者完全傻等着运气而不干实事。不论戏剧还是其他职业,努力还是最重要的因素。但我曾一次次地看到,运气那只无形的手,在成功和失败之间那个很细的分界线上,起了决定性的作用。我认为运气和命运不同,我不信命运;因为信命的人会为自己的贫穷和失败找借口,因而他们可以放弃努力,这在他们看来是天经地义的。可是那天,我实在想不出任何办法可以挽回早上的灾难,整个白天和晚上,我都感到痛苦至极。

第二天早上,当电话铃响起时,我还躺在床上。通常,我都会拿枕头压在脑袋上,转过身来继续睡觉。但那在那一刻,我一骨碌爬起来,马上接了电话。

马克斯·西格尔在电话里快活地问:"你是那位年轻的剧作家吧?"

"我就是,"我回答,一下子睡意全无,兴奋得发抖。

他接着问:"下午三点钟,你能不能来音乐盒剧院见见乔治·考夫曼?"

"你的意思是,他读了剧本?"我将信将疑地问。

"当然了,"马克斯·西格尔说,"正因为他读了,他才要今天下午见你。他十分喜欢你的剧本,我早就告诉你了。怎么了?你听起来有点儿不对劲。"他大笑,又说:"你听起来好像不相信似的!是真的。那就下午三点见,好吧?"

"好,"我说,"三点,在音乐盒剧院。"

我挂了电话。这时我的母亲走了进来,我一下子搂着她,给了她三四个热吻,把母亲吓了一跳。

我兴高采烈地说:"妈,我们要成为富人了。明年的这个时候,我们甚至有可能不住在布鲁克林了。"她笑了,显然很为我高兴,但还是忍住没问这是否又跟我的"家庭作业"有关。这六年来,每次我写完一部剧本,她的热情都经受了不同形式和程度的起落,这样的大话,她无疑听过不止一次了。

"这跟以往不同,因为我要与乔治·考夫曼合作,"我说,"乔治·考夫曼,"我又重复了一遍,自豪地把这个名字响亮地叫出来。

当然,这个名字对她来说没有任何意义,她面无表情地看着我,简短地说:"那很好啊。"我记得她说这种话的语调,小时候,每当我冲进屋里,给她看我刚收集到的一张邮票时,她就用这种语气来鼓励我。我那时集邮,常跟人以互换方式得到不同的邮票。

看着母亲的样子,我不禁大笑起来:"你去商店买东西吧。我来做早餐。"她满意地笑了。虽然不知道乔治·考夫曼是谁,但我并没让她失望,看得出来,这让她感到欣慰。

"如果你打算把他带回家,与你一块儿工作,"她用商量的口气说,"你能不能等到下周以后开始。下周有人到我们家刷漆。"

"我会向他解释的。"我一边谨慎地说,一边到厨房里做早餐。

我一边煎蛋,一边在脑子里构思如何对考夫曼先生表示感激之情,一小段优美的讲稿很快就凑合出来,我心想,等所有的正事都办妥当了,就找个机会亲口对他说。等着煮咖啡时,我把这段感激之词对着空荡荡的厨房高声讲出来,听起来有些过于充满敬意。但我已没时间去打磨它,还是等坐地铁进城时再说吧。

我草草地吃了早饭，又忙着给莱斯特和菲什拜因小姐打电话，告诉他们事情进展得很令人满意，但首次跟乔治·考夫曼见面，我坚持要独自去。我想他们两个对这个建议都不太满意，但我态度很坚定，他们也没办法。三点钟，我独自一人来到音乐盒剧院，爬上中间楼层，敲开了山姆·哈里斯的办公室的门。

跟往常一样，马克斯·西格尔笑容满面，他站在门口，在身后的一张大扶手椅上，乔治·考夫曼正悠闲地坐在那里，从马克斯·西格尔的肩膀后面，我一眼就瞥见了他，好像乔治·考夫曼一下子从漫画里跳出来似的变成了个大活人。还是让我解释一下吧！这么多年，在星期天报纸的戏剧栏里，我常看到乔治·考夫曼的漫画：浓密的头发从前额向后直梳过去，玳瑁眼镜低低地架在高大的鼻梁上，眼神飞快地从镜框那里四处搜索，性感的嘴唇幽默地扭曲着，一张长脸略成弧形。他的每一个相貌特征，都能引发漫画大师的兴趣，这就是为什么他总出现在漫画上的缘故。虽然这张脸并不是一般所谓的美男子的面孔，但还是极有魅力，对男性和妇女都很有吸引力。

虽然那是个相当温和的十月的一天，他却穿着件大衣，脖子上又裹了一条很长的蓝色羊毛围巾，围巾几乎拖到他的膝盖处。他的双腿扭曲着，一条在上，一条在下，那是一个当时流行的坐姿，它复杂得让人觉得，他无法立即站起来。一只手臂从背后一直伸到脖子另一侧，不停地搔着耳朵。

马克斯·西格尔介绍道："乔治，这就是那个年轻的剧作家。"然后把我让到房间里。

"嗨。"考夫曼先生疲倦地跟我打了招呼，并竖起一个指头，当然是没在搔耳朵的那只手上的一根指头；除此以外，他一动没动。即便那根指头也抬得很慢，好像是有气无力似的。

"请坐。"马克斯·西格尔对我安慰性地微笑着。我退后几步，坐在房间另一端的沙发上，但我的目光仍然停留在扶手椅上歪坐着的那个人身上。

房间里沉默了好长时间,马克斯·西格尔打破沉默,说道:"乔治,你要我来说吗?"乔治慢慢地抬起空闲的那只手的一根手指,以示同意。"考夫曼先生愿意跟你合作,并提议怎么分稿酬,"马克斯·西格尔说,他指着桌上用打字机打出的一页纸。"你要不要跟你的代理人一块儿看看这些提议?"他问道,然后走过来,把那张纸递给我。接着又说:"我想,你会发现这些条件是非常优厚的。"

我肯定地说:"没问题。"我接过那张纸,没看一眼就装进口袋里。我的眼睛仍然紧盯着扶手椅上那个一动不动的家伙。又是长时间的沉默,突然,从扶手椅深处传来一阵长长的、悲伤的叹气,紧接着是个小小的、但不容置疑的饱嗝。这饱嗝响得很奇怪,像是一声巨大的哈欠,又像从远处的寂静乡野传来的火车的汽笛声,也像一只狗心满意足地躺在火炉前打呼噜的声音。接下来,仍是一阵沉默,考夫曼先生的眼睛扫描着天花板,似乎忙于找什么东西。这时,他已深陷在扶手椅里,陷得那么深,以至于从我坐的地方只能看到他的头顶。他抬起的两条长腿还是扭在一起,扭成了水手结,而且挡住了他的脸。他动了动它们,从那里传来他清晰的话语。

"我们什么时候能开始工作?"他问。

"听你的,"我很快地答道,又赶快补充说:"马上,要么现在,什么时候都行。"我急切的心情是一目了然的。他慢慢地把手臂从两腿间抬起,一只手从裤兜里掏出一个信封,另一只手从上衣口袋里拿出一支笔。我看不清他的脸,只看见他拿起信封,仔细地看着背面的字。

他有气无力地问:"明天上午十一点钟行吗?"

"行。"我答道。

"到我家来,"他说,"第 63 街东 158 号。"他把信封和铅笔放回兜里,又把一只胳臂伸到脑后搔耳朵。我没说什么,询问似地看着房间另一角坐在桌后的马克斯·西格尔。

马克斯·西格尔对我挤了挤眼,对着扶手椅方向说:"乔治,还有什么要对年轻的剧作家说吗?"

"就这些了,"他回答,"除此以外,我们需要第二幕。"

马克斯·西格尔没有多说,只做了个手势,意思是"我想,就这些了"。我清了清嗓子,深吸了一口气。时机已经成熟,我从沙发上站起来,走到扶手椅前,开始发表我事先准备好的优美谢词。在地铁里,我已经把这些词琢磨好了,并且背了下来,对此我自鸣得意。

"考夫曼先生,"我开了个头,"我想让您知道,这对我意味着……"我只说了这些,就被他吓呆了,我几乎不能相信我的眼睛。他展开扭在一起的两腿,像杂技演员一样动作灵敏,又如沼泽地里被惊吓的大鸟一样,从椅子上猛跳起来,一溜烟地穿过房间,打开房门,飞跑着下楼了,蓝围巾在他身后飘动着。

我茫然地盯着他远去的背影,直到他下了楼,踪影全无。"我做错了什么?"我结结巴巴地说,"我哪儿做错了?"

马克斯·西格尔笑得喘不上气,我放松下来。"你没做错什么,"他说,"也许我应该提前警告你。考夫曼先生讨厌任何形式的夸张的感情流露。这实在叫人受不了!"他又笑了起来,却很快止住了。"也许在电话里,我应该告诉你一些关于乔治的事,但我根本没想到,你要在他面前做个讲演。为了表示谢意,你是不是真的准备好发言稿了?"

我怯怯地点点头。

"好,这并无大碍。他跟理发师有约,也该走了,你帮了他一个忙,这下他就不会迟到了。"他递给我一张纸,还附加了一张支票。"我敢肯定菲什拜因小姐会同意这些非常优厚的条件,所以,你只需要填写合同表并签名。这是500元的支票,从你的稿费里提前支出。祝贺你了!"他微笑着伸出手来。"如果你愿意的话,可以在我面前做个讲演,这样也不致白白浪费掉你精心准备的讲稿。"

我对他笑了笑,摇了摇头,问道:"对于考夫曼先生,我还应该知道些什么?"

他犹豫了一下,又笑了起来。"如果我告诉你了,你就不会去赴明天十一点钟的约了。不管怎么说,这跟婚姻一样:别人会告诉你一些东西,对你却真的没有任何帮助,你要自己去经历。如果说我对乔治还是有些了解的话,那么从现在开始,你需要每天都跟他磨合。别多想了,今晚睡个好觉,这是我可以给你的最好的建议。"说完,我们就友好地握手告别。外面是十月的下午,阳光明媚。

我在音乐盒剧院外站了一会儿,塞在兜里的合同和支票似乎"哗哗"作响,我抬头看着剧院门前的一排大柱子,突然觉得,这个地方好像是我的新财产一样。毫无疑问,我终于迈进了剧院的大门。

在那个晴朗的下午的其余时间,我内心充满了无法控制的喜悦,至今我还能清楚地记得那种感受。我先是与莱斯特和菲什拜因小姐碰面,那当然是一种喜气洋洋的氛围,祝贺声犹如枪炮齐射;我又在卢德利酒店与那个讨论小组聚会,大家又忍不住替我感到忧虑。我在下台阶去坐地铁回家前,又最后看了一眼时代广场的夜景,就在这个地铁口,我曾跑上台阶首次目睹了百老汇,这已是多年前的事了。

我回头看着那华灯初上的街道峡谷①,白天的日光下一切丑陋之处,在神奇的十月的暮光中变得柔和、旖旎而妖娆。我知道自己不再是个外来人,而是成为了百老汇的一部分,因此我又想笑又想哭,那种复杂交错的美妙情绪只可意会,不可言传。这个时候,谁都不应该责备自己感情脆弱。如果我这样做,只会剥夺自己的一个发自内心的快乐机会,这是剧院可带来的极少的几个单纯的乐趣之一。我沉浸于这种情感中,不因动情而害羞,不因啜泣而尴尬。那一刻是我应得的,在我看来,我也的确充分地享受了那种感觉。

我这样做是对的,因为我的家人对此消息反应平淡。当我站在

---

① 因时代广场街道两边是高楼大厦,街道看上去好像是一个峡谷。

门口,大声宣布我把剧本卖了出去的时候,他们的反应,跟我自己脸上那种胜利的光泽完全不能匹配。他们平静得让我恼火。即便是那张支票也没有改变什么,当我把它小心地打开,放到餐桌中间,想让他们大为赞叹时,他们依旧不为所动,那明显地表示出一种不信任,真让我感到不舒服。

母亲谨慎地说:"拿了人家一大笔钱,我希望你自己心里有数,别乱来。"她又说:"要是我,我不会去碰它,跟这个考夫曼先生工作一段时间后,再花它也不晚,以免他哪天要求你把钱还给他。换了我,我绝对不会用这笔钱,跟埃迪·乔多洛夫一块儿出去消费。"

我火了,随即收起了那张支票,也同时收起了我脸上充满胜利的笑容。我几乎整个晚上都在跟朋友们在电话里说笑,与莱斯特以及信任我的埃迪、乔·海曼和多尔·沙利的交谈,重新点燃了我那几乎被浇灭了的胜利之火。其结果是,我一个晚上都没合眼,尽管马克斯·西格尔建议我睡个好觉。这一夜,我从朋友那里,一遍遍地听着相互矛盾的意见,每个人似乎都比我更清楚,明天一早该怎么接受乔治·考夫曼将会给我的第一个考验。

第 16 章

第二天早上差五分到十一点钟时,我按响了第 63 街东 158 号的门铃。他住的棕色石头房子并不起眼,有点儿让我失望,我觉得著名剧作家应该住得更豪华些。不过,它所在的街区很时尚,而且令我欣慰的是,给我开门不是他本人。女佣穿着制服,用淀粉浆过的白帽端正地扣在她头上。当她扶着门让我进去时,我觉得这个住所终归还是像个大人物的栖息地。进去后,我很快地瞟了一眼大厅,大厅尽头是餐厅,餐厅外面是个小花园。餐桌擦得油光铮亮,上面摆着一盆鲜花,两侧各有一个银烛台。这才有大家气派,我满意地想。然后我望着楼梯,不知接着究竟该去哪里。

"考夫曼先生正等着您,"那个女佣说,"在顶楼,一直上楼就是了。"

我走上楼梯,在二楼口稍稍停了停,楼梯的一边是客厅,另一边是书房。在无见识的我看来,两个房间就跟电影上的一模一样。在那一瞬间,我知道除了坐出租车以外,一旦财源滚滚而来,我还需要什么。那就是住好房子,就住像这样气派的房子。这是一个很有启发性的时刻,也是价值千金的时刻。

在三楼，所有房间的门都紧关着，很明显那都是卧室。再往楼上走，我看到考夫曼先生站在四楼楼梯口等我，原来四楼是他自己的卧室，也兼作书房。我已见识了优雅而时尚的客厅和书房，这个房间的简陋，实在是我没预料到的。房间很小，采光又不好，只有几件必备的家具，包括一个小沙发，一张很丑陋的放打字机的桌子，以及一把安乐椅。房间简单得像个僧房，我实在想象不出，那么多出色的剧本会在这个房间里写出来。没来这里之前，我也实在想象不出，考夫曼和康纳利的工作室会是什么样子，但我觉得会完全相反。这个房间一点儿剧院的气息都没有。墙上没有挂相框，也没有节目单，只有一幅很精致的马克·吐温的蚀刻版画。真是遗憾，这房间更像是一个注册会计师的工作室。我最初对这房间的失望，在以后的几个月里转化成了厌恶，但在此时此刻，我扫了一眼房间以后，注意力便很快集中到房间主人的身上。

考夫曼先生站在那儿接待我，疲倦地抬起一根手指，从嗓子里挤出一个有气无力的欢迎字眼"嗨"，仅此而已。这样的欢迎在此后的日子里从没变过，这是他每天仅有的待客热情。显示了必要的客气之后，他站在窗口，背对着我，望着外面的花园和第62街。他没邀请我坐下，但站立了一段时间后，我感觉太难受了，便坐到扶手椅上，盯着他的背影。他的胳膊又绕到脊子后搔耳朵，这个动作我会越来越熟悉，这通常预示他想出了一个新的场景或对话。他定在那里，全神贯注地看着一只大猫沿着花园篱笆墙慢慢向上爬，试图去抓住停在一棵树上的麻雀。院子的场景似乎深深地迷住了他，直到那只猫一跃跳到树上，那只鸟扑棱棱地飞走了。他转过身，大声叹了一口气。

我充满期待地看着他，可是，他却还有别的事而没工夫搭理我。当他从窗口转过来时，他看见地上有两三个线头，便小心地从地毯上捏起来，动作灵巧得像一个植物专家在为自然历史博物馆采集标本。然后，他把注意力转向桌子上一堆削好的铅笔，在其中找到两个削得不够尖的,放到固定在墙上的转笔刀里,仔细地转了几下,直到尖度达到他的标准为止。就在这时,他又在桌边发现了几个线头,他也小心地拾了起来。在这之后,他又仔细地查看了几张散落的复写纸,觉得还好用,就把它们放到一摞打字纸旁边,又把打字纸的四边都码齐了。他的眼睛又在房间里四处搜寻,似乎还在找着什么;在我看来,什么都比我有吸引力。不幸的是,地毯上已不再有线头,最后,他不得不把目光对准在扶手椅上坐着的我,并且开口讲话。

"呃……"他说,然后就在房间里快步走来走去。我后来慢慢意识到,这个习惯(说个"呃"以后,就在房间里快速踱步)是我们每次一同工作的开端,它标志着线头已经捡完,猫也看完了,铅笔也削好了,他需要专注于我了。在我们一块儿修改《一生的一次》的那段时间,除了"呃"以外,他从没叫过我的其他任何名字,即便在我们处于极度的压力或真正的危机的那些困难时刻。像他这样一个天生害羞并注重隐私的人,也许觉得叫我"莫斯"过于亲切,叫我"哈特先生"又太不符合我的身份和年龄。无论如何,在第一次见面时我就意识到,那一声"呃"指的是我,而不是清嗓子,所以我专注地等着他开口。考夫曼先生终于停止了踱步,站到扶手椅前,低头看着我。

他开口说道:"从第一幕第三个场景开始有问题。"他顿了顿,又说,"思路不清晰。咱们今天就从那儿开始修改。"

我点了点头,努力表现出听懂并同意的样子,但内心里感到非常失望。这是那天我第二次受到打击,不亚于看到这个大师的工作间的那一刹那。听了杰德·哈里斯对现代讽刺剧的一番精彩演讲后,我早已热切地期望著名的考夫曼先生会给我上一堂同样精彩的课,一堂关于写剧本的课。我以为跟考夫曼先生一起工作的每一天,我都会在脑子里记下他说的每一句话,晚上回家后再把这些都写在纸上,为收集这些箴言,我已特地买好了一个活页夹。但这平淡质朴的结论(第一幕第三个场景似乎有问题),看来是今天我从他那里唯一能听到的东西,因为他已经从我身边经过,走向了洗手间。我转过头,看着他站到盥洗槽边,慢慢地、一丝不苟地洗手,那一瞬间,我觉得那双手是一双伟大的外科医生的手,其印象之深让我永远难忘。

这种印象在随后的日子里又进一步加深。就像是一种怪癖,他每天开始工作之前,都要先洗手,好像是在遵守一个老规矩似的,当然,他自己并没意识到。在一天的工作里,他有时会洗两三次手,通常是在开始撰写一个新场景的时候;仿佛剧本是一个活的东西,其内脏出了问题,需要解剖手术一般。我看着他仔细地擦干手掌和前臂,不嫌麻烦地把衬衫袖口打开,再挽上去。他回到房间,步履轻快地走到桌子旁,选了一支尖度恰好适合的铅笔。他拿着笔对着手稿开始下手,我又忍不住觉得,那修长的手指活像一把手术刀。笔尖在纸上很快地移动,这儿划掉一行,那儿又划掉一行,在一大段演讲上打个大叉,把两个句子合并成一个,用箭头或问号来表示对话要重组或浓缩,以使重点更突出、要点更鲜明。他的手像激光一样准确地在对准一页又一页的手稿,直到这个场景结束。然后,他把稿子从桌子上拿起来,走过来递给我。

"只是砍掉大树下的草丛而已,"他说,"看看怎么样。"

我接过手稿,改动的效果让我非常惊讶。这个场景的内容保持不变,但主旨不再因重复而显得模糊,一切都表达得简洁而清晰,给了这场景一个新的张力。他改动的效果很神奇,让我不敢相信,自己的剧本原来那样累赘而冗长。我读完手稿,仰慕地抬头看着站在桌边等我做出反应的他。

很明显,考夫曼先生把我最初的失望和后来的无声的仰慕错当成了不悦。"当然,我可能删得太多了,"他抱歉地说,"有没有什么地方需要恢复原样?"

"哦,没有,"我急忙回答说,"一个词也不要恢复。现在的再好不过了。太棒了!我不明白,我怎么能这么愚蠢。这个场景现在真的很好了,不是吗?"

轮到考夫曼先生开始盯着我,他从镜框上疑惑地盯了我一会儿,然后轻声地说:"不,这个场景还不成。我以为大删大砍之后,你会更清楚地看到为什么不成。"他叹了口气,又搔了搔耳朵。"也许在剧本更靠前的地方,麻烦就已经开始了。"

他把剧本从我腿上拿起来,放到桌子上。"那好吧,从第一页开始,从第一个场景开始修改。我想我们也只能去面对现实。"他拿起铅笔,又开始对手稿下手,我着迷并敬畏地看着他的笔俯冲而下,一页接一页地改动。

如果这本书这样的作品背后有什么英雄人物,那么这个英雄就是乔治·考夫曼。然而,在随后几个月里,使我在噩梦中惊醒的,总是一支闪闪发光的铅笔悬挂在我的头上,有时那支铅笔变成手术刀,或者是,从那副仿佛巨大无比的玳瑁眼镜背后,一双近乎邪恶的眼睛总在盯着我。我在戏剧上所取得的成功,在很大程度上要归功于乔治·考夫曼,这么说并不是牵强附会。我不能假装我根本没有天赋,但我拥有的这些天赋属于初级水平。我有剧本创作的天赋或擅长对话,但这些并不够。能把这些特长加以驯服,使之应用于严谨地撰写一部有条有理的剧本,才是更重要的事情。我从乔治·考夫曼那里学到了后者,除此之外,我从他那里还学到其他更多的写作技能。可以这么说,在一位老师的脚下,没有比我更要求上进的学生;也可以说,没有哪个老师比乔治·考夫曼更有耐心,更能体谅学生。

在这个意义上,我欠他很多,因为我那时又蠢又笨,他不得不处处迁就我,这对他来说应该很不容易,尤其是在我们最初合作的日子里。从天性上讲,他并不是一个很有耐心的男人;或者说,对别人的不适当的行为,他并不愿意容忍或假装视而不见,以使现实生活看起来像是一个优美的故事。他尤其不堪忍受别人对他表示钦佩,任何情绪的外露,都会让他恨不得逃之夭夭;雪茄的香气使他觉得恶心。在这三件事上,我都有罪过,而且每天都在犯错,可谓无休无止。他要么太羞于启口,要么怕伤了我的感情,无论什么原因,他从没把他的难受感觉告诉我,我也因此一天接一天地干这些坏事,把整个房间搞得乌烟瘴气。每天早上,我只要坐下来,就会很自然地点上雪茄,根本没花一秒钟停下来自问:"为什么他要立即走开,仿佛离我越远越好?"对他来说,不幸的是房间太小,他无处可逃。

我至今仍然不解,为何当初我没有对此感到震惊或困扰呢?事实上,每次我从扶手椅上站起来,想要走近点儿好跟他说话时,他都会恐惧地后退到窗户边上,大口地吸着好像没被那些蓝色的雪茄烟圈污染的空气。我也不理解另一件事:每次他建议一个新的对话或一个尖酸刻薄的表达时,如果效果绝佳,我会过度地表示敬意,他这时就会不停地搔耳朵,以至于我觉得,那只耳朵随时都会掉到地上,我发现他从镜片后面狠狠地瞪着我,那张扭曲的脸好像痛苦不堪似的。

我对他的苦恼视而不见,尽管他总是把每个烟头从房间拿走,而且几乎在我的手伸向烟灰缸之前,他就已经采取了行动;他坚持要开着窗户,即便是在最冷的天气里。他对那些彼此吹捧的人进行过多次抨击,一次比一次强烈,可我从没联想到自己。

对他来说,一天中最艰难的时刻,应该是我起身要走的那一瞬间,他觉得我又要做一番正规的谢辞了。我现在才知道,他尝试了各种各样的策略,来逃避这些大唱颂歌的时刻,比如飞跑到洗手间,让水龙头大开着,闭着门大喊"再见"。抑或是抓起电话,背对着我急急忙忙地拨打电话号码。但无论如何,几乎就像天才一样,我总能找到那一刻,把我想说的说出来。他怎么也逃不掉!

考夫曼先生每天花很多时间,躺在地板上做伸展运动,尤其是在午后。在他很放松或者身体处于低谷的这些时刻,我会站到他旁边,居高临下地讲出我那迷人的次日的工作纲要。从他的嘴唇间,我会听到像猫叫一样的小声呻吟,我一直误以为他是在表示同意。然后,我看着他转过头,不去看我的脸,好像一根针就要扎到他的胳膊,他只有扭头不看,才可以避免看到下针时增加的额外的痛苦。

我当时并不知道这些,反而对自己的口才沾沾自喜,并高兴地又点上一支雪茄,让最后一口烟气直冲到他的脸上。接着,我又快活地对他的想法再次大加赞赏,比如:对于明天我们要应付的场景,你的这些想法实在是太绝妙了。说完后,我才拔腿告别。我从没想过,也许我下了台阶后,他就会终于忍无可忍地私下里对我大骂一通;当年在无意之中,我的确折磨了考夫曼先生,但这种折磨却完全不是单方面的。他也在不知不觉中每天都在折磨着我,我受的折磨,就好像是耶稣每天要面对客西马尼花园①一样,而且这种痛苦一天比一天剧烈。他所受的痛苦是精神上的,我的痛苦却是肉体上的,但痛苦的程度最后不相上下。我不能把我的痛苦让他知道,他也不能把他的痛苦告诉我。

我痛苦的原因是很简单的。考夫曼先生很少关心食物。他的胃口不及我的要求那么高甚至任性无比。我从来没看到第二个人像他一样对食物毫不关心。饭桌上的慰藉和享受,对他而言就如美妙的日落对色盲的人一样。显然,他只需要很少的食物来维持他的生命,而且,他不在乎食物的准备方式和上菜艺术。

他十点钟吃早饭,此后工作本身足以滋养他到晚饭时间。他的能量,似乎不是来源于他的胃,而是他的大脑;打字机的"嘎嘎"声越响,他的工作能力似乎越强。

当然,每天下午四点左右,女佣都会端来茶点;这显然是他对一般人体的基本需要的让步,他虽然知道这一点,但并不完全理解。除了茶之外,还有六块饼干,而且不多也不少,另外,在节假日会有

---

① 据说耶稣和他的信徒经常在客西马尼花园碰面,最后,信徒犹大出卖了耶稣,耶稣在客西马尼花园被抓,随后被送上绞刑架。

两片自制的巧克力蛋糕;这些小点心孤零零地趴在盘子里,在我饥饿的眼里仿佛闪闪发光;不知怎么回事,我总能嗅出茶水的味道,或者听到门外茶杯碰撞托盘的叮当声;我的胃会突然隆隆作响,饥饿得垂涎欲滴,我会站起身来,假装活动手脚以实现自我控制,否则的话,在女佣把托盘放下的刹那间,我就会立即冲上去。

由于另一个因素,我的困境又进一步复杂化了,因为考夫曼先生总是谨慎而客气,毫不动摇地坚持要我先拿起食物。我知道他只喝一两口茶,顶多再吃一块饼干,并心不在焉地小口嚼着,但我无论如何也不能失礼,不得不完全地照着他的样子去做,深怕显得不够礼貌或饥不择食。可是有一天,我实在饿得发疯,在他去洗手间洗手时,我把每块饼干和那两个巧克力蛋糕都一股脑儿地吃光了。不知是因为那光秃秃的盘子,还是因为我那充满内疚和尴尬的通红的脸庞,他从此有所改变;从那天以后,午后茶增加了小小的三明治,并提前了一个小时。

同时,尽管无意中我们彼此给对方带来很大的屈辱和折磨,工作却照常进行,虽然时常精疲力尽,但还是能够有条不紊地坚持下去。他对手头上的任务有着无与伦比的敬业精神;这最初让我感到惊讶,随即我的意志也跟着他受到磨砺,并对他充满敬畏。换了别人,也会像我一样,对他毫不动摇的吃苦精神和一如既往的专注而感到不可思议。很难想象像他这样一个声望卓著的成功人物,依然能够每天这样辛苦工作,就像我们两个人的位置颠倒了一样:他才是个初出道的剧作家,这也是他能够进入百老汇剧院的一个大好机会。就像着魔了一样,他不知疲倦地寻找最恰当的词,把句子变成一个个适当的小单元;他善于运用适当的措辞的有效组合,灵巧地引领观众从场景外围进入剧情转折点,然后把他们毫不费力地推向兴奋的极致。

他那聆听喜剧对话的耳朵无可挑剔,他对精确效果的要求十分苛刻。没有一个片段对他来说不够重要,从而可以逃脱他的密切关注;而他对这出戏潜在价值的把握迅速而又全面。我每天都大开眼界,在我的面前,那些构成戏剧的一千零一个细节,就像组成钟表的那些数不清的小部件一样,被用来制成微妙而精致的内部机制。

我后来才惊讶地发现,这是一个性情温柔的人,跟他在一起,让我一直感到很放松,一点儿都不会感到紧张;他也是一个善良的、随时为别人着想的人;同样是这个人,他也可以立即让很多戏剧行业内外一些成功的、令人不安的大人物感到不自在。只要他步入房间,就会让房子里一大半人噤如寒蝉。他的影响力是不用怀疑的。他一出现在门口,领班的侍者便立即变得畏葸起来,那些高傲的文人雅士也不再张狂,开始小心翼翼地说话,他的那双眼睛从玳瑁镜框上方扫视着房间,似乎要找到任何不称职的、虚假或者浮夸的迹象。那些平日里以滔滔不绝而著称的人士,在他那有穿透力的目光的注视下,也变得有些唯唯诺诺了,因为他的犀利言辞会毫不留情地击穿一切矫饰之辞。纽约的出租车司机和理发师以善言著称,但在他的跟前却因过度紧张而只能三缄其口,直到他下了出租车或离开理发店,他们才会恢复常态。就连以善于攻讦并让人难堪的《纽约时报》艺术评论家亚历山大·伍尔科特也承认,乔治·考夫曼总能让他感到不舒服、不自在。

他的这个能力最初让我迷惑而震惊,后来虽然经历多了,我也不能做到习以为常。但是,他这样做并非没有任何好的回报,因为一些人会煞费苦心地在他面前努力表现自己,就好像一个平庸的网球选手碰到强劲的对手时,经常能够超常发挥一样;他在场时,人们因彼此受到感染,通常都会表现得出奇的好。我猜测,他的这种令人生畏的姿态,根本不是故意装腔作势,而是他拒绝像大多数人那样,尽管有着礼貌的举止,却常常满嘴陈词滥调。面对戏剧界盛行的伪善和做作,以及那些哗众取宠的废话,他做出了唯一正确的答复,那就是他始终坚持独立思考。他有条件,也有勇气将其作为个人的行事原则,也由此让他获得了不近人情和容易发怒的声誉。

他具有这些本事,又敢于使用它们。这显然不同于我们大多数人,他没有故意取悦他人的意图和内心需要。他根本不在乎别人对他的看法,他不需要别人去敬仰他,也不想挤进交际场上的名人圈。他严格遵守自己的标准(当然他的标准很高),并对自己的判断力信心十足。他呈现给世人的,几乎是有意的超然和冷漠,这是他最显著的特点。让我深有感触的是,尽管如此,这个世界却在不断地试图打破他营造的这堵墙,并竭力赢得他的好评。冷漠有时是一种美妙的武器,不论它被用作恋人之间的战争的弹药,还是被用作遮盖胆怯和害羞的面具。在这个不屑和冷漠的面具背后,却是一个羞怯而谦虚的人,一个我从来没想到会感到惧怕的人。

也许我比大多数人更清楚,这个看似冷漠的面具却是一个保护镜,它故意被涂上某种色彩,以便用来保护其内在气质:那是一口隐藏得很深的情感水井。我们平日所见的只是他的外在情感,至于他那热烈而深刻的内在情感,他只会有选择地仅仅向少数几个人表露。我知道,他有时很容易受到感动,他的灵魂也像其他人一样,会被那些可怕的焦虑所折磨。在跟他相处的这些日子里,他跟我听说的传闻中的那个人全然不同,也跟我常常目睹的那个在与其他人打交道时,常常故意让人难堪的家伙判若两人。

当然即使对于我,他也并非没有暴露过调皮和恼人的一面。在小事上,他有时过于顽固僵化,不留任何回旋余地;在大事上,他却能超常地变得公平公正,几乎就像是一个圣人。他对有些人很有成见,并且影响了他对他们的态度。这些人的范围很广,包括那些似乎从来不能够为他端上适当的饭菜的餐馆服务员,那些总是试图跟他开玩笑的人,那些在电梯或火车上突然认出他、并且想跟他搭话的人。在这些尴尬的场合,如果我在场,他那粗俗的举止就会让我浑身起鸡皮疙瘩。他似乎每天都因人类的弱点而倍受折磨。不过,在大发一顿牢骚之后,他都会满意地舔舔伤口,再次精神抖擞地信步走向打字机旁。我看得出来,世上没有任何东西会阻止他走向打字机。看着他走向书桌,我会立即绞尽脑汁地想出一句漂亮的台词,以此开始新的一天的工作。

尽管有了良好的开端,但在共同合作了一个月后,我的身体开始处于永久性的疲倦状态。最初我把大脑的疲惫归咎于因饮食不足而缺乏营养,其实更多的是因为睡眠不足。每天我们一块工作的时间,是从早上十一点到下午五点。在这之后,我会狼吞虎咽地吃完晚饭,便急急忙忙地赶到纽瓦克市或布鲁克林去进行晚上的小剧团排练。排练从七点一直持续到半夜十二点,有时还会更晚。我经常不得不在排练之后,跟大家一块儿去喝咖啡、吃蛋糕,等我乘地铁回到家,通常已是凌晨三四点钟。第二天早上八点刚过,我就必须勉强爬起来,因为坐地铁到他家里要花很长时间。差五分钟到十一点时,我会准时抵达第63街东158号的门口。一个月下来,我感觉整个人就像被掏空了一般,在当时,人类还没发明像甲苯丙胺之类的睡眠药和异戊巴比妥之类的镇静药。每天下午两点,我的聪明才智顿时锐减,我不得不拼命地打起精神,竭力避免被考夫曼先生注意到我在打瞌睡。

然而,我却丝毫不敢慢待我的小剧团工作。这个工作给我提供一个星期的基本花费,它是我用来装更多的鸡蛋的篮子,我小心地扛着这只篮子,生怕晃动太大而让鸡蛋破碎。我清楚地知道,在戏剧界失败而非成功才是常态。

幸运的是,考夫曼先生对别人的私事一向缺少好奇心。他对我的健康状态或变幻莫测的个人生活缺乏兴趣,他似乎也没把我下午时的精神不振跟这些联系到一起。他去浴室洗手或接电话时,我会抓住机会迅速闭目养神;他似乎对此并没感到惊讶。他虽然隐约地知道,我在晚上从事某种业余戏剧演出,不过他似乎从未觉得有必要问问究竟。我并不知道,他怎么揣测我的谋生手段。其实,他没有好奇心正适合我的需要,因为在那时,我已放弃了偷师萧伯纳和奥尼尔的剧目,转而兴致勃勃地排练盗取的考夫曼和康纳利的作品材料。

实际上,在看了《六月的月亮》之后不久,我便转向了考夫曼和康纳利,当时,我丝毫没有想到,我很快就会和这两个大名鼎鼎的剧作家当中的一个合作。现在,它奇迹般地变成了事实。每当我发现,考夫曼先生对我的个人生活毫无兴趣,我都会长出一口气。当时,小剧团导演会想尽各种办法,逃避给作者支付作品使用费,因为不给作者付费,就意味着导演可以挣得更多的薪水。这是当时流行的做法,我多年以来也都是这样做的,喜欢什么戏剧就导演什么戏剧,只是需要更换个剧名而已。每晚跟考夫曼先生的合作结束后,我便忙着导演他写的戏剧《马背上的乞丐》、《达尔西》和《致女士们》。我给这三出戏起了新名:《销售员的梦想》、《福克斯小姐》和《完美爱情》,而作者则是虚构的詹姆斯·L. 贝克和迈克尔·克兰。

如果一旦他问我晚上做什么,我真不知该如何回答;仅有一次,我问他能不能早点儿结束工作,因为晚上在纽瓦克市我有个彩排,考夫曼先生稍感兴趣地问道:"你在排练什么剧?"我张口就说是"《销售员的梦想》",这时他皱了皱眉头,好像是在说"从没听说这个名字"。我的心开始怦怦直跳,几乎忍不住要跟他坦白。就在当时,他瞥见了地毯上的一个线头,对我的个人生活的那点儿兴趣,一下子就消失了。

为了缓解疲倦,我尽所能提早结束每晚的排练,但效果并不明显。我几乎要做出放弃小剧团的决定,希望能从乔·海曼那里借钱谋生,直到《一生的一次》上演为止。这时奇迹又发生了,我的疲倦感一下子消失了,而且一去不返,或者说,它再也没有变得很严重。这个奇迹是由两件接连发生的事情引发的,而且它们都发生在同一天。这两件事不仅结束了我的疲倦状态,并且让我不再觉得自己处境艰难。头一件事,我初次见到了比阿特丽丝·考夫曼;接着,我没有任何准备,就仿佛"扑通"一声掉进了舞台之外的戏剧界的私人世界。我对这个世界向往已久,而且希望自己有一天能步入其门。即使那天我对它只有短暂的一瞥,也足以让我清醒很长一段时间。

那天早晨,像往常一样,我在十一点准时到了他家的四楼,我惊讶地看到,考夫曼先生正在跟一个漂亮的女人谈话,她的一头秀发染成迷人的蓝灰色。我当然知道,他的房子里还住着别的人,他们常在我们楼下的房间里走动,但他们究竟是谁,我一点儿都不知道。考夫曼先生从未谈及妻子或儿女,对我来说,他不像是个已婚男人。我甚至从没觉得,考夫曼先生曾经有过父亲和母亲,更何况是妻子!他好像是一个隐形人,每天早晨从打字机里跳出来,晚上又跳进打字机里。就像他对我的私生活的了解情况一样,我对他的私生活同样一概不知。一旦到了十一点钟,我们就关上门开始工作,除了端茶的女佣,没有其他人曾出现在我们面前;除了这个女佣外,我上下楼梯的时候,也从未瞥见过其他任何人。

我站在楼梯口,惊讶地盯着他们。他们见状,便停止了交谈,转头看着我。考夫曼先生像往常一样,举起一根手指跟我打招呼,然后使出他所有的社交礼仪,勉强地介绍道:"莫斯·哈特,比阿特丽丝·考夫曼。"我们互相笑了笑,我不自在地站在楼梯口,不知是否应该进入房间。亲爱的读者,在这里我不情愿地向你坦白:我当时错以为,比阿特丽丝·考夫曼是考夫曼先生的妹妹。现在听起来是那么愚蠢,可在当时,我确实是这么以为的。我也有我的理由。首先,我从来没听过有人这么介绍自己的妻子。在布朗克斯或布鲁克林,人们通常会这样说:"这是我的妻子,某某夫人",或者更简单地说:"我的妻子。"其次,在布朗克斯或布鲁克林,丈夫和妻子总是睡在同一个卧室,没有把房间分开的。我知道考夫曼先生不跟任何人共用一个房间。虽然现在看起来,我的想法单纯得不可思议,但在当时,我的确花了很长时间才意识到,比阿特丽丝·考夫曼是乔治·考夫曼的夫人,因为在此之后,我偶尔几次会礼貌地问起考夫曼先生的妹妹,而他会有些疑惑地盯着我。

在做了简单的介绍以后，他们接着进行中断的谈话，我站在那里呆望着比阿特丽丝·考夫曼。从传统意义上说，她不是个漂亮的女人，但她具有少见的特质和与众不同的个人风格，她的身上散发着一种奇异的魅力。这些使她的言谈举止带有特殊的光彩。她有着独特的天赋，即便是日常生活中的小事，在她的应对过程中都会变得饶有趣味。我厚颜无耻地窃听他们的谈话。我的耳朵听惯了布朗克斯和布鲁克林一带的女子的叽叽喳喳，她的言谈却好像来自另一个世界，仿佛她是从萨默塞特·毛姆①的故事中径直走出来一样。对她谈及的那些人我根本不熟悉，但我知道，她在讲戏剧界的上流社会发生的一些事情，我常在报纸的戏剧专栏里读到过它们。她言谈优雅，却能轻而易举地让考夫曼先生情不自禁地发笑，我惊叹于她的本事，因为能让考夫曼先生笑可不是件容易的事。这女子确实具有一种吸引我并让我着迷的生机和活力。我痴痴地心想，等我成了那个世界的一部分，我就有机会认识这样的女人。为了这个目标，现在的辛苦很值得，哪怕是再辛苦一千倍也值得。

我羡慕地盯着他们，羡慕他有这样一个妹妹。当我听得正起劲，并希望她不要太快结束交谈时，谈话突然终止了。她转头对我说："我已经给乔治下了严格命令，并要靠你来确保他照我的命令行事。我要他今天早点儿收工，好下楼一块儿去喝茶。你要和他一起来，确保他不至于走丢了。"她说完便向我微微一笑，然后就潇洒地走开了。我盯着她的背影，然后转向考夫曼先生，他正朝打字机走去。

他拿开打字机罩子，不以为然地说："比阿特丽丝请人来喝茶，全世界当然也要为此停下来。"他并没有说"我的妻子今天下午请人来喝茶"，却说"比阿特丽丝请人来喝茶"，因此我又想当然地认为，他的妹妹也许邀请了一个表妹或年迈的姑姑来做客，他虽不愿见他

---

① 20世纪早期英国著名作家。

们,但妹妹已经安排好了,他因为不得不体谅兄妹之情而勉强同意了。

她虽已离开此处,但她的影响却如同落日余晖一样。她带上门走出房间后,过了好一会儿,我才恢复镇静,开始新一天的工作。那天尽管只瞟了她几眼,却足以让我精神振奋,我很多天都没这么头脑清醒了。人类的创造性的灵感就是这么神秘!有时受到奇特的刺激,反而思如泉涌,从而结出累累硕果。自从见了比阿特丽丝·考夫曼一面之后,我的创造力就像燎原之火一样一发不可收拾。我并不知道,她为什么如此有效地触发了我的创作机制,也许她代表了在戏剧界成功之后的世界。她是一个再好不过的象征,这个象征是如此诱人,让我觉得目前的精神和身体的痛苦完全是物有所值的。我的痛苦感觉突然消失了,仿佛变得精力无穷,如果需要的话,我甚至可以一直工作到天亮。

不知不觉地,下楼的时间到了。考夫曼先生瞥了一眼手表,说:"差一刻到五点。"我几乎不敢相信,这一天过得太快了!我根本不需要像往日一样,努力地和瞌睡虫较量,我甚至根本没朝这方面去想。他走过去打开门。乱哄哄的声音立即从楼下房间里传来。他叹了口气,说:"客人到了。我们最好下去。"他梳了梳头发,又调整好领带,示意我跟着他。

楼下人多声杂,我在楼梯上听着甚觉奇怪:这完全不像是一次家庭团聚。我忽然意识到,我的身着打扮,完全不适合家庭团聚这样的场面。我当时穿着平日工作和排练的衣服:一件旧运动服,上面缝着黄铜色纽扣,一条褪色的、因没熨过而皱巴巴的长裤。可是当我意识到时已经太迟了,我们已经下到了二楼楼梯口,考夫曼先生和我正一前一后地朝客厅走去。

在门槛那里,我没有迈步跨进去,反而后退了一步,我惊呆地站在那里。房间里挤满了人,我认出他们当中的每个人。我知道《名利场》杂志上的那些图片,里面充满了戏剧界和文学界的名人画像,可今天这些人却从杂志里走了下来。我实在不敢相信我的眼睛。我听说过或感到崇拜的那些大人物都在场,我能一眼看到他们的面孔。我敬畏地看着他们,其中有埃塞尔·巴里摩尔、哈珀·马克斯、海伍德·布龙、埃德娜·费勃,还有海伦·哈尔、乔治·格什温和亚历山大·伍尔科特。他们当中有演员、作家、作曲家,也有一流的导演和演出商。这就好像一个剧院崇拜者的保护神突然挥动魔杖,招来了多如银河系的星星一样的偶像,使得任何明星崇拜者一时间都会感到眼花缭乱,不知所措。我觉得我此刻就是那种明星崇拜者,因为我突然变得怯场,我的舌头仿佛贴到上颚而动弹不了。我的衣服又让我羞耻得抬不起头,只有那双从玳瑁镜框上方瞥向我的眼光,才使得我不得不迈开步子,走进了房间。

考夫曼先生介绍道:"阿尔弗雷德·朗特①,莫斯·哈特。"阿尔弗雷德·朗特伸出手,我勉强跟他握了手。"莱斯利·霍华德②,莫斯·哈特。"我又笑了笑,同他握了手,舌头依然粘住了似的不能讲话。考夫曼先生说:"去给你自己拿喝的吧,顺便也给贝克小姐拿一杯来,好吗?"他随即又介绍说:"多萝西·贝克③,莫斯·哈特。"我看着贝克小姐,僵硬地傻笑着,却依旧不能说话。这时,德裔美籍女演员纽萨·马克爱因喊了一声考夫曼先生,我觉得没错,是她本人;考夫曼先生转过身去,我也因此免除了更多的彼此介绍。

贝克小姐微笑着说:"不用麻烦给我拿酒了。"她指着朝我们走来的两个人,"本奇利④先生和伍尔科特先生来给我们助威了。"贝克小姐的微笑让我几乎开了口,但这时手里端着酒杯的本奇利先生到了我们跟前,并夹在我们中间。又有一个人过来拥抱贝克小姐,我没看清那是谁。我小声地松了一口气,挪到房间的中部,一个人

---

① 美国舞台剧导演和演员。
② 出生于英国的美国舞台剧演员和电影演员、导演和演出商。
③ 美国小说家。
④ 美国幽默专栏作家和电影演员。

站在那里,一边观察一边聆听。没有人注意到我,我变得更放松了,而且房间里这么拥挤,我的衣服也不太显眼。我独自站在那里,尽量做到不引人注目。

一个侍者走过来,碰了碰我的胳膊说,"先生,茶还是饮料?""饮料,谢谢。"我答道,并从托盘上拿了杯饮料。接着,我一边慢慢地喝着,一边兴致勃勃地朝四周注视。我满意地心想:六个月前,甚至在六个星期前,这样的场景对我来说还完全只是幻想而已。也许明年这个时候,我会跟每个人交谈。在茶几旁的几个人走开了,我看见了比阿特丽丝·考夫曼。她坐在那里,突然瞧见了我,露出了一脸灿烂的微笑,并挥手向我打招呼。我也笑着朝她挥了挥手。

在房间的尽头处,有人开始弹钢琴,虽然我看不到是谁在弹,但我知道可能是乔治·格什温①。我不禁暗笑起来。我记得当年曾盗用过他的《好女人》里的几首歌,并用于夏令营的娱乐节目。我饶有兴致地听他弹琴,并开始喜欢上了这次聚会。我想,即便我不能鼓起与人交谈的勇气,这私下的享受也比和任何人谈话的感觉更好。侍者再次从我身边经过,我把空杯子放回去,又拿了一杯新鲜饮料。赫伯特·贝亚德·斯沃普②从我身边经过,向壁炉那边的人群走去,正好经过我的跟前,便热情地说:"喂,朋友,怎么样?"很明显,他错把我当成他认识的人。不过我也笑着说道:"很好啊,你怎么样?"我不仅开口了,而且以同样的热情做了回应。我慢慢地喝下了一大口饮料,然后仔细地环顾房间。为何不跟人交谈一番呢?以后向卢德利酒店的朋友汇报时,这将是多么有趣的话题啊!我几乎可以听到自己巧妙地把一个名人的名字糅进谈话中,然后故作漫不经心说:"哦,是的,我几天前一个下午跟他交谈过。"那将是多么让我满足的时刻啊!那么跟谁搭话呢?与谁聊上几句,最能让我的朋友感到惊

---

① 美国作曲家和钢琴家。
② 美国著名编辑和新闻记者。

讶和羡慕呢?选出任何一个都几乎太过艰难,因为那天下午,这个屋子里挤满了真正的名人;几乎所有的人在卢德利酒店那里,都曾被我们贬得一文不值,但又是我们极度羡慕和嫉妒的对象。

然而,毋庸置疑,我知道谁的名声最了不起。当我站在门槛目瞪口呆的那一刻,我就注意到了他。从那时起,我在人群中发现他好几次,但他差不多每次都跟一群人在一起,大家都围着他,不论他开口讲什么,都会引起一阵阵大笑。我在房间里又搜寻了一下,这次让我惊讶的是,《纽约客》杂志的那个大评论家——亚历山大·伍尔科特正一个人待着。他挪到尽量远离钢琴的一个角落里,坐在椅子上,在喧哗的气氛中从容地阅读一本书。我对他的此举颇感惊讶,觉得这种行为很不适合出现在这样的场合;但名人似乎都有数不清的怪癖,他的举动也许不算奇怪。我又喝了一大口威士忌酒,心想,基于同样的道理,如果我打断他的阅读,要跟他聊聊,他可能同样不会觉得奇怪。

我慢慢地朝他坐的地方踱过去,又站了一会儿,想要鼓起勇气,并试图想个适当的开场白。我侧目瞟了一眼他读的那本书的标题,原来是一部新出版的神秘小说,几天前我恰好刚刚读完此书。还有比这更好的由头吗?亚历山大·伍尔科特是谋杀和灾难艺术的一个著名鉴赏家,而我正好是这类艺术的一个爱好者。总之,我们从一开始就应该会有共同语言。另外,我们还可以由此谈到戏剧和他的其他兴趣爱好;我对这些情况都了如指掌。我挪近了一些,站到他身旁,然后轻轻地咳嗽了一声,以吸引他的注意力。

"你会很喜欢这本书的,伍尔科特先生。"我说,又指着那本书,和气而友好地对他微笑着。伍尔科特先生慢慢地把目光从书上移开,一双猫头鹰一样的大眼睛从厚厚的镜片后盯着我,一动不动。他反问道:"你怎么知道?"他说话的语气是那么尖酸,好像话一说出口便发酵了似的。一双大眼睛从镜片后放出凶光,而且只在我身上逗留了一两秒钟,便又回到那本书上,而我对他而言,就好像水溅到一面墙壁上,并迅速蒸发到空气里不复存在一样。我虔诚地希望,我真的可以这样消失,我当时为此愿意付出任何代价。我实在不能在那里多站一秒钟,那种感觉太痛苦了,我尴尬得浑身发僵,好在我的腿还能动弹,并带着我离开那里。我退到房间中央,才发觉自己已经出了一身冷汗,我的自卑感达到了顶点。我内心的混乱和耻辱,似乎完全暴露出来,仿佛每一个路过的陌生人都看得出来似的。虽然我知道,没人会听到我跟伍尔科特之间的谈话,但我还是惊恐得浑身发抖,生怕有人走过来跟我说话。我猛然间痛苦地醒悟过来:在这些人当中,我自己是多么稚嫩、多么不够资格,幻想有朝一日成为这个封闭的小圈子里的一员,简直是异想天开。一想到此,我便立即挤出人群,拔腿就向楼下逃去。

　　第二天早上,我要进入伍尔科特的世界的决心,比以往任何时候都更坚定了,昨天的荒谬的开端起了相反的作用。我疯狂地投入工作。不光彩的时刻和动机,有时会造就伟大的戏剧和小说。如果我们能冷静地、毫无矫饰地审视创作冲动的内部运作过程,恐怕我们不得不承认,如此崇高的创作过程,更多地源于我们对世俗快乐和物质报酬的追逐,而不是英雄主义和奉献精神,虽然我们更常听到的是后者。我注意到,那些最有创意的艺术家虽然住在高达而孤独的塔楼里,但是,他们居所内部却常常配备最舒适的名牌家具,门前通常还停着一辆跑车。这是司空见惯的情形,我们没必要认为,这是不可接受的或不值得推崇的做法。那些关于这类住所的道貌岸然的诽谤,都是听起来实在刺耳的无稽之谈:无私的创造意味着挣扎,豪华生活会伤害创造的灵性,超脱世俗的回报不值得艺术家去寻求。世俗的追求可能听起来粗俗,但它不仅没有玷污我的创造灵感,而且使我这个俗人有能力去享受一碗即便不够光彩、也必然会令人满意的成功的浓汤。

第 17 章

在比阿特丽丝·考夫曼举行聚会之后的几个星期里,我们的工作进展突飞猛进,让我和考夫曼先生都觉得不敢相信。在我的记忆里,当时第二幕已经写好,第三幕的结构已经成型,其中的场景已经大致写在纸上。正在这个关键时刻,出乎我的预料,考夫曼先生突然叫停了。我本来以为,就如维多利亚瀑布孕育的那种伟大的自然力一样,我们目前只能奋勇向前,任何障碍都无法让我们停下来。考夫曼先生说:"我觉得在开始第三幕之前,咱们最好停下来喘口气。明天我们休息一下。"他从我的面部表情精确地推测出,我又要口齿伶俐地准备发言纪念刚刚完成的第二幕,所以就果断地先发制人了。"除我之外,你一定还想对另一个人倾吐几句肺腑之言。"他一边说,一边朝洗手间冲过去,并把水龙头完全拧开!

当他洗手时,我走到书桌边,拿起一堆手稿上放着的一个信封,想看看背面写着什么。我对考夫曼先生的预约和会议提醒总是很感兴趣,他每天都把这些用打字机打出来,然后放到上衣口袋里。只要有机会,我就会无耻地伸长脖子偷看,因为这些备忘录会列出会议和参会人的名单,这些排列在一起的名字,总能勾起我的好奇心。明天的清单已经整整齐齐地打出来了,里面有几个见面安排,内容用省略号分开,其中一部分是:"弗朗西斯·福克斯①……理发","西多尼亚姑母……格洛丽亚·斯旺森②"。从西多尼亚姑母一下子跳到格洛丽亚·斯旺森,这正是那种让我感兴趣的名字组合。接下来在信封背后,还有更有趣的关于第二天的安排:"补牙……槌球……诺玛·希拉③"。看起来,考夫曼先生第二天的日程安排很有挑战性,正跟我预想的一样。我转而自问我的休息日如何安排。我琢磨了好一会儿,才知道什么会给我带来最大的乐趣。我的一天不会像考夫曼先生那样丰富多彩,但从我自己的角度来看,却也照样不同寻常。我打算在床上歇息一整天,当然首先要大吃一番!我会吃了睡,睡了吃。想着我能吃多少东西,就已经让我觉得心满意足了;但考夫曼先生从洗手间里走出来了,结束了我的美梦。他说:"对了,山姆·哈里斯从加利福尼亚州回来了,他要见你。我告诉他明天我们不工作,他要你到音乐盒剧院去,时间是十一点。行吗?我这就去给马克斯·西格尔打电话。"

我故作愉快地点了点头,但内心却很恼火,在那一瞬间,我又做了一个庄严的决定。从这一刻起,如果我可以自主安排的话,那么在正午前,我会坚持躺在床上休息。年轻人都热切地承诺过很多庄严的誓言,但通常都不能够兑现。然而,我履行这一誓言却没有任何麻烦,同时我也要履行我早已确定的、一旦我有钱坐出租车,便绝不再坐地铁的誓言。我这样做,并不是出于任何追求快感或从中渔利的目的。

我敢肯定,有充足的证据可以证明,清晨的几个小时,是一天的黄金工作时间。我们这样的游手好闲的懒汉的一切辩解之词,对于那些天一亮就起床的父老乡亲来说,是没有任何分量的。他们忙着

---

① 美国剧作家和演出商。
② 美国女演员、歌手和演出商。
③ 出生于加拿大的美国女演员,是20世纪二三十年代北美最知名的女演员之一。

提高在清晨时光的工作效率,而我们却躺在床上,享受那经久不衰的晚起的乐趣。从我那温暖的被窝里,我对他们的信念虽然将信将疑,但也要永远祝福他们。我接受他们关于清晨时光如何重要的证据和数据,并且接受他们对我的懒惰之心几乎不加掩饰的轻蔑。事实上,我从未能够充分理解我的损失。当我第一次看到那不勒斯海湾和海港时,那时候是在下午一点钟。那是我一觉醒来后看到的景象,对我来说,它们变得更加漂亮而迷人,因为这时,我的头脑格外清醒,身体格外轻松。

第二天上午还不到十一点时,也即在跟山姆·哈里斯第一次会面之前,我的情绪并非处于最佳状态。走在通向他的办公室的台阶时,我的内心还是有些不快,但几分钟后,一俟见到他,我对吃了再睡、睡了再吃这一美梦的落空,不再感到一丝遗憾。这对他来说,应该是不小的恭维。山姆·哈里斯的诱惑力是不可阻挡的。马克斯·西格尔开始了他一贯的介绍方式:"哈里斯先生,这是那位年轻的剧作家。"山姆·哈里斯从办公桌后伸过手,说,"嗨,小伙子!"从那一刻起,我便喜欢上了他,并永远愿意做他的奴隶。

我后来发现,这种情况不只是发生在我的身上。在剧院内外,很少有人会对这个聪明而温柔的人感到无动于衷,山姆·哈里斯似乎浑身都散发着蓬勃的生命力,与他在一起的任何人都会受到感染。他在别人身上造成的非凡效果,又因他的其貌不扬而更加令人惊叹。乍一看,他是个普普通通的矮个子;略显凹陷的脸庞原本会成为一张丑脸,却由于那双特别的眼睛而得以幸免,我从来没见过比这更明亮、更善良的眼睛,眼角总是挂着热情而和蔼的笑意,让我立即想到"美德"、"慈悲"这样的词汇。最令人吃惊的是,这个貌不出奇的小个子,尽管明显没受过很高的教育,却能立即让人感到敬畏,因为他的品味无可挑剔,而且他精力充沛,头脑清晰。他衣着优雅,从纯洁色调的领带,到镶嵌珍珠的领带夹,从做工讲究的细麻布袖口,到精美的西装,无不表现出高贵的气质。他说起话来慢条斯理,但措辞简练而犀利,对问题的回答经常出人意料的十分简短。这使我们最初见面的几分钟有些别扭,因为他过于简约的谈话风格使我感到困惑不解。后来我才发现,山姆·哈里斯的听觉很糟糕。然而,他假装听到了一切;就好像对于他的外观的态度一样,他对自己逐渐加重的耳聋视而不见。如果说虚荣心确实是一个缺点的话,那么这是我在他身上所看到的唯一的缺点。

　　一个没有任何恶习的人通常单调而沉闷,山姆·哈里斯却是个例外。他不但不叫人感到平淡,相反却极富幽默感;从普通的舞台工作人员到明星,他跟剧院里所有的人都相处得很好。在演艺界的每个人都崇拜他。在这个弱肉强食的行业里,各种嫉妒和挑拨离间司空见惯,他能受到如此尊敬实在是极不寻常的事情。同样值得称道的是,他有办法应对最棘手的明星。在那些脆弱而又暴躁的生物身上能做到这一点,可见他的待人接物的能力之强。比如,在一次灾难性的彩排结束后,一个演员感到愤怒而且沮丧,看起来局面不会很快收场,一场潜在的冲突似乎在所难免;而山姆·哈里斯只需轻轻地说上几句,就会让此人一下子扭转情绪,并且重新变得通情达理。于是转眼之间,一场充满怒火的喧闹局面,就被山姆·哈里斯的轻声细语所取代。我想,他的秘密其实很简单。狂暴能够被宁静所征服,山姆·哈里斯也是我所知道的最宁静的人。在他所生活和工作的世界里,日常天气是此起彼伏的歇斯底里和动荡不定,在这个自我中心主义占据上风的环境中,他却始终保持着镇定平静,这种气质能立即让那些最野蛮和最难管束的性情暴虐者突然冷静下来。当然,他并不是圣徒。他也有不小的脾气,只不过他善于自我控制而已。他偶尔也会发火,不过看到他与自己的脾气搏斗,实在是很壮观的事——他顶多会吼叫几声,但一般都持续不了多久。演员很少会为难他或惹他发火,因为他对戏剧界的人总是十分怜惜和支持,对演员更是出了名的心软。与此同时,他们的律师或代理人却像是玫瑰花心里的蠕虫,对于他们这些人,他会毫不留情地大发脾气。除此之外,剧院的任何其他方面都难不倒他。他是个大胆而果断的赌徒,一旦他在一个作家或明星身上下了赌注,他绝不会犹豫不决。对于好剧本,他会一意孤行地在制作上下工夫,以便把剧本的优点完全发挥出来,这样的激情一直持续到他的生命的尽头。到目前为止,对我而言,他都是剧院里的一个伟大的绅士和最后的贵族。在其后漫长的合作生涯里,我们始终相处得极好,堪称是演艺界的典范。在最初的尴尬而紧张的时刻过后,我对他的喜爱,使我不知不觉地丢掉了羞怯,开始变得自在起来。他问我:"你们两个家伙相处得如何?"我回答说:"在大部分时间里,我都饿得要命,但我认为,我们已经有了一个相当不错的第二幕。"他笑了起来。在那以后,我开始噼里啪啦地讲个不停,告诉他关于我自己的各种事情,包括一些我不曾告诉过任何人的事情。很明显,他也立刻喜欢上了我,因为他的眼睛里闪烁着欢喜和愉悦的光彩,没有什么能比这种光彩更快地打开友谊和亲密感的闸门。

一定是见我说得没完没了,感到惊讶的马克斯·西格尔提醒我说:"哈里斯先生,你是不是想要去剧院和人见面?"山姆·哈里斯点了点头,从桌子后面走出来。他一直送我到了门口,亲切地把一只手搭在我的肩膀上,说道:"孩子,我们以后得多见面。我希望有更多的机会和你聊聊。我觉得你会写出一些有趣的好本子。"他微笑起来,那是他特有的微笑,然后看着我走下楼去,并不停地挥手。我同样微笑着挥挥手,走出音乐盒剧院的接待大厅,感到十分喜悦而舒畅。我不知自己为何如此轻松,几分钟后我才突然明白过来:是山姆·哈里斯帮我做出了那个决定。

在刚过去的两三个星期里,我一直在逃避做出一个决定。跟山姆·哈里斯一个小时的交谈,使我可以迈过这个门槛了。当时已是三月,弗拉格勒大酒店的业主从二月初以来,就督促我签署一份酬金很高的新的合同,在即将到来的夏天去担任他们的娱乐指挥,我从没拿到这么高的工资,他们声称,这将是有史以来在"罗宋汤"游乐区给娱乐指挥支付的最高酬金,我相信这是实话。我一直拖拖拉拉,尽可能地找理由推迟做决定。我虽然渴望把那个职业抛到身后,但我也不得不做两手准备,万一春季试演《一生的一次》失败,我也好有个退路。春季试演预计在五月下旬,持续两个星期。当然,没有哪个夏令营或酒店可以等到五月底,才确定娱乐指挥这个职位的人选,不管这个人有多么走俏;三月确实是最后的一个月,他们不能再等下去了,他们就是这么告诉我的。可是,假设《一生的一次》只有一半令人满意,因此需要在今年夏天重写,那我又该怎么办?有些剧目——事实上据我所知——有很大一部分剧目,都被毫不留情地抛弃在阿斯伯里帕克市或大西洋城,从未真正进入纽约。如果《一生的一次》在试演中遭受同样的命运,那我整个夏天靠什么来过日子呢?因为小剧团排练到十一月份才开始。虽然我这个夏天和冬天挣了不少钱,比我以往任何时候挣得都多,但它们似乎正以恼人的迅速消失。容我在此插一句:这种现象在接下来的多年里,一直都在顽固地困扰着我。然而在那天早上,我终于做出了决定,那是一个相对安全的妥协,至少在我看来如此:在六月中旬之前,让多尔·沙利替代我作为娱乐指挥,到那时为止,我一定会知道实际进展情况;那时候,我也许可以从他那里把那个职位接管过来。

从音乐盒剧院走出来的时候,我就打定了主意。我相当肯定的是,弗拉格勒大酒店的合伙人急于要我签合同,他一定会同意我的建议。在这之前,我曾答应他们在当天下午两点签合同;但见了山姆·哈里斯以后,我改变了主意,理解转向音乐盒剧院隔壁的皮卡迪利酒店方向,并意志坚定地朝附近那个电话亭走去。我紧张地往电话机投币槽里塞进一个一角钱硬币,然后关上门,这时我清楚地知道,我这是在放火烧毁身后最后一座桥梁。从电话亭里出来并重新进入第45街以后,我已不再是个娱乐指挥,而是个剧作家,不管前面有什么样的障碍,我都绝不退缩。当然,在熙熙攘攘的大街上,没人会在我身上看到这一明显的变化。

  第二天早上,当我到达工作地点时,我意识到气氛的微妙变化。我还没坐到扶手椅上,考夫曼先生就说:"哦……"然后就在房间里快步踱来踱去。看来,他今天没有工夫看猫、拾线头和搔耳朵,也没工夫整理打印纸和复写纸。甚至在我到来之前,所有的铅笔已被削好了。虽然考夫曼先生像往常一样,在打开办公桌上的一堆手稿前,首先去洗了手,但他动作很快,并从洗手间里继续和我讲话,发表关于第三幕的意见。我们早已商定好了开幕的场景,他迅速地把那一场景的描述内容用打字机打出来,然后大声读出来,随后又说出他设想出的开场的一句对白,询问我是否合适。我点点头,并提出了下一句对话。就这样,第三幕的内容如泉水般从打字机里汩汩而出。

  似乎大多数人都对这种合作机制很感兴趣,不论是同行剧作家,还是外行人。原因究竟是什么,我一直很迷惑。人们无休止询问我:应该如何合作?当然,大部分人最终都会问到,在某部剧本里的某句绝妙的对话,到底是谁想出来的。但是,因为我觉得这是我们的私事,跟其他任何人没有关系,所以,我总是高深莫测地微笑着,并把话题转向其他方面。实际上,"合作"一词正如词典里说的那样:两个人在一个共同的项目里彼此协作。

  合作并不需要特别的天赋,只需有足够的耐心,把自己的工作方法跟合作者的工作方法和谐地融为一体。的确,就《一生的一次》而言,在我们合作前就有了一个完整的剧本;但有的合作是从零开始的,每一行字,每一个想法,包括整部剧本的基本想法,都是合作的结果。就像是拼版镶嵌艺术一样,无数个微小的部分十分紧密地交织在一起,因此不可能知晓谁建议了什么,或者一句话是从哪个合作者的嘴里说出来,并始终原封不动地保留到剧本的最后一稿。

当一出戏的基本思路足够理想的时候,我们的合作便会进行得很顺利,反之亦然。在我们合作的戏剧中,我们的合作过程一直都很简单:从一张新的打印纸开始,在打字机上费力地埋头苦干,直到我们两个都对这一页感到满意为止。我喜欢我们的合作过程具有的某种神秘感,尽管两个人一起工作和一个人独自工作一样沉闷而单调。我宁愿让坐在我右边的那位好奇的女士一边喝她的黑咖啡,一边在她的脑海里仍然不受影响地认为:我是一个具备稀有而神秘的天赋的年轻男子。

然而,有一点并不神秘:合作远比一个人闭门工作更加愉快。大多数人都害怕孤独,写作是最孤独的一种职业。很多作家因为受不了干这一行当的孤独而经常抱怨不休。他们的抱怨声有时甚至让人觉得难以接受;但我知道,他们不是在装腔作势,而是在说实话。迄今为止,写作中最难的部分,就是远离所有的人。一旦开始下笔,作者就不能再过群居生活。如果他不是独自一人,如果他跟普通人一样有社交生活,那么他就不是在工作。就是这种跟外界和朋友长期隔离的感觉,驱使很多作家去找到各式各样精致而巧妙的借口,以此把工作放在一边,并且重新"逃回"人世间。合作能把孤独减半。当一个人处于情绪的低谷时,有另一个人在房间里相伴,感觉就不会那么糟糕,尽管另一个人也可能处于相似的悲观状态。别人的存在,就像是黑暗中的光芒,它会带来勇气和力量,哪怕只有一点点,也能让人找回信心,重整旗鼓。除了极个别的例子,写作是一项清冷的事业。一些原本可以大有作为的年轻作家,最终满足于在好莱坞或电视行业做演员或从事其他工作,仅仅因为他们讨厌独处,我对此完全能够理解。同样,每当我听到同行作家哀叹"脑子空白"时,我也从来不会无动于衷。我想,这是一种特殊的抗议,是对写作者需要独处这一不可改变的命运的抗议。我对这种绝望之感同样十分理解,并给予充分的同情。后来,当我自己写剧本时,我也总是忍不住怀念过去,怀念与他人合作时的温暖和陪伴,就像一个流亡者会怀念故乡一样。我承认，至今我仍常常有着这种怀旧情绪。

当我们接近第三幕的尾声时，合作的一些常规情况也开始发生变化。一方面，考夫曼先生突然变得健谈起来，当他把线头从地毯上捡起来，或者看猫在后院的花园玩耍时，他不再一声不吭。以前，我一般会用这段安静的时刻来吃东西，为身体补充必要的能量；我知道每逢这时，他对我没有什么期待，所以我只是坐在那里等待，等着考夫曼先生说"呃……"并踱来踱去。然而，一个原本沉默寡言的人，最近一下子变得十分健谈；而且我发现，他甚至喜欢上了八卦新闻和各种小道消息。对于他这样性格的人，这种爱好简直是不可想象的。不过毋庸置疑的是，他提到的戏剧圈里的一些人我并不熟悉，我和他们没有直接交往过，但我知道他们的名字，这对他就已经足够了。更令我惊喜的是，一天早上，他猛然转身对我说："我们中午出去吃午饭。今天我不想在家里吃了。"

吃午饭！我不敢相信地盯着他。我们合作的这四个月，我们从未吃过午饭，一顿在我看来像模像样的午饭；我每天都一直坐在那把椅子上，直到饿个半死。他一定是看到了我异样的表情，但他完全误解了我的意思，因为他说："一点三十分左右，你还能吃东西，对吧？"我慢慢地对他点点头，但内心实在不理解他：在那些漫长的下午，我都在不停地咀嚼巧克力，这难道不意味着我需要食物吗？很显然，他仍旧没有意识到，对普通人或动物来说，食物是必不可少的，不论它以何种方式出现。我恨恨地想，恐怕考夫曼先生家里的一只狗，都很难有机会填饱肚子，除非它知道在狗窝里给自己藏起一些巧克力之类的东西。

当天下午的午餐，却是一顿像样的、完整的午餐。在午餐过程中，我有些惊愕地感觉到，他要问我一个问题，但他有些不好意思，正在犹豫不决。有一会儿，他似乎就要放弃了，但最后还是决定问我。

他说:"你觉得,如果我来扮演劳伦斯·威尔这个角色怎么样?我们很快就需要开始安排演员了,也许就从现在开始好了。"

尽管我试图控制自己,但还是忍不住大笑起来。和一个剧作家合作,你却找到了一个演员!

他跟着我一块儿笑了,然后急忙补充说:"当然,这有点难度,因为我从没当过专业演员,但我想我可以演好,而且还会给这个角色应有的那种真实性。"

我说:"这是一个绝妙的主意,不能找到比你更好的人来扮演这个角色了。"我说的是实话。这部戏里,劳伦斯·威尔是一个著名的百老汇剧作家,好莱坞疯狂地恳求他赶过去,越快越好;他于是来到好莱坞,却在那里左等右等,一直等了六个月,而且在这期间没有见到任何好莱坞人士,以至于到最后也没有人知道他是谁,他为什么在这里。虽然这个角色只在第二幕里出现,却是在精神错乱的好莱坞里唯一有理智的人。因此,这个重要角色一定需要演好。在这出戏中,我最得意的几个对话就出现在那段戏里,我知道这些对话没人会比考夫曼先生演得更好,在他的房间里,他私下里也对我表演过。一些剧作家在自己的卧室或书房里,的确可以把他们的某个戏剧角色表演得惟妙惟肖,比演员在舞台上的表演效果还要好;就像有些作曲家,可以坐在钢琴前边弹边唱,比大歌星在一个完整的管弦乐队的伴奏下演唱得更好。

考夫曼先生因为我的兴致而格外高兴,他似乎想要我快点儿吃完奶酪和苹果,好回到打字机旁边,但我可不是那么想的!我准确地猜测到,下一顿完整的午餐,必然还要等待很长时间。我慢慢地享受我的甜点,一口口地细嚼慢咽。他叫来了一如既往地感到紧张的服务员拿来账单,付了钱,然后继续坐在那里,不耐烦地把一摞糖果高高地在糖罐旁边垒起来。最后,他忍不住说:"如果你能大口吃的话,我们一个星期就能完成第三幕。"

他说对了。刚好一个星期后,他用打字机打出"第三幕终"这几个字,然后迅速地逃到洗手间里,因为他知道,我又会用一些夸张的大话,让他牢牢记住这个庄严而重要的时刻。很明显,他这次预期到,我的讲演规模将会更加盛大,所以,他不仅把盥洗槽的水龙头开到最大,也把浴池的水龙头打开,并开始脱衣服、解领带。他微笑着抬起一根手指和我道别,知道我不会强行在一个脱光身子的人面前发表演说。

隔着喧嚣的水声,他从洗手间里大声喊道:"明天还是正常时间。我们必须让山姆·哈里斯知道我们想要演员怎么演。我们先在这里过一遍。然后到音乐盒剧院去。"说完,他非常满意地轻轻用脚把门关上。

第18章

在接下来的几天里,考夫曼先生和山姆·哈里斯很快就选好了演员,速度之快让我感到有些不自在,但在我们三人当中,只有我是个生手,因此,我没把我的想法说出来。对每个角色的最终选择和确定,他们都会一丝不苟征询我的意见;但我能感觉到,当他俩完全认同一个演员时,在大多数情况下,我要么保持沉默,要么表示同意。事实上,我很享受准备排练的这些日子,因此我不愿为其他事情过多忧虑。对于这些日子,我已经等待了很久,并且急于从中受益。

对我来说,一部剧本只有在舞台试演后,才能体现出它真实的价值。只有离开空气干燥的书房,并开始嗅到光秃秃的舞台的霉味,这部剧本才会成为一出真正的戏剧。听着参加试演的演员在舞台上大声朗读台词,我会突然觉得它开始有了生命。我从来不理解为什么有些剧作家会觉得,试演和彩排是一件苦差事,或者说,在写完剧本并离开打字机的那一瞬间,他们真正的快乐就结束了。对于我来说,一出戏内在的快乐,在于试演过程的兴奋、排练时演员的集体合作气氛,以及外界所不知晓的秘密感和共谋感;这些快感在演员、作家和演出商合伙人之间与日俱增,它是排戏戏剧演出的本质。在我看来,所有这些,才是整个排戏过程最让人满足的部分,也是能让我重新走向打字机的唯一的动力。

相比于第63街的艰苦的、类似于监禁生活的几个月,坐在音乐盒剧院看试演,简直是一种轻松自在的自由时光,我感觉妙不可言,更不用说我还能够在试演间隙跑出来,到剧院边的杂货店买来巧克力奶和汉堡包,对我来说,这简直是天堂里才有的至乐一刻,它完全弥补了长时间以来,由茶和饼干构成的斯巴达式饮食的不足。每天对我来说都像是度假。这一切恍惚间好像是在做梦一般。演员很快找好了,我信步走向音乐盒剧院,准备观看该剧的第一次排练。我当时兴奋不已。在试演过程中,我听人大声朗读过剧中的一些场景,虽然整个过程显得很零碎,却足以勾起我想要一气听完的欲望。我简直是迫不及待。

我的迫切的心情是一目了然的。我一反常规地第一个到达剧院。舞台几乎是空的,除了两个舞台监督在摆放椅子,他们把椅子摆成一个长长的半圆形,并在我、考夫曼先生和山姆·哈里斯要坐的椅子前放了一张桌子。他们盯着我,对我那不体面的提前到场感到惊讶;我隐约看见他们彼此善意地挤着眼睛。很明显,过早赶过来,意味着我违背了首次排练的主要规矩当中的一个。看来,首次排练确实有一套严格的行为规则,和小步舞曲的规则一样庄严而且不可更改。次要演员总是第一个到达的,然后才是大模大样走进来的主要演员,或者说,进来的顺序取决于他们的报酬。就在作者出现之前,导演、演出商和明星会率先登场;地位最高的大明星,将会最后一个露面。我进来时舞台监督之间互递眼色的情形,更证实了一个结论:我是剧作家当中真正的新手。但我并不介意。这是我梦寐以求的地方,我怎么可能有耐心在外面等待更久呢?我没赶在舞台监督之前到达,就已经很够意思了!

渐渐地,大小演员相继赶到了。因为《一生的一次》里没有明星,首席演员随后步入舞台,坐到排成半圆形的椅子当中合适的座位上,这些人包括阿莱·麦克马洪、休·欧康纳、布兰奇·金,以及格兰特·米尔斯。他们的脸上都闪着愉快的光彩,除了这故作的姿态,在第一次排练时,他们还带来了香烟。随之,我听到山姆·哈里斯和考夫曼在剧院后面的说笑声,他们正沿着过道走过来,又一起走上舞台,山姆·哈里斯欢迎所有的演员,包括那些最微不足道的角色:先是一两句客套话,再拍拍肩膀。考夫曼先生跟一个舞台监督嘀咕了几句,然后坐在桌子旁,示意我坐到他的旁边。山姆·哈里斯坐到考夫曼先生另一边,马克斯·西格尔坐在他旁边的椅子上。舞台监督喊道:"大家好!女士们,先生们,你们每人椅子旁边都有个消防水桶,请你们务必把香烟头扔到里面。谢谢。"他坐了下来,再次把目光转向考夫曼先生。我艰难地呼吸着,又清了清嗓子,在我自己听起来,我的清喉咙的声音响得如同炮火。

考夫曼先生打开手稿,把它放到面前的桌子上,然后低声宣布:第一幕,第一场。稍稍停顿之后,第一句台词从半圆形椅子矩阵中传来。读得无精打采,听上去也平平淡淡,第二句和第三句台词也是这样。我想,那一定是我自己的紧张情绪影响了我的听力,便尽量放松下来,试图摆脱感觉不好的第一印象。但我发现,开场白的平庸,并不是由我的紧张情绪造成的。紧接着的几句台词也同样地枯燥无味,整部剧本听起来完全没有生气,即便是首次排练。自从第二个场景开始以后,似乎越来越死板。我斜眼瞟着考夫曼先生,看他的脸上是否有同样的反应,可他似乎并不知道,这出戏的试读过程有多么糟糕。他正忙于在每页手稿上做笔记,好像根本没有在听。我看着他旁边的山姆·哈里斯和马克斯·西格尔,他们也似乎不为所动。我无法理解这种局面。我所听到的东西,他们当然也应听到了:绵软无力,彻头彻尾地叫人提不起精神,既然对我来说是这样的情况,对他们来说也理应如此。然而,他们怎么能如此平静坐在那里无动于衷呢?要知道我自己是一句也听不下去了!

当然，我所不知道的另一个情况是：所有戏剧第一次朗读时，听上去都很糟糕。原来，第一次排练还有另外一个行业规范：演员们认为，第一次阅读就读得很好，是不合常规的，其原因只有演员自己知道。明星或主要演员，尤其会用无比单调的语气随便地过一遍他们的角色。如果一个小演员像我一样稚嫩，因而不知道这一行的规矩，在朗读他们的区区几句台词时就略微露出表演的味道，别人就会盯着他，轻蔑地说他是个不错的"朗读者"或者"广播剧演员"。这个愚蠢的、但不可改变的惯例造成的结果是，新的剧作家第一次听到将要演出该剧的一帮人读他的剧本，两条腿会在靴子里不停地发抖；在痛苦地经历这种情况的同时，剧作家还会扪心自问：在过去的两年里，难道我不是在浪费时间吗？当然，演员们会坚持声称，他们根本没有这样的规矩；他们拙劣的表演，完全是因为他们自己的紧张情绪所致，但我从来不大相信这个解释。他们很可能说的是实话，但我有两次，听到明星在第一次朗读时，就带着辉煌的表演成分，与他们此后在舞台上的正式表演一样出色；我对他们一直充满感激。

格特鲁德·劳伦斯在第一次读《黑暗中的女人》时，以及雷克斯·哈里森在第一次读《窈窕淑女》时，从第一句台词开始，他们就立即进入角色，整个人就像带了电似的一下子就兴奋起来，他们的兴奋是那样具有感染力，以至于像野火一样蔓延到其他演员身上。这使得一个通常原本会变得令人沮丧的过程变得全然相反，因此直到今天，我都始终带着感激之情想起这两部戏剧。

《一生的一次》的第一幕对我来说，则完全像是一个缓慢的、并且最终向失败投降的过程。最后，不仅我的内衣内裤全被汗水浸湿了，我的外套也湿透了。我能感觉到，我的夹克衫牢牢地粘在椅背上。最后，舞台监督喊道："先生们、女士们，休息十分钟。"我从椅子上站了起来，悲惨地看着马克斯·西格尔，根本不敢朝考夫曼先生或山姆·哈里斯那边望过去。马克斯·西格尔向我走过来。

"怎么了？身体不舒服？"他问。

"听起来糟糕透了，实在是太糟糕了。"我说。

他笑了，他的笑听起来让人那么放心。"第一次读总是这样的，"他继续说，"难道你不知道吗？第二幕听起来会更好一点儿，到了第三幕时，他们会开始忘了自己，甚至会有点儿表演的味道。等着瞧吧。"

他说得很对。第二幕听起来的确有点儿意思了，第三幕甚至开始多了淡淡的娱乐味道。我开始重新呼吸而不是紧张地喘息。当舞台监督宣布解散让大家去吃午餐时，我惊奇地发现自己甚至有了食欲；这是一个再好不过的征兆。在第一幕进行时，我觉得再好的食物我也不会去碰；我当时以为，这意味着我们这次是彻底失败了。

两点钟时，大家重新集合并开始下午的排练，我的兴致又来了，并认为自己已经成为排练现场的老手了。没有什么会影响我的胃口，我心想。但那天下午，还是有两件事让我十分失望，而且我没能很快地从失望中走出来。考夫曼先生作为导演是数一数二的，我一直热切地期待看到他走上舞台的那一刻。在与他合作的这些天里，他在剧本写作方面，只是零星地提到他一些自己的见解，从没跟我做过深谈。我当然对他有更多和更高的期望，但他一直对我守口如瓶。那天排练时，我认为他再也不能隐藏什么了！现在，整个小剧团都在场，而不是除了他只有我一个人，那么他就有义务多说几句。说出一两个即便是非正式的、但却有启发性的观点，是每个好导演在演员面前都应当履行的责任；他起码可以说说角色和动机问题，以及如何表演，才能把对话的语气和态度发挥到最好。那天，我再次全副武装地赶来了，还带了一个小本子，打算坐在黑暗的剧场后面，记下他讲话的要点。当时我已是速记老手，我可以在黑黢黢的剧院后面，使用我自己发明的速记方法。我本来打算利用第一次排练的好机会，存储大量有价值的信息用于将来使用。

午休后重新集合时，我惊讶地发现，舞台的地板已经用粉笔做了标注,舞台中间已摆好一把椅子和一只旧沙发,代表第一个场景。显然,这里不会有什么讲座或讨论了!我简直不敢相信自己的眼睛。考夫曼先生没有对演员发表任何事先的讲话,而是拿着剧本直接进入排练过程。不仅如此,他说话的声音很低沉,我几乎听不见他在说什么,更何况他甚至没说几句话,似乎他主要的工作就是确保演员彼此不撞到对方。第一幕虽然不长,不过我认为,在舞台上大致过一遍,也至少需要两天时间。但是,考夫曼先生只用了不到一个钟头。我惊讶而又不满地看着台上的一举一动。安排好第一幕的入场顺序,考夫曼先生就从舞台上走下来,来到观众席,并要求把这一幕再走一遍,这样,他就可以从正面看到整个过程。演员们又过了一遍这一幕的各个场景,然后他又回到舞台上。啊哈,我想,原来如此:先大致设置好场景,然后再跟演员讲话,这就是他的方法。现在,舞台机制已经搞定了,剩下的就是讨论演出本身了。需要讨论的当然很多,比如舞台动作的目的,每个角色的心理活动的背景与角色本身的关联性,以及其他的一切。

可是,我想当然的这些讨论都没有发生。考夫曼先生走到阿莱·麦克马洪的一侧,看上去有点儿不好意思,然后开始与她低声交谈。不管他小声说了什么,她都点点头;然后,他走到休·欧康纳那儿,并开始在他耳边低语。我开始有些坐不住了,心里很不满意。我曾仔细挑选了倒数第三排的后排座位,并躲在远离舞台的一侧,以免影响他的工作,因为这样就不会让考夫曼先生觉得,我正在他的背后朝他脖子上吹气。现在我不得不站起来,走到前面第三排、挨着中间过道的座位那里。他走到格兰特·米尔斯那里,又跟他耳语了一番,让我十分生气,因为即使是在第三排,对方说什么,我也一个字也听不到。我想,即便我挪到舞台跟前也没用;他说话的声音是那么轻,即使是一臂之遥,我恐怕也无法偷听到一个词。

他以同样的方式,进行了整个下午的排练,以及余下三个星期的排练。到了第三天,我在出门之前,闷闷不乐地把笔记本留在家里。在剧院里,我愁眉苦脸地整天坐在那里,观看一部无声的电影,电影的内容是一个男人正在导演一出戏。滑稽的是,这出戏讲述的却是一个爱讲话的"大嘴巴"的故事,我想,无声地导演这样一部戏剧,应该是史无前例的。

然而,尽管我感到恼火,但我还是渐渐地开始看出他的导演方式和格局。他不给演员上演戏的理论课,没有给演员讲述作者的本来意图,也没有挥舞导演的魔杖,使演员在他面前显得被动而束手无策。另外,他也没有给演员做示范表演,并且让他们看到,他只需动用自己的一点点才华,就可以表演得完美无缺。相反,他让演员把他当作回音板。他只是观察和聆听,却不把自己针对特定场景应该如何发挥的成见强加给演员,他让每个演员找到最适合他们自己的方式;慢慢地,只用一两句悄悄话,戏剧的场景就开始成形,并且明显地呈现出导演本人的品质和风采。他导演的动机,似乎是两个艺术方法的巧妙组合:一个是让演员按照自己独特的灵感和品位自由发挥,另一个是相信自己的耳力,以此来衡量一出戏的喜剧价值。当然,这不是一般人的耳朵,他的一双耳朵就像音叉[①]一样准确无误。因为没有一般导演的虚荣心或自以为是,他能够放手让演员自主行事;在试演初期,演员的自信心就像初春的草芽,如果没有人用割草机将其割掉,它就会生长、结实并且开始蔓延。在大多数情况下,那些有声望的导演都像是割草机,他们会把自己的想法过于热情地强加给演员。和新一代导演不同,他既不假装是天生的心理学家,也不假装是一位父亲或戏剧文学教授。然而,他的平淡超然和寡言少语的导演方式却非常有效。起初有如在无边的大海上航行的演员,逐渐地就会确认自己的方位,找到自己的平衡点。由于这是他们自己而不是导演施加的虚假的平衡,所以他们就会迅速成长并走向成熟,戏剧也因此很快建立起自身的体系结构。

---

① 一种呈"Y"形的钢质或铝合金发声器,用于检查和鉴别耳聋的性质。

在我看来,有些剧目常常面临这样的境况:在排练时期,它们的一切细微之处,完全按部就班地照着导演的指令去做,以至于牺牲掉了一些更有价值的东西,取而代之的是华而不实的一系列辉煌的表演片段。依我拙见,导演得最好的戏剧,往往具有这样的特征:在其导演的过程中,我们看不见导演的手在后面操纵;好像这出戏没有被导演过一样,只有一只无形的手掌管和负责舞台上的一切活动,但并不控制演员们的自主行动。虽然这样的导演看起来平淡无奇,而且我仍然觉得有一种被骗的感觉,但我不能否认的是,他每天取得的成就,比我想象的要多得多。到了排练的第八天傍晚,山姆·哈里斯赶来观看了第一次完整的彩排过程。

跟往常一样,马克斯·西格尔和他一起来了,但仅此而已,再没有其他任何人。考夫曼先生根本不喜欢彩排时有很多人在场,他不需要自己的朋友或演员的朋友来捧场,甚至也不需要他尊重并信任的那些有判断力的人来助阵。他坚信不管是谁,不管是个人还是团体,无论他们多么明智,都没有谁能比投资者的反应更准确、更合理,因为后者需要把一大笔钱投到剧院当中。我认为,他大体上是对的。让亲朋好友观看彩排,也许我们会了解一点儿东西,但更多的时候,它只是自欺欺人罢了。我看到过太多简单的彩排,光秃秃的舞台上只有几把椅子、一个指示灯,可彩排却很成功;同样一出戏,有道具,有背景,有舞台脚灯,却可能一下子消失在纷繁芜杂的背景当中。因此我并不认为,彩排观众的多少和热情程度,是一出戏成功的关键因素,反之亦然。然而,不论排练过程进行得如何,当一出戏第一次与真正的观众碰面时,必然会有某种令人愉快以及令人不快的意外情况,而作者对此应当做好准备。

那天晚上,在《一生的一次》第一次排练结束时,山姆·哈里斯既没有表现得很高兴,也没有表现得很失望。他的沉默让我感到不安,但这似乎并没有让考夫曼先生受到影响。考夫曼先生解释说:"从山姆·哈里斯那里,你只会听到他对不喜欢的东西的看法。我觉得今晚他并没有太多不满,否则的话,我们就会从他那里听到更多的意见。我想,他是要等着这出戏锤炼得更好再下结论。"既然如此,我就有理由感到满意了。另外身为导演,考夫曼先生完全忙于排戏的诸多细节,所以,他也没有时间来安慰我这个日益感到紧张的合作者。下午排练结束后,我通常会看到他和布景设计师、服装设计师、道具设计师或电工碰头;傍晚排练结束后,他会再次跟这些人商谈。

《一生的一次》是一部大戏。它要求精心制作的六套场景大量的服装和相当多的稀奇古怪的道具,包括半打活鸽子和两条俄罗斯猎犬。鸽子和猎犬早已被用在排练当中,以便让演员对它们感到习惯,也让它们早些对演员感到习惯。不过,因为鸽子和猎犬们都很少去听考夫曼先生的低语,而且他对人类的耐心又没有延及到动物界,所以在这样的紧要关头,我觉得自己千万不能给他多添麻烦,我自己的不踏实感也实在不算什么。我想,当时我每天的恐慌感受,部分是源于这样的事实:在相对轻松自在的第一周以后,这部戏剧的排练突然加快了节奏,最后迅速而匆忙地进入了开幕之夜的准备工作。我认为,这主要是因为工会的一些要求太高了,它们像篱笆一样把剧院工作限制得紧紧的,以至于几乎扼杀掉了排练过程中应有的密集和创造性的环节。

一切进展得太快;还有很多细节都没有处理妥当,我知道在开幕之夜前,一定没工夫去打理它们了。当时我尚未了解到、后来不得不在艰苦实践中慢慢领悟的一个道理就是:一出戏一旦开始排练,与它相关的每个人和每件事,就像坐着雪橇从山上向下俯冲一样无法停顿下来,你也不可能走回头路。在顺着斜坡往下冲的过程中,不论是原地打转还是转变方向,你只能顺其自然,做到"兵来将挡,水来土掩"。我只希望我们最后会有足够的运气安全着陆。看到很多戏剧的确能够安全着陆,我真觉得是一种奇迹。

我实在不能相信,转眼之间,我已开始迷迷糊糊地打理好手提箱,准备到大西洋城参加彩排和首场演出了。我那令人麻木的焦虑感,并没有因家人的态度而有所缓解;他们每个人都有了180度的大转弯。当初我收到作为《一生的一次》预付稿费的500美元时,他们都觉得非常可疑,以至于要求我早日把钱退回去;但现在,他们确信美妙的前途正在等着我们,而且它就隐藏在首场演出的帷幕后面。特别是我的母亲,她完全处于无比喜悦的状态中,觉得我偶然进入了一个她虽不理解、但看起来很受人尊敬的行业;在她的朋友的眼里,那是一个只比律师和牙医低一两个档次的行业。很多年来,她曾苦于无法向她朋友解释,她的长子到底靠什么来谋生。我在夏天的工作还不难解释,虽然与人家学习医学、牙科或法律的儿子相比,没什么值得骄傲的(只有上帝知道为什么);但是,对于我在冬季做的工作,她完全无法解释,也难以理解。在一段时间里,她一直跟人说,我晚上在给人上"演讲"课。问题是一个儿子白天躺在家里无所事事,晚上又去做些稀奇古怪的事情,实在不值得显摆。我知道,她始终避免提及我的"家庭作业",因为这好像是给我盖了一个身份戳记,表明我跟别人的儿子不一样,现在突然间,她可以带着自豪感指向这种差异。

《一生的一次》预定在大西洋城上演一周,在布莱顿海滩上演一周。布莱顿海滩的那家剧院离我们住的地方不远。居民区里到处贴满了演出海报,我的名字和乔治·考夫曼的名字,都出现在海报牌上最显眼的地方。我的名字也出现在报纸公告栏里,就连我母亲的那些对戏剧一向迟钝的朋友,现在也不可能不知道,她的儿子可能终于成了才!我真的相信,这不是因为这一行当可能会带来难以置信的财富这一缘故,而是因为一直以来,我的活动在她的朋友们的眼中总是那么神秘而又可疑,现在它却突然被罩上了体面的光环。我很清楚,现在,既然已在这些广告牌上看到我的名字,她肯定无法接受这样的事实:我从事的这个全新而体面的事业可能会在两周后突然消失,因此,我没有提到这一点。她高兴而满意的心情是那样明显,我实在不忍心给她的希望泼上冷水;出于几乎相同的原因,我也没有对父亲和弟弟多说什么,尽管他们同样怀着不切实际的乐观和过高的期望。

我跟所有的家人吻别,坐地铁到了宾夕法尼亚车站,并在那里和剧团其他人会合,然后乘火车前往大西洋城。"开幕之夜"的前景已经那样明显地让我变得惴惴不安,以至于马克斯·西格尔看了我一眼,便大笑起来,从他的口袋里拿出一个小酒瓶,并很快把我带到餐饮车厢去喝烈酒。

第 19 章

在 1930 年的春天，大西洋城可谓人满为患。每家酒店的住宿客房似乎都已爆满，就连街道两侧不起眼的客栈也很难找到空出的床位。通常总是在散步时刻才会人头攒动的海滨木栈道，在将近傍晚时就变得拥挤不堪，以至于走在它的外部边缘的人似乎随时都会被挤到下面的沙滩地上。

我从我的酒店窗口处注视着波光粼粼的海面，以及散步者在撒满阳光的木栈道上形成的有趣格局，而且，一如既往地关注预兆（不管是好是坏）的我对自己说，这些度假的人必然是一部最新戏剧的理想观众。虽然我看不清楚他们的脸，但是，我宁愿想象他们的脸上绽放出善意的笑容。

我自我宽慰地心想，大西洋城毕竟是东海岸第一流的试演城市，而且，在星期二晚上鱼贯进入阿波罗剧院的观众，将不仅仅是有水平的观众，也是具有理解心和包容性的观众，因为他们习惯了这里被用作试演地，所以并不会指望一出新戏无懈可击。他们甚至会将其缺点作为弥漫在这个度假地的假期情绪的一部分。值得一提的是，和《亲爱的强盗》在罗契斯特市开演的那个严酷的冬日不同，今天的天气温和宜人,从海洋那里吹来的清新的微风,令人感到神清气爽。

我站在打开的窗口处,呼吸着当天的空气,并俯视着在我眼皮底下铺展开来的明亮的全景,而且有那么几分钟,我的精神开始昂扬,我对于预兆的信念,又像通常那样发挥了作用。然而,当我转身离开窗口并走到床前打开手提箱时,我能够感觉到忧虑再次袭来,尽管我做过努力,但却无法摆脱那种感觉。那是一种没有理由而又十分顽固的痛苦。在排练的最后一个星期,我一直在与它较量,以至于在坐火车来到这里的旅途中,每天晚上都很难顺利入睡,现在,我明确无误地感觉到,同样的焦虑和恐慌再次席卷而来。

"除了你以外,"当我恼火地把我的物品塞进抽屉里时,我对着空荡荡的房间大声说,"没有任何人感到担心,而且他们比你了解100倍,所以你就别担心了!"有那么一会儿,把这些话响亮地说出来很管用,但仅仅是一会儿而已。不断加剧的忧虑感变成了惊惧之情——当我在几个钟头以前坐上火车时,马克斯·西格尔就从我的眼里清楚地看到了那种惊惧。

我扑倒在床上,躺在那里注视着天花板。我对于精神分析所知甚少,我也不了解它的方法和内涵,但我本能地感觉到,我必须竭尽全力地试着去了解让我难以摆脱的恐惧感,不然它就会征服我,让我变得寸步难行。我在床上躺了将近一个钟头,而我得到的结论——虽然并不十分令人满意——至少能够让我看起来更加平静,也使我终于能够走出房间,到剧院去面对我也许不得不以某种镇定的心情去面对的任何结果。

我发现我难以面对的是——这是我得出的结论——失败的可能性。有太多的东西都要仰赖于《一生的一次》的成功,以至于我很难以通常的勇气甚至是常识去接受它遭遇滑铁卢的想法。我尝试着摆脱弗洛伊德①博士在某种程度上立刻就会理解、但我却难以摆脱的那种畏惧感。可以这么说,我的潜意识显然正在安排与诸神之间的一场交易——把我的痛苦作为一种获得回报的祭品,把我的悲伤作为无声地呼吁对方慈悲为怀的条件。我相信,对于把全部希望寄托在一个事件的结果上,从而忍受着巨大的压力的人而言,这并不是一种罕见的行为;但是,当我依稀地感觉到这就是我目前的遭际时,我的痛苦得到了一定的缓解,而且我由衷地感觉到,我已经令人惊讶地推演出了一种新的真理,所以我还是走出了酒店,走向了剧院。然而,就像是在开幕式前夜的酒店房间里做出的所有重大发现一样,我的这次自我发现恰好持续了同样的时间——就是说,它持续到我走到剧院并从舞台后门入口走进去为止,因为就在那里,它像水汽一样地蒸发了,并且融入忧心忡忡的后台气氛中。

第一次彩排——当我赶到剧院时,它已经在进行当中了——的过程相当糟糕。没有上妆、穿着日常服饰的那些演员,要么麻木地坐在化妆室,要么在舞台侧翼三三两两惆怅而又沉默地走来走去,等待着舞台工作人员改变一个布景,或者当电工调整好聚光灯以后再被叫到舞台上。一堆堆的咖啡纸盒,一块块吃了一半的三明治和不新鲜的面包圈,已经开始堆积在更衣室和舞台偏僻的角落处,以及在黑暗的剧院的空座位上。一种虚假的欢乐,就像湿乎乎、令人难以下咽的面包圈本身一样,夹杂于演员和舞台工作人员之间偶尔表现出的同样虚假的情谊当中,并且最终变成了全体沉默的空壳。

总之,第一次彩排就像通常那样不温不火、不好不坏,因为第一次彩排所带来的阵痛之一,就是一大部分演出过程都令人沮丧而痛苦。与之相伴而来的,是开始那场久已有之的战斗:即便效果不佳,也要照常演出,因为到了演出的这个阶段,已经动了所有的技术手段和舞台艺术——照明专家用了三个钟头付出艰苦卓绝的努力,才

---

① 奥地利精神病医生及精神分析学家。精神分析学派的创始人。

取得了用来表现黎明时刻的理想效果,尽管这对于即将开始的演出似乎是一种不祥的预兆;美工师的那种迷人而又毫无价值的自负,带来的是一个大而无当的阳台,它将表演范围限制在脚灯前面的一个狭小区域;服装设计师非凡的调配,要么使得穿着晚礼服的女主角无法坐下来,要么让一顶帽子完全遮住了她的面孔,以至于只有正厅前座的前三排才能够看见她的样子。在把一个大型演出节目糅合在一起的最初这几个钟头里,所有这些情况,都似乎比那部戏剧本身更重要,而且,除非是以一种强大的决心、坚强的意志和纯粹的体力直面这场战斗,以便始终保持警觉状态和百折不挠的精神,不然的话,一出戏很可能会被演出过程中各种棘手的、错综复杂的问题乃至其彻头彻尾的美感所扼杀或者击败。

也许纯粹的身体耐力是首要条件。要让局外人了解那种似乎永无休止的枯燥和乏味的气氛,几乎是不可能的。那些即将到来的忧郁氛围,那种对反应迟钝的舞台工作人员的怒吼而产生的可怕的绝望感,那些在剧院后台和美工师、照明专家以及服装设计师之间近乎耳语但又不乏粗暴的争论,都令我永生难忘。在三天三夜里所发生的所有这些情况,是我对于地狱和永恒的诅咒的本来面貌的个人概念。在外行人中总是存在一个错误的观念:彩排是令人兴奋而又极为诱人的。这一观念需要更正。彩排是真正的地狱!幸运的是,这个特定的地狱是属于考夫曼先生的,而不是属于我的,虽然作为一个痛苦的旁观者,我似乎正在比他遭受更大的折磨。

我不安地在剧院周围徘徊,在舞台两侧一簇簇疲惫的演员之间走动,在礼堂和更衣室来回踱步,我在两侧的脚灯那里也找不到什么安慰,而且我越来越确定,即便这出戏最终能够上演,在星期二之前也绝不会上演。身穿浅蓝色西装的考夫曼先生默默地来回穿行于过道当中,不时地通过他手里的通话器械和在后台的舞台监督轻声说上几句;或者静静地坐在剧院最后一排的座位上,好像丝毫没有对他眼前的混乱景象感到困扰;当我声音嘶哑地低声告诉他说,从第一个场景过渡到第二个场景,足足用了十二分钟而不是两分钟的时候,他从他的眼镜边缘上方看着我,并且用一种奇特的逻辑回答说:"我知道。我一直都在这里,"然后,又把他那貌似漠不关心的目光再次转向舞台。

我没能见到能够给人带来安慰的山姆·哈里斯的身影。我从照常面带微笑的马克斯·西格尔那里获知,哈里斯先生那双有经验的眼睛,已经看过了这种必然会麻烦不断的彩排过程,所以现在一定是坐在木栈道的一张椅子上,或者是待在他的酒店房间里,只有到开幕演出的帷幕拉开时才会出现。"他喜欢让自己保持新鲜感,"马克斯·西格尔说,"你干吗不也这样做呢?"他补充说,"你老是待在这里而且看上去不知所措,是没有任何意义的。你就是在自己吓唬自己,也是在吓唬演员。你为什么不出去透透气呢?"

我没有回答,转过身来,再次在后台走动。一会儿之后,我无精打采地走到礼堂里,颓然地坐到一张椅子上,大约用了五分钟时间闭目养神,因为我不愿面对舞台上那种无比混乱的景象,但是接下来,我拥有了在两个星期以来,第一次长达两个钟头的最佳睡眠。

我似乎很难清楚地回想起接下来的四十八个钟头的情况。配有布景和灯光的彩排过程仍在继续,演员们开始穿着适当的服饰,并在适当的时间出现在适当的布景当中。实际上,我对于这四十八小时的记忆,是对一种奇怪的错觉的记忆,在我的脑海里,它们直到今天都那样清晰而生动。在开幕前的这最后两天,我似乎总是被这样一种幻觉所支配:我顺着一条地下河漂浮,那些演员、舞台工作人员和考夫曼先生的面孔,不停地在黑色的水流中浮现——岸边堆满了数不清的褪色的咖啡盒、吃了一半的三明治和面包圈——而且我正在被快速而又无可挽回地冲向一座虚无缥缈的岛屿那里,我还清楚而明确地听到,考夫曼先生的声音阴森森地不断从那里回响,尽管我并不理解他在说什么。

我回到了现实中——如果我实际上可能是被人叫醒的话——

在开幕演出那天晚上六点半钟,乔·海曼来到我的酒店房间。他发现我穿着内裤站在浴室的盥洗槽前面,我的手在盥洗槽镜子上方那个电灯泡下面伸开;我拉了那个电灯泡的细绳,然后又陷入心不在焉的状态,我没有拧开水龙头,而是一直站在那里,把手掌心在电灯泡下面翻过来,等待着自来水流出来。"这几天晚上,总是没有警告就停水,"我在同他打招呼时哭丧着脸说,"我怎么刮胡子?我不能就这么去看开幕演出!"

乔·海曼打开水龙头,说:"快点儿把胡子刮了,我请你吃一顿像样的晚餐。如果情况真的就和你的样子看上去一样糟糕,你更需要吃得好点儿。"

乔·海曼所说的每一句话,总是有一种温和的嘲讽意味,哪怕是在他最严肃的时候。这是他最明显的个人风格,对于那些对他只是略知一二的人来说,他的这种风格要么会很吸引人,要么会让对方敬而远之。这正是我当时所需要的风格。它驱除了演员、舞台工作人员甚至是考夫曼先生本人的形象对我的干扰,并让我的注意力重新转向到现实世界中。

出乎我的意料,我大快朵颐地吃了他给我买的大龙虾晚餐,而且受到他的轻松姿态的影响,我甚至在几周以来,第一次理性地谈到了这部戏剧。我允许他而不是其他任何人来观看开幕演出是正确的。通过迫切的恳求和几次并不过分掩饰的威胁,我已经说服了我的那个小圈子——埃迪·乔多洛夫、多尔·沙利、莱斯特·斯韦德,等等——不来大西洋城观看开幕演出,而是要等到下周在布莱顿海滩的演出。今晚,我只想让乔·海曼一个人跟我在一起。

对于我来说,一部戏剧的首次演出,帷幕在它的第一批观众眼前第一次拉开,至少是这部戏生存过程最糟糕的两个钟头,无论随后是什么样的命运。在一部戏剧面对首批观众之前,没有人真正知道它的实际情况;包括它的导演、演员和演出商,而对于它的作者而言更是如此。他非常看重的大多数场景,他最喜欢的精细写作部分——情感推力或者喜剧效果之间的微妙平衡,机智或者讽刺性的总结,能够充分照应主题、具有讥诮性意味的第三幕最后一句台词——这些都是最有可能从一开始就付诸东流的东西,有时候甚至带来适得其反的结果。第二幕的大场面,或者是能够反映作者全部个人哲学的感人独白——他奉之为圭臬,并隐约希望能够为他赢得普利策奖(或者至少是美国戏剧评论奖①)的那些所谓箴言警句——对于这些东西,观众总是沉默但却有礼貌地坐在那里把它们看完,同时耐心地等待那个令人愉快的次要人物的再次出场,尽管后者被推到舞台中央,只是为了突出作者想要表达的主题,或者是通过再次渲染有趣的小场面,为过渡到大场面做铺垫。

这是一个令人蒙羞的过程,而且那种自以为是的作者的傲气或者虚荣心有时会使他相信,他的戏剧不是那些小地方观众的头脑所能理解的,但是,当他的戏剧在纽约演出时,他就很可能会遭到当头一棒。当然,有的戏剧在外地不受欢迎,而在纽约却大有市场,但这种情况更多的是例外而不是规则。大体来说,观众毕竟是观众,因此就必然是观众——正如格特鲁德·斯泰因②可能会说的那样,而且对一部戏剧的严峻的考验,通常都是它的第一次演出。我最怕的就是它的第一批观众,因为不管改写过程可能产生什么样的奇迹,哪怕是你以为改写的效果非常完美,一部戏剧的实际命运,也几乎总是由它的第一批观众确定的。

纽约的开幕之夜,固然不只是某种你能够以泰然处之的态度对待的东西,但是在出城四个星期以后,除非一个人——哪怕是最乐观的作者——对于观众表现出的明确无误的敌对态度故意充耳不闻、视而不见,不然的话,他就应该清楚地意识到,选票已经投出并

---

① 评选委员会一般是由戏剧评论家、高校戏剧学者和剧作家组成。
② 著名的美国现代派绘画艺术抽藏家,也是小说、诗歌以及戏剧的实验主义女作家。

且开始计数——比赛已经开始,并且他已经输掉了比赛。观众不会发生太大的变化,而且就此而言,评论家也不会发生太大的变化。纽约的评论家,通常会更敏锐地察觉到作者的意图,更精明地区分出第一流的构思和耍小聪明式的构思,但是,他们尤其会盯住一部戏剧的弱点,或者是一次令它的首批外地观众感到恼火的演出。当然,相信一出戏在纽约开幕之夜的剧场会产生奇迹的想法,是可以得到允许的;然而我已经发现,归根到底,更稳妥而且伤害性更小的做法,就是相信奇迹就像出租车事故一样,是某种只会发生在其他人而不是自己身上的事情。

我们慢慢地沿着木栈道走向剧院,我在餐桌上的平静突然消失了,取而代之的是不断积聚的兴奋和恐惧,它们在我的胃里被划分成相等的部分。就连走在我旁边的乔·海曼,也突然奇怪地开始唠叨起来,我意识到,他是为了掩饰他自己的兴奋。我们两个人都没有提到戏剧。我相当娴熟而又长篇大论地说起我最喜欢的一个主题:贫穷所带来的种种弊端;乔·海曼压根儿没有关注我说的话,当我们经过一家又一家店铺时,他只是滔滔不绝地讲起在他的童年时期,那种咸味太妃糖的嚼头儿和绝佳的味道,而现在的那些太妃糖只能说是勉强可以吃罢了。当我们到达阿波罗剧院时,大厅的景象令人欣慰。当我顺着人流走进剧院时,拥挤的空间里响起一片令人快乐的嗡嗡声,仿佛这必然是一个会给人带来快乐的夜晚。我在拥挤的人群中一再地听到"乔治·S. 考夫曼"的名字和"他写的戏总是很叫座"的评价,而且就在我走近那个收票员时,我背后的一个男人大声宣布说:"现在我可以用二比一的赔率和你打赌,这肯定是一部好戏——我对考夫曼有百分之百的把握。"

乔·海曼把他的票交给那个收票员,当我通过时,后者对我点点头,表示他认识我。我和乔默默地握了一下手,然后我带着一个扁桃体即将被切除的孩子望着父母的那种恳切和依依不舍的目光,看着他顺着过道走到他的第四排座位那里,但乔并没有回头。我转过身来,望着剧院后面黑压压的人群,希望能够看到考夫曼先生。马克斯·西格尔对我说过,考夫曼先生从来不会坐在那里观看一部戏剧的演出——不管是首演还是其他任何表演。他会站在剧院后面,不是看着舞台,而是一边听声音,一边疯狂地来回踱步。我误以为他可能希望我也像他那样做,因此我就没有给自己安排一个座位,而是尽职尽责地站在那里等待着,焦虑地寻找他出现在这里的身影。

剧院的灯光开始变暗了一半,这是警告晚来的人尽快找到自己的座位。仍然没有考夫曼先生出现的任何迹象。

我在想,我是否误解了马克斯·西格尔的话——最近这几天,不管别人对我说什么,我几乎总是心不在焉——而且我一时间感到无比恐慌,我觉得考夫曼先生一定是在赶往剧院的路上发生了一起车祸,所以当帷幕拉开时,他也不可能出现,因此只能由我一个人负责。

接着,我听到附近传来一声明白无误的咆哮:"不要说话,坐下来,你们这些浑球儿。"一些迟到者,而不是一大群人,吃惊地瞥了一眼那个正透过镜片盯着他们的可怕的身影,并且静悄悄而又忙不迭地通过过道。即便考夫曼先生看见了我,他也没有和我打招呼。

他那疯狂的踱步已经开始了。他在剧院后面以飞快的步伐来回走动,他盯着脚下的地毯,完全无视他前面有什么人或者有什么东西。

那些引座员瞥了他一眼,并且同他保持着距离。

他就像一个疯子似地走来走去,在这样的时刻,他实际上也的确是个疯子,只有观众在恰当时机发出的笑声,才能够驱赶掉那个让他变疯的魔鬼。有那么一会儿,我隐约考虑过和他一起并肩踱步,但是,那个令人生畏的身影的另一次注视,让我打消了这个念头。事实上,我开始从相反方向的另一侧自行踱步,所以当我们到达中央时,我们一次又一次地擦肩而过。

不管怎样，对我来说，我从此以后坚持奉行的一个仪式，就从这时起一不小心形成了。从那天夜里开始，我从未坐在座位上看着我自己的任何一部戏剧的演出。我不愿去想象在多少家外地剧院里，我走过至少几百英里距离的情形。我走的里程数显然是惊人的，更不要说它们对我的鞋子造成的磨损程度。而且，我的耳朵和我的大脑，已经习惯了那第一次令人难忘的踱步，它们再也听不到观众的笑声——它们被训练得只能听到在观众本应发笑时却传来的沉默。

　　这或许可以解释这种情形——当人们对我说："听到剧院里的所有观众对你写的东西哄堂大笑，那种感觉一定很不错，对吗？"我脸上就会出现真正的惊奇之色。我总是回答说："是的，是不错，"但实际上，我从来都没有真正听到过那些笑声。我总是听着接下来的那句台词或者那个场景，因为它们可能不会如期地带来笑声。

　　剧院黑了下来，脚灯开始闪烁，观众变得安静下来。当帷幕拉开时，观众礼节性地发出了一阵掌声，不过我坚决避免让自己面向舞台，我下定决心要效仿我的偶像，他的眼睛死死地盯着地毯，当他走向我时，他的双腿的步幅甚至迈得更大。阿莱·麦克马洪出场了，而且在一两秒钟之后，随着她说出第三句台词，全场响起了一阵笑声。这标志着我第一次听到观众对我写出的某种东西发笑。

　　我立刻原地停下来，好像有人在我的嘴巴上狠狠打了一拳似的，在我的胃里温和地蠕动的海鲜汉堡包，突然开始可怕地翻腾起来。幸好我是在楼梯附近，所以我快步下楼冲向男厕所，刚好来得及，我在那里待了十五分钟或者二十分钟。我能够听到掌声，并且知道第一个场景已经结束了，而且从另一次掌声中能够判断出，布兰奇·金已经在第二个场景中出场了，但是我不敢上楼。每次我试图离开时，我充其量只能走到楼梯底部，然后我又再次变得恶心作呕。

　　最后，在第二个场景中间时，我再也不能忍受了。观众现在几乎是持续地发出笑声，我无法自制地想要体验那种情绪。我跑上楼梯,在那里站了几秒钟,目瞪口呆地看着舞台,咧开嘴傻笑起来,当观众大笑时,我自己也高兴地跟着发出一阵笑声。

我原本有可能一直站在那里把那一幕剩下的部分看完,也许实际上可能会看完整场演出,若非发生了那个意外情况的话——那个威严的身影突然出现在我旁边,并且暂时停下脚步,只是为了简短地说上一句,"不管你现在到底在干什么,你都应该知道,还有很多该笑的地方他们压根儿就没笑。"他投出了这一颗炸弹,然后就像惠比特犬①一样又走到剧院另一侧去了。

我彻头彻尾地为自己感到羞愧,于是我又恢复了我自己的踱步过程;我们彼此一再地相遇,但一句话也没有说,直到第一幕的帷幕落下为止。

我急不可待地希望看到乔·海曼从过道那里走出来。当剧场的灯光亮起来时,我能够从全场观众的掌声和那美妙的嗡嗡声当中推断出,第一幕进行得非常顺利。乔·海曼直言不讳。就这一次,他告诉我说"挺不错的",就像我的母亲会说的那样。"如果接下来还能有这样的效果,我的伙计,你以后就可以不必唠叨贫困的罪恶了。"他说,真正感到满意的笑容在他的脸上绽放开来。我环顾四周,想找到考夫曼先生,不过毫无疑问,他已经到后台去了。当第二幕拉开帷幕时,他就会很快出现在舞台上,而且他现在一定是在化妆。我四处走动,想要找到马克斯·西格尔或者山姆·哈里斯;我没有见到马克斯·西格尔的踪影,而山姆·哈里斯被一大群人所包围。他瞥见了站在人群边缘的我,使劲地冲我眨了眨眼。毫无疑问,他现在非常高兴。

引座员开始喊道,"启幕了,第二幕……启幕了……"观众们开始急不可待地如潮水般顺着过道回到座位上。在幕间休息之后,从观众回到座位的步速,总是可以看出那部戏剧的效果。如果他们在

---

① 一种四肢修长、原产英国的运动型猎犬,能以最少的动作跑完最大的距离。

大厅逗留而且继续聊天,或者在剧院后面喝着橘子汁,这通常都不是一个好兆头,它表明演出效果不太好。我总是对那些落后者感到恼火,但如果他们已经耐着性子,看完了那些令人枯燥而乏味的内容之后,你就不能指责观众不愿返回剧场这种情况。在我看来,这些观众似乎迫不及待地想要回到自己的座椅上。

当第二幕拉开帷幕时,考夫曼先生得到了当晚最热烈的欢迎。甚至在他开口说话之前,那个憔悴、忧郁的形象,他的那双透过镜框边缘邪恶地凝视着的眼睛,就让观众觉得好笑——而且他说出的第一句台词,就引起了这部戏剧到目前为止最大的笑声。实际上,可以说,他们笑了两次——一次是哄堂大笑,当它平息下来时,他们又发出了一阵愉快的笑声。接着他们开始鼓掌,掌声完全淹没了他的下一句台词,不过他熟练地等待他们安静下来,然后才开始继续表演。他在这一部分的表现相当出色,而且把观众完全控制住了。他对时机的把握恰到好处,他看上去完全符合他的身份——一个恶毒地致力于反对整个好莱坞的纽约剧作家——他充分发挥了那种终生活跃在舞台上的演员的才智和技能。在我看来,他的表演从未得到过应有的赞誉。由于他不是一个"真正"的演员,他从温和而宽容的批评家那里得到的评价无非是:掌握了演戏的诀窍或者善于搞笑,诸如此类;但是,他的实际能力远高于此。他说出的每一句台词,甚至是他的手势都会引来大笑,当他在第二幕中间退场时,观众席上爆发出震耳欲聋的掌声。

然后,一个可怕的事情发生了。那些充满渴望和好奇的观众,突然出奇地变得安静下来!

当然,在这一幕余下的部分也有几次笑声,可是,掌声稀少而寥落,而且听上去,好像是观众在强迫自己对于他们其实并不觉得有多么好笑的东西发笑一样。这就仿佛是他们希望戏剧能够一如既往地保持前面的效果,他们也愿意为此发挥自己的一点点作用:继续扮演他们作为仍然感到喜悦的观众这种角色。尽管如此,当第二幕降落时,他们只是失望而又有礼貌地给出了不值一提的掌声。

这一次,我没有等待乔·海曼从过道里走出来。我带着可怕的预感,胆怯地走到附近的舞台后方的胡同里,我站在那里,紧张地咬着我的指甲,并且默默地一遍又一遍地说:"哦,上帝,这不会又像在芝加哥一样吧?"

当第三幕的帷幕拉开时,我又回到了剧场,我看到,考夫曼先生已经开始在那里疯狂地来回踱步了。

我恢复了我自己的踱步,我们一次又一次地相互擦肩而过,尽管他并没有同我说话,而我也没有同他说话。第三幕的情况和第二幕的后半部分大同小异——笑声稀稀落落——尤其在最后一幕的场景中,它使得这一幕的失败变得更加致命,因为和这出戏的其他部分相比,这一幕的场景本身在布景方面更加复杂,在服装上更加奢华,却没有听到任何笑声。这是我们下工夫最多的场景,而且和通常的情况一样,这是我们两个人最喜欢、私下里最引以为荣的场景。由于观众是在沉默而又不满地看着它,那些精心设置的布景看上去很是可笑,那些昂贵的服饰愚蠢而又有点儿粗俗。一两声可怕的咳嗽,开始在大礼堂里产生空洞的回声——这是一声足以刺破剧作家耳膜的泄露内情的警铃,这些声音像仔细瞄准过的毒镖一样,穿透了他的心脏——而且在经过最初几声尝试性的咳嗽以后,一种突发的呼吸系统疾病,似乎在每一个观众的胸膛之间蔓延,好像是他们终于听到了期待已久的信号一样。巨大的清喉咙的声音,夸张的擤鼻涕的声音,此起彼伏地打喷嚏的声音,从剧院楼上和楼下的各个角落传来,所有这些逐渐融为一体,直到那种可恶的、不间断而又震耳欲聋的咳嗽声淹没了舞台上的每一句台词。

我停下脚步,恨恨地盯着那一排排密集的脑袋和后脖颈——有很多人都伸长脖子盯着脚灯——仿佛我的愤怒就像杀虫剂一样,能够喷向那些脑袋和喉咙并使它们变得僵硬。而且我的目光立刻就被观众变换的姿势吸引住了。在第一幕时,他们在座位上笔直地坐着,身体略微前倾,专注而渴望地聆听从脚灯上方那里传来的每一个字眼。现在他们完全是七歪八扭的。有些人甚至尽已所能地四仰八叉地躺靠在那里,他们的头都搭在椅背上。从那时起,我看见过同样静默的奇观,而且即便没有咳嗽,这也充分而又严峻地证明,那些观众是多么失望,这也是一个剧作家从来不应该坐着看完他自己的任何作品的另一个重要原因。相比于坐在第三排一大堆好心好意的朋友中间,从正厅前座后方看着观众的脑袋,会告诉他更多的东西。我走开了,倚靠在墙壁上,等待着咳嗽停下来,它当然没有停止。在那个笨拙不堪的场景的剩余部分,咳嗽的音量和规模越来越大。帷幕最终落了下来,迎接它的充其量只能被形容为不情愿的、而且是极为短暂的掌声。

至少在帷幕落下五分钟之前,考夫曼先生就消失了,而我仍然原地站在剧院后面,等待着乔·海曼走出过道。在他离我很远的时候,我就一眼看见了他。他沉着脸,看上去有些悲伤,和第一幕结束他走出过道时相比,他好像老了五岁。他走到我的身边,像过去一样直言不讳地说:"你成功了一幕戏零半个。你需要弄好另一半。"我没有回答,只是默默地注视着他。"我是该在酒店等你回来明早再回家,还是说,你宁愿我今晚就回家?"他问。

我终于开口了,不过我的声音听上去短促而高亢,就像是一声哀鸣。"最好回家,"我说,"在考夫曼先生的房间马上就要开会,我觉得一旦开完会,他就会要求立刻工作。看起来还有大量工作要做,对吗?"我毫无必要地问。

乔·海曼点点头,他的声音里再次多了那种柔和的嘲讽。"你今晚工作时,只需要想着,'嗯,至少我不是在夏令营去做那种《科恩女士在海滩上》。'这样会有帮助的。"他伸过手,我握住它。"不过有一幕半还是很不错的,"他说,"我明后天从纽约给你打电话。我最好现在就走,不然怕赶不上回去的那趟火车了。"然后他就离开了。

我一直等到几个殿后的观众离开大厅,才慢慢地顺着木栈道走向酒店。我并不急于回到那里,哪怕是有可能让考夫曼先生在那里等待。情况会像我担心的那样糟糕吗,如果那样的话,哈里斯和考夫曼会怎么做呢?山姆·哈里斯并不是奥古斯都·皮托,不过我记得,我听见他在排练期间对别人说过:"在表演业你不能精打细算,但知道什么时候减少损失是关键。你要尽快做出决定,及时止损并且退出。就是因为没有做这种小事情,让太多的经理人赔得精光。"我在温暖的夜晚空气中打了一个寒战,并发现我已经站在酒店前面了。

当电梯上升时,一些乘客自然而然地谈起了这场演出。"你觉得今晚那个东西怎么样?"一个被太阳晒得黝黑的胖男人,对站在我旁边的另一个被太阳晒黑的胖男人说。"我在大厅里见过你,没错吧?"

"没错,"我旁边的那个男人说,"第一幕结束以后,每个人都会待在大厅里。你要是问我的话,我觉得他们那帮人太差劲了。"

谁问你了,你这个肥胖、贪吃、穿得花里胡哨的浑球儿,当他挤靠在我身上时,我愠怒地心想。

"你们是做灯塔牌运动装毛衣的,对吗?"前面那个男人问我旁边那个人。"我是做女式羊绒毛料的。"

"是的,灯塔运动装。你知道这个品牌?觉得怎么样?"我旁边那个人高兴地问。

我很想亲自回答他,但我没有勇气。"我知道这个品牌,"我几乎就要脱口而出,"而且你们的运动装很糟糕——比我们的第三幕还要糟糕。我现在就穿着那种运动装。它们稀松巴拉的而且容易开线。你以为你很了解戏剧吗?你干吗不回到你的工厂,去生产出更好的运动装,你这个自以为是的混蛋?"当我从他旁边挤过去并走出电梯时,我在心里默默而又不合逻辑地补充了一句。

我蔫头耷脑地顺着走廊前行,但站在考夫曼先生的房间门前时,我扭过头又朝前走了几步,到了自己的房间门前。不管是否因为当晚的紧张情绪,还是因为"运动装先生"刚刚在电梯里说过的话,我的脸、额头和眼睛,就像发高烧一样热乎乎的。我进入自己的房间,而且并没有打开灯——我不希望被整齐地堆放在写字台上那一小堆电报嘲笑,尽管在今晚之前,我曾经带着那样自娱自乐的心情打开过它们——我通过黑暗的房间走向浴室。我把水龙头拧开足够长的时间,让盥洗槽里灌满了冷水,先是把我的脸、最后把我的整个脑袋浸了进去。在黑暗的卧室里,我换掉了汗湿和松垮的衬衫,就在我站在那里,扣上另一件干净衬衫的扣子时,电话响了起来。我痛苦地想起,我让家人在晚上十一点半我去参加会议之前,往我的房间打电话,这样我就可以告诉他们开幕演出的情况。它再次响起来,我没有过去接,而是就让它那么响着。除非我知道那个坏消息可能有多么糟糕,在此之前,我把坏消息告诉他们,是没有任何意义的。对于这件事强装笑颜,或者试图轻描淡写地描述今晚这场灾难,也没有多少意义——我的母亲立刻就能听出来。最好让他们觉得,我此时并不在房间里。

我走出了房间,电话仍在响着,我顺着走廊再次走到考夫曼先生的房间,并且敲了房门。考夫曼先生的声音传了出来,"进来,进来,"于是我走进房间,令人惊讶的是,房间里只有考夫曼先生一个人。我以为自己会见到山姆·哈里斯、马克斯·西格尔、舞台监督和公司经理,甚至是我在幕间休息时见到的几个和山姆·哈里斯谈过话的人。考夫曼先生的会议显然没有遵从固定的模式。那个"救援队"甚至是山姆·哈里斯,都显然被阻止在这个房间以外了。

穿着睡衣裤的考夫曼先生坐在沙发上,握着一支铅笔,那个戏剧脚本搁在他的膝盖上,一张黄纸和复写纸放在那台打字机旁边。他没有抬头,只是指指上面放着一大壶咖啡和两块薄薄的三明治的一张桌子。"这些都是留给你的,"他说,"我们需要通宵工作,客房服务到一点钟就结束了。"

我贪婪地盯着三明治,但他又打了一个手势,示意我到沙发跟前。我在他身旁坐下来。

"你和我一样知道问题出在哪里,"他说,"现在最重要的不是如何全面调整。我们以后再做这件事。我们首先要缩减内容,只保留最重要的部分,这样我们就会对本质的东西有一个更明确的概念。这不见得会从根本上解决问题,但至少是一种权宜之计,可以让我们首先把好的东西保留下来。"

他的语气和态度,丝毫没有暗示出有任何抛弃这部戏的想法。我恨不能立刻伸出双臂拥抱他,我那如释重负的叹息,一定是传入到他的耳朵里,以至于他转过身来对我说:"你刚才说什么?"

我摇摇头。他手里的铅笔开始在脚本上飞快而潦草地做着标记,一页一页地把需要删除的内容圈起来。我惊讶地发现,我们竟然写了那么多不必要的内容,我们显然低估了观众理解剧情的能力,所以,我们不是一次而是两次甚至三次对某些部分进行大幅度的改动。而且,像乔治·考夫曼本人这样的能工巧匠,都仍需努力吸取教训并坚持文笔精练这一原则,意识到这一点是令人欣慰的。

我听到了敲门声,就打开了门,看见马克斯·西格尔站在门口,手里拿着一些打字纸。"哈里斯先生的笔记,"他说,一边把它递过来。"这个年轻的剧作家怎么样?我希望他没有气馁。"他从我的肩膀上方对考夫曼先生说,然后就转身离开了。我把那些笔记交给考夫曼先生。他只是瞥了一眼,就把它们放到他旁边的那张桌子上。"以后再看,"他仍旧头也不抬地看着手稿,那支铅笔像一把手术刀似地在纸张上飞快地移动。

我只能根据我的胃里发出的越来越大的咕噜声,来猜测过了多长时间。我同乔·海曼吃的那顿大龙虾晚餐,似乎是在几年之前的事情了。而且,我在将近傍晚时就已经把它们退还给大海了,而现在,饥饿让我开始有点儿眩晕。我等到考夫曼先生发现有必要去洗手间的时候,才向那两块三明治和咖啡扑过去,与此同时,我看了一下我的手表。快到早上四点半了,而我们只是刚刚进行到第二幕的中间部分。

考夫曼先生从浴室回来时直接走向写字台,而不是回到沙发上,在一大堆衬衫下面翻找着,并拿出了一个大大的牛皮纸袋。"软糖,"他随意地说,"补充能量的。来点儿吧。"他把袋子伸到我跟前,我试探性地从里面找到了我能找到的最小的一块,像通常一样,当着他的面,我要尽可能抵制我那难以控制的食欲。

"拿一块大的,"他严厉地说,"否则你就跟没吃一样。是我自己做的。"他带着满意的微笑补充说。

我吃惊地抬起头看着他。更使我惊讶的是,他的眼睛里,第一次闪烁着我以前从未见过的自豪的光彩。我有一两次试着讨论我特别推崇的他的一些作品,但尽量小心不让自己的声音流露出任何表示钦佩的意味,可是他的回答是那样乏力,他的漠然是那样明显,所以,我很快就放弃了提到那些戏剧的念头,而且再也没有说起它们。叫我吃惊的是,他现在正低头看着我,迫切地等待着我品尝手里那块软糖的味道,那种迫切原本应该是在一次开幕之夜过后,次日早晨等待《纽约时报》的一篇评论才有的。我咬着它,并打算在做出评价之前,先小心地等它在我的口中融化,因为他的眼睛是那样专注地盯着我,脸上的表情像个孩子似的,充满了期待,我知道在开口之前,我必须对我的判断性的结论深思熟虑。

第一口就说明了问题!这样的软糖太可怕了——不但黏牙而且甜得发腻。但我没有勇气对他说实话。

"真不错。"我撒谎说。他露出了喜悦的微笑,又把一大块糖"啪"地放到他自己的嘴里,仍然带着那种热切期待的表情看着我,就好像是一个受宠的亲属看着那个准备公布遗嘱的家庭律师一样。显然,仅仅说"真不错"是不够的。"我还真不知道你会做软糖。"我声音沙哑地说,并试图让这几个字眼听上去充满热情,因为那个可怕的东西正坚固地粘在我的上颚上,并扩展到我后面的臼齿和齿龈周围。

"这样的东西,现在到哪里也买不到了,"他对自己深感满意地说,"永远都不可能让黏度和甜度都这么合适。实际上,"他继续心满意足地咀嚼着,"这个还不够甜。我会再另做一些,好留着下周带到布莱顿海滩。"

哦,上帝,我心想……还不够甜!如果他再让我吃一块,我就会当着他的面呕吐的。"再来点儿,"考夫曼先生说,他自己又抓了一块,并把袋子伸到我跟前。"这是能让你保持清醒的最好的东西。"

这会让我十分清醒的——当我把手伸进袋子里,试图抓出尽可能小的一块时,我心想。仅仅是把它咽下去,就会使我保持清醒。"谢谢,"我欢快地说,"它确实能补充能量,对吗?"然后我走进浴室。我把嚼得烂糊糊的那块东西吐进马桶冲走了,当我从浴室走出来时,我仍然假装咀嚼着,感觉自己就像是一个叛徒。

在此后的若干年里,那个装满了那种可怕的软糖的牛皮纸袋,会在其他许多写字台抽屉里出现。考夫曼先生在旅行时,很少有不带上它的时候。它在很大程度上就像那些削尖的铅笔、复写纸、打字机和特制的手工肥皂一样,是他的旅行装备的一部分。对于那些在凌晨四五点钟出现在我眼前的牛皮纸袋的记忆,至今仍然会让我产生轻微的呕吐感。然而,他对于自制的软糖能够供应能量这一特性的坚定信念,具有一种不可思议的效果——至少对于他如此——因为在整个晚上余下的时间里,他甚至不曾停顿过一次,或者打一个哈欠。

早上刚过七点半的时候,他合上了手稿,走到窗前并拉开了窗帘。明亮的阳光让我睁不开眼睛,我意识到,我已经疲惫不堪。"我叫他们在十一点钟排练。我们还根本没看过山姆·哈里斯的笔记,"他带着遗憾的叹息补充说,"哦,不如这样吧,我们在上午和下午彩排之间,找个机会把它们看一下。晚安——或者是早上好——随便你喜欢哪一个。"他打开了窗户,然后再次拉上窗帘,并脱下浴袍,铺好了床,我轻轻地说了声晚安,就走出去并关上了门。

在大西洋城这忙碌的一周的剩余时间,充分证明了乔治·考夫曼令人惊叹的工作能力——也证明了他不达目的誓不罢休的精神。他删掉了剧本每一个多余的字眼,留下了最重要的部分。这也在很大程度上例证了他信奉的格言"先做最重要的事",因为他拒绝受到任何人的影响或者干扰,包括山姆·哈里斯和比阿特丽丝·考夫曼在内,直到他实现他所谓的目标:"要提炼出戏剧最精华的东西——我不在乎帷幕是否会在晚上十点钟就落下来。"实际上,在星期五晚上的演出中,帷幕最终的确在晚上十点一刻就落下来了——他削减得有点儿狠了,他不情愿地承认——于是在周六的日场当中,某些被删掉的部分很快又被恢复了;但是,若非那天晚上出现的令人吃惊的情况,这部戏剧一定会给困惑而震惊的观众留下这样的印象:它很难称得上是一部戏剧,而仅仅是无缘无故地串在一起的一系列松散的场景。

在一部戏剧的生命中,总是有一场出城的演出会遇到麻烦,而就整个事业而言,从该剧本身的构思直到其舞台背景和演员,看起来都非常荒谬,从而使每一个与它关联的人都会感到一种深切而彻底的屈辱感。我们显然在最短的时间内,就达到了这一程度。同样就是在那个糟糕的晚上,山姆·哈里斯和比阿特丽丝·考夫曼返回到纽约,尽管他们当时措辞很委婉,但还是给人这样一种印象——或者在我听来如此——对于这部戏的最终命运,他们抱有最谨慎的乐观。尽管如此,那种野蛮无情的删减工作,恰好实现了它要达到的目的:它无可替代地展示了我们深陷的困境,因为去掉那些冗长的部分之后,《一生的一次》最终成了一部包含强烈的讽刺观点的戏剧,但有价值的内容却寥寥无几。看起来,观众有可能长时间对一出戏发笑,但当他们离开剧院时,却会感到不满和失望。多年以来,我在其他许多戏剧当中——有时候包括那些很有思想深度的戏剧——已经注意到了这种现象,它们之所以惨遭失败,就是因为缺少观众渴求的那种本质性的东西。

在那令人难忘的一周,我还学到了另一个方面:观众可能成为一个多么令人费解的被追逐的目标。在《一生的一次》当中,缺少一些基本的人性元素或成分,尽管它的娱乐性和制造的欢乐气氛令人印象深刻,但它最终给当晚观众带来的感官享受,却并没有使观众在离开剧院时完全满意,也并没有使人们在此后购票时排起长队。每天晚上,在繁重的删减工作结束以后,我们会坐在考夫曼先生的房间里,讨论疾病的本质,但是,就像他在开幕演出后尖刻地指出的那样,确定病情是一回事,治病是另一回事。我们所陷麻烦的严重性是再明显不过了;要采取补救措施并不容易。我们经过讨论,迅速抛弃了我们认为是治标不治本的那些手段,当我看着考夫曼先生在每晚结束之后大步走到窗前,把窗帘拉到一边,让黎明的阳光洒进来时,我总是再次惊叹于他的活力,惊叹于他那毫不畏惧地对抗繁重工作,并且仍然保持他的全部热情的非凡能力。我不再对他几乎可以整夜不睡,第二天仍然能够精神抖擞地组织排练这一事实感到惊讶,但是,当我自己迈着疲惫的步伐,顺着走廊走向我的房间时,我那昏昏沉沉的大脑依旧对他感到惊叹。我至今仍然如此,而且我依然怀疑,我为什么会让自己遵循同样的愚蠢模式。指导个人作品的演出的剧作家,是在做一件吃力不讨好的事情。他必须遵守的日程安排和他必须承担的负荷是难以想象的,而且未必总是有利于他的戏剧本身。如果那出戏遇到了麻烦——这种麻烦往往是在外地——他多半都不得不在当晚改写所有的场景,让人把改写部分打出来,并准备十一点钟的排练以及全天排练,当晚继续观看演出,在谢幕以后要做笔记并交给演员,还要判断新场景的表演的优劣情况,然后回到他的房间,接着重复同样的过程,直到他足够幸运或者足够聪明地让他的戏剧得到拯救。除了最初的排练所付出的劳动和体会到的紧张感以外,在这个艰苦的日程过了两三周以后,兼任个人剧本的导演的剧作家,都会明智地不去找医生做体检。他很可能会惊讶地看到令他不快的心电图结果。不过公平地说,那个剧作家很快就会从这种打击中恢复过来。他的脸颊会以令人惊奇的速度再次浮现红晕,他眼睛里闪耀的健康的光彩会证明,他的身体和神经系统只是暂时性地经受了一场愚蠢的重创。

或许正是这种不合理的认知并考虑到以前多次经历过的痛苦遭遇,使我后来在指导我自己的戏剧时,始终坚持按照所有的常识行事。我只能假定虚荣心会不可避免地战胜普通的常识,因为我可以肯定,因为我作为导演的缘故,我的一些戏剧已经在不同程度上毁在我自己的手里。我早已得出这样的结论:相对于我自己的作品,我更适合做他人作品的导演——但我很怀疑,我指导我自己的戏剧所获得的特殊的愉悦感,是否会容许我让其他人把它们搬上舞台。这种情况很奇怪,因为对一个剧作家而言,相比于他为这种嗜好而付出的实际代价,担任他自己的戏剧的导演所带来的回报,往往要小得多,但虚荣心既是一个作家的弱点,也是他的一部分力量所在。没有虚荣心,一个作家就很难对于他的工作产生多大的动力,他既要把虚荣心看成是他的职业生活的一种危害,同时也必须把它作为他的个人资产的一部分。

在某种程度上,乔治·考夫曼必然属于这种情形,因为当我看到他不辞辛苦地从事改写和排练工作时,我就会很好奇,他为什么常常选择承担起同时参与编剧和导演的双重压力。在我看来,这是一种仅靠虚荣心无法解释的徒劳无功的工作。当我看着他在辛苦工作时,我的脑海里不止一次产生过这样的想法,"他本来有可能成为一个多么出色的娱乐指挥",因为他看上去根本就不知道什么叫疲倦,而且,他全天候的工作能力,会让他成为整个"罗宋汤"游乐区所喜爱和羡慕的对象。当《一生的一次》在大西洋城第一周试演结束时,回想起来,娱乐指挥的严酷性在我看来,在很大程度上就像是小儿科。

在返回纽约的途中，我想知道的，并不是我们能否——或者怎样——完善剧本，毕竟我的大脑似乎已经枯竭了，而且如果我打算把重点放在这件事情上，我就有一种黔驴技穷的感觉。事实上，我想知道的是在弗拉格勒大酒店的那个新娱乐指挥，是否和我一样精疲力尽！娱乐指挥有一个方面是可取的，我很不情愿地得出了结论：《科恩女士在海滩上》不需要第二幕，如果我在下一个演出季必须再次担任娱乐指挥，我应该记得这一点。这是一种起不到多少作用的安慰，而且，看到第一次变得严肃的马克斯·西格尔，使这次旅行并不多么使人感到舒适。

在我的生命中，我第一次发现自己走向时代广场的地铁时，带着一种真正的轻松感。我需要独处，需要逃离《一生的一次》，需要看到和它无关的人，需要没有人向我问起它或者让我考虑它。我需要让它脱离我的头脑和心灵，哪怕只是让我心无挂碍地坐着地铁回到布鲁克林区。然而，布鲁克林却为我准备好了我没有预料到的惊喜，同时也是让我很难真正摆脱那部戏剧的干扰的惊喜。

第 20 章

据我所知,当一个剧作家的戏剧在试演阶段时,没有哪一群人会愚蠢地将其视为剧作家本人及其家人的成功。尽管我在从大西洋城给我母亲打电话时,已经把该说的话都说了,尽管我认定他们必然都会把这个喜剧看作是"试验品"而不是十拿九稳的成功,可是,当我回到家里时,还是令人匪夷所思地获得了英雄凯旋般的欢迎。除了旗帜和一个军乐队以外,所有能用的欢迎手段都用上了,虽然我对于这出戏的最终命运忐忑不安,但我听到的却是邻居虚伪的祝贺和他们一再地保证——他们迫不及待地要去剧院欣赏这部戏剧。我母亲也同样迫不及待地把我拉到公寓房间里,自豪地穿上了她为了表示庆祝而买来的两件新衣服,并且询问我的意见。这表明,由于她预计这周将要观看包括开幕演出在内的每一场演出,而在整个一周穿同一件衣服露面,几乎是不可想象的事情。我的父亲和弟弟对于新的领带和衬衫感到满意,而且每晚都会穿上他们最好的蓝色西装。但是,由于每天晚上都会有不同的邻居到场,所以,我母亲身着盛装不仅仅是为了得体。我只能这样猜想她的本意:邻居会交替地观看演出,而她就有必要把两件新衣服交替地换着穿。在一个钟头的时间里,在倾听了那些头脑发热的成为富人的规划和梦想,以及我们需要拥有富足的生活的展望之后,我最终对他们所有这些做法都只能点头认可,因为就此而言,试图说服她、我的父亲或弟弟相信,《一生的一次》最终可能并不是他们眼中的那种金矿,显然是一种无望的尝试。

公平起见,这也不能全怪他们,因为这种似乎深深根植于他们头脑中的信念,也不是完全没有现实基础的。首先,《综艺》的评价之高令人惊奇。然而,如果不嫌麻烦地仔细阅读那篇评论就会发现,评论员确信,它在下一个演出季将会成为好莱坞一部热门戏剧这一点,几乎完全基于乔治·考夫曼能够从他那"戏剧魔术师"的帽子里,抓出一大把兔子这一公认的才能。其次,多尔·沙利、埃迪·乔多洛夫和莱斯特·斯韦德,这几个本该更了解情况从而出言谨慎的人,都在我不在场的情况下,打电话向我的家人表示了祝贺。让我无比惊奇的是,当我自己在电话里跟他们通话时,他们仍在误读《综艺》那篇评论,他们没有理会我的谨慎和怀疑,而是笑着将其解释为"成功者的谦逊"。显而易见,从大西洋城传递到百老汇的反馈信息一直不错,"考夫曼日日夜夜为这部戏忙碌,"小道消息如是说——而且百老汇知道这一点就足够了。

到了星期一下午,也即我回到纽约的第二天,同时也是在布莱顿海滩举行开幕演出的那一天,我也受到了普遍欢欣鼓舞的情绪的感染。当它从罗契斯特市转移到芝加哥时,《亲爱的强盗》曾经带来的自欺欺人的幻觉再度出现,并且发挥了同样的魔力。我重读了《综艺》那篇评论,并竭力找出字里行间表示充分肯定的潜台词。当我在当晚离开家,坐上开往布莱顿海滩的有轨电车时,我的情绪十分高涨。我在离剧院有四五个街区的地方下了车,因为时间还早,我想享受这种不期而至的宁静。另外,我也像通常一样,想要找到我今晚寄予厚望的某些征兆。在每逢危机就会发挥作用的自欺欺人的时刻,理性或者逻辑几乎根本派不上用场。我们都会戴上不同形式的幻觉的帽子。我仍在寻找开幕之夜的征兆,不管是好的征兆还是坏的征兆,而且我必然会找到一个。我现在就找到了一个。

在沿着木栈道快步行进时,我突然碰到了那个公共澡堂——在那个久远的仲夏之夜,那个曾经是我外祖父带着我们所有人光顾的夜总会。它的外表几乎已被改变得面目全非,但毫无疑问,它就是那个建筑物。在那个夜晚,这个地方是那样深刻地镌刻在我的记忆里,所以我不可能弄错。我停下来,在前面站了几分钟。除了对于那个夜晚和我的外祖父的记忆,其他的一切,都从我的脑海里消失了。我已经很久不曾有意识地想到过他或是我的姨妈凯特,但是,他们现在突然栩栩如生地回来了。我更多地想到了我曾经是谁,我做过什么,在这趟让我走过这条木栈道并经过这个公共澡堂,到达上演我的戏剧(它将在不到一个钟头时间里拉开帷幕)的一家剧院的旅行过程中,每一步都充满了他们两个人时刻陪伴着我的印记。如果我今晚需要一个预兆的话,那么几乎不可能还有比这个更好的预兆了。对我的外祖父而言,这个带给过中产阶层快乐的破败的遗迹,就像是他从内心深处发出的对抗他的命运的呐喊。不管今晚会发生什么情况,他都会对我展开的这段旅程感到高兴。我快步从他旁边走过,我的情绪变得比以往任何时候都更加昂扬。

挤满人群的布莱顿海滩剧院的大厅的景象,看上去像极了一个百老汇的开幕之夜。到场人数吓了我一跳。我已经愚蠢地忘记了一点:百老汇的常客当然会来到布莱顿海滩,而不是跑到大西洋城检验这部戏剧的成色。看到他们,让我的情绪足足低落了一半。那些未能在该剧中扮演角色的演员的代理人,同几个布景师和服装设计师窃窃私语,后者同样未能争取到在这部戏里的工作机会。甚至就连那些为我们试演、但未能通过的演员本人也来到了这里,我可以假定,他们是要向自己证明,作者和经理人的偏见和不识货的程度,可能有多么严重。当他们开始寻找他们的座位时,他们并不会带着多大的善意走进过道。那些作为竞争对手、在新的演出季的日程当中也安排了同类喜剧的舞台监督也来到这里,并且用挑剔的眼光看待可能的竞争。他们会默默地评判和比较,他们来这里可不是为了奉献笑声的。各路评论家们也几乎全部到齐了——对于这些在剧场外围的匿名人士而言,预先了解这个即将推出的商品可能有多么出色或者多么糟糕,是极为重要的。

我愤愤地盯着那些我知道的人,并且吃惊地意识到,我自己就曾经是这个队伍当中的一个热心成员,虽然我自己不大可能对即将到来的失败的可能性感到心满意足,但我的眼睛的确闪烁过同样的同类相食的喜悦之情。在我听起来,这种同样的预料中的嗡嗡声,就和一些围绕着一口部落的大锅——乔治·考夫曼和我本人那热气腾腾的脑袋露在外面——的野蛮人喉咙发出的声音没有什么不同。票贩子、专栏作家,考夫曼先生的一些拥趸,以及我自己的几个朋友的面孔,在人群中时而出现、时而消失。任何一种使人心情突然一沉的表情,都足以让我在后台浑身发抖,让我的脉搏跳动得更快。我蹲在一件我知道到第三幕才会使用的家具后面,在那里一直待到听见幕布拉开、第一次笑声传到后台这里为止。

当我回到剧院后面时,考夫曼先生已经在那里疯狂地踱步了,他一开始并没有注意到我的存在,尽管我向他做了一个手势。他在地毯上来回走动的速度,比他在大西洋城更快。他迈出的大步,有一种正在躲避什么追赶者的意味,他的头似乎缩到了他的肩膀里。他当然远比我更清楚今晚的观众构成,而且一部戏剧越接近百老汇,它的缺陷就越突出。今晚是最接近于百老汇开幕演出的一次演出,这些虎视眈眈的观众会抓住每一个缺陷。我听了一两分钟动静,然后停下脚步盯着他。眼下,演员们的表演紧张而又不自然——他们的笑声十分做作,他们没有把握好说台词的时机,而且他们的嗓音要么过于发紧,要么过于高亢,这是一种演出可能遭到失败的预兆。然而,观众——而且就是这些观众——用毫无保留的笑声对这个戏剧做出了回应。"他们喜欢它。"当他走过我身边时,我低声对他说。他没有回答,而是继续踱步。当他过了一会儿再次经过我旁边时,他暂停了一下,直截了当地说了一句:"要是他们不笑,他们才会更喜欢它。他们等不了多长时间。"我迷惑不解地看着他的背影。

他永不满足吗?他还想要什么,或者想得到什么更好的结果?然而,他是对的。这些观众的道德规范和他们的恶意一样强大,这不能不令人感到惊奇。他们严格地坚守那种具有起码的公正性的剧院行为准则。这两种事物并不是相互排斥的,虽然它们看起来如此。这种现象在实践中具有一种持久性。如果一部戏剧在前十五分钟看上去很受欢迎,那么不管观众作为个体成员可能具有怎样的恶意或私人的敌意,他们作为一个整体,都会毫无保留地给予祝福并且以笑声作为奖励。这并不会否认一个事实:如果是相反的结果,他们作为个体可能会更高兴,但是,一旦显示出一部叫座的戏剧正在他们眼前上演这一清晰的迹象,那么身在其中并成为这个事件本身一部分的兴奋感,足以使他们摆脱个人情感,从而让他们成为善意的观众——实际上,他们可能成为比朋友和祝福者更好的观众。首先,他们会更清晰、更敏锐地意识到剧作家和演员的才能,他们的恶意本身会转化成一种强心剂。他们会强化和提升戏剧与演出的价值,一种正能量的意志和智慧会在脚灯两侧蔓延,而且当演出结束时,这个夜晚对于所有参与者而言都是令人难忘的。

就像是稀缺的陈年佳酿一样,《一生的一次》的第一幕很成功,当它的帷幕落下时,它得到了自发的、无保留的掌声。正如考夫曼先生所预言的那样,那些走出过道的人的脸上,并没有挂着特别快乐的表情。就好像他们都在耸耸肩膀,传达着一种无声的讯息:"好东西就是好东西。这是必然的。从一开始就看得出来。"可是,他们的沉默和并不十分喜悦的面孔,也表明他们早有思想准备:没必要那么早就对这部戏剧做出过高评价。"还是耐心等待吧——这种情况不会太久的。"我思考并琢磨着考夫曼先生对于他们的笑声和掌声有些悲观的评价,随即疾步走到后台,以便避开那些荒谬的过早的祝贺。当我的几个朋友从过道努力地挤出来并走向我时,我已经从他们脸上清晰无误地看到了这种可能性。他们瞥见了我,就把双手举过头顶,做出准备表示祝贺的姿态,但我转过身就跑开了。让他们说出那些话,使我感到神经紧张或者假装谦虚,都是令我无法接受的,所以,我宁可暂时先不面对他们。

第二幕的进展,就和它在大西洋城的情况完全一样,不同的就是考夫曼先生退场时,面对的是更大的沉默。没有任何自发哪怕是零落的笑声。取而代之的是一种全神贯注,仿佛他们已经非常确定,当船员们正在将船凿沉时,他们不会发出任何惊扰乘客的声音。这在某种程度上正是他们想要的结果,他们的沉默就像是一种临终看护,具有一种屏气敛息、杜绝一切声响的特质。当帷幕落下时,只有一阵稀稀落落的礼节性的掌声,但是这一次,那些从过道那里出现的面孔显得如释重负,而且无不洋溢着笑容。知道如果我对于别人的戏剧采取相同的做法,必然会让我感到内疚这一点,并不会给我带来任何安慰或者让我感觉不那么痛苦。剧院具有它自身的残酷性,由于它可以理直气壮地以严格的评判作为幌子,这就使得它的虐待狂特征更加明显。剧院的宽容性,通常开始也结束于那些一周接一周地观看开幕演出的人。他们那过于吝啬的善意,与其说是源于一种纯粹的心理活动,不如说是他们知道,将那些不能满足他们需求的戏剧作品尽早赶下舞台,是一种最大的仁慈。

我现在希望看到埃迪、多尔以及其他人从过道那里走出来。他们至少会祝愿我一切顺利,我也急不可待地想听到他们对于这部戏剧做出任何好的评价,尽管我的眼睛和耳朵已经如此明白无误地说明了一切。这一次,他们从过道里出来得很是缓慢,他们的脸上也不再有笑容。

有那么短暂的一刻,我对他们感到同情。在一个糟糕的戏剧开幕之夜问候戏剧作者,在某些方面可以和说出一种结婚誓言相提并论——不管你是否愿意,你几乎都得当众说出那句话。如果他瞥见了你的目光,不管他是否愿意,都要硬着头皮和你打招呼,并且一边说出他的感受,一边面对你的注视,如果他耳语般地闪烁其词,那就是一种彻头彻尾的不恭敬。不过对于作者而言,他既渴望知道事实,又害怕听到真相,无论对方是否有勇气交代实情,但归根到底,真相总归是他需要知道的东西。这是一个艰难的时刻。仅仅有礼貌是不够的,它有时甚至是一种冒犯。我已经形成了我自己的信条,它能够应对这样的场合,但并不能从根本上解决问题并让人摆脱尴尬状态。简单地说,我会在外地的一个开幕之夜把真相告诉作者,但在纽约的开幕之夜我不会这样做。说出真相并不总是一个美德。有时候,真相既是残酷的,也是不必要的,而纽约的开幕之夜就属于这种情况。在那样的时刻,一切都已是既成事实,而且在那一刻,作者处于最脆弱的境地。在外地演出时,把残酷的真相告诉他可能并不友好,可是由于同样的原因,当作者已经无能为力时,说出真相无异于雪上加霜。在那一刻,真相只能让讲述者因为自己的诚实这一品德而获得沾沾自喜的满足感,对于作者却没有任何好处而言。真相很快就会让他承受巨大的压力,他也不得不在未来很长时间内继续忍受它的折磨。

  我的朋友们尽可能委婉地说出了真相,尽可能使之听上去使人感到愉快——它根本不可能叫人感到愉快,我也并没有要求他们这样做。毕竟,在并不尽如人意的第二幕结束以后,他们又能说什么呢?事实上,是乔·海曼在当晚冒着可能面对我发火的风险,用一种带有些微嘲弄的口吻严肃地说:"你们到底对那个东西做了什么改动?这和我在大西洋城看到的戏一模一样。"我的愤怒找到了目标。希望的落空,早就使我的身体里仿佛多了一条蜷缩的毒蛇,此时它立刻跳了起来,对他进行攻击。在此之前,对于所有的人,包括我自己在内,我一直藏匿着那种愤怒感和压抑感,此时我不再压抑它们,并且由此获得了一种释放的感觉。他并没有说什么,其他人也没有打断我。我说完后就转过身来,走出了剧院。

我出奇地感觉好多了。最糟糕的情况已经成了事实,只要再熬过剩下的一幕就行了。我有足够的勇气在第三幕时不返回剧院。等我看到最后一些观众——包括我的家人在内——离开剧院,而且天花板的灯光都熄灭了,我才冒险走到后台,想去看看考夫曼先生是否可能安排什么明天的工作计划。

考夫曼先生不在那里,他也没有给我留下任何口讯。我也没有见到山姆·哈里斯和马克斯·西格尔,看起来,在第三幕落幕时,他们三个就立刻一起回纽约了。像往常一样,那里有一个小角色正要把化妆室钥匙交给舞台看门人,他满脸喜气地对我说,他认为这部戏剧非常成功,他所有的朋友都确信,它注定将在百老汇长时间上演。说起来很惭愧,我当时的自尊心是那样强烈,我的精神是那样颓废,以至于我和他一起走到地铁站,只是为了听他滔滔不绝地说着他的朋友们认为这出戏是多么出色,我愿意付出不得不倾听他认为自己的角色应在戏里得到加强这一代价。在那个特定的时刻,这种代价是值得的。

这里有必要多说几句关于外地评论的价值。如果评论很好,它们就会得到郑重其事的对待,演出商就会认为,这出戏有可能赚钱而不是亏损,这也会提升演员们的士气。如果评论很糟糕,它们就会被看成是外地评论而不被理睬,再说外地评论家能知道什么呢?我的母亲就在那天晚上——或者是在我第二天早晨醒来时——形成了这种坚不可摧的职业观点。她站在我的床前宣布,她已经读了当地报纸,把它们的评论同《综艺》的评论做了比较。她的判决具有职业性的严谨和精确。"布鲁克林区的报纸能对戏剧了解多少?如果他们是真正的批评家,他们就不会待在布鲁克林区这里了!"她把它们交给我,而我自己的职业水准既不像她那样牢固,也不及她那样出众,我贪婪地阅读着它们,虽然并非没有感觉到一阵阵刺痛。

我碰巧首先拿起了那张评价最差的报纸。"认为一部戏剧的好的部分是由一个人所写的,糟糕的部分是由另一个人所写的,"它的评论写道,"这样的推断可能是不公平的,但是,根据昨晚节目单上列出的两个名字各自的历史记录进行判断,《一生的一次》的第一幕和第二幕的前半部分——它们实在是太好了——是出自乔治·S. 考夫曼的手笔,而其余部分是由莫斯·哈特创作的。在使人愉快的前面的部分,考夫曼先生的机智和幽默无处不在,可是涉及这部剧的剩余部分,他似乎是把打字机交给了哈特先生保管。考虑到阔气的山姆·H. 哈里斯昨晚在布莱顿海滩剧院的上演情况,他最好尽快把它拿回来……"布鲁克林区的其他报纸并不那样恶毒,但实际上却吝于赞美之词,它们主要是列举了演员的名单,并且说他们表演得都不错。"好吧,这倒是能够提升演员们的士气,"我的脑子里瞬间想到,"但愿它最好也能提升我自己的士气。"

我有些不自在地瞥了我母亲一眼,她正站在那里重读《综艺》的那篇评论,并且面带微笑地不断点头表示认同,我以最快的速度从床上爬起来,并走出了家门。我可不想听到邻居们多么喜欢这部剧,或是他们多么不认同当地报纸的意见,而且我看得出来,她已经下定决心要告诉我这一点,要向我传达每一个邻居的正面评价。我去了附近那个杂货店,从那里给考夫曼先生打了电话。如果注定是坏消息,我想独自一人听到它。"你今天准备工作吗,考夫曼先生?"当我听到他在话筒里对我打招呼的声音时,就尽可能以随意的口吻问他。

"我认为我们都需要休息几天,然后再来处理它。"他回答道,"对了,"他接着说,"那个愚蠢的混蛋说的话,你不要放在心上。不管是他还是别的什么人,怎么可能知道一出戏的哪一部分是谁写的? 这可真他妈的叫人生气。"

"我不会放在心上。"我几乎是有些兴高采烈地说。只要我们还能够再次处理它,别人说什么有什么关系呢?

"好,"他说,"今晚见。"然后就挂断了电话。

我又打了电话向乔·海曼表示道歉,然后回到家里吃了一顿饱餐,我的脑海里翻腾着有关这部剧的各种想法,而且我就像在乡下待了一个月,刚刚返回时那样神清气爽。也许在很大程度上,是某种形式的恐惧感导致了那种职业病:作者心理阻滞——一个作家有时候失去创作灵感的情形,就像一个作家可能在童年时期经历过的任何创伤一样。

一部喜剧在第二天晚上的演出,通常都会同时给演员和观众带来失望感。也就是说,除非第二天晚上的观众已经从早报评论中得知该剧很有趣,不然它就会让人失望。当他们不需要运用自己的判断而走进剧院时,他们甚至可能冲着向他们发放节目单的引座员微笑,而且演员只要按部就班地说出他们的台词,就会得到欢快的认同和赞许。它是一个像绵羊般温顺的展示过程,观众的心理预期起到了推波助澜的作用。由于已被告知他们将会看到什么样的东西,《一生的一次》让第二天晚上的观众在走进剧院时,就已经有了受骗上当的感觉。当他们坐到座位上时,你就能够感觉到他们对于这出戏的抵触情绪。他们带着一种不以为然的姿态打开节目单。对于已经感到不满的观众,演员几乎无能为力。他们可以扭转态度冷漠的观众,但却不能扭转感到失望的观众。就连包含真正的笑料的第一幕也反响平平。而且,已经敏锐地感觉到前一天晚上观众的反应的演员,面对观众出乎意料的沉默,突然间变得不知所措,那种一向能够给他们带来动力,并将这部戏剧继续演下去的笑声残忍地消失了。也许比这种奇怪的寂静更令人不安的,是那个单一的笑声,它在寂静中固执、空洞而又刺耳地传来。那是我母亲的笑声,我真想掐住她的喉咙!当在第一幕那个原本会引起最大笑声的场景再次面对死一般的沉寂时,演员们都放弃了,从那一刻起,他们以不加掩饰的殉道者的姿态坚持把这部戏演下去,这就使得这出戏似乎变得永无尽头。

考夫曼先生并没有像往常那样举起一根手指,作为一种无声的问候,他在第一幕和当晚余下的时间没有说一句话。即便他对这出戏受到的冷遇感到沮丧,他也没有流露出任何迹象。他的踱步仍在持续,和我在以往任何晚上见到他的情况相比,他的踱步频率没有什么变化。我把他的沉默解释为是一种心照不宣的默契:我们只能忘记这一切,并且期待明晚不会受到那些评论太多的影响。我心情沉重地想到,不是每个人在布鲁克林都会阅读报纸,否则的话,他们就会做出更理智的选择,从而把更少的时间花在欣赏这部戏上。

在很大程度上,这的确是事实。在接下来的两三天里,观众的反应明显好了很多,虽然在数量上增加的幅度开始变小。看起来有太多人是我母亲的朋友和邻居,他们显然都坐在楼座当中。她对于这出戏的信心始终没有动摇,她那响亮的笑声打破了每一次沉默,但是,她对于布鲁克林看戏的公众的影响,显然可以忽略不计。到了星期四晚上,在正厅前座的几排座位,令人震惊地变得空空荡荡。然而,到了星期四晚上,还有另一种情况更加让我感到震惊。自从在布莱顿海滩的开幕之夜以来,山姆·哈里斯和马克斯·西格尔只出现过一次。他们坐在那里坚持看完了第二场演出,但是,在那个使人郁闷的晚上,我有意识地避免见到他们。他们的缺席固然令人不安,但考夫曼先生仍未就这出戏做出继续展开工作的表示这一事实更加让我不安。也许在我们知道如何改造它之前,让他们回来看这部戏是没有意义的,而且考夫曼先生说过,他希望我们都有个喘息的机会,然后再处理这部戏剧。他不是一个模棱两可或者在工作方面轻言践诺的人。然而,我不能完全摆脱那种令人心神不宁的感觉,因为随着每晚演出的结束,我没有得到任何在第二天碰面的暗示,而我只能从一个事实中得到安慰,那就是他在每次演出之后,仍然会把一些要求交代给演员,并且继续对场景做出削减。而且,每天晚上当幕布拉开时,他都会确定无疑地出现在剧院里,而在幕布最后一次落下之前,我都会看到他来回踱步时那种使人快慰的姿态。

在周六晚上最后一次演出中,当礼堂灯光变暗而他并未出现时,我的胃里开始令人难受地搅动起来。那个在黑暗中来回踱步的熟悉的身影的消逝,让我在此前一直忍受的疑惧的痛苦突然间达到了顶点。我独自来回踱步,过了一会儿就放弃了。我意识到,我没有从脚灯那里听到一个字。我离开了剧院,在外面的街道上张望着。

这条街道具有那种在帷幕拉开时剧院外面街道特有的空寂。出于某种难以解释的原因,在开场以后,似乎没有人从这里经过。这条街道就和它在深更半夜时一样死气沉沉。在街道两侧唯一的生命迹象,就是那个黑人服务员,他正在清扫用来装戏票的信封和我身后大厅里的烟头。我走到角落处,毫无目的地站在那里,周围的空寂景象让我感到全身发冷,但是,只有抵抗住考夫曼先生的缺席带给我的不适感,我才能够回到剧院。我知道,到了第二幕需要他出场的时候,他必然会出现在那里,可他在第一幕没有及时出现,在我的脑海里有了越来越重要的意义。那是一种不祥的预感。在所有的演出之夜,他今晚没有及时出现,尤其不符合他的作风。首先,他是一个坚韧不屈的人;其次,他从一开始就会一丝不苟地观看每场演出,不管这部戏剧有多么出色或者多么糟糕。除非是遇到了交通事故,不然我无法解释他缺席的原因,我等待的时间越是长久,他的迟到似乎越是不祥。

我起初并没有注意到一辆汽车慢慢地开过来,并停在剧院前面,当我回过神儿的时候,我才发现,那个帮助另一个人从车上下来的人,正是考夫曼先生本人,而且,他帮助对方走出汽车的那个女人是比阿特丽丝·考夫曼。当我从阴影处冲出来,并且一边跑向他,一边用喜出望外的声音喊道"已经开演了"的时候,他看上去着实吓了一跳。

我傻笑着站在他们两个人前面,看到他是那样让我感到如释重负,以至于我并没有意识到,我的言行当时看上去,有多么傻里傻气。

比阿特丽丝·考夫曼有些困惑地同我打招呼,过了片刻,考夫曼先生才反应过来,并且问:"情况怎么样?"

"好极了。"我不由自主地回答说,虽然我几乎根本没看。

"哦,这是个好兆头。"他说完,就开始朝大厅走去。

幸运的是,当他们走进剧场时,正好赶上里面爆发出一阵笑声,这就使我不至于成为一个彻头彻尾的傻瓜——但是,即便是在那些很容易取悦的星期六晚上的观众那里,那种笑声也仅仅持续了一会儿就停止了,而且是在它最不应该停止的地方停止的。当考夫曼先生就在第二幕正中间部分退场时,就好像有一只手拉下了能够控制观众欢笑的隐蔽开关一样,所有的笑声戛然而止。我第一次聆听到了意料之中的沉默,而且当那种沉默到来时,我并没有像在其他几次演出中那样,在内心深处开始颤抖。我从考夫曼先生那里已经得到了等待已久的信号,而且,它现在仍在我的耳边回响,它填补了这一沉默的气氛。在第一幕结束时,他就走到我跟前,对我说:"演出结束后回到化妆室,我们聊几分钟好吗?"

从那一刻起,我就没有心思去聆听这部戏剧了。

在第三幕的中间部分,也是我在当晚的聆听过程中那个一直叫我最难以忍受的部分,我走到大厅里开始抽烟。现在我知道,我们真的要开始工作了,我没有必要去忍受那种观看我们将把它们抛弃或者完全重写的场景的痛苦了。

在一部戏剧的某个最糟糕的场景当中,你几乎总能在大厅里见到它的作者;实际上,那也一定是那种最让他感到担心的场景,是他在观看时会经受最大的痛苦的场景。不管他的烟瘾有多大,在那些不错的场景进行的过程中,他都会设法控制吸烟的欲望。在那种情况下,你使用任何借口,都很难把他从剧院里拖出来。然而,在糟糕的场景开始到来的前几分钟,他想要抽烟的念头就会变得无法忍受,而且他会屈服于这一念头。他会在大厅里一直喷云吐雾,直至那个场景结束为止,并且以其卓越的才智判断重新进入剧场的时机。在他最终需要再次着手工作的那一刻之前,他会尽可能避开那些场景。他为他自己和别人准备的借口都是有效的——他需要从吸烟当中找到慰藉。毕竟,要让一个人摆脱香烟带来的稳定的影响,是很艰难的事情。不过,那种经验丰富的内行人的眼力,却能够根据一个作者在大厅里吸烟所用的时间,精细入微地判断出他的戏剧还需要多大幅度的修改。

我并没有因为偷偷溜进大厅而感觉到丝毫内疚,因为我们显然就要进入全新的最后一幕,而且我开始在脑海里设想出各种可能性。我幸运地拥有在几乎任何地方都能够工作的能力。我会在地铁上写作,在船舷上写作(尽管在我两侧的甲板椅子上都是在不停聊天的乘客),在剧院休息室里写作(尽管演员们正在舞台上排练),在厨房里,在汽车里,在海滩上,或者在游泳池旁边(尽管孩子们正在水里嬉闹)写作。在这种随遇而安的工作方式当中,不存在任何特定的训练过程——这是一个幸运的或意外的礼物,因为我总是很容易集中精力,我也对此心怀感激。

我在空荡的前厅里走来走去,仿佛不知自己身在何处,当剧院的一个门打开时,我沉浸于一个全新的第三幕的思绪中,以至于我不自觉地盯着比阿特丽丝·考夫曼长达半分钟,然后我才认出是她,并且也对她微笑着。她停下来点燃一支烟,然后走向我这里,而我再次意识到,她好像做任何一件诸如点烟之类的小事,也要使之具有她自己独特的风格,正如她猛吸绿色烟蒂的方式具有其特别的个人风格一样:一丝不苟而且女性化,不过也带有一点儿性感的意味。灰色的烟雾缭绕在她的眼前,直到与她的头发的颜色融为一体,而且在她说话时,她很少会把烟蒂从嘴唇上取下来,这样一来,她的整个头部都被一团烟雾包围着,使她自己那浅灰色的隆起的头发似乎是从烟雾中上升,并且成为它的一部分一样。

我们就这出戏剧轻松而随意地聊了几分钟。在经过这枯燥乏味的一周之后,她的出现令人振奋——在大西洋城,我几乎没有什么机会同她谈话,而且和往常一样,她对他人的影响尤其是对我自己的影响,激发了我的喜悦之情和欢乐之感。我听见我自己用那种老熟人的亲密感说:"在今年夏天改写的过程中,我们可能还会经常见面的。"

她在回答时并没有迟疑,但她的表情略有变化。"我今年夏天不会在这里,"她说,"我们在法国已经定了要住三个月的别墅——我和伍尔科特、哈珀还有爱丽丝·米勒。我下周就走。"我感觉到她就要离开了,但是,我的脸上一定是露出了那种垂涎欲滴的羡慕表情,以至于她爆发出一阵大笑,然后才接着说:"我希望大家都能一切顺利!麻烦你告诉乔治,我去迪雅兹一家人那里了,还有,我会把车给他开回来的,好吗?"她伸出一只手。"再会。"她说完,就开始走向面朝街道的那扇门。

她把那扇门打开了一半,就转身走回来了。她踌躇了一下,似乎是在选择恰当的字眼,但她想不起来,因为她叹了口气,而且有些紧张地——我是这么认为的——又点燃了一支烟。她不确定地微笑着,然后才开口说话。"你自己将来有一天也会在欧洲过夏天的,"她说,"你会成为一个非常成功的剧作家。你会写出其他戏剧的。"

我再次觉得,当她再次走回来说出这几句话时,她似乎有些后悔自己的冲动。她快速走到门口,又一次回过头来,对我微笑着说声再见,然后就消失了。

我朝她那里望了一会儿,一种轻微的恐慌感再次袭上心头。对于两种常见的忧虑者,我可以想象他们之间明显的区别:一种忧虑者是那种积习难改的忧虑者,他会抓住每一个字眼,甚至是声音的细微差别来充实他的恐惧感;另一种人只有在灾难真正降临到身上时,才会感到忧虑。如果可以选择的话,我会毫不犹豫地选择后者,因为如果灾难是不可避免的,直面它的一个整体而非不断面对它的各个局部,前者的痛苦滋味起码要少一点儿,但是,我属于那种根深蒂固而且容易焦躁的忧虑者,具有一种能够捕捉到别人那种不易察觉的不经意间的话语,或者是可以反映其真实心理活动的表情的触角。我捕捉到了这句话,"你会写出其他戏剧的",并且开始咀嚼它,把它翻来覆去地加以琢磨,带着越来越不安的感觉从各个角度打量它。我抓住了"其他"这个词,并且再也不能把它丢开。这个词具有一种可怕的内涵。它是什么意思?就目前的情况而言,只有这部戏剧,没有任何"其他"戏剧。为什么比阿特丽丝·考夫曼会踅转回来,并且和我说那几句话,她为什么在说她显然想要说的这句话时显得有些踌躇,而且说得那样隐晦和朦胧呢?在她的嗓音当中,有一种我不喜欢的十分同情的意味。我越是想到这一点,就越是感到懊丧。

我不耐烦地等到第三幕结束。我看着考夫曼先生鞠躬致意,然后匆匆走向后台。实际上,我认为我在他开口之前,就知道他会说什么。他遇到的是和比阿特丽丝·考夫曼相同的问题,那就是如何寻找合适的字眼,而且他的第一句话就证实了我的预感。

"对我来说,做出这样一个决定并不容易。"他缓缓地说,然后停顿了一下。"我用了一周时间才确定了这件事,"他接着说,"我现在非常肯定的是,我不能再为这部戏做任何事了。对于这部戏剧来说,别人或者是你自己,将来可能会比我做得更好。我的灵感已经枯竭了,也可能是因为我对它已经没兴趣了。有时候就是会出现这种情况。"

他拿起一块毛巾,开始擦去脸上的冷霜,一边等待我做出某种回应。我盯着他在镜子中的形象,一句话也说不出来。

"我敢肯定,你会再次修理它的,"他最终说道,"你已经有了很多好的想法吧?你也许会突然有不错的灵感,把第二幕和第三幕拯救过来。我想让你知道,我压根儿就不想要任何著作权或特许权使用费什么的。它完全是属于你的。我已经和山姆·哈里斯谈过了,他会就布景和服装同任何想要接这个戏的演出商做一个慷慨的安排。对了,山姆·哈里斯希望你在周一去见他。我觉得,他想要亲自告诉你……"

他的话说到这里,就意味深长地打住了。我再次恢复了呼吸和理智,而且我看得出来,他感觉尴尬而又不快。他当着我的面说这番话,但我仍然不知道该说什么。他至少使我们都不必去面对那种令人生厌的空话,比如,"事情成了这个样子,真是抱歉",或者是,"我希望你有时间给我打电话",而且,我默默地感激他这一点。

"你确定在这部戏上已经没有灵感了,考夫曼先生?"我终于问道。

他慢慢地点点头。"我对你来说已经没用了。"他说,并且带着希冀的神情望向门口。

"我明白了。"我说,随即走向门口。因为我没有多说什么,他看上去也很感激,而且举起一根手指作为道别的姿态,由此迅速地解决了这个让人尴尬的处境。我低声说,"再见",然后把门从身后关上了。

有时候,所谓的坏消息也会给人带来一定的兴奋感。在它带来的冲击终于消失而现实再次变得清晰以前,我有一种强烈的生存意识,那几乎是一种精神亢奋,直到那种似乎不可接受的东西变成了必须接受的现实。我沿着木栈道向前走去,先是感到困惑,随即又颇为震惊地发现,我一点儿也没有感觉到有多么糟糕。这和在化妆室最初时那种绝望的瞬间不同,因为我当时唯一的感觉,就是迫不及待地想要尽快离开那个房间和那个剧院。现在我意识到的,只是一种接近于无聊和乏味的疲倦感。如果说《一生的一次》已经到了一个没有退路的地步,那么我也同样如此。知道它已经结束了,几乎让人感到如释重负,在我的脑海里有一点是确定无疑的,那就是它不再有任何希望了。

考夫曼先生说,它肯定还会面对另一种安排,这只不过是以某种方式掩饰真相而已。这是可以理解的,在当时的压力下,他只能这样说,但这并不是事实,他必然和我一样心知肚明。如果乔治·考夫曼和山姆·哈里斯认为一出戏无法修理而将其放弃,那么不大可能——或者根本没有可能——还会有别的经营者面对这种挑战。乔治·考夫曼总是那种他们认为可以化腐朽为神奇的人。他放弃《一生的一次》的理由是显而易见的,而且因为在戏剧界根本没有秘密可言,所以到了星期一上午,不管来自哈里斯办公室的通告以什么措辞出现在《纽约时报》的戏剧评论专栏当中,这件事都会成为百老汇周围的八卦传闻。我俯身倚靠着栏杆,望着海面,开始吹起一首古老的夏令营歌曲的口哨。毫无疑问,我在明年夏天会回到夏令营的,不过在下一个冬天到来之前,我可能还会写出一部戏剧。

《一生的一次》完蛋了,但是世界并没有完蛋,我也没有完蛋。我认为,能够从容地接受这一点,是一个专业人士的标志。

当我在长椅上坐下来时,由于没有别的事情可做,我开始百无聊赖地看着路人,这时候,我的心情突然改变了,它改变得那样快,以致一开始吓了我一跳,继而让我不堪重负,我从一种解脱感开始陷入深沉的绝望中。那种点燃我们内心深处的愤怒和痛苦的导火索,常常被伪装得过于简单,因而很容易暴露出来。那天晚上,那条木栈道上全是像我这么大年龄的以及比我更年轻的情侣,虽然那还是五月底,但其实就像是在一个仲夏的夜晚。他们幸福地漫步前行,要么彼此牵手,要么挽着胳膊或者搂住腰部,头紧紧地挨在一起。我一定是不自觉地产生了自我同情的心理,因为我和他们一样年轻,却不能体会到他们那样的快乐。我盯着那些在我面前经过的陌生人,在其充分发酵之前我一直不曾感觉到的所有的绝望,瞬间变成了一种让人感觉发痛的愤怒。我不曾拥有那些正在拥有它的年轻人所拥有的青春,我没有悠闲自在的甜蜜时光,去细细品味人生刚刚开始、而具有神秘感的爱情似乎是体验人生美妙滋味的关键这一幻觉。我已经让戏剧剥夺了属于我的东西。我带着一种妒忌心产生的强烈刺痛感意识到,我从来不曾和一个姑娘像模像样地"拍拖"过——我曾经做过的那些小小的短暂尝试,总是结束得很快,因为我知道,我既没有时间,也没有为此所必需的金钱。我储存起来的有限的空余时间,都用在了工作上;我能够节省下来的钱,都被用在必须观看和钻研的戏剧上。我就这么一门心思地过了许多年,把除了在我面前持续闪现的那个目标之外的所有东西都关到了门外——我的眼睛看到的,只有剧院舞台闪烁的灯光——现在,那些年头永远地消失了,就和无法挽回地消失的《一生的一次》一样。这些无忧无虑的伴侣,似乎让我浪费的时光变得具体化了——仿佛正是那种时光的浪费,才导致我今晚出现在这条木栈道上。

意识到这一点让我的心情变得苍凉,让我觉察到这辈子痴迷于戏剧的结果,很可能就是一种不了了之和无利可图的浪费。我几乎没有勇气去看那些心情畅快、无忧无虑的身影。后悔甚至是自我指责,都是可以忍受的情感。对我来说,那种不能忍受的情感,起码包括对于那种只能导致自我浪费——包括才能的浪费和情感的浪费——的痛恨。最叫人痛恨的就是没有实现的诺言以及由此造成的自我浪费,那是一种没有任何回报而且吃力不讨好的情感付出。我倚靠在长椅椅背上,再次转向大海,让自己的视线离开那些在我前面经过的情侣。

我就那样凝视着大海;我不知道接下来,我在那里待了多久,但是,假如我被要求明确指出标志着我的一个人生转折点的时刻,我会毫不犹豫地把这个时刻视为一个决定性的时刻。在每一个行业或职业当中,必然都会有这样的时刻出现:生存的意志变得不那么稳定,甚至几乎不再存在,最后一点儿储备的才能曾被派上用场,并且似乎已被用光。我就面临着这样的时刻,而且其中唯一的可取之处,就是它自身所具有的越来越强烈、让我开始超越自我并瞥见其真相的荒谬性。它不仅在那时挽救了我,从那以后它也多次挽救过我。那种强烈的反讽效果,可以等同于一种能够移山倒海的信念。这种反讽远比理性和逻辑更快地刺破愤怒感和自怜感。对我来说,它可能是让我接近于洞悉人生真相的第一步;当然,对于我慢慢瞥见的那种真相而言,现在妒忌我以前从未妒忌过的事物,不只是略有某种讽刺意味,把我选择用来做自己想做的事情的那几年看成是一种浪费,也实在是一种荒唐之举。

我现在坐在这张长椅上并不是偶然的,即便从另一方面说,假如我不坐在这张长椅上,也同样不是偶然的。我从来没打算把任何空闲出来的美妙时光用在推开那扇神秘的舞台大门之外的任何事物上。正如我一向期待的那样,我现在其实已经得到了我想要得到的东西,这就像那些姑娘和小伙子得到了他们想要得到的东西一样。假如让我变成他们,我丝毫不会感觉到更幸福,我将来也不可能因此而感觉更幸福,正如假使他们站在我的立场上,也会有同样的感受一样。这些年来真正的浪费,就是让我得到的一切在今晚从我的指缝间白白流走——把乔治·考夫曼已经失去的对于这部戏剧的信念或者灵感作为最终决定。如果他没有了灵感,他以后必然还会再次找到他的灵感之源;如果他感到了厌倦,他显然还可以再次焕发生机。我只是不知道该如何实现这一点,但我必须迅速做好这件事。拖延带来的最终结果只能是拖延。

我从长椅上站起来,沿着木栈道往回走到有有轨电车停靠的地方,并且等待一辆电车带我回家。

有轨电车里挤满了同样年轻的情侣,不过,当我现在看着他们时,我既不羡慕也不妒忌。我几乎很难睁开眼睛。我现在最需要的就是好好睡一觉,而且我幸运地实现了这一愿望。我像被人在头上猛击一拳并把我打昏似的昏睡不醒。

我和乔治·考夫曼的关系不包括亲密。他的本性不允许他和任何人拥有那种可以将其很快发展成友谊的简单交往。奇怪的是,他能够迅速产生的同情心和理解力,会使人们经常感觉到自己与他的关系即将变得亲密,然而,他总是退回到一种不温不火的情感的屏障背后,这时的他,要么选择维系一种最普通的友谊,要么完全不会培养任何友谊。我很快就感觉到了这一点,而且尊重他的选择,我也从未试图越过他自己建立的界限。

我们的关系是纯粹的工作关系,他在工作期间是友好的,也是令人感觉舒适的,但是,当脱离那台打字机时,这种关系就会变得疏远而冷漠。这就使得他在情感方面,不会对我产生任何个人吸引力。如果仅就工作而言,你的确有机会和考夫曼先生变得接近。除此以外,试图和他打交道,就等于浪费时间或者纯属一厢情愿。

第二天一大早,我走回到我写过《一生的一次》的那一处海滩,并且着手工作——我的一只手里是一沓黄色便笺纸,另一只手里是一袋三明治和汽水。争取让考夫曼先生回到这个戏剧的一个很好的机会,就是策划出新的第二幕和第三幕,让他觉得考虑到已经付出过的时间和精力,值得再赌一把,把这个东西重新捡起来。困难就在于一个事实,那就是如果有可能的话,必须在今天把它们勾勒出来,并且不迟于明天就交给他,否则就很可能太晚了。他是最抢手的戏剧导演,而且我知道,他大概已经开始着手其他项目了。他通常都会从一部戏剧过渡到另一部戏剧,有时候在同样的演出季,会承担两部甚至三部戏剧任务。他不大可能在这个新的演出季长时间按兵不动。他的电话可能因为别人的推荐而正在响个不停。这是一种令人不快的感觉,我不能够让自己沉浸于这种感觉而不能自拔。我坚决地把它逐出自己的脑海,并低头盯着放在我的膝盖上的黄纸。

我已经考虑得很清楚了。请求他改写完整的两幕,即便我能够足够幸运地拿出它们的框架,也是一个相当艰巨的任务,但是,如果我能够使他同意的话,那还是有足够的时间做好这件事的。它可以成为那种春季试演所需要的剧本,很多剧本都会争取春季试演的机会,否则的话,其他所有演出季的一些真正的热门剧,永远都不可能进入百老汇,那些新的剧作家,也会和它们一道走到尽头。

春季试演的惯例,对于一个新的剧作家而言是一个福音。用于改写的两三个月的活动停止期——在此之后,戏剧会重新开演——对于当时的剧院来说,在经济上是可行的;它给了一个剧作家一个像样的机会,开始重新整饬他的作品,更重要的是,他可以心无旁骛地学习一些创作技巧,而不会受到某些因素的影响:必须参与的戏剧界的派对活动,在巡回演出途中的剧院预订受阻,以及愿意为他提供支持的纽约剧院的稀缺。

有的戏剧可以用两三周时间在旅途上改写完成,还有的戏剧则不能。剧作家需要时间在不摧毁整体结构的前提下,分析一部戏剧的内在结构,需要时间思考和权衡观众的反应以及朋友的建议,另外,如果不想再犯同样的错误,还需要更多的时间,针对作品本身形成新颖的观点和态度。在距离纽约开幕演出只有两周时间(这往往是一种不可避免的截止日期)的情况下,要想顺利工作,对于新手甚至是有经验的剧作家都是很难的,更不要说独自学习那种通常很难掌握的剧本创作艺术之类的东西。作为一个新的剧作家,我很幸运地生活在戏剧包含一种具有合理的延续性的时代,而不是一个类似轮盘赌那样的野蛮游戏,也即完全凭运气的时代。在今天的戏剧界,在普遍盛行的要么迅速走红、要么迅速惨败这种疯狂的程序范围内,要让一部剧本获得成功本来就面临诸多挑战;何况我原本也没有学习创作的那种适当的、不可替代的工具——其中最重要的,显然并不是一支铅笔或者一台打字机,而是在使用它们之前所必需的思考时间。

当我回到家里时,天色几乎黑了下来,我的口袋里塞满了黄色纸张,上面涂满了新的第二幕和第三幕大致的情节梗概。我知道,这当中还有不少未能解决的问题,不过我觉得,它在技巧上的缺陷,可以通过正式创作加以弥补。我必然会留下某些麻烦的地方暂时不作处理,以后总有机会解决的,而且,我相信自己会时不时地有一些运气——无论如何,它们足以使我感觉到,考夫曼先生也许会接受它,尽管这种可能性微乎其微。现在最需要做的,就是让它看上去很完善,并要尽可能巧妙地提供给他。没有什么比让某个人大声阅读一部戏剧的概述更致命的,而且,阅读一份充满了精心掩藏的遗漏——它们只会强化弱点和掩盖优点——的摘要,同样是致命的。我知道,完全记住剧情,依靠我的能力牢记,而且轮廓清晰地把它展示出来,掩盖它的缺陷并突出它的优点,这种做法显然要好得多。我确信它有一些优点,不过我并没有打算明天再把它们即兴写出来,或者托付给当时的灵感。

我把我的母亲逐出了厨房,尽管没有洗过的晚餐盘碟仍堆放在水槽里。我将一把椅子顶到门上,以免受到任何打扰,然后就坐下来,开始熟记一个又一个场景,并且在此过程中对弱点进行改良,让优点更加突出。我的熟记过程很顺利,虽然我的心情相当紧张。我的思路很清晰,新的创作过程似乎很有趣,而且结构很顺畅。我明天向考夫曼先生复述时,只要能像我现在对着厨房水槽讲述一样流利,那么我的辛苦就没白费。

第二天上午十点钟,我和打开第63街东158号房门的那个女佣打了招呼,并且微笑着绕过她的身边走进屋内。她没有理由假定我并不是要为了同考夫曼先生合作而再次报到——就像我在整个冬天所做的那样——而这也正是我所需要的。我已经意识到,一开始就打电话要求约见风险太大,而且我已经来得足够早,以便确保赶上他在家。她也问候了我一句"早上好",然后告诉我说,考夫曼先生和平常一样在楼上,我就走上楼梯,没有敲门就进入了他的房间。

他正在一边吃早饭,一边在接一个电话,当他看见我时,的确很是惊奇。他透过眼镜上方露出的受惊的表情是那样明显,仿佛他是看见一个鬼一样,或者是看见了来自遥远过去的一个几乎被遗忘的人物。当他即将打完电话时,我走过去,偷看了一眼放在他的床头柜上的那一堆手稿。最上面的题目是"大酒店",而且那堆手稿的厚度足以让我感觉到,我来得正是时候,没有再拖上一天才赶到这里,是相当明智的做法。他挂了电话,说,"早上好,"听上去颇有惊喜的意味,虽然他的嗓音里仍有某种困惑不解的基调。

我知道,现在不宜作任何多余的寒暄。我直接从内衣兜里掏出一个信封,很像是他本人每天使用的那种信封,然后瞥了一眼我用打字机打在它的一侧、作为帮助我开始发言的一种引导性提示的笔记。"我设计好了新的第二幕和第三幕,考夫曼先生,"我说,"我希望你能听一听。"

"就现在吗?"他问,并迅速看了一眼他的手表。

"不需要很长时间。"我撒谎说,我很清楚,这至少需要一个钟头,或者是我需要把它说完的足够长的时间。

"不介意我继续吃饭吧?"他说。

"一点儿也不,"我回答说,"那我只管说就是了。"

我立刻开始了。玉米片碎裂的声音以及接下来咬嚼烤面包的声音,对于讲述一个故事——尤其是这样一个由我讲述的至关重要的故事——而言,实在不是什么有帮助的伴奏曲。那种声音令人非常不安,但我对此无能为力。我能够见到他,并且让他听我叙述已经很幸运了,而且我认为,他愿意聆听这一事实本身,就证明他还没有决定接纳放在床头柜上的任何一部手稿。我有意识地放慢速度,直到他喝完了第二杯咖啡,不过他全神贯注地聆听我的叙述,我也由衷地感觉到,把故事情节记住,绝对是一种天才的方案!我现在可以目不转睛地看着他,整个轮廓都装在我的脑海里,当他的兴趣似乎开始下降时,我就加快叙述进度;当他的眼睛和我的眼睛一样偶尔透露出兴奋的光彩时,我就会适当放慢速度。他有一两次露出了微笑,他还对过去使用过的一段台词大笑起来,那是我们后来已经丢弃的一段台词,我有目的地把它重拾回来,放到一个完全匹配的新的位置。那是他最喜欢的台词之一,但从未产生效果,因此我巧妙地使用了它。我知道这可以取悦他。如果我还想到其他可以使用的小伎俩,我都会无耻地全部派上用场。

我终于说完了,脸上发红,而且有点儿喘不过气来。我看了我的手表。刚过了一个钟头,虽然我还不时地加快了一点儿速度。接近结束时,考夫曼先生恢复了他最舒服的姿势,躺倒在沙发上的身体几乎与地板平行,现在他缓慢而又默默地站起来。他走到窗口处,向外面凝视着那只似乎让他煞是着迷的该死的猫。他转身走到房间中央,从地板上捡起了几个线头,然后直视着我。

"怎么啦?"他突然问,并且让我看到了一种异样的目光。我必然是一直屏住呼吸却并没有意识到,而且我可以想象,它使得我的眼睛有一点点外凸的神态。

"没什么,"我回答道,"我只是在等待。"

"你最快什么时候能搬过来?"他说。

"搬过来——和你住在一起?"我愣愣地问。

"不,不是这个房间,"他温和地说,"在这所房子里。比阿特丽丝今天去欧洲,安就要去夏令营了。我的意思是让你住安的房间。这需要你安排出整个夏天,你知道的,包括晚上在内。我认为,如果你搬过来,我们连续工作,我们可以赶在八月份之前进入排练。"

"我这就回家收拾好行李箱,然后就回来。"我说,随后向门口走去。

"明天早上过来就行,"他在我的身后大声说,"我整个夏天都得看着你。"

"你昨天已经休息一整天了。"我回头说,随即关上了门。

就这么搞定了——而且我第一次拥有了与他的一个亲密时刻。为了对这双重胜利表示庆祝,第二次早餐时,我吃了一整套牛排套餐。整个过程缺了这一环节,似乎就会毫无意义。

第 21 章

剧本写作，就像是在印度乞讨一样，是一种既正当但又卑贱的职业。我私下里已经认为，既然我们已经有了一个基本轮廓，而且也有两个星期的演出从观众那里获得的认知，我们顶多再用一个月时间，就可以完成修改工作。然而我很快发现，考夫曼先生的估计并没有大错。他在几乎整个夏天——包括大多数晚上——的确都在看着我。我没有考虑到的是，一个大纲或者故事梗概，充其量只是一种不精确的模子。你不可能亦步亦趋地跟着它，因为当基本轮廓被转换成具体对话时，它就会在一个人的手指下面发生各种变形，而且对一个场景——有时候是整整一幕——的强化过程，可能会发展到失控的程度，导致随后精心设计的剧情需要大段的文字。

我们在最初几天努力工作，按照我已经牢记的轮廓向前推进，但是，到实际工作的第三天时，许多在黄纸上似乎很有价值的内容，在打字机键盘刺眼的反光下都消失了。尽管如此，一些较好的内容还是保留了下来，甚至就连一些过去不能使用的内容都派上了用场；不过，我们显然需要整个夏天的工作，能够在八月份之前完成就已经很幸运了。考夫曼先生并无抱怨地接受了这个事实，从我自己的角度来说,能够再次回到工作中,让我感到喜悦而且心怀感激,不管需要多长时间,我都不会介意。当我们坐下来完成每天的苦差事时,我介意的不是工作本身,而是炎热和饥饿,其中的一个或另一个似乎总是存在的,而它们结合起来就会成为我的梦魇。在那个夏天,纽约让那些不幸留在这座城市的人意识到,一波强过一波的热浪,几乎一刻不停地炙烤着建筑物和人行道,乃至到了晚上,被加热过的砖石似乎仍在散发着热量,就像是一个面包房里尚未冷却的烤箱一样。沥青路面的黑色焦油每天都在融化,从缝隙里不祥地渗出来,仍被困在这座城市里的被炙烤的人们,在街道上迈着沉重的脚步,一个个看上去蔫头耷脑,无精打采。天气成了每一期报纸的头条新闻,而且我每天早晨满头大汗地醒来时,都会感觉头痛,当我读到"热浪并未退却"或者"毫无缓解迹象"时,我的头痛似乎变得更厉害了。炎热成了一种邪恶的活物,因为空调这种自发明车轮以来人类最光荣的创造物,在当时并没有得到普遍应用——即便得到了普遍应用,我怀疑考夫曼先生是否一直把它看成是一种不必要或者不管用的玩具。他似乎并不在乎闷热,除了比平时更频繁地洗手以外,他唯一的让步——我认为这更多的是为我,而不是为他自己的需求才做出的让步——是提供了一台小小的电风扇,它有气无力地"噗噗"地转动着,根本不足以和从外面的大火炉透过窗口进入房间的热浪对抗。这个没有发挥多大作用的东西,被放在房间远端的地板上,为的是不让它把桌子上的纸张吹走。有一次,在无法忍受的情况下,我把它移到跟前的一张椅子上,我以为它发出的一些微风可以直接吹到我的身上。事实上,它把房间里所有桌子上的纸张都吹走了,而且有四五张纸被吹出了窗口,飘到了邻居的院子里。我只好赶紧下楼,在考夫曼先生那双冷峻的眼睛的注视下把它们找回来,更为糟糕的是,我在试图从隔壁那家的栅栏上爬回来时被卡住了,不得不喊来女佣帮我下来,考夫曼先生就在楼上窗口处注视着这一幕。这是一个不光彩的表现,而且在那之后,我始终把风扇放在原处,并尽可能一动不动地坐在皮椅上,试图让自己无论如何都不要再想着炎热或者食物。

当然,炎热一向被认为可以降低甚至完全剥夺一个人的食欲,但是,我那不幸的胃口显然足够强大到不能忽视的程度,就像是美国的那些广告邮件一样,无论是严寒酷暑都不能够阻止它们的进入!有时候,我饿得甚至都忘记了炎热,在眼前看到的,只是堆积如山的食物的幻象,因为考夫曼先生那原本就娇弱的食欲——在冬天尤其不值一提——似乎随着第一只知更鸟的到来,就已经早早地消失了。早在第一波热浪包围这座城市之前,随着温暖天气的到来,一道沙拉和一盘并不太多的薄薄的冷肉片,就成了每天主餐当中不变的菜肴,而在稍冷的日子里,偶尔会出现羊排,我不去争抢食物的那种旧日的习惯,就像是逼迫一个人在与他的信仰较量。我犯了可怕的错误,因为当他在我到来的第一天晚上问我每天早餐想吃什么东西时,我文雅地回答说:"哦,只需要橙汁、烤面包和咖啡。"我看见他把它们写在一张纸条上,并交给女佣去准备,于是我知道,我的话刚一出口,就犯了一个致命的错误。在那以后,我就不可能通过一顿像样的早餐,让自己挨过一天剩余的时间,因为午餐通常总是茶和一点儿甜点,接着就是在下午时的一点儿黄瓜或者豆瓣菜三明治,尽管当夜幕降临时,会有甜点和一整壶冰茶放在桌子上,我却总是想着那一小盘沙拉和椭圆形大浅盘里装的几块冷餐肉。

到了我在此逗留的第三周,当我躺在那里一宿未眠,诅咒着炎热和我那难以管束的胃口时,我在白天只能坐在那里,从深陷的皮椅里面盯着对面的考夫曼先生,脑子里想的不是下一句台词或者场景,而是用对食物的幻想折磨自己:厚厚的烤牛肉三明治,或者里面满是漂浮的鸡肉块的鸡汤。他有时必定认为我整个人已经麻木了,因为我瞥见他有一两次透过眼镜片瞪着我。我自己的眼睛变得呆滞,不是因为感到无聊或者注意力不集中,而是因为饥饿的缘故。

每到星期四晚上——考夫曼先生会在这天晚上打牌,我则返回布鲁克林看望家人——甚至就连我母亲做出来的充其量只能算是普普通通的饭菜,似乎都极为诱人,我对放在我面前的所有食物那种惊人的食欲和津津有味的姿态,必然给了她一种印象,那就是她已经变成了纽约最好的厨师,至少是布鲁克林最好的厨师。和一周其他时间相比,我在星期五上午的时候总是更有活力,思维也更敏锐,这一事实似乎让考夫曼先生大为困惑。

到七月中旬,考夫曼先生开始意识到天气的问题。似乎就连多洗几次手也不能奏效,在顶着酷暑连续工作了将近两个星期的日日夜夜之后,他突然宣布说,他周末要到长岛去参加一次槌球比赛。我几乎不敢相信自己的耳朵。我那天一直都在目光呆滞地坐着,看着汗水从他的额头慢慢滴落到打字机上,并对他会把那块软塌塌的手帕捂在脸上,而且丝毫都不会提起天气这一事实感到惊叹。就在他开口说话之前,我一直都在想,不只是超越人类的胃口是非凡的,把自己密封在闷热的屋子里也是非凡的!看到炎热终于把他征服了,让我暗自窃喜。他面色苍白而憔悴,而且看着他,我觉得我看上去肯定更糟糕。我没有意识到,在六年的夏令营生活之后——在那个期间,整个夏天我都在城外——我现在渴望的,是脚下有一片草地而不是人行道的感觉,我渴望看到水、树木和蓝天。我几乎迫不及待地希望当天的工作尽早结束。

在他把那块布罩盖在打字机上五分钟以后,我给弗拉格勒大酒店打了电话,询问他们是否会让我在周末充当娱乐指挥。他们似乎很高兴,于是我就坐上了当晚开往卡茨基尔山的火车。

那个周末,是我最后一次在一个时事讽刺剧中演出一首男女二重唱歌曲,在篝火旁朗诵了哈姆雷特的独白,在星期六晚上的音乐剧中,组织表演了《科恩女士在海滩上》,并且在餐厅、在室内游戏节目中以及在游泳池周围,使用了我全部的娱乐指挥技巧。我像一个具有统治力的歌剧明星一样被欢迎回归,而且我很高兴自己能够在这个自由的周末赚一些小钱。但是,即便是在我表演的时候,以及在我与客人和工作人员打交道之后,我也很好奇,在过去的六个夏季里,我是怎么过来的。一想到如果《一生的一次》最终惨遭失败,我就可能回到这里并再次做这件事的时候,我就不寒而栗。出于个人需求或者年轻本身的缘故,有些事情在人生某个阶段是可以忍受的,一旦过了那样的阶段,联想到可能再度从事那些事情的可能性,都会让人觉得难以容忍。到了周日晚上,我就迫不及待地回到了城里。虽然我在当时并没有意识到,但这三天不仅仅让我远离了城市的炎热。那个周末以及它所带来的一切,正是我所需要的,它使我得以带着足够的精力赶回家中,否则的话,无论我走到哪里,我都会变得无精打采,步履蹒跚。

通常说来,第二幕的创作似乎会永远拖延下去。这是每一部剧本的危险之处——戏剧创作的软肋,正如丘吉尔①先生可能会描述的那样——而且意识到这一点很重要。第一幕本身所具有的推动力,几乎足以让作者顺利进行下去——撰写一出新戏的兴奋感,似乎能够为每天在打字机前工作的人提供必需的能量和新鲜感,可以说,第一幕的很多内容几乎就是"自发"完成的。这可能就是为什么据说伯纳德·萧伯纳曾经说过:"任何连第一幕都写不好的人,最好完全放弃剧本创作。"将一流作家和三流作家区分开来的是第二幕。当考夫曼先生屈服于炎热时,我们仍然深陷在第二幕中难以自拔,而且我怀疑,他屈服的原因可能部分是由于他感觉到,我们已经到了一个临界点,暂时性的停顿不仅有所帮助,而且是完全必要的。

不管是什么原因所致,当他从自己的周末活动中返回时,他和我一样神清气爽,充满活力,重新拥有了继续工作的能量。我们返回时也正好赶上天气转凉——我立刻就把它看成是一个好兆头,另一个好兆头就是一周两次在餐桌上出现了羊排和餐后甜点。到了

---

① 20世纪英国政治家和文学家,1953年诺贝尔文学奖得主,曾两度出任英国首相。

下一周的周中时,我们就完成了第二幕,我们俩也似乎都能够更自由地呼吸了。

随着第三幕的开始,我们的节奏加快了。我们计划要在八月第二个星期进入彩排阶段,考夫曼先生打了几天晚上的扑克,接下来就开始连续不停地工作。由于需要重新选角以及同美工师和服装设计师沟通的缘故,我们每天都要失去部分工作时间。增加了两个新的场景,其中一个场景相当复杂,需要一个叫作"鸽子蛋"的好莱坞夜总会内部设计风格,这意味着夜总会顾客将坐在被巨大的、有开口的"鸽子蛋"罩住的桌子旁边,而女侍者将要插上羽毛,穿戴得像是鸽子一样,诸如此类。这是我独自在海滩构思出的新的创作方案之一。

现在,我们都有些怀疑能否及时完成任务,而且考夫曼先生明显变得有些急躁。但是,在原定彩排日的四天前,他就突然转向我,说:"我认为你该站起来了,或者躺下去,要么什么话也别说,要么到外面去走一走,或者去做别的事情——我准备打出'剧终'了。"他果然打出了这两个字,然后咧嘴笑了起来。"不需要对我们这个团队举行告别演说了吧?"他问。我看得出来,他对能够提前几天结束工作感到高兴。

我摇摇头,也对他微笑了一下,可是,我并不能够像他那样体会到喜悦之情。我原本暗自希望,我们可以工作到排练前一天晚上。事实上,我痛恨需要等待四天的可能性,因为尽管我以前总是迫不及待地渴望等到排练开始,但是,当那一天真的逐渐来临时,我却需要尽可能把这种期望逐出脑海,并且试图维持一种错觉,那就是排练日期仍很遥远。虽然在痛苦的工作中,一个人很容易幻想由于付出了真正的努力,因此成功几乎必然是水到渠成的,但是,当检验是否成功的这一天无情地逐渐接近时,那种幻想就开始一点一点消失,脑海里的那种确定性也变得越来越薄弱,直到被一种新的武断的结论——失败的必然性——所吞噬。这通常被称为"排练怯场",

我显然具有这种严重的症状。我勉强收拾好手提箱,返回到布鲁克林等待。

这不是同家人共处的最佳时机,我家里家外苦熬了这四天,让家人和我自己都很难受。只有那些对预期的排练感到过分紧张的人,才能够在某种程度上理解精神分裂症患者的奇特行为。

布鲁克林是一个大行政区,但在我看来,我在这四天已经逛遍了其中大多数地方,因为除了走路,我没有足够的钱做其他事,当我再也无法忍受继续待在公寓里的时候,我就会走出去散步。到了晚上,我会不停地把无线电从一个台调到另一个台,直到让他们所有人都感到发疯为止,有的邻居甚至怒气冲天地从房间里走出来,要求我停下来。对于剧作家而言,他们有理由得到更体面的安排,比如他们可以获准(甚至是被要求)在排练开始前的一周走出家门,到达某个甚至连其家人都无法很快到达的相对隔绝的地方,在那里,他们独处的需求可以得到满足,他们的精神错乱也能够被人理解。

我想,就连我母亲都对我在星期一早晨离开家去参加排练感到高兴。她提醒我说,作为母亲,她的心和我在一起,但是,这些话带来的温暖,还不足以伴随我完成坐地铁到达时代广场的旅行。我带着不祥的预感和恐惧的心情,走过了音乐盒剧院的舞台后门,也许这是一个新手成为真正的专业人士所必经的阶段,我只能这样自我安慰。在我看来,我好像再也不是那个在去年春天走过同样的舞台后门,睁大眼睛并充满希望的年轻人,当时的我对舞台监督充满敬畏,因为自己来得太早而不好意思,而且急于感觉到第一次彩排带来的兴奋感和荣耀感。这一次,我并未先于演员赶到这里,而是同管理层人员一道过来的,我对演员们朗读剧本的情形不再感到恐惧,然而,在我那貌似职业化的姿态后面隐藏着一种恐惧,这是因为我现在知道,这次彩排有着非同寻常的意义,正因为如此,它会使剧作家本人在看到剧场并面对第一次正式演出之前,通常都会守候在酒店房间里,忍受至少长达几分钟的巨大的心理压力。我也知道在黑暗中来回踱步的那种折磨,当笑声没有如期而至时,还要忍受观众的沉默带来的刺痛,看着那些走出过道的面孔而承受的痛苦,同样令人记忆深刻。我几乎可以感觉到通宵修改的疲劳,我记得我当初如何心焦地等待黎明的光芒穿过百叶窗,因为只有到这时,我们才能够停止改写,在次日排练之前睡上一觉,我害怕再次面对这一切所带来的疲惫感。我渴望回复到上一个春天的无知无觉的状态。所有这些都必然要再经历一次,只不过这次增加了新的认知,那就是风险变得比以往更大。这是我的第二次机会。

山姆·哈里斯紧跟着我进入舞台后门,他以一贯简洁而明快的风格说,"嗨,伙计,"他问候我,"我们这次演出是为了生计,对吗?"我闷闷不乐地点了点头,走到了考夫曼先生已经坐在那里等待的那张桌子跟前,在几分钟后,舞台监督就敲了敲桌子,要求整个剧团注意。

就像过去一样,初次彩排所有小小的荒谬性和装腔作势的东西,一样儿也不缺,但我并没有因此感到多么不快。演员们有的长叹,有的低语,马克斯·西格尔带着快活的笑容,注视着周围的一切。考夫曼先生在手稿上做着他的各种代码标记,似乎没有听到一个字,山姆·哈里斯身体笔直,面无表情地坐在他的椅子上。就像过去一样,中间出现的长时间停顿让我感到恼火,这是部分内容出现了打字错误的缘故,接下来,那个阅读这部分台词的演员开始到处找铅笔,他就像往常一样总是忘记把铅笔带到排练现场,虽然他在剧院待的时间足有四十年了。一个在第一次彩排时惊奇地发现自己需要铅笔的演员,完全可以和在第一次带妆彩排中,那种迷惑地发现自己必须打开一扇门或一扇窗户的演员相提并论。他似乎在现实生活中,从来就不曾打开过一扇门窗,甚至都不曾见过这样的情景,因此他总是会摆弄半天,并由此延缓了进程,直到有人忍不住从脚灯那里跳过去,并且打了他一下——或者更好的情况是——把他直接从门窗那里推过去。那种过分精巧而繁杂的礼节以及老套的戏剧笑话,总是伴随着寻找铅笔的过程,与此同时,作者现场了解场景的感觉和意义就会完全消失,这种情况显然令人难以忍受,而同样令人难以忍受的,就是现在找到了铅笔的那个演员,接下来又找不到他的台词在手稿上的位置。

我耐心地坐在那里,迫使自己忍受了这一切。我的主要兴趣是聆听,或者是试图聆听取代了阿莱·麦克马洪的主角位置的吉恩·迪克森,以及扮演了在试演期间,由布兰奇·金扮演过的好莱坞八卦专栏作家这一角色的斯普林·伯恩顿。迪克森小姐是一个说话有些含糊的人,并且和一只英国可卡犬一样容易紧张。尽管她听上去好像是咕咕哝哝地口齿不清,不过,她的这种风格非常符合那个措辞吃力、但个性鲜明的角色的需要,长着母鹿般的眼睛而且挂着天真表情的斯普林·伯恩顿说"谎言"的姿态,也恰恰能够充分反映出这个角色所需要的那种欺诈性。

我不时地迅速瞥一眼山姆·哈里斯,试图了解新的第二幕和第三幕可能产生的实际效果,但我真的应该让自己省却这个麻烦。他始终就像是拉什莫尔山①开凿出来的坚硬的石头一样,而且我也不能多怪他。从阅读的情况来看,很难判断出这两幕戏是有所改进,还是甚至比以前更糟糕,尽管演员依旧一如既往地笑得很开心。他们和去年春天一样笑得颇为投入,而当幕布拉起而观众却并没有发笑时,他们也会和我们一样感到惊奇。过分看重演员的发笑,是最大的自我欺骗,因此我对它们充耳不闻。第二幕确实似乎更好了,但我对新的第三幕无法做出任何判断,因为打字员的错误是如此之多,寻找铅笔的时间是如此之长,纠正角色台词的场面是如此之乱,以至于我不可能做出任何结论。我完全放弃了聆听,在舞台监督的便笺纸上做着我自己的代码标记,直到阅读结束为止。在这部戏剧能够上演之前,我不得不竭力控制好自己。那个打字员要么一直是

---

① 位于美国南达科他州的一座山峰。

在录入其他剧本,要么是我们写得实在过于糟糕。我听到的极少的内容,令我耳不忍闻。

《一生的一次》再次开幕的排练期,大概是我在剧院排练当中所度过的最糟糕的三个星期。我现在清楚地知道,看到考夫曼先生同每个演员单独低声探讨的导演方式,顶多能叫人忍耐一两天,而在我满意地看到戏剧变得逐渐成熟之前,我不得不坐在那里,坚持看完出师不利和不断摸索的混乱场面。现在,我因为坐立不安而不时地在剧院当中进进出出,甚至整整两天试图远离排练,所以我对自己说,我需要让自己有一种更新鲜的眼光。这是一种毫无作用的躲避。我在剧院里固然不快,在远离它的时候却感到痛苦。

事情的真相是,我不再愿意(也不再能够)相信自己的戏剧本能或者判断——我此前已经犯过错误,可见我的推理并不可靠,既然如此,我现在又怎么能够判断孰优孰劣呢?我从未想过,原先的第二幕和第三幕本来就是糟糕的,因此,我现在又怎么能说新剧本比以前的更好呢?我带着焦虑的心情走到排练现场,当我在剧院里观看每一次排练时,从头至尾我都难以摆脱那种焦虑感。当发生这种情况时,剧作家尚且不能裁判阿斯伯里帕克市的"宝贝婴儿大赛",更不要说裁判一出戏剧了。他自己的焦虑感会影响每一种相关的事物,确切地说,他看到的每一种事物必然不是变得更好,而是更加糟糕。我渴望考夫曼先生打破自己的规则,允许几个朋友过来观看第一次排练,但我没有足够的勇气提出这样的建议——实际上,连我自己都几乎没有足够的勇气来现场观看!

在第一周结束时,山姆·哈里斯、马克斯·西格尔、考夫曼先生还有我本人这几个少得可怜的观众,郑重地坐在那里,看完了第一次彩排,又庄重地互道晚安。这有点儿超过了我能够承受的限度,在考夫曼先生听不到的情况下,我鼓起勇气紧紧抓住马克斯·西格尔的翻领,低声问道:"哈里斯先生觉得它怎么样?"

"他没说什么。"马克斯·西格尔的答复令我很不满意。他接着说:"不过我认为,他肯定喜欢它,不然他就会说些什么的。我喜欢它,如果这能够给你带来某种安慰的话。"

这并不能给我带来安慰,而且我模糊地意识到,就算是山姆·哈里斯一反常态地给出了赞扬之辞,对我也起不到什么作用,因为在我目前的心态下,他的赞扬对于我的慰藉作用持续不了多久,因为我意识到,当幕布在费城的那批观众眼前拉开之前,无论是他还是其他任何人,都不可能真正知道实际结果。

最后两个星期的排练,我似乎基本上都和马克斯·西格尔在一起。我会在每天排练开始时,尽职尽责地出现在现场,一直待到考夫曼先生知道我在那里为止,然后我会快步走到楼上,进入山姆·哈里斯的办公室,不择手段地诱使马克斯·西格尔同我一起到隔壁的那家餐馆。我利用他快活的天性和与生俱来的乐观,就像一个牙科医生利用奴佛卜因①对付一个活动的臼齿一样。马克斯·西格尔显然是个与生俱来的乐天派,而且他喜欢我们为这部喜剧所做的工作。他喜欢在每一次排练中看到的一切,包括小剧团的每一个演员。我会在餐馆柜台处和他并肩坐在一张长凳上,吃着一块又一块的汉堡包,借此使我对于痛苦的感觉变得迟钝。每一天,我都加大了他给我提供的这种精神"麻醉剂"的分量,所以最终,他不仅和我一起吃午餐和晚餐,而且在排练结束之后,他还会陪我在大街小巷闲逛,直到他必须回家陪伴他的妻子为止。我认为假如他没有结婚,我就会坚持让他同我回家,而且在纽约最后一次排练的那天晚上,我差点儿就要求他让我随他回家!

---

① 一种麻醉药。

第 22 章

有一种表达现在已经不时兴了,可是它恰如其分地描述了我前往费城时的情绪:我的手提箱上并没有画着"白羽毛"[①],但它理应画在那里或者是插在我的帽沿上。我同我的家人说了再见,从他们的角度来说,相比于当初送别我到大西洋城的那种乐观的良好祝愿,这一次的道别要冷静和稳重得多。就连我的母亲现在都模糊地意识到,就吃饭和支付房租而言,我的新职业在很大程度上,是一种情况很不明朗的赌博,因为我们在经济上再次危险地陷入了低谷。事实上,如果没有我的弟弟——他在那个夏季找到了他的第一份工作——我怀疑我们能否应付所有这一切。在我看来,当我走向地铁台阶,去乘坐开往宾夕法尼亚站的地铁时,那片白色的羽毛正在微风中飘动,并且要让所有的人都能够看见它。

这一次,我不需要等待马克斯·西格尔主动邀请我和他喝一杯烈酒。在地铁尚未开出那条隧道之前,我就拿过他的那个小酒瓶,喝了两口烈酒。它们很管用;而且,在去参加一个外地开幕演出的

[①] 在西方文化中,白色的羽毛是心虚和怯懦的象征。

途中，一个剧团的气氛总是那么乐观和昂扬，面对着周围那么多令人振奋的欢呼声和那么多充满希望的期待，你很难做到意志消沉。

除了演员们在任何旅途中都会携带的那种蓬勃的精神以外，为了打发在外地的三四个星期时间，他们通常还会带上他们的猫、狗、鹦鹉和金丝雀，有时甚至还会带上他们的热带鱼，所有这一切，甚至能够为费城之旅增添一种狂欢的气氛。当地铁驶入百老汇街车站的时候，我感觉出奇地振奋。一直以来，我在排练期间感觉过于沮丧，乃至不能通过寻找一个好兆头来尝试找回我的信心，但我现在感觉好多了，因此，当地铁慢慢驶进车站时，我又开始搜索那种征兆。我不需要搜索很大的范围或者很长时间。当我们走出车厢进入站台时，那种炎热难以想象。狗和猫立刻开始喘息，它们的主人也明显变得蔫头耷脑，我自己好容易产生的那种兴奋感也跟着萎靡下去了。真正的预兆信奉者并不会盲目地选择预兆。选择范围是有限的，选择过程也是严格的。第一个选择对象是最被看重的，而且根据这一游戏规则，这就是那种有效的预兆。

我拿起手提箱，跟着考夫曼先生步履沉重地走向可以打到出租车的地方，我的衬衫已经开始贴到我的后背上。似乎没有受到天气影响的考夫曼先生，要求把我们的行李放到那家酒店的门卫那里，然后就直接坐车赶到那个剧院，以便看一下他事先要求建立的新的舞台布景。当那辆出租车在那座看上去像是一家兵工厂的建筑物前面停下来时，尽管外面张贴着海报，但我简直不敢相信，这就是将要上演我们的戏剧的那家剧院。它似乎占去了一个广场那么大面积的地块。现在已经被慈悲地完全推倒、名字颇有几分浪漫色彩的费城"抒情诗"剧院，当时就像是一个巨大的谷仓，就其基本设施而言，它几乎就像匹兹堡一家钢铁厂一样，很"适合"上演一部喜剧，而且几乎和钢铁厂同样闷热。实际上，这里通常只是大型音乐剧巡回演出的地方，但我们别无选择，因为它是目前我们在外地可以联系到的唯一空闲的剧院，所以山姆·哈里斯就订下了它。

现在，如果没有空调设备，无论是在纽约还是东部地区其他主要城市，各家剧院基本上都不可能长时间开放，但它们的确开放了，而且令人惊奇的是，人们还是照旧去光顾这些剧院。在每一家剧院舞台前部两侧，都有两个巨型电风扇，它们持续运转到剧院里的灯光变暗，而且在每一次幕间休息时，会被再次打开，但在一个炎热的夜晚，从观众那里散发出的热量，仍然是令人生畏的。化妆品从演员的脸上往下滴落，观众们都在挥动着节目单和棕榈叶形状的扇子，它们发出的"沙沙"的响声，有时会完全淹没演员的声音。尽管如此，整个夏天，在费城、波士顿、华盛顿和芝加哥的每一个剧院都如火如荼，这是一个公认的事实，而且在纽约的下一个演出季，实际上开始于八月十五日，或者是在劳动节，这意味着要么热浪滚滚，要么没有热浪。

我跟着考夫曼先生通过舞台后面，当他和木工及电工进行交流时，我茫无目的地走动着。抒情诗剧院散发着作为上次音乐剧巡回演出的大礼堂以及最后一批流汗的观众那种陈腐的气味。我抬起头来，数着似乎直通到顶棚的至少九个楼座，我曾经短暂地想到，为什么有人会在热天爬到那上面去受罪，还有，如果他们到了那里，他们如何听清楚舞台上传来的声音。即使是演员能够发出最大的声音，从那里也似乎很难听到。当我想到需要在这么大的空间喊出那么微妙的喜剧台词时，我的心不由得沉了下去。我坐在一个座位上，注视着石棉幕布。在我看来，如果有机会，在天气转凉时的纽约上演这出戏剧，比在这个可怕的洞穴里上演要好得多。即便从楼座那里或者从某个包厢里飞出一大群蝙蝠，也不会让我感到惊讶。

仿佛是为了证明我的想法似的，两只蛾子从附近的一个红色长毛绒座位那里慢慢地飞起来，又无精打采地飞走了。我看着它们在前面那排座位的椅背上落下来，突然间情绪又高涨起来。那些动物或者昆虫会把这里作为停留地，这种想法让我感到高兴。它的确是人类目睹一出新的、多姿多彩的讽刺喜剧最后的地方，但不管怎样，我的快乐感又回来了。

  剧团中很多人已经从后台走到观众席当中,并且从那里第一次看到"鸽子蛋",几分钟后,考夫曼先生通过防火门,石棉幕布被拉升起来。剧团爆发出一阵笑声,然后发出热烈的掌声。这是一个了不起的布景——一个巨大的、结构繁复的巴洛克风格的装饰物,从装饰效果来说,它把好莱坞美妙而豪华的布景设施的概念发挥到了极致。即便在没有演员参与其间的情况下,它本身的可笑性也足以令人捧腹。我对此感到欣喜。在我看来,在这样的场景中,每一句可笑的对白,都会因为这样的布景而得到加强,而且幸运的是,它也是这部戏剧中最后一个场景。一切似乎在突然之间,开始奇迹般地好转起来。尽管所谓的预兆可能是一种主观判断,但我还是认为,那两只蛾子是我一直在寻找的那种征兆,而且在这充满各种布景和灯光的排练中坐上几个钟头,脑子里只想着那些使人扫兴的东西,来打击自己来之不易的好情绪,完全是一种愚蠢的做法。我从座位上站起身,从剧院里走出去,留下考夫曼先生全面负责即将到来的那些苦差事。我曾在某处读到过,为了打发这无所事事的几个钟头,一些剧作家会参观博物馆甚至去看一部电影,尽管我没有那样的雅兴,我也已经想到了适合我的自娱自乐的方式。一个作家在外地的生活开支,通常都是由管理人员支付的,包括他吃的食物,只要他在那家酒店就餐即可,而酒店正是我现在要去的地方。我对于炎热无能为力,可是这一次,我起码可以不让自己饿肚子。

  世界上最令人愉悦的阅读,是阅读一张上等酒店的菜单,因此,我在打开我的行李箱之前,就要来了菜单;我还发现,这家酒店的客房服务,一直延续到夜里很晚。在大西洋城的带妆彩排期间,我在那四个白天和晚上几乎没有吃多少东西,尽管我知道山姆·哈里斯负责买单,而且我不想再做那样的傻瓜了。刚刚喝完考夫曼先生简朴的豆瓣茶以及吃完他的黄瓜三明治,我就要了我自己的一份下午茶。在吃完海鲜汉堡包和雪糕布丁以后,我的脑海里似乎不再那么想着抒情诗剧院了,这真是令人惊奇的变化,我竭力保持这样的精神状态。

我在费城的四个白天和晚上的带妆彩排其间大快朵颐,而且尽管天气炎热,我睡得非常香甜。每个人都注意到了我的变化,马克斯·西格尔还指出了这一点。

但我也很难这样解释:每天晚上吃一次夜宵,每天早晨一个侍者端着装满食物的大餐盘,蹒跚地走进我的房间,是我对于这部戏剧及其表演过程的全部激情的来源。当剧团经理看到我的账单时,他可能会皱起眉头,但山姆·哈里斯乐于见到我的变化,他希望在戏剧开幕以后,我尽可能保持精力充沛的状态,以便应付可能需要做的任何工作。我那良好的精神状态,甚至驱散了我在开幕演出之前的恐惧感——实际上,这部戏剧的前景从未变得如此光明。

我认为,这种近乎愚蠢的乐观并非完全由于食物的缘故,而是我的焦虑感已经发生了不可思议的转向,好像它突然插上了一双翅膀似的,但是我知道,填饱肚子这件事本身,对于让那双翅膀不停地摆动并非没有帮助。

当乔·海曼在开幕演出那天早晨给我打来电话,说他得了严重的夏季感冒,只能等两天才会赶到费城这里时,我甚至并未因此感到多么不快。他对我的心情那么舒畅感到惊讶,事实上,我的确也很难回忆起当初在等待他赶到大西洋城的那几个钟头时,我所体验到的那种可怕的情形。我觉得自己完全有能力独自应付开幕演出,而且在剩余几个钟头里感到很不耐烦,直到我终于赶到剧院,并看到帷幕拉开为止。

我坐在那里,心情舒畅地看完了最后一次简单的排练,然后试图通过各种方法打发时间。我很惊讶地发现,时间突然到了六点钟,该是做好准备的时候了。我向窗外看去,并且一眼就看到了彩虹。对于一个愿意相信飞蛾会构成好兆头的人来说,彩虹似乎是现在一切仿佛都有利于我们——包括天气在内——的预兆的最终标志。在将近傍晚时的一场猛烈的雷雨,让整个城市充满了凉意,我把头探出窗外,感觉到了带有秋季迹象的第一缕微风。这清新凉爽的空气,肯定会让所有观众保持最好的情绪,虽然我还没有准备好把这种异常情况作为一切顺利的起点,但我不能否认这样的事实,那就是同我当初预期的感觉相反,我不仅没有感觉到任何痛苦,反而感觉到了一种明显的快乐和兴奋的情绪。彩虹需要的似乎不只是让我盯着它,还要求我服从一时的冲动,于是我就打了电话,询问那个侍者领班能否给我弄来一瓶威士忌。在电影中,当那些富人西装革履地去参加宴会时,他们通常总是喝着威士忌;尽管山姆·哈里斯会为此付钱,不过躺在浴缸里的我,还是在慢条斯理地啜饮着,脑子里想象着可能到来的诱人的结果——尤其是大笔金钱。现在,我很遗憾乔·海曼没有在这里和我一起举杯预祝未来,然后一起平静地去参加开幕演出。

当轮到我在后台祝愿演员们好运时,就连考夫曼先生都似乎不同寻常地感到心情愉悦,山姆·哈里斯在大厅里欢快地通报说,今天晚上,那些带有敌意的特殊观众没有达到完整的法定人数,是因为有太多的戏剧同时在外地举行开幕演出,他们不得不选择那个最有可能让他们看到其失败,从而感受到最大乐趣的戏剧。"看来,他们已经把我们排除在外了。"他笑着说,"不过我觉得,他们这次可能真的没有看走眼。"在我看来,他今天晚上流露出以前从未有过的自信,而且正厅前座几乎全部坐满的抒情诗剧院,看上去并不多么像一个大谷仓,或者是那种并不适合演出的地方。我不耐烦地看着最后几个观众顺着过道走进去。与其说我想看到这部戏剧开始,不如说我想看到第一幕圆满结束。我知道,他们会对第一幕的很多场景大笑不止。考夫曼先生在第二幕离开以后的情况,才是检验我们的工作成果的试金石。我一直在看着舞台前端两侧的巨大风扇旋转,最终它们逐渐缓慢下来,剧院里的灯光变暗,脚灯开始亮起来。

我不知道这是因为我们面对的是至今所拥有的最多的观众,还是因为这里的观众表现出了不同寻常的慷慨,但是,观众的笑声比以往任何时候都更加热烈,尽管这是在第一幕。由于新的第二幕和第三幕的变动,我们在整体上所做的修改使剧情变得更紧凑,去掉了一些会阻断笑声的细节,由此使笑声变得几乎连续不停。这一幕的演出效果一直不错,而现在它得到了雷鸣般的喝彩声。在幕布落下来以后,掌声足足持续了半分钟之久。现在就自鸣得意还有点儿为时过早;但是,假如第二幕进展顺利的话,整部戏就很有机会赢得好评,我带着迫切的心情等待他们回到座位上。山姆·哈里斯没有做过多的评论,只是简单地说了一句:"这一幕有进步,伙计。"就像我自己一样,他也在原地踏步。

中场休息的时间似乎过于漫长,直到剧院灯光再次变得暗淡。当第二幕拉开帷幕时,考夫曼先生像以往一样受到欢迎,而当他退场时,他也照例得到了掌声。我屏住了呼吸——接下来的几分钟将会说明一切。

我不需要等待很长时间。在那些观众以往保持沉默的环节,他们现在发出了哄堂大笑,当笑声不断,没有任何减少的迹象时,我开始兴奋地用拳头捶打正厅前座的栏杆。一个身穿蓝色衣服的身影立刻出现在我旁边。"不要打断他们,你这个傻瓜,"考夫曼先生低声说,但我看得出来,他和我一样高兴。那些美妙的笑声一浪高过一浪,尽管附近有那个来回踱步的身影,我自己还是开始与他们一道笑起来。我似乎不可能不这样做。我想,这是因为如释重负的感觉让我变得有点儿头晕。第二幕得到的掌声,甚至比第一幕还要多,甚至在剧院灯光重新亮起来之前,观众发出的那种明白无误的嗡嗡声,就在剧院里飘荡开来。当观众对于一部戏剧真正感到满意时,他们走出过道时的神态,几乎都会令人动容。他们面带喜色,就像得到了意想不到的礼物似的。这是一个令人欣慰的景象。在拥挤的人群中走出过道的山姆·哈里斯看见了我,便使劲地对我眨了眨眼,而紧跟在他身后的马克斯·西格尔可说是笑容满面。我向他们挥挥手,示意我会在大厅见他们。

我渴望窃听到观众对于这出戏会说些什么,尽管大厅窃听是一种危险的工作。一个剧作家听到的,可能是对前一天晚上的桥牌比赛而不是他的戏剧的讨论,或者是小罗伯特在转学以后进步有多么快。即便是在纽约的一出公认的热门戏剧当中,大厅偷听的结果,也可能无非是让一个剧作家感到愤怒的评价:"我不知道他们都乱七八糟地说了些什么,你呢?"或者是,"这只不过是一个晚间娱乐而已,没什么大不了的。"但今晚他们真的是在谈论这部戏剧。我在一簇簇人群之间走动,并且听到他们在说,"我这几年看过的最有意思的戏剧,"以及,"等着吧,它会成为百老汇的热门剧的。"我想起来,此时此刻,我通常都会躲在靠近舞台后方的胡同里,即便我待在大厅里,通常也会害怕听到我可能听到的东西。

我如饥似渴地聆听,以至于来不及去见山姆·哈里斯和马克斯·西格尔——当我想起这件事的时候,引座员正在宣布"启幕了"。我跟着观众走回到剧院里,收集最后几个观众的评论并品味着每一个字眼。我突然意识到,我也忘记了和考夫曼先生交流,直到剧院灯光暗下来时,我看见他又开始来回踱步。我走到他跟前,试图抑制住自己的兴奋,为的是配合他自己一向保守的风格。"他们似乎很喜欢它,考夫曼先生。"我说。

出乎我的意料,他把一只手放在我的肩膀上,说,"这是你应得的",然后就迅速走开了。只有拉开的帷幕,才使得他没有听我接下来想要发表的纪念性讲话。

观众对于"鸽子蛋"显然一见倾心,而且他们的反应几乎是过度的。他们大笑起来,然后爆发出热烈的掌声,一直持续到最开始的几句对白结束。我在正厅前座后面坐下来,这次准备表现得更得体一些,并且不和他们一起欢笑,虽然我们都确信,这一幕戏的确包含整部戏中最有趣的情节。

当掌声息止,剧情继续向前推进时,他们的笑声立刻停了下来,而且我很快注意到,那并不是同样的笑声。我的耳朵几乎可以立刻听出那种差异。它有点儿是被强迫的意味,他们仿佛是不愿相信,这么一个美妙的晚上可能会走下坡路,所以在这部戏剧再次产生活力之前,他们宁愿首先对着服装和道具发笑。但是,这部戏并没有再次产生活力,尽管这些愿意随时发笑的观众抱着最大的善意。他们的笑声越来越弱而且断断续续,最终在这一幕戏大约进行到中间时,笑声完全停止了。我开始寻找考夫曼先生。有一次他停止了踱步,并且像我一样站在那里,惊骇地注视着舞台。我们一定是在某个地方犯了可怕的错误,而且现在走过去询问他是怎么回事或者原因所在,是没有任何意义的。

他就在第三幕即将结束前走到我跟前,低声说:"我们现在就接近于成功了,所以,我们必须把这个问题解决。半个钟头后到我的房间见我。"

我看着迷惑而失望的观众从剧院里鱼贯而出,而且在我回到酒店的途中,我跟在一对用非常恼火的语气讨论什么事情的男女的后面,我知道他们谈论的必然是那出戏。

"确实就是这么个东西,对吗?"我听到那个男人说。

而那个同样感到懊恼的女人回答说:"我无论如何都不敢相信,那最后一幕戏也是那两个人写的。"

我很想加入他的行列,说:"我可以介绍其中一个白痴吗,女士?"在某种程度上,我感觉到自己和他们一样,上了这部戏剧的当。

然而,当我们在半个钟头以后,在考夫曼先生的房间里彼此面对面坐着时,在很大程度上,我们两人都从这第三幕戏带给我们的震动和失望当中恢复过来。有一件事是明摆着的:现在有两幕戏是正常的,只有一幕戏和以前一样不正常。似乎没有理由让最后一幕戏成为一个了不起的成功的绊脚石。

考夫曼先生告诉我说,这是山姆·哈里斯乐观的结论,而且他一直留在费城,这确切地表明他对于这出戏的信心。考夫曼先生认为,我们可以做好这件事,他自己的信心同样令人振奋。

他又拿出了一盒软糖,把手稿放置在他的膝盖上,用铅笔圈起了第一个删除部分,然后没有继续讨论,就开始工作起来。还是同样的老方法——删减到只留下最后一幕的骨架,以便清楚地看到它的全貌,直至我们找到错误并确定解决方案。像往常一样,当我们结束时,已经到了黎明,因为我们尽管只需删减一幕的内容,但在最后两个钟头,我们还是把时间用在了撰写一个有可能让这幕戏有一个理想开端的新场景上面,而且在第二天晚上,我们发现这样做的确奏效,这使我们得到了鼓励。

在下一个晚上,我们照旧工作了一个通宵,撰写了另一个场景,这也是一种改进;但是,我们撰写的任何东西,似乎都不能够让我们找到我们一直寻求的核心线索。就新的场景的作用而言,即便它们是错的,有时也能指向一出戏合理的发展方向,然而,似乎没有什么能够给我们提供哪怕是起码的暗示,证明我们是走在正确的路途上。最后一幕戏的基本思路,存在着某种顽固的错误,这使得我们无论如何努力,都无法解决它。

作为一个在工作方面,对于自己或其合作者从不含糊的人,考夫曼先生就像着魔似地工作着。处于成败关头的,似乎不只是一出戏。他的职业自豪感现在发挥了作用,使得他正在接近那诱人的成功,却始终只有咫尺之遥这一事实变得叫人不能忍受。他无情地推动着他本人和我加快步伐,以至于我们每晚工作到几乎没有力气说话为止,但是,当晚的任务进展情况,远未达到理想的水平。当他躺倒在沙发上,疲倦地闭上眼睛休息了几分钟之后,就会再次站起来并走到打字机旁。我不记得我们每天晚上写出多少个新的场景,而第二天就要对它们进行排练,当天晚上再进行演出,然后又将那些场景抛弃。

演员们完成了惊人的记忆过程,在一次又一次演出的过程中,他们不断掌握和忘却新的场景,但是最终的结果是:前两幕戏变得有点儿不稳固,已经失去了最初的演出效果。每天晚上,当演员们在脑海里几乎都要带着新的最后一幕的场景,开始演出第一幕的时候,整体表演遭到严重破坏,就没有什么奇怪的。你不能指望演员每天晚上都要记住新的台词,并且仍然巩固住以往的演出内容的价值。

到第一周结束时,前两幕已经开始失去了在开幕演出时所具有的那种明亮的光泽和质感。在第二个星期的周一晚上,正厅前座仅仅坐满了三分之一的观众,而且这个剧院再次开始具有了我在初次看到它时,让我感觉惊骇的洞穴一样的特征。在长达一周的时间里,感到失望的观众和不确定的演出,对于票房造成了不小的损失。外地观众非常敏感,而且深知他们所扮演的角色。他们并不反感被用作豚鼠来测试一部新戏,但他们对自己挑选杰作的能力感到自豪。在外地的戏迷当中,一出戏的口碑会迅速传播开来,与此同时,他们在远离一部口碑不佳的戏剧方面所表现出的固执近乎邪恶。关于《一生的一次》的口碑显然不胫而走,虽然我们自我安慰地声称,炎热实际上是罪魁祸首。它导致我们的票房以惊人的速度下降。事实上,一股新的热浪的确已经席卷费城,酷热的强度使得我抱怨过的纽约的炎热相形见绌。这个城市就在我们的眼皮底下被"清空"了。到了第三天,写字楼和商铺在下午一点钟,就把他们的员工打发回家了,被烈日烘烤的街道上似乎只有交通警察、在消防栓下冲洗的孩子,以及在尘土飞扬的人行道上不断经过的洒水车。

没有任何人能够在这样炎热的环境下坚持工作而不受影响,我开始怀疑,炎热是考夫曼先生在白天排练时对于剧团变得焦躁不安、在每晚观看演出时显得愈发悲观的唯一原因。我起初是不知不觉,继而是明白无误地注意到那些逐步扩大的意气消沉的微小迹象。他一直毫不松懈地昼夜工作,但是,当我们全部劳动的结果就是一连几个晚上,为有时还不到 100 人的观众演出时,他现在变得出奇地沉默了。看着在排练时似乎看好的新场景在一排排空荡荡的座椅前面上演,观众在炎热中无精打采地挥动着节目单,无疑是令人沮丧的。笑声是会传染的,但在小范围的人群当中,它们并不容易传播。我们实际上是在"黑暗"中工作的——我们不可能从这些观众中判断出什么是好的,并且应当保留,或者什么是坏的并且应当抛弃。仅有的笑声总是莫名其妙或零零星星地出现。虽然我不会向任何人承认这一点,不过,我的确开始怀疑我们每天所做的一切。我们要么对于这出戏失去了控制,要么这最后一幕就是不可救药的。考夫曼先生的沉默,很可能意味着他得到了同样的结论,而且和我一样不愿把话说出来,但是尽管如此,我们愿意相信奇迹仍有可能出现。有时候,自欺欺人就像撬棍一样,是一种必要的工具。

然而,当我们在费城进入第三周也是最后一周时,我能够感觉到,不管他的想法是什么,可能和我自己的想法大同小异。很少有几出戏没有这样或那样的缺点,然而,没有哪一出戏在包含糟糕的最后一幕的前提下能够获得成功。对这一出戏而言,最能够接受的缺点,就是第一幕的麻烦;最让人难以接受的那种缺点,就是最后一幕的麻烦。如果第二幕戏的进展越来越好的话,观众能够原谅进展缓慢或者相对较弱的第一幕戏;而第三幕戏会使整部戏的成败之间的距离仅在毫厘之间,因为它能够使观众在走出过道并离开剧院时,对整个晚上的演出产生一种全局性的印象。一个糟糕的第三幕——哪怕是一出戏糟糕的最后一刻钟——可能是毁灭性的。它可能使之前的全部价值化为乌有,彻底否定在它之前的两幕戏的效果。如果一个剧作家在试演的最后一周,依然不能解决好最后一幕戏,他的失败几乎是板上钉钉的事情。

在那最后一周的星期二晚上,考夫曼先生终于开口了。他会坐半夜的火车赶到纽约,去迎接在明天早晨从欧洲回来的比阿特丽丝·考夫曼的那艘船,而且他会及时返回观看明天的日常演出。他把当晚我们演出的新场景的内容扔到化妆室角落的一个废纸篓里,去掉他脸上最后一点儿化妆品,然后直接对我说:"我认为我们应该正视这样的事实,那就是,我们也许不得不接受目前的结果。"他停顿了一下。"在纽约开幕演出之前,我们必须让剧团有机会一成不变地连续演四个晚上,"他接着说,"而且,我不得不尝试回到我们在这里开幕时那前两幕的演出内容,否则的话,我们可能什么机会都没有了。我打算在周四晚上冻结这个节目——不做任何改动——就这样。不管好坏。你觉得怎么样?"

"根据这最后一幕的情况,你觉得我们在纽约演出成功的机会有多大,考夫曼先生?"我问道。

"不大,"他回答说,"如果你想听我说实话的话。"他沉默了一会儿,然后继续说,"戏剧通常必须在百分之九十五的程度上是无懈可击的——至少这是我的经验。偶尔百分之九十也能够扛过去,但是百分之八十五肯定没戏,而且根据我的估计——我不想对你有任何隐瞒——这部戏无懈可击的程度,也就是百分之七十多一点儿。我不知道是哪个狗娘养的设计出这些百分比数字的,但这是事实。不管怎样,没人会说,我们没尝试过我们要冻结周四晚上的节目,山姆,"他对我身后的山姆·哈里斯——他出现在门口——打招呼说。"那就再见吧——我要去赶那趟火车了。"

山姆·哈里斯看着那个身影匆匆下楼,就笑了起来。"你知道吗,我觉得他会很高兴离开这里,伙计。他顺着楼梯跑下去,就像是他刚刚听说今晚的收益一样。"他又笑了。"104美元85美分,"他说,"比昨晚'暴涨'了85美分。这差不多刚好可以支付演员在那个夜总会场景中吃的东西的钱。"他迅速地瞥了一眼那个废纸篓和散落在地板四周的打字纸。"和我一起出去喝一杯吧,伙计。这是你第一天晚上放假,对不对?"我点点头。"忘记表演对你有好处。"他边说边开始下楼。"从来没见过两个家伙会工作得这么狠的。这最后一幕真是他妈的变态。我有生以来倒是看过不少让我难受的第三幕,但这一个太特殊了。喝几杯啤酒,对我们两个都好。"

"机缘"是我很少使用的一个词语,但很少有几个词能够像它这样,可以如此生动地勾勒出构成几乎每一部戏幕后历史的偶然性和随机性的情况。它精确地描述出在那天晚上,我和山姆·哈里斯相处之后所导致的最终结果。就在距离里茨高级连锁酒店不远处的那个小小的酒吧,我们坐着喝了一杯又一杯的啤酒。我们的舌头开始松动,一段时间后,当我们有点儿醉醺醺的时候,我们开始谈论起这部戏剧,谈论它的每一幕,甚至是每一句台词。

我一开始对山姆·哈里斯的健谈感到惊讶,因为我以前从未听他说过这么多。他对戏剧的意见,通常是打印出来的备忘录,并在每晚演出之后,由马克斯·西格尔送到考夫曼先生的房间。后者并不愿意因为一个演出商的意见而让一次夜间会议受到影响,哪怕这个演出商是山姆·哈里斯。我也第一次开始怀疑,是否就连山姆·哈里斯也可能对乔治·考夫曼感到有点儿惧怕。今晚,当考夫曼先生坐在开往纽约的火车上时,山姆·哈里斯对这部戏的批评,远比他的备忘录中的批评要明确得多,我留神倾听,尽管在喝下第三杯啤酒之后,我的大脑有些眩晕。他是一部戏剧的一个可靠而精明的裁判,也是评估其机会前景的一个老练而狡猾的活动家,但是,他的言谈尽管很精练,而且充满了他多年浸淫戏剧而形成的洞见,但并不总能让人一下子听懂他的意思。他使用的措辞有点儿隐晦,而且他的谈话思路迂回曲折。虽然我不停地点头表示赞同,不过,我并不确定我已经掌握了他的话语间的全部含义。

就在这个地方快要打烊,而那些侍者把椅子堆在我们周围的餐桌上,由此做出最后一个让我们离开的绝望姿态时,我的耳朵捕获了他此前提到过一两次、但我并未理解其义的一个措辞。"伙计,我但愿,"他叹了口气说,"这出戏别太那样闹腾了。"

"闹腾,哈里斯先生?"我决心了解他使用的这个词的意思,"你说这出戏闹腾是什么意思?"

"就是这出戏太吵闹了,伙计,"他不加解释地重复了一遍,"是我看过的最吵闹的戏。"

"可是为什么呢,哈里斯先生?"我坚持询问道,"这出戏并不比其他任何戏剧更吵闹。"

"哦,是的,可它就是很闹腾,"他回答道,"你可以想想。除了在第一幕开始的两分钟,在整出戏中的任何场景中,你都看不到两个人坐下来,彼此静静地谈着什么。是不是这样呢?"

我看着他,有点儿目瞪口呆,然后说:"这就是你说的闹腾的意思?"

"也许闹腾这个词用错了,"他说,"但这出戏我看了大概有一百遍了,我认为它的一个主要问题就是,它让观众感到疲惫。这是那种等你坚持看完了,就会感到疲倦的戏剧,伙计……我几乎能够感觉出来我周围那些人开始感到疲倦。那个舞台上从始至终,都充满了该死的演员、布景、服装和道具,以至于他们永远都没有机会静下心来倾听这部戏剧。当然,他们是会笑,可是我觉得他们希望看到有那么一次,舞台上可能只有两三个人静静地谈论着什么。应当让他们自己有机会放松心情,回味一下整部戏剧。"他招手让侍者过来结账,然后又笑了起来。"只要这出戏大幕一拉开,就从未有人彼此正经地谈话。他们就是在不停地敲敲打打,或者在哪个场景中进进出出。这是一种吵闹的戏剧,伙计,你记住我的话。"

我默默地盯着他,大脑里反复思考着他说的话,一种奇特的兴奋感开始攫住了我。

他有点儿摇摇晃晃地走出电梯,进入他自己所在的楼层,但我现在很清醒。我再次乘坐电梯下去,开始在外面散步。

在我看来,山姆·哈里斯以他自己那种似是而非的方式,直接指出了在第三幕让我们的所有努力化为乌有的那深不可测的问题,这可不是说,我抓住了什么救命稻草。我越是想到它,就越是确定他是正确的,虽然我并不能确定那是为什么。当一个人连续不停地观看一部戏时,他的思维对于这部戏剧就会产生一种奇特的渗透力,一种完整概念的印象,就会在无意识中产生。有时候,这种产生过程是由于别人偶然说出的一个字眼或者一句话。山姆·哈里斯的感受,与我自己的某种下意识的想法是那样匹配——虽然我一直不能够将其表达出来——以至于它几乎就像是一种天启一样。

我现在是那样兴奋,根本没有想到睡觉。这是一个月色融融的夜晚,我继续散步。我试图找到通向附近那个花园的道路,因为街道的空气仍然令人窒息,不过,我最终偶然进入了一个儿童操场。它在月光下看起来有点儿诡异,但它是在那些建筑物之间的一个空旷的地方,某种接近于微风的东西正从中间穿过。

我走到一个秋千那里,在上面坐下来。我来回摇摆着,我摇摆得越高而且幅度越大,我的头脑就变得越清醒。我有点儿惴惴不安,担心某个警察可能会偶然经过这里,并且想知道,为什么一个成年人会在凌晨四点钟时,坐在一个孩子的秋千上。我的思绪仍沉浸在那个第三幕的迷宫当中,我惊讶地发现,我似乎清楚地看到我们的问题出在什么地方,接着,仿佛是灵光一现,我也立刻知道了解决它的正确途径。我让秋千完全停下来,并因为这种想法的正确性而呆坐在那里,然而,我对于这种大胆的想法或者是它涉及的结果,感到有点儿踌躇。

它需要从整部戏中完全舍弃"鸽子蛋"——那些专门制造的桌子、羽毛服饰等等——并且让考夫曼先生所扮演的那个纽约剧作家——他在第二幕以后,就从戏剧中消失了——再次出现在第三幕当中,以便安排一个与吉恩·迪克森共处的相对安静的场景。第一幕把他们都带到好莱坞的那个火车场景,不仅可以重现,而且是一种合乎逻辑的设置。

我开始慢慢而仔细地研究它,我害怕就像大多数凌晨四点的灵感一样,它会在我的眼前"爆炸",但它并没有爆炸。它的简单性就是它的优点,尽管乍一看,它似乎是一个简单而又具有欺骗性的概念——如果把价值两万英镑的舞台布景舍弃可称为简单的话——然而像所有简单的概念一样,恰恰是这种简单性所涉及的变化令人感到吃惊。一切都以一种接近于数学精度的准确性,顿时变得清晰可见。新的台词开始从记忆里纷纷涌现,而且那个新的火车场景逐渐成形,以至于不仅使我确信它的正当性,而且忍不住想要给在纽约的考夫曼先生打电话,让他从床上下来,把这种想法告诉他,但是,我的大胆是有限度的,而且常识告诉我,最好等着当面与他交流这件事。我觉得即便到了那时,要说服他在这个阶段做出如此重大的变化,也是相当有难度的;可是,它似乎出奇地正确,乃至我迫不及待地等着他回来。

第 23 章

考夫曼先生在第二天下午出现在他的化妆室。他回来得很晚，第一幕几乎结束了，但我不能再浪费时间了，所以就在他化妆的时候，我迅速地谈了自己的想法。或许等到日场结束以后，在不那么匆促的情况下把这件事告诉他，效果会更好，但一旦他同意的话，每分每秒都会变得很重要。不管这究竟是不是一个简单的概念，都必须把它写出来，而且我已经意识到，它涉及的工作量要比看上去更多。他认真地听着，但我看得出来，早在我说完之前，他就已经拒绝它了。毕竟，我几乎是在以最坏的方式提出这种想法——它听上去显得蹩脚而愚蠢，哪怕是在我自己听上去也是如此。

"我明白你的意思，"当我说完时，他说，"而且，我也知道山姆·哈里斯指的是什么，但那样做风险太大。只剩三天了，这种变动太大了。你想过万一不成功怎么办吗？我们绝不可能回到一个我们对它非常没有信心、以至在费城的最后三天把它抛弃的第三幕，并且要求剧团在纽约的开幕演出中使用它。我们目前的这个演出阵容已经不够稳定了。不管我们有什么样的机会，它都取决于剧团在开幕之夜的演出效果。我不认为我们现在应该进行这样的赌博。已经来不及了。"

我没有现成的答案,即使我准备好了争辩,舞台监督已经在敲门并且喊道,"第二幕,考夫曼先生。"我跟着他下楼,并且直接回到酒店。在我看来,我已经处于背水一战的境地了。在早上四点钟,我看到了新的第三幕正在精彩上演,但我现在只能在我的脑海中无望地想象它的演出背景。

我躺倒在床上,抬头凝视着天花板,反复地想着考夫曼先生说的每一句话。我不再那样肯定我自己的睿智,或者是我已经找到的反败为胜的灵感。在昨晚的兴奋和热情中,我从未停止过考虑这个想法并不奏效以及由此带来的后果的可能性。无论在我看来它显得多么正确,谁也不能保证这是事实,而且毫无疑问,他说的每一句话都是对的,但我却固执地认为,不冒险的后果同样是致命的。我看了看手表,决定做出我自己的最后的赌博。日场已经结束了半个多钟头,而且考夫曼先生会在他自己的房间里。一旦他拒绝了什么事情,你很难让他改变主意,但是,进行这种尝试也不会损失什么。我认为,除非我们至少做出必要的努力,不然,这部戏剧的命运就是板上钉钉的事情。

我走过大厅,敲了敲他的房门。一开始没有人回答,但接下来他的声音传来,"是哪位?"我回应说,"是我。""进来——我在浴缸里。"他的声音再次传来,我进入套房并走进浴室。就这一次,他看上去疲惫不堪,就好像我的老冤家——炎热——最终把他击败了似的。他躺在浴缸里,头枕在浴缸沿上;他的眼睛闭着,当我进来时,他也基本上没有睁开眼睛。在我说话的时候,它们仍然闭着,我对此已经感激不尽了,因为我无法判断我会取得怎样的结果,而且我需要把握住这次机会。我把在化妆室里的立场又阐述了一遍,不过我这次说得很好——实际上,它好到让我再次把自己说服了——并且最终慷慨激昂地请求冒一次险,尽管可能为此付出不小的代价。

当我说完时,他并没有移动,但他拿起放在浴缸边上的眼镜并戴上了它;他原本甚至似乎不愿活动一下浸泡在凉水里的一条手臂。现在,他默默地透过眼镜上缘看着我。"你有权利对这部戏剧做任何事,就像我有权利对它不做任何事一样,"他慢慢地说,"在现在这个时候,对于做出这样大的改动,我可能太胆怯了,"他接着说,"你和我一样知道风险有多大,但是,如果你真的觉得有必要这样做的话,你可以不去看今晚的演出,留在这里打个草稿,这样等我回来时,我们就可以工作了。也许到时候,我就能够完全体会到你的意图——或者至少比我现在看得更清楚。"他叹了口气,"我宁愿现在就从这个浴缸里演完今晚我在这个节目里的角色。我感觉太累了。"他再次疲倦地闭上了眼睛。

我把晚餐丢到一边直接去工作。当一个想法很强烈的时候,写起来就很容易,而且我思如泉涌。一旦"鸽子蛋"从这出戏里被去除,在我们脑海当中那些让我们焦头烂额的绊脚石,就自动变成了一座能够派上用场的建筑石料。我们为观众对于一个舞台场景发出短暂的笑声和掌声,付出了巨大的代价。在摆脱了这一幕原本不可变更的场景之后,那种缺少微妙性的剧情交代,变得更加容易操纵,而且一直以来显得笨拙而沉重的场景,突然间似乎变得不可或缺。一部戏剧可能会更多地受到它的舞台布景、而不是与其有关的任何角色的制约。

重新整合第三幕涉及太多内容,除了拿出一份最粗略的草稿,我不可能做其他任何事情,不过,当考夫曼先生从剧院回来时,我已经准备好了向他出示的东西。其中有很多内容是用一种代码表示的,使用了从我自己的黄纸上指向那份手稿的箭头,但是他在阅读它时,表现出的不只是那种出于礼貌的兴趣,而且当他看完时,他直接带着那些黄纸和手稿走到打字机跟前。"好吧,这里面涉及了两万美元的舞台布景。"他一边说,一边把一张新纸插入到滚筒里面。

我坐在那里入迷地盯着他。和我预料的相反,我感受到的不是兴奋,而是突然体验到了对于我引发的这种变化以及我们即将做的这种工作的艰巨性的恐慌。"考夫曼先生,如果这不起作用,而且我们不能回到老的第三幕,那会怎么样?"我问道。

他透过眼镜古怪地看着我。"我会起诉你,"他回答道,"把那盒软糖递给我,我们开始工作吧。"

我觉得,我第二天观看排练时的压抑的感觉,和剧团其他人并无不同。剧团闷闷不乐地收到了做出改变的消息,他们在排练时的姿态,就好像每一句新台词都让他们即将陷入流沙当中一样。重新排练是一项杂乱的工作,而且我比以往任何时候都更加钦佩考夫曼先生的宽容和忍耐,毕竟留给他的时间非常有限,剧团在排练时也带着勉强和不满的情绪。新老结合带来了一定程度的混乱局面,而且毫无疑问,演员阵容受到了严重干扰,他们的士气也处于低潮。

一个剧团的士气,是一部戏剧的隐性资产,有时是其最有价值的资产。即便在外地的演出处于困难时期,但如果士气保持高涨,在纽约的一场富有活力的开幕演出,就可以弥补很多缺陷。一个有昂扬斗志的剧团——它对于它的作者和导演的信念毫不动摇——可以完成不可思议的壮举,比如在一夜之间记住所有的新台词,并娴熟地进行表演,但是与此同时——而且这也是必然的——它此后也需要足够多的时间,才能让表演达到尽善尽美的程度。没有什么能比在最后一刻做出孤注一掷的改变更容易给剧团带来不安全感,因为这极有可能会剥夺他们在开幕之夜到来时,让自己的表演发挥到极致的机会。他们对于考夫曼先生的信念并没有动摇,但在距离纽约开幕演出不到一周的情况下,对于被要求做出如此重大的改变,他们所产生的恐慌感是相当明显的。他们至少已经通过多种方式表现出了各自的紧张情绪,而且我并不知道,这个新的计划是否真的管用,还是只不过是新旧内容的大杂烩,以至于到头来,其演出效果尚不及已经被我们抛弃的方案。

剧团成员的不安情绪似乎在剧院里弥漫,甚至影响到了为每一个新场景安放椅子的舞台监督。这是一个漫长的排练,对于每个人都提出了考验,包括考夫曼先生在内。他自己不得不既背新台词,还要重新指导一些老演员,并要安排新的火车场景,为了当晚的演出必须做好这一切。整个过程都必须在这个夜晚进行尝试,要么就根本不做尝试。第二天是周六日场,而且是最后一场演出,它也是下周三晚上我们在纽约开幕演出之前再次面对观众的一场演出。我并不责怪演员有这样的感觉——原来的第三幕尽管有这样那样的缺点,可是,相比于孤注一掷地把没有尝试过的材料搬到纽约开幕之夜,对他们而言前者的风险显然更小。他们毕竟演过原来的第三幕,并且知道它的所有隐患。

随着下午时间一点一点地过去,我也越来越颓然地陷在座位里,最后我再也坐不住了。我到了我通常的避难所——靠近舞台后侧的那条胡同里,但是,在让我郁闷地看到靠在墙壁处,并等待用车运送到仓库的"鸽子蛋"之后,我又仓促地撤退回剧院。我在今天上午看排练的路上,曾经得意地看到了这个布景,我很高兴那是我最后一次看到它;然而,上午的勇气似乎正从我的指尖里渗出来,眼下马克斯·西格尔也不在我的跟前,我不知道该如何打发接下来这几个钟头的等待时间。

在最近两天,他和山姆·哈里斯在纽约处理开幕之夜的戏票名单问题,因为剧院的规章制度是保持不变的。他们需要做好该做的事情,丝毫不能受到剧情改变的影响——而且两个堪称神圣不可侵犯的方面,就是开幕演出的夜场门票和大厅里公布了演员名单的宣传海报。不管一部戏剧可能陷入多大的困境,相比于其他任务,它们都处于优先地位。

我当时非常需要看到马克斯·西格尔的笑容,不论它多么虚幻或者错误,而且山姆·哈里斯的在场,会让我开始感觉到的内疚减少一半,因为在某种程度上,他和我一样需要为那个"鸽子蛋"布景负责,但是,他们直到帷幕拉开时才有可能赶回来。我不认为,我那绷紧的神经能够忍受那么长时间,于是我做了我能够做到的两件事。我给乔·海曼打了电话,让他坐六点钟的火车赶到费城,然后我悄悄回到酒店,并且无耻地要了一顿最丰盛的晚餐。恐惧一如既往地让我的食量大增。吃完这么多食物所需的时间,可以填补我的等待时间,直至我开始赶往剧院,面对不得不面对的事实为止。

到了八点钟,我已经吃得头昏脑胀。我身体微微摇晃地走到剧院,而且像醉汉似地打嗝。我在一家杂货店那里停下来,慢慢地呷着两杯普通汽水。我的痉挛似乎没有得到缓解,反而变得更加严重。我从那时起就了解到,焦虑或恐惧可能引起严重的打嗝,这在我身上的确得到了应验,因为当我到达剧院时,我几乎无法说话。我喘息着对乔·海曼和山姆·哈里斯说出了几个字,但打嗝的强度如此之大,每次呼吸之间的空隙如此之短,以至于我大口喘着气,飞快地回到附近那家药店。我在那个药剂师的指导下,咽下了一点儿缓冲剂,然后屏住了呼吸,与此同时,他把手指按在我的耳朵后面,甚至还让我往一个纸袋里长时间吹气,一直吹到我慢慢地数到100个数为止——但无济于事。在这些试验中,我吸引了几个感兴趣的旁观者;在药店柜台旁的一个老妇人提出建议说,治疗打嗝的最好方法,就是把身体里有生命的光芒吓走,她坚持声称,当她还是一个小女孩的时候,这就是一种屡试不爽的方法。因为我不是一个小女孩,而且在我看来,我已经受到了足够多的惊吓,所以我离开药店返回到剧院。

当我赶到时,第一幕已经接近尾声,根据我的判断,效果还不算太糟糕。然而,每当我打一个足以让身体摇晃的饱嗝时,不管我在它出现之前如何努力试图控制它,它都会在空荡荡的剧院产生足够大的回音,而且似乎蔓延过一排排无人的座位,穿过脚灯,不时"打断"演员们正在说的台词。使我感到恐惧的是,观众当中有几个人开始对我发出的那奇怪的声音发笑,因为到这时为止,我那响亮的喘气声听上去,一定像是一条狗在冲着月亮吠叫。我跑出剧院,在那条胡同附近转悠。看到还没有被拉走的"鸽子蛋"布景,再次让我感到不自在,于是我又离开胡同到了大街上。我走来走去,咒骂着炎热、打嗝、费城、我吃的食物、抒情诗剧院,以及进入我的脑海的其他一切。我越来越担心,如果这种痉挛没有消退,我可能会错过新的第三幕,但它几乎没有任何消退的迹象,因此我不敢回剧院。在我看来,我就像一架风琴一样在咆哮。每隔几分钟,我就会看一下手表,我完全可以根据时间,知道第二幕进行到了哪个阶段,我终于再也不能忍受了。我走到楼座入口处并跑上楼梯。

楼梯平台的出口门灯光昏暗,但我没有看到任何引座员,于是就继续朝前走。我走到了那个必然是最顶层楼座的地方;里面一个人也没有,而且它距离舞台那样远,所以我相信,就连我发出的阵阵飓风也不会在下面产生回音。我在最后一排坐了下来,看着舞台上那些像木偶般的演员在演出第二幕最后一个场景。当然,我熟知他们说的每一句台词,因此,他们说的很多话我都听不见,对我并没有什么妨碍——而且既然我听不到他们的声音,他们大概也听不见我发出的声音。从我所在的这个高空城堡向下俯瞰,正厅前座似乎不超过二三十人。实际上一定有 100 人左右,而且我们的收入可能再度增长了 85 美分,但是,我现在已经没有心思去关心今晚的收入。

在幕间休息时,我打开了一个出口门,顺着楼座外面的楼梯平台走来走去,深深地呼吸着空气。我回到里边坐下来,尽可能无声地打嗝,并且等待着剧院灯光变暗。当风扇停止旋转时,我感到惊恐,而且在突然的沉默当中,我打出了整个晚上那个最响亮、最长久的饱嗝。但是,我现在十分确定,什么也不会使我离开剧院。在幕间休息以后,当观众们把身体倚靠在座位上时,他们彼此之间一定是在谈话,因为我没有看到任何人听到我的声音的迹象,而且让我感到欣慰的是,在第三幕的新的安排中,考夫曼先生已经藏身于后台。现在第三幕开始了,已经没有了"鸽子蛋",背景换成了那个好莱坞电影制片厂,而且,在第三幕的第二个场景,是考夫曼先生和吉恩·迪克森置身其中的新的火车场景。在没有"鸽子蛋"的情况下,第一个场景似乎进行得更好,当然,那个火车场景将会说明一切。

第一个场景结束了,当我等待着在火车场景中灯光亮起来时,我开始怀疑在药店柜台前的那个老妇人也许说对了:因为在那一刻,我感觉到那种"光芒"好像真的从我的身体里被吓走了——我的手掌冰冷而且冒汗,我的胃里发紧——不过,我的饱嗝已经奇迹般地消退了。

火车场景的帷幕拉开了,而且立即就给出了明确无误的迹象:我们终于走在了正确的轨道上。全场响起了理解和赞赏的笑声——不是那个耀眼的"鸽子蛋"总是导致他们发出的哄堂大笑,而是对于这部戏剧开始有着深入理解的观众发出的更有价值的笑声。吉恩·迪克森独自坐在那辆普尔曼车厢里,可是,他在一列显然要回纽约的火车里的孤独状态,告诉了观众需要知道的一切,哪怕是在没有听到台词的情况下。即便听不到一个字,那些台词仿佛也会自动浮现出来,而且仅在这一次,那个安静而沉默的舞台,似乎通过它的无声的意境,创造出了那种戏剧效果和高潮,而这正是我们以前竭力想要实现却未能实现的结果。我想,一出戏有观众参与表演的至关重要的场景,就和它们由舞台上的演员表演的一样多。正如人们可以感觉到,观众有时会融入剧情当中一样,我可以说,这些观众已经被深深地吸引住了。普尔曼火车的搬运工走进来,片刻之后,考夫曼先生跟着他上场了。数量有限的观众,用他们最大的笑声迎接他的出场,于是我知道,我们已经不需要再去寻找合适的最后一幕了。

我几乎无法听到在舞台上说出的台词,但我并不需要听到它们。我向后靠住椅子,聆听着观众的声音。山姆·哈里斯想要获得的那种平静的场景就在眼前,一句句台词赢得了这出戏最大的笑声。即便是一些普通的台词,也能够引人发笑,而且笑声越来越大,直到变成一种持续的轰鸣声为止。我闭上眼睛,一直听到这个场景结束,然后我走到楼下,从正厅前座后面观看这出戏最后的场景。借助于它后面的火车场景的势头,它进行得十分完美。实际上,这些为数不多的观众,又爆发出了一两次热烈的掌声。关键性的最后几分钟得到了拯救。至少在费城,《一生的一次》从幕起到幕落的演出,看上去完全像是一部叫座的戏剧。

我离开了正厅前座,身体靠着后墙。毫无疑问,我身体感觉到的疲惫,在很大程度上是来自于剧烈的打嗝,然而,无论是打嗝还是在看完最后一幕时的汗水和紧张感,都不能完全解释攫住了我的身心的那种近乎压倒性的疲劳感。那是我以前从未经历过的一种奇怪的内心的疲倦。我看着山姆·哈里斯和马克斯·西格尔与其余观众一起鼓掌,好像他们是第一次看这部戏一样,我看见乔·海曼离开他的座位,并且快步走出过道来寻找我。我突然感觉太过疲倦,以至于不想听到他们必然会对我说的话。就《一生的一次》而言,我已经达到了极限。我希望纽约的那场开幕演出和《一生的一次》一劳永逸地结束,不管是什么结果。成功或者失败,似乎第一次变得无关紧要。我注视着幕布降落又再次升起,聆听着观众鼓掌,没有任何得意感或者胜利感。我似乎用尽了最后的情感储备。我现在最渴望的就是回家,我想带着一个六岁孩子的无理性的激情回家。

第24章

就像人们可能了解的那样,发现真相主要是由一些老生常谈组成的,永远都令人感到有点儿沮丧。和我们的猜测不同,在更多的时候,那些老生常谈并不仅仅是对真相笨拙的模仿,而是如实的复述;而且在那些街谈巷议的故事中,最平庸的说法,莫过于在纽约开幕演出之前的最后几天的痛苦和狂热。这些时刻在电影中、在小说中甚至在舞台上本身都被描述过,使用的是那种平凡而陈腐的措辞,以至于听得让人耳朵起茧。忧心如焚的剧作家,紧张兮兮的女演员,无比忙碌的舞台监督,嘴唇紧绷的导演,盲目乐观的演出商,他们的身影都是那样熟悉而常见,他们的痛苦已经被剥夺了现实感,他们的狂热接近于闹剧的边缘。但是,在这种情况下的真相,基本上就是对于它本身的荒诞的模仿。

当剧团结束了它的试演之旅,坐着来自波士顿或者费城的火车,并进入中央车站或者宾夕法尼亚车站时,每一个成员都会放弃他的理智,恢复他的老套模式,并且开始用钟表一样的精度实践他自己的陈词滥调。当他在表演时,那种令人不安的发现——真相与谬误似乎只有一步之遥——并不会改变他表演的角色的本质,或者是他感觉到的痛苦。在纽约开幕演出之前的那最后几天——无论在外人看来,这种说法可能显得多么陈腐——通常都包括足够多的真正的痛苦,以至于足以使它们成为戏剧界的《公祷书》①——而且在离开费城的那列火车到达纽约之前,我就由衷地体会到了这一点。

在费城,我已经以过去从来不可能拥有的超然和平静,观看了这部戏剧的最后两场演出。我已经能够看日场,然后是夜场,我不能说我不重视它,不过我自己和这出戏剧之间的情感纽带变得那样松弛,以至于它使我过去观看它的那种心理动荡显得愚蠢而遥远。

这是一种崭新而愉快的体验,所以,当我在半夜坐上开往纽约的火车时,我确信我已经成熟了。但是,没有任何人能够在剧院里成熟。如果他做到了这一点,那么他就是在那些不再抱有幻想的人当中找到了自己的位置——或者是他加入了那些非利士人②——他们会错把剧院的狂热和无条理性错看成是充满混乱和荒唐性的空想——的行列。我的自欺欺人,持续到我走过那节普尔曼车厢,并找到我的座位为止。几乎每一个剧团成员,都在车站报刊亭买了《纽约时报》周日早版,而且把戏剧版在他们的膝盖上摊开,所以当我从旁边走过时,我瞥见了头版的那些图片,或者是内页有关开幕演出的大幅广告。在很快地瞥见它们第一眼之后,我的超然和镇静就消失了,再也没有恢复正常。当我的钥匙在我们在布鲁克林的公寓的锁孔里转动时,我已经在那些老生常谈中占据了我应有的位置,而且扮演的恰恰是通常被扮演的那种可悲的角色!

然而,有一件事情永远发生了变化。我和我弟弟最终成了朋友,这个简单的事实,帮助我熬过了在接下来的几天的痛苦和狂乱。

当两个人开始变得心灵相通时,你很难说出确切的方式和时

---

① 圣公会的祈祷用书。公祷书不是圣经,也不是用以取代圣经的另一典籍,而是协助信徒使用和理解圣经的方法之一。
② 传说中古代爱琴海的一些岛民,常被作为那种"虚伪、俗气和无教养的人"的代名词。

刻。当然,这是一个渐进的过程,而且我和他一样没有做好准备;但是,我从费城返回的那一刻,标志着我们之间的亲近的开端。也许事件本身就能够自行做好准备,因为当我打开门的那一刻,我就立刻意识到,这次回家不同于以往的任何一次。我作为家庭的一个陌生人已经独自生活了这么久,以至于我从未想过从他们当中寻求意见或者舒适感,可是今晚,发现他们都在等待我,我的心里暗暗高兴。我从来都不相信所谓"血浓于水",但在接下来的一周的开幕演出,将能够比其他任何事物都更好地证明这一点。

他们的感情温暖着我的双手和我的心灵,我想知道,为什么之前我从未在他们这里找到慰藉。我隐约地感觉到,能够帮我战胜恐惧感的,莫过于坚不可摧的亲情。我多年来第一次觉得,我和我的父母的感情是如此亲近,而且对我而言,我的弟弟尤其能够给我带来一种令人惊讶的安慰。我开始带着一种好奇感和新鲜感看着他,并且倾听他的话语。他在过去的一年发生了很大改变,当然,我在过去的一年也没怎么见到过他。他不再像以前那样内向,也不再避开我并保持沉默。当我的父母上床睡觉以后,我们坐在厨房的桌子旁,交谈了差不多有一个钟头,喝着剩下的咖啡并且吃光了三明治。这是我们之间第一次发生这样的事情,而且当我们谈话时,我开始慢慢意识到,在他那异常健谈的背后,在他那关于戏剧的无数问题背后,隐藏着没有说出口的以我为傲的情感。他从星期天的报纸上剪下了所有相关图片和广告,而且大概是想要开玩笑,他把它们都用大头钉钉在厨房四面墙壁上,以迎接我的归来。他也搜集了有关那部戏剧的一切报道,当我翻阅着他交给我的那本整洁地粘贴在一起的剪贴簿时,轮到我变得沉默了。从来不会无话可说的我,突然间不知道该说什么。这么多年来,同我睡在同一张床上的这个陌生人,正在传达友谊的信号,而我不知道如何弥合我们之间的鸿沟。过了一会儿,我感谢了他,于是我们又很轻松地聊了起来,在我们随意聊天的同时,我们都以各自的方式跨越多年的界限,触摸对方的心灵。在他上床睡着以后,我在黑暗中睁着双眼躺了一会儿,品味着有一个弟弟的这种新的感受。在许多个漫长的夜晚,这是我第一次在没有想到乔治·考夫曼的情况下,足够舒适地进入了梦乡。

在开幕演出前的最后三天的金科玉律就是,必须尽可能把一个剧团多次召集起来,即便一些预定彩排完全是莫须有的,而且骗不了任何人——包括这个剧团本身。假使因为布景还没有布置好,或者布景设计师正在摆弄灯光——他似乎总是没完没了地在解决这种事情——而不可能在舞台上彩排,那么,彩排会安排在剧院休息室或者排演大厅举行。它们几乎没有任何作用,因为演员会像梦游一样完成这些彩排,但在这背后的规则和理论却是一贯可靠的——这可以使一个剧团有可能获得这样的印象:在这三天里,这个世界并没有在其轨道上停止运转,从现在起连续三个晚上的两个半钟头时间,将会决定一切。

痛苦的确对一个剧团有所帮助,在一条船上的人所共享的苦难,最能带来巨大的安慰,更不要说彻头彻尾的动力了。火气可能爆发,耐心也会达到极限,但是,在一个空旷的排练厅里,火气甚至是单调乏味的走过场,都可能成为舒缓紧张神经的安全阀,可以防止一个剧团在这最后几天里,因为过于松散而产生的恐慌感。

如果说我一直倾向于怀疑这个程序的正确性,那么在我从费城返回的当天下午,我所有的顾虑都会消失。我通过打电话很轻松地度过了上午时间,可是到了午后,我就有些坐不住了。虽然我知道,彩排时间是安排在第二天上午十一点,但我无法让自己在这期间一直远离剧院。我不知道,为什么我觉得自己必须出现在那里,但我还是坐着地铁进城了,当我绕过第4街的那个角落时,第一眼瞥见堆放在音乐盒剧院外面街道旁边的舞台布景,我立即就感觉好多了。我带着轻松的心情走向那里,并且迅速穿过舞台后门,仿佛我正在离开敌人的领土,到达了能够给我带来安全感的美国海军陆战队那里一样。很少有什么能比舞台上的布景更让人感觉乏味的东西了,可是在那个下午,我发现那些沉闷的物件带来的安慰无可估量。我带着愉悦的心情甚至是迷恋的感觉看着每样东西。在几个钟头的时间里,我要么坐着,要么穿梭于空旷的剧院过道当中,或者是走到后台,和舞台工作人员一起大喝咖啡,我知道只有待在这里,我才会感受到这种平静。

当我惊奇地看见考夫曼先生慢慢地穿过舞台时,那时必然已经是晚上八九点钟了,我立刻匆匆赶过去同他说话。他看到我似乎同样感到惊讶,而且有点儿不好意思,很快嘟哝着说,他是要问问舞台监督,我们在第二天上午的彩排中,是否可以使用一些手工道具,但我立刻知道,他就和我自己一样,不得不想方设法寻求安慰,而这里是他能够找到安慰的唯一的地方。我们仅仅谈了一两分钟,山姆·哈里斯就突然从一个舞台背景后面出现了,我们的在场显然令他感到不安,就像我的在场让考夫曼先生感到不安一样。他含含糊糊地说,他是在去吃晚饭的路上顺便来看一眼的,然后就仓皇撤退了。考夫曼先生接着也很快离开了,不过我很高兴地知道,随着每一个人在火线上各就各位的时间越来越近,无论是老兵还是新兵,都会受到大致相同的影响,我只是在下午提早到达了这里而已。

第二天上午,当参加彩排的剧团成员在这里汇合时,他们互相打招呼的那种贪婪的劲头,让他们看上去就像是回到故土的流亡者一样。他们显然是和他们的丈夫、他们的妻子、他们的猫或者热带鱼度过了相当凄惨的一天,并且很高兴回到他们自己的种族当中,回到在这个时刻,能够使用他们唯一渴望听到的那种语言的人群当中。

遗憾的是,这也是看到考夫曼先生的包容和耐心消失的一刻。换句话说,那种疯狂也完全如期地开始了。其原因是足够简单的。尽管舞台工作人员忙活了一夜,现在的情况却是,我们的舞台并没有准备就绪,虽然留出了足够多的时间,而且我们得到过保证,在今天上午十一点,就可以有一个闲置的舞台。照明一如既往地影响了一切,一向讨厌在大厅或者休息室排练的考夫曼先生勃然大怒。这正是那种会让他大为光火的小危机——而且发怒时的考夫曼先生,总是一个非常可怕的人。面对一场真正的危机,他会带着令人妒忌的平静和勇敢面对,但是,他没有任何能力去处理这种令人恼火的小事情。另外,他的主要弱项——这甚至超过了那种不称职的服务员和在私下里嘲笑他的人的理解力——或许可以恰如其分地被形容为"无生命事物惹的麻烦",而一个排练大厅或者一个剧院休息室,必然会带出他最坏的一面。无生命事物惹的麻烦似乎就是,当他进入房间的那一刻,各种家具仿佛都在恶毒地与他为敌,而且这几乎是一种人为设计的结果。椅子、灯、烟灰缸和桌子,似乎都不知不觉地脱离了原位,并且巧妙地挡住了他的路线。当他刚开始在房间里走动时还相对安全,但是,当他撞到一把椅子上,碰倒了一盏灯,接着当他坐在那张沙发上时,他的胳膊肘又撞到了一个烟灰缸,到了这个时候,他越发感到恼火。他压低嗓音,坐在那里不停地咒骂着,并且恨恨地盯着那些家具,当他离开这个房间时,同样的模式几乎又重复了一遍。然后,他又发了一通脾气,这时候我已经知道要尽量避开他,直到他把他那出现瘀伤的膝盖或肘部揉得差不多了,并走到外面一个开放的、那里没有任何家具与他作对的空间为止。

当我们现在鱼贯而入地走进那个排练厅时,我屏住了呼吸,因为排练厅就是排练厅——一个空荡荡的大厅,里面只有一些椅子,而且都是老旧的、不牢固的椅子。当考夫曼先生走进这个房间时,它们似乎全都振作起来,建立了一个看不见的敌对方阵,并且很快各就各位。我不敢发誓说我看到它们移动了,但它们似乎带着预期的喜悦而在颤抖。考夫曼先生通常会带着同样的敌意和怀疑,审视一个陌生房间里的家具,试图要判断出——我一直是这样认为的——攻击将会从哪边发起,或者说,他首先会碰到哪把椅子上。但是,他当时正忙着和两个舞台监督谈话,而且在通过门口时并没有抬头。他并没有走上多远。他两边的舞台监督的身体甚至都没有碰到一张椅子,而考夫曼先生在进入房间时还没有走上十步,就重重地碰到一把椅子上。他惊奇而愤怒地大吼一声,就踢了一脚正好放在房间中央的那把肇事的椅子,当然,在此过程中,他也碰痛了他的脚趾。他对一个试图帮助他的舞台监督凶狠地咆哮着,又一瘸一拐地走向那张桌子,结果当他坐下来时,又立刻传来了他的胳膊肘碰到东西的声音,而且就在他坐下来时,那里传来一声布料被撕裂的声音,大家都知道,那是椅子上一根伸出的钉子在他的长裤上撕开了一个洞。

没有一个人笑。实际上,每一个人看上去都很沮丧。他在这种时刻的样子是那样可怕,以至于我坚信,如果他滑倒在时代广场的一块香蕉皮上,在他站起身来之前,那里的整个区域都会变得空无一人,因为他会设法让每一个碰巧目击到他与无生命事物之间这种无休止的战争的人感到一种负罪感。

现在,大厅里完全沉默下来,因为种种迹象表明,一场恶劣的天气即将到来,仿佛要使事情变得更糟似的,考夫曼先生开始打喷嚏,并且无法停下来。他容易受到气流的影响,他确信一点点气流也会把他击倒,有人立刻去关上那些捣乱的窗户。有几扇窗户关不上,还有几扇窗户太高而够不到,一扇窗户的支撑杆不见了,当那两个舞台监督努力地解决了窗户问题,而且把所有的椅子都搬到远离那个通风处的大厅一角时,他们已经浑身冒汗了。

这当然不是在排练的最后几天应当出现的情况,而且,考夫曼先生的情绪并没有因为在午后获知的那个消息——舞台在明天才能够使用——而变得好转。现在轮到剧团成员开始发火了,他们每个人都根据他们在这部戏剧当中的演员地位相继发作。很难为此去责怪他们。演员喜欢根据他们将要在那里演出的那家剧院的规模,调整自己的声音并为他们的表演定调子,他们能够越早这样做,就越能获得安全感。他们当然是正确的,因为适合于费城抒情诗剧院的一次演出的规模和特性,可能并不适合音乐盒剧院。他们在音乐盒剧院的舞台上将只有一天彩排时间,而不是他们完全有权利获得的两天时间,这一消息永远地扯下了那种虚假的礼貌——它到目前为止,一直被用来掩盖他们内心的恐慌和紧张情绪——的面纱。

迪克森小姐的嘴角很快就起泡了,伯恩顿小姐变得焦躁易怒,休·欧康纳一脸愠怒,格兰特·米尔斯一句台词也想不起来。考夫曼先生面对就在眼前的一个真正的危机,立刻再次变得富有耐心和善解人意,而且恢复了他最迷人的一面;但是,就连他也不能让这个晚上的彩排摆脱那种气氛压抑、显然是走过场的局面。我在坐车回家时,颇为不舒服地意识到,明天的排练虽然可以在音乐盒剧院的舞台上进行,可能也不会好到哪里去。一切都按计划进行。狂躁准时出现。根据时间表,接下来的步骤是苦闷。显然会有很多人感到苦闷,或者说,在我看来,那种苦闷的程度,足以为那些有关剧院的愚蠢的戏剧和电影——我再也不会那样轻易地嘲笑它们了——提供辩护。

在纽约开幕演出的前一天,一个剧团会在它自身的太阳系移动。它是一个与月亮和星星分离开来的外太空的行星,而且它的轨道就是从化妆室到达舞台的楼梯。每个演员都坐在化妆台前,注视着明亮的镜子里的个人形象,做着将把他与现实世界进一步分离、使他完全变成另一个人物的准备活动。他越是要和自己扮演的角色融为一体,从镜子中看到的自我就越少;他越是陷入那种伪装和虚幻的氛围中,就越是感到安全。他正在寻求来自于现实世界的一种判断——不是对他自己的判断,而是对于他的另一种隐藏的、既是他的目标,同时也是他的避难所的形象的判断。有一种说法是,所有的演员天生是喜欢出风头的人,这种普遍概念远非事实。恰恰相反,他们可能是惯于自我逃避的羞涩而且容易受惊的人,他们已经通过脚灯、化妆品和他们扮演的角色,找到了一种隐瞒自己的秘密的方法。正是他们自己的自我排斥,使得他们当中的大多数人成为演员。

解决或者回避这个问题的最好方法,莫过于成为那个遭到排斥的自我之外的另一个人,并在每一个晚上为此得到认可和掌声。他们已经解决了这个问题,但却没有解决这个过程带来的折磨。正是那种折磨让每一个开幕之夜变成了痛苦的经历。难怪在开幕前那一天,在后台的气氛会反映出每一个演员面对这种新的考验的焦虑感,因为外界的那种裁判非但没有减弱,反而随着时间的推进而进一步强化,而且那始终是令人痛苦的,不管一个演员已经有多少次走上舞台去面对这种裁判。

我倒不妨让自己接受一个糟糕的排演这一事实为好,因为在音乐盒剧院舞台上的这个过程,更像是一系列紧张的混乱局面而不是其他任何东西。在费城非常匹配的帽子和衣服,似乎是从干洗店那里拿回来的而且尺寸过小。入口门找不到,出口门设计得很糟糕,那些之前原本很容易打开的门,以及不用费力就能够处理的道具,现在每当它们被打开或者被拿起时,就会引发神秘的问题。考夫曼先生就像是一个寻找飓风中心的飞行员一样从风暴中冲出来——沉着,镇定,超然,并且准备向气象局发回报告说,这场风暴并不危险。但是,随着当天下午的排练接近尾声,我就没有处于那样平静的状态。如果今晚最后的彩排还是这种情况,我怀疑我是否还有能力耐着性子坐着看完它,或者说我是否还有能力忍受它。考夫曼先生的沉着,必然是我们两个人都需要的。我打算"劫持"马克斯·西格尔,并且在第一次风暴之后,让他和我一道走在街上。

没有必要去尝试了解剧院永恒存在的乖僻,或者试图解释为什么下午的排练可能是一个烂摊子,而当天晚上的排练在每一个环节上都有序、顺利而完美。就像是戏剧界本身经常存在的混乱无序一样,这是难以解释的现象。简而言之,《一生的一次》的晚间排练毫无瑕疵。下午的所有错误,都进行了自我纠正;灯光提示中的每个错误,使用道具上的每一个失误,在服装上的所有缺陷都消失了。这个彩排堪称完美,除了一个特定的方面以外——表演过程十分空洞。它的空洞可能是由于很难在一个空旷的剧院演好喜剧所造成的,因为在当时,在开幕演出之前那天晚上安排预演观众,是一种例外情况而不是既定规则。但是,考虑到这种困难性和其他所有相关影响因素,你很难察觉不到整个演出过程的虚假性。没有哪一个演出过程是有说服力的。每个演员似乎都缺乏流畅性、活力或者幽默感,而且最终,这出戏很快就具有了一种仿佛只具有演技本身的外观。到最终落下帷幕时,我觉得这出戏就和表演过程一样平淡而缺乏幽默感。我走到过道那里,站在稍稍远离考夫曼先生和山姆·哈里斯正在谈话的位置,并不急于证实我的判断。我很愿意把我对于这出戏的感觉归咎于我自己不稳定的神经。知道他们比我所认为的更加沉稳,因此这出戏原本就和它看起来一样脆弱,并不会给我带来多大的安慰。

考夫曼先生开始在后台整理提供给演员的备忘录,而正要跟上他的山姆·哈里斯突然看见了我。他走到我跟前,仔细地观察了我一下,然后才开口说话。"我觉得你需要喝一杯,伙计,"他说,"跟我去办公室吧。"我顺从地跟着他,虽然我不想,也不需要喝上一杯,而且假使那是山姆·哈里斯之外的任何人,我都会谢绝的。我想做的就是进入地铁站,尽快回到家里。我讨厌这出戏和里面的每个演员,我的情绪是那样糟糕,所以不想和任何人说话,包括考夫曼先生在内。事实上,我在接下来的四个钟头没有说一句话。哈里斯先生完全是好意,而且我毫不怀疑,即使在那个半明半暗的剧院里,我的脸色看上去也必然是铁青的,但我很快就发现,哈里斯先生的邀请,并非完全是利他主义的。哈里斯先生为了他自己的缘故,也很需要喝一杯。他希望有人陪他一起喝,而且更重要的是,他自己在当晚已经喝了好几杯。

他在踏上楼梯时,我就发现他的步态有点儿奇怪,而且他一开始,就似乎怎么也找不到冰块和杯子了。当我看到他往杯里倒入那么多酒精饮料时,我就意识到他已经下定决心,要在接下来的几个钟头达到忘我的境界,而且这在很大程度上,是由他自我设想的、为了让我振作起来这一使命构成的。尽管他的具体行动并不确定,但他的使命感却是毋庸置疑的。他立刻就扑向眼下的这个任务。"你担心这出戏吗,伙计?"他问。

我点点头,我确定我让他越快地相信已使我振作起来,我就会越快地坐上地铁。不幸的是,我几乎没有办法让他相信我已经感到振奋,而且我总是不知道如何应付喝了太多的人。

我对他的问题点头表示同意,是不明智的反应。他把我的沉默误认为是过于深沉以致无法表达的情感,于是他改变了他的战术。我从他看着我的眼神中判断出,他觉得我需要更强的药物,而且在第一勺药量之后我就知道,我会得到充分的剂量。

"我有没有告诉过你乔治·M. 科汉①和他写的第一部戏?"他开始说,"就和你现在的感觉一样,伙计。我觉得他就像你这么大,我当时还在管理特里·麦戈文②,那个职业拳手。当时剧院的日子比现在好过,但那会儿那些人也一样感到恐惧。让我先告诉你,我和乔治·科汉是怎么碰巧认识的……"

他舒服地坐在办公桌后面那张大椅子上,愉快地晃动了一会儿杯子里的冰块,然后饶有兴致而又面面俱到地讲起了往事。剧院在当时的日子可能更好过,但所有的一切花费的时间显然要长得多,因为当哈里斯先生讲到乔治·科汉的第一部戏剧和科汉先生如何战胜了他的恐惧感时,已经过去了一个多钟头,哈里斯先生在讲述的过程中,已经喝下了两三杯酒,而且我们刚刚开始接近科汉和哈里斯那个著名的合作的开端时,我就已经能够感觉到,我将不得不面对他们这种合作的完整版本。我不敢看我的手表或者让自己显得躁动不安,因为哈里斯先生的意识完全是清晰的,而且他的眼力就像大多数聋人的眼力一样,是相当惊人的。显而易见,需要采取

---

① 美国剧作家、作曲家、抒情诗人、演员、歌手、舞蹈演员和制片人。
② 美国职业拳击手,多次获得过世界轻量级和次轻量级拳击赛冠军。

的唯一的态度,就是暗示出哈里斯先生的某种快活的劲头,已经传递到了我的身上,所以我不再那么需要他的陪伴了。

这是第二个致命的错误!就像我的沉默一样,我突然变得振作起来,使他决定采取新的战术。他迅速中止了科汉和哈里斯的传奇事迹,又喝下了一杯酒,然后在我旁边的沙发上坐下来。他相当严肃地注视着我的眼睛,说:"我刚告诉你的所有这一切,就是为了让你摆脱杂念,这样你就可以听到我实际上想说的事情。"他郑重其事地清了清嗓子,停顿一下,然后接着说起来。"现在,伙计,我要告诉你,为什么你不应该过于担心这部戏。"

我满怀希望地回应他的目光,而且有那么一会儿,我们似乎很快就将离开办公室似的,因为就在简单说了几句为什么大多数排练必然会令作者感到失望之后,他停了下来,好像是在整理他的思路。我是如此确定,他接下来将会说出最后几句睿智而令人振奋的话,以至于已经开始盘算我可能会错过开往布鲁克林最后一班地铁,所以我将不得不乘坐当地长途汽车。

令我惊讶的是,他从沙发上站起来,站在我的前面,并坚定地宣布说:"你不应该担心这部戏的原因,伙计,是因为它有一个很好的故事。让我告诉你……"

我绝望地盯着他,我确信,我现在必须冒着可能会伤害他的感情的风险说点儿什么,可是他已经走到了房间中央,开始完整地讲述《一生的一次》的情况,他不是一个喜欢跳过细节的人,而且酒精似乎加强而不是削弱了他的记忆力。他从帷幕第一次拉开的时候讲起,细致地描述了当时的场景和灯光,然后又原封不动地展示了每一个角色演出动作的细节。在想不起确切台词的地方,他就即兴做出他自己的解释,而且由于他是他自己的观众,并且十分享受他自己的表演,他在所有适当的地方都会大笑。我惊恐地坐回到沙发上,因为我突然意识到,没有什么能够阻止他把整部戏表演完,连每一个场景和每一句台词都不会放过,而我不得不坐在这里,直到最终落幕为止。在第一幕结束时,他利用幕间休息让自己喝了一杯酒,描述了为什么观众会喜欢他们在此之前看到的东西,在又喝了一大口之后,他把杯子放到桌子上,说:"第二幕。现在,我们开始吧!"

除了专注而又充满敬畏地聆听,我几乎什么也做不了。尽管我的眼睛偶尔会闭上,但不知为什么,看到山姆·哈里斯假装是吉恩·迪克森和乔治·考夫曼,模仿他们说台词的样子,甚至非常逼真地模仿迪克森小姐懒散地走路和考夫曼先生透过眼镜上缘做出的严厉的睨视,是非常有趣的事情。他的表演给了他那样纯粹的快乐,以至于换成其他时间,我可能真的很享受观看他的表演,因为在他天真的自我享受的过程中,流露出他那可爱的本性。

然而,当他到达第二幕结尾时,我不得不竭尽全力保持清醒。我不敢倚靠到沙发背上,因为我很快就会入睡,虽然我不断地变换姿势,我的脑袋还是不停地垂到胸前。只是我的一只脚已经麻木,并且由此使我的整条腿感到疼痛这一事实,才使得我没有渐渐入睡。我竭力让自己坚持到幕间休息,就在哈里斯先生解释为什么观众仍然喜欢它时,我站了起来,并审慎地抻了抻身体,这有点儿作用,但是还不够。当我看着他又把酒杯倒满,准备进入第三幕时,他的热情和活力丝毫没有减弱的迹象,而我再一次被困倦征服了。当他宣布说"第三幕,我们现在开始"的时候,我浑身剧烈地颤动了一下,并且那样大声地叹了一口气,他敏锐地看着我,问:"你没有着凉吧,伙计?"

我摇了摇头,又回到我的座位上。这次我坐在沙发的边缘,让胳膊肘牢牢地支在膝盖上,然后一只手捏住两侧太阳穴,这既可以让我保持头部直立,又可以用指尖撑住我的眼皮。我无论如何也没法阻止哈欠连天的情况发生;可是,山姆·哈里斯是那样深深地沉浸在他正在开始的第三幕表演中,因此,他甚至似乎没有注意到我的存在。

他又再次活跃起来了,在火车这个场景中,意气豪迈地模拟火车的汽笛大声呼啸,这最后一杯酒,似乎释放了他那此前一直被压抑的、很适合表演戏剧的运动能力。当他在不同角色之间变换时,只见他从一张椅子跳到另一张椅子上,而且在落幕之前,为了展示休·欧康纳那成功的一刻,他像一只敏捷的山羊一样,一下子跳到了壁炉前面的一张凳子上。我早已注意到映射在办公桌后面窗帘上的光线,而现在我看见,第一缕微弱的阳光已经穿过窗户照射进来。房间里突然沉默下来,而这种沉默不由得让我感到一激灵。山姆·哈里斯正站在我的面前,把草帽戴在头上。

"回家好好睡一觉吧,伙计,"他说,"我想,这回你会睡得更好了。"

我僵硬地从沙发上站起身来,跟着他走出办公室并开始下楼。当我们来到街上时,他突然停下来,惊讶地冲着阳光眨了眨眼。"到底是几点了?"他问道。

我看了一下我的手表,差几分钟就到五点了。"没关系,哈里斯先生,"我说,"反正我今晚也睡不着觉。"

他沮丧地摇了摇头,随即笑了起来。"这部戏还需要删减。这是我的看法,伙计。"他说,随后我们开始走向百老汇。

尽管我接近于梦游状态,我还是能够发现,对于开幕演出而言,我们会有一个好天气。早晨的天空万里无云,而且从空气中能够感觉到,今天会很温暖但不会太热。这对于今晚的演出似乎是个好兆头。

我们静静地站在第45街的拐角处,等待一辆出租车出现。四处打量我对每平方英尺都很熟悉的百老汇,并且发现它看上去全然不同,是一种奇怪的感觉。长长的丑陋的主街道干净而又友善。我想,我见过有过各种外表的百老汇,但我从未见过它在此时的情景。它看起来昏昏欲睡而又天真无邪。那种俗化和璀璨不见了。它似乎是在静静地站着并等待着什么——好像是在热切地欢迎所有竭力来到这里的新的演员和剧作家。

"照我看,你现在不能回家,伙计。"哈里斯先生打破了沉默。"等你赶到布鲁克林时,你待不了多会儿,就得回来看排练了。乔治要求在几点钟彩排?"

"十一点钟。"我回答说。

"这就是了,"他说,"回家没用。最好去酒店。"

"不,"我说,"我最好回家。"

"那又何必呢,伙计?"他继续劝我,"去酒店有什么不好?你起码可以睡上几个钟头。"

"我宁愿回家,哈里斯先生。"我认真而又坚定地回答道,然后我从他跟前走开,朝我看见的远处的一辆出租车摆了摆手。我能够感觉到他在注视着我,当出租车开过来时,他走到我跟前,并伸出了一只手。

"再见,伙计,"他说,"我们彩排时见。"随即就迅速坐进出租车里。

我低头看着我的手,注视着他塞进我手里的东西。那是一张100美元的钞票!他似乎猜到了我坚持要回家的原因。我低头注视了一会儿我手里这张可爱的钞票,然后做出了决定。在明晚之后,我很可能住得起这个城市最好的酒店;但话又说回来,我也可能住不起。在明晚以后——或者更确切地说,随着天光变得越来越亮,我突然意识到,在今晚之后——可能在很长一段时间之后,我才有可能再次见到一张100美元的钞票。现在是自在而充实地享受一回生活的时刻,即便只有几个钟头,而且我绝不能把这突然到来的大好机会浪费在一家路边小酒店里。如果我能够充分利用它的话,它实际上可能是开幕演出的一个吉兆。

我穿过马路,顺着那个台阶走进了阿斯特酒店①。

毫无疑问,当我走进大厅的一刻,我就选择了正确的兆头。我的每一个僵硬的关节都感觉好多了。那个值班店员狐疑地看着我,但我早有准备。

"我想要面朝第45街的一个套房——就到明天上午。我的戏剧明晚在音乐盒剧院开幕演出,我十一点钟有一个彩排——刚刚过去的一次彩排,比我预想的时间要长。对了,"我尽可能以随意的口

---

① 位于纽约曼哈顿时代广场地区、从1904年到1967年期间运营的一家大酒店。

吻补充说,"你能帮我把这个破开吗?我好像没有零钱给服务生。"我隔着那张桌子,把 100 美元的钞票推到他跟前。

他的态度立刻从怀疑变成了尊敬。他毕恭毕敬地将那张登记卡交给我,又态度谦恭地把钢笔送到我跟前。

"先生,您有什么要求随时告诉我。您需要订早餐吗?"当他把零钱交给我时,他问。

"是的,"我回答说,"对了,酒店有按摩师吗?"他点点头。"让他九点钟来,把我叫起来并给我按摩,还有,在十点一刻,我需要一个理发师和一个美甲师。我在十点半吃早餐——橙汁、面包、咖啡、熏肉和鸡蛋。我想就这些了。"

"谢谢您,先生。"他说,然后按下桌子底下的蜂鸣器。

"带哈特先生去 1014 号房间,"他说,并把钥匙交给那个服务生,"然后看一下那个套房是否令人满意。我觉得您会喜欢它的,先生——那是我们最好的房间之一。如果不满意,服务生会带您去看其他房间。晚安,先生。我这就为您处理其他事情。"我们彼此微微鞠了一躬,然后我跟着服务生走向电梯。

在富有的生活中,不可能有任何虚假的俭省或节约。奢侈是唯一的基调,否则就没有纯正的享受可言。我给了那个服务生两张全新的 1 美元钞票,并得到了那个服务生一脸灿烂的微笑。我们都知道,我给了过多的小费,我们都很喜欢这种感觉,我们都有自己的原因。服务生鞠躬退了出去,关上了门,我走到窗口处,把它打开,然后从窗台俯下身,注视着街道对面的音乐盒剧院的华盖。我带着极大的兴致俯瞰着它。从新阿姆斯特丹剧院到音乐盒剧院只有短短三个街区的距离,但它们之间的旅程是那样漫长。不管今晚是什么结果,在那个华盖之上,我和乔治·考夫曼并排在一起的名字就代表了胜利。我在窗口站了好一会儿,才勉强放下了窗帘,担心我现在可能睡不着觉,但我的脑袋刚刚挨到枕头上,就沉沉地睡了过去,那是只有婴儿和壁炉前的老狗才会享受到的那种睡眠。

第25章

我从那时起发现,比起第二天早晨九点把我叫醒然后开始为我服务的那位先生,还有更多熟练的按摩师,但这是我有生以来第一次接受按摩,而且从那以后,我再也没有体验过同样的感受。他的手指的每一次弯曲和敲击,都代表着那张 100 美元钞票的一部分,而我的肌肉似乎知道这一点,并以满足感作为回应。那个理发师和美甲师计算好了他离开的时间,并且及时赶到,而我心满意足地坐在那里,准备接受我在一个私人套房里的第一次修指甲和刮脸服务。那个理发师和美甲师有些吃惊地看到,他们的顾客裹着床单坐在那里,就像是穿着浴袍一样,不过我解释说,我需要让我的衣服马上熨好,然后解释了我在这里过夜的原因。他们立刻对我表示了关心和理解。为戏剧圈的人提供服务的理发师和美甲师,是一个特殊的品种——他们知道在对方失败以后如何保持沉默,以及在成功之后让自己变得健谈,而且阿斯特酒店尤其适合戏剧人。他们两个人都很了解这里上演的每一部新的戏剧。他们多年来照顾过山姆·哈里斯、阿瑟·霍普金斯、查尔斯·迪林厄姆和其他很多圈内人。当那个理发师瞥见我的那件挂在椅子上的又脏又丑的衣服时,他坚持给楼下大厅男装店打了电话,给我订了一套用于开幕演出的新的西装,而且当他们结束服务并祝我好运时,我们三个人都站在窗口处,向下注视着音乐盒剧院的华盖。

在我看来,就开幕演出而言,没有哪一天可能比这一天开始得更加令人满意。我本来可以轻松地吃掉两份足量的早餐,但我只是勉强有时间下楼支付账单,并在十一点钟穿过马路赶到彩排现场。我朝窗外最后看了一眼,又迅速瞥了一眼在镜子里的自己,然后才关上门。毋庸置疑,这种短暂而富有的生活对我帮助很大。我从里到外都感觉自己清爽而自在。无论我花了多少钱,我都得到了更充分的回报。当我坐着电梯下楼时,我才意识到,在我给了那个理发师、那个美甲师、那个男装店的服务员和那个按摩师的小费之后,我本来很可能超支,但其实并没有。我还剩下 15 美元,而且当我穿过音乐盒剧院的后台入口时,我体验到了作为一个最轻松、最满意的凡人的感觉。山姆·哈里斯恰如其分地成为我看见的第一个人。

"睡觉了吗,伙计?"他和我打招呼,并且咧嘴笑了起来。

"我多年来睡过的最好的一觉,哈里斯先生。"我如实地回答道。

站在他旁边的乔治·考夫曼说:"这是睡觉时间——在评论出来之前。"

但是,什么也不能改变我花掉的 85 美元的福利价值。我脸上带着马克斯·西格尔的那种微笑,看着出现在视线里的每一个人。

这是一次简短的彩排——在剧院休息室里最后一次毫无必要的台词走过场。实际上,完全没有彩排的理由,只不过是为了把大家聚在一起,以便松弛一下开幕演出的神经,而且演员们在一点钟就被解散了。它使得这个下午在我眼前不祥地变得格外漫长,尽管我决定不让自己失去那种神采飞扬的劲头。我再次求助于乔·海曼。我给他打了电话,恳求他丢掉一切事情,在两点钟时在广场大饭店①前面和我会面。

正如在一些年头里,在戏剧界一个人怎么做也不会出差错一样,总会有那么一些日子,一个人所接触到的每一件事情都很顺利,脑子里产生的每一种想法都完全正确。它们似乎是对于其他那些总是磕磕绊绊、流年不利的年头的一种平衡;但是,我当时并不知道这一点。今天我选择做的一切事情似乎都是天意。我早就渴望坐着一辆双轮双座马车穿过附近那个中央公园,虽然那始终像是一个可笑的放纵之举,但是那张 100 美元的钞票并没有花光,还剩下了 15 美元,而且这是一个美丽的九月下午,似乎是难得的适合于奢侈一回的日子。这是我所能采用的打发这几个钟头等待时间的最佳方法。

我和乔·海曼坐上马车绕着那座公园绕行,时而闲谈,时而沉默,不过,几个钟头以后就将面对开幕演出的念头,似乎让那些树叶的颜色在我们眼里变得更加浓重,也让那些在天幕背景下的建筑物轮廓变得更加清晰。一种内心的激动和苦乐交杂的感觉,强化了我们对于这个可见世界的感受——当我们的眼睛看着那些熟悉的景物时,我们能够以一个新的深度和角度去打量它们。我看着我一直视为理所当然的中央公园,看着它那不可思议的美丽容颜在我的面前令人惊奇地铺展开来。我们在公园周围转了四圈,我们原本很有可能转上第五圈,因为乔·海曼拒绝让我今天为任何东西买单,而时间却似乎以不必要的速度迅速流逝。现在,突然到了迎接家人并与他们共进晚餐的时间,而且同样突然的是,由于时间好像正在迅速接近八点半,这意味着要把这件事交给乔负责,并且要赶到剧院去祝愿剧团好运气。在开幕之夜,时间总是似乎变得更快,仿佛具有了它属于自己的速度,我想,这正如时间必然会以我们其他人不

---

① 位于纽约曼哈顿区的一家高 76 米的 20 层豪华酒店。

易察觉的速度,敦促我们不时地回顾往昔一样。

我最后一次走向《一生的一次》。这个题目本身就是一种隐喻,仿佛在提醒我们:每个剧作家都要回顾他的戏剧这最后一段道路,他知道此时它不再属于他,它现在属于演员和观众,剧作家的部分的自我,将要交由陌生人裁判,他自己也只能从一个陌生人的角度来看待它。他每天考虑最多的问题,他每时每刻的工作重点,那个让他数月以来付出太多汗水的事业,终于到达了终点。他带着复杂的情感走向他的目的地——这是他一直寻求的结果,可是,他会感受到一种结局带来的疼痛。他最终成为一个观众——一个在当晚的赌博中下了最大赌注的观众,但他终归是一个观众。当我匆匆赶到音乐盒剧院时,门前已经有相当多等待签名的人、伸长脖子想要看一眼演员的人以及想要混入里面的人,两个试图把他们集中到街道另一侧的骑马的警察忙得焦头烂额。一些人已经熟练地避开了警察和他们的坐骑,而被挤到对面马路牙子那里的少数人,也立刻灵活地退回到他们在剧院前面原来的位置。这是一个活泼、天真的儿童游戏,任何一方都没有恶意,而且当我推开人群走向舞台侧门时,我忍不住想要转过身来喊道,"到里面去不像你们想象的那样好——你们最好离开这里!"我在这一整天想要使之推迟到来的那种恐惧感,突然把我攫住了。剧院的时间表从来都不会有太大变化。它可能会稍有改变,但是,开幕之夜的紧张情绪,却总会在不同程度上显现出来。我的紧张情绪只是被一度延迟而已。

我接过舞台看门人交给我的一沓电报,好像他是把一根火钳塞到我的手中,并且立刻就掉到了地板上。他把它们捡起来,一言不发地把它们塞进我的口袋里,仿佛他在这个夜晚之前,已经有数次提供过这样的服务,而且预计还需要再多做几次这样的动作一样。我开始迈动着似乎不属于我的那两条腿,顺着楼梯走向化妆室。那简直是两根棍子带动着我前进,我打开一间化妆室房门的那只手抖动得那样厉害,以至于我无法转动旋钮。休·欧康纳从里面打开了门,站在那里看着我,就像是一只被耀眼的汽车前灯罩住的兔子一样。他不停地用舌头舔着嘴唇想要说话,但一个字也没有说出来,或者是因为我没有听见它们,因为我的耳朵和我的腿一样不听使唤了。

我那高昂的情绪好像也一下子不见了。在这些化妆室里,即便是虚假的快乐也会很快枯萎。在每一个化妆室里的气氛各不相同,从相对平静,到有节制的歇斯底里,这取决于开幕之夜化妆室里的人的承受力。脸上涂着化妆品的吉恩·迪克森表情茫然而且脸色苍白,她盯着我很长一会儿,好像是要集中精力弄清楚我是谁似的,她心不在焉地点点头,然后就像一头豹子一样,在化妆室里无声无息地来回走动。

在隔壁房间,格兰特·米尔斯坐在那里,看着镜子里的自己,像个白痴一样地傻笑着。他的头不停地上下摆动,一边搓着手,一边在低声自言自语地重温台词。

斯普林·伯恩顿看上去正处于陶醉状态,因为她正庄严地坐在那里,被化妆室里的一大片鲜花围裹着。见到这样的情景,我决定先到楼下的舞台附近坐一会儿,然后再进行下一轮巡视。

我似乎有点儿呼吸困难。我坐在舞台附近的一把椅子上,从口袋里取出了那一沓电报,而且完全是出于偶然性,我首先打开的那两封电报,是来自于阿斯特酒店的那个理发师和美甲师的。这正是那种令人幸福的巧合,它有助于稳定神经,恢复我这个信徒对于预兆的信心。转眼之间,在早晨感受到的某种美妙的前景,在中央公园绕行的那趟舒适之旅,立刻又浮现在我的内心深处。我打开的每一封电报,都让我的精神变得格外振作。开幕之夜邮寄电报,似乎是一种愚蠢而且具有敷衍性的传统,实际上并非如此。不管它们的措辞有多么天真和空洞,在这特定的一刻,也唯有它们能够进入打开电报者的脑海,并且温暖他们的心灵。到第二天早晨,它们可能显得可笑而又毫无意义，但是，在等待剧院灯光变暗而帷幕拉开这个使人感到惊惧的间歇期，在后台打开它们，是一种奇特而美妙的感受，它们具有一种令人钦佩的功能，那就是提醒你想到希望仍然存在。在开幕之夜的电报中，有些牵强的小笑话似乎异乎寻常地幽默，而在电报签名处的那些不同寻常的名字，也可能令你无比感动。

在我现在打开的电报中，出现了很多我不曾想到的名字，它们像那个理发师和美甲师的名字一样使我心潮澎湃。这些电报似乎包含了那些年头的一个横截面：在这些名字当中，多年来有些曾经杂乱无章地在我的脑海里出现过，有的我从来不曾想到过——乔治·斯坦伯格和欧文·莫里森；在我曾在那里表演过《琼斯皇帝》的梅菲尔剧院的那个剧院勤杂工；我几乎已经忘记了的几个夏令营的客人；奥古斯都·皮托；我在那家糖果店外面的门廊上给他们讲过故事、并仔细地解释过其作者的几个男孩；普里斯利·莫里森和亨利·B. 哈里斯女士；在布朗克斯区的一些老邻居；所有的小剧团；我在那个毛皮仓库工作的那些日子里接触的纽伯格先生；雷伯尔劳动文化宫的帕尔曼先生；教过我怎样游泳的那个口齿不清的运动教练；月光乡村俱乐部的赫伯……每一封电报，都让我想起那些难以忘怀的年月，我的记忆有的新鲜如昨，有的陈旧遥远。当我看着每一个名字及其唤起的那些岁月时，时间似乎停止了，我的心情也慢慢平静下来。

在这个光线不明的角落里，捧在我手里的那些年头，带给我一种不可思议的幸福感，是它们让我在今晚出现在这个隐蔽的角落。我环顾四周，感觉惊奇而又难以置信。在舞台监督座位上方那个电灯泡发出的绿色光芒，照亮的不仅仅是摆在桌子上的一部戏剧的提示脚本，也照亮了曾经是一种不可能实现的梦想、而现在已经成为现实的东西。在舞台前面的那些观众发出的窃窃私语声，彼此提醒改变灯光提示或者道具的舞台工作人员低沉而急促的呼唤声，在我头顶上方将灯光遮住的彩色凝胶遮挡物，舞台监督最后一次对布景的检查,已经开始在舞台两侧徘徊的小角色,以及我周围那种因为过度兴奋而发出的嗡嗡声——所有这些声音和景象,都不再属于一个陈旧的梦想,而是属于我正坐在这里的这个角落,属于一个真正的现实的一部分。我坐在椅子上,再次翻阅着那些电报,忘记了我还没有祝愿其他演员好运,忘记了我还没有看到山姆·哈里斯或者考夫曼先生——我仍旧坐在那里,不愿意放弃这个地点似乎能够给我带来的那种宁静感。

直到我听见马克斯·西格尔对那个舞台监督说"他们都到了,把灯光调暗"的时候,我才站起身来。我顺着侧门走进剧院里面,在半明半暗的光线中,我透过舞台口的帷幕,快速地瞥了一眼观众——在幕布拉开之前的几分钟,一个剧作家有时会像我这样,愚蠢而又充满希望地看一眼。他可能总会看到无数张面孔——他们是同样的好心人和不安好心的人,同样的批评家,同样的代理人,同样的专栏作家,总是坐在同样座位上的首场演出观众,那些稍稍变老了的老面孔,那些多了一点儿皱纹的年轻面孔,而且我并不知道,为什么他会期待有某种奇迹,把它们变成温顺而善意的面孔,但他的确总有这样的期待。也许奇迹在于一个事实,那就是他应该坚持认为,在今晚,对这个开幕演出而言,奇迹一定会发生;可是,当他充满渴望地一排一排座位扫描时,他没有看见奇迹发生,他只是注意到,同样的人再次坐在同样的座位上,仅此而已,于是他会匆匆地拉上帷幕。通常说来,没有哪一群人会像看首场演出的人那样,看起来顽固而又不可动摇。甚至就连一个人的朋友的面孔,也像水泥铸就的一样深不可测,当你瞥见随便哪个批评家的时候,他的面孔就像他的心脏一样,仿佛是从同一块花岗岩石块凿下来的。

我快速从过道里走出来,几乎和已经开始踱步的考夫曼先生撞个满怀。他嘴里嘟哝着要么是可能"好运"、要么是"他妈的"之类的话,并且再次走动起来。掌声使我转向舞台。帷幕拉开,休·欧康纳和那个布景照例得到了掌声。吉恩·迪克森出场了,掌声高涨起来,当掌声开始平息时,她说出了开场的台词。我屏住呼吸等待第一次笑声,它们总是在她的第二句或者第三句台词到来。然而,似乎没有声音从她的嘴唇里发出来。人们可以看到她的嘴唇在动,但仅此而已。听不到她的声音。休·欧康纳在说话,他的嘴唇也没有发出声音。他们两个似乎是在一面玻璃墙后互相交谈。

观众开始窃窃私语,并在座位上面面相觑。我的心里"咯噔"一下,猛然转头看着考夫曼先生。他僵在原地,盯着舞台。吉恩·迪克森和休·欧康纳继续对话,并不知道观众听不见他们,但他们知道发生了严重的情况,因为观众的窃窃私语声已经大到他们能够听见为止,我可以看到吉恩·迪克森在点燃一支香烟时,那只手在发抖。观众还是听不见从舞台上传来的声音,在寂静中,楼座上的一个男人声音响亮地喊道:"是风扇——关掉风扇!"

全场响起了释然的笑声和掌声。我看见考夫曼先生快步冲向后台侧门,但在他经过一半的过道时,舞台前部两侧的风扇就开始放缓速度。在气氛热烈的开幕之夜,电工完全忘记了关掉风扇——这是会让你少活四五年的开幕演出的那种小错误之一!这个噩梦总共历时不超过一分钟,也是我无论如何也不愿再次经历的一分钟。当这种恐怖发生时,观众的表现总是令人敬佩,而他们现在正是这样做的。他们不仅为楼座上的那个无名英雄鼓掌,而且当吉恩·迪克森走回来,把刚才的场景重新演绎一遍时,他们报以一阵慷慨的掌声。她当然不可能离开舞台并再次入场,不过她意识到,观众没有听到刚才场景中的任何一句台词,所以她平静地吸了一两口烟,等待着风扇完全停止转动,然后把刚才的场景重复了一遍。

从那一刻起,无论是观众还是戏剧,都具有了某种不可思议的特质——它们都具有了一个剧作家梦想的完美开幕之夜的效果。演出十分精彩,观众给予了积极响应。戏剧界的一个最坚定的信念就是:没有哪一种号角声,能比纽约开幕之夜的观众给予一部戏剧无保留的掌声更加令人震撼。这是一个可靠的信念。关于首次演出的观众已经有过许多评论,但有一个事实是始终不变的,那就是,这是一种独一无二的观众——当首次演出的观众喜欢上一部戏剧时,他们的热情、活力、兴奋感和令人满意的程度是无与伦比的。他们可以展开那种欢呼的"三色旗",让它们似乎从每一个包厢处开始舞动;正如在相反的情况下,他们的排斥似乎能够让饰有白色骷髅的海盗旗在剧院中央的吊灯上晃荡,让使人窒息的抗议声席卷整个大厅一样。

观众表示认可的声音是明白无误的,即便在充满焦虑的我听上去也是如此。在每一幕结束而帷幕落地之前,观众就爆发出掌声。第二幕比第一幕的效果更好,而第三幕——脆弱的、令人恼火的第三幕,曾经让这出戏在这么长时间岌岌可危的这一幕——犹如浑然天成,它的表演过程如此顺利而迷人。考虑到我们为它付出过的艰苦卓绝的劳动,看到它这次竟然如此轻易地博得了观众的认可,几乎令人感到恼火。

现在,演员开始说这部戏的最后几句台词,接着,这几句台词说完了——到帷幕落下时,又是长时间震耳欲聋的掌声。它就像是一阵霹雳一样充分而激烈。我试图让自己平静下来,并且评估这种掌声的意义,但我很难平静下来。它听上去像是这部戏已经大获成功而赢得的那种掌声,而且经久不息。除了一两个需要及时赶稿而迅速走出过道的批评家以外,全场观众都留在座位上,并且使得幕布在落下之后又再次升起。演员们站在那里鞠躬、微笑——他们都顺利完成了自己的使命,他们也听从了观众的呼唤,于是整个剧团都排成一列站在舞台上。

他们几乎是情不自禁地自发这样做的,而且剧团成员现在都有些笨拙地鞠躬和微笑,全然没有了他们在演出过程中的那种自然和投入;但掌声仍然没有任何减少的迹象。

令我惊讶的是,我看见考夫曼先生走到前面,示意那个舞台监督先不要让帷幕降落。我难以置信地盯着舞台。他即将做的事情令人如此困惑，以至于我很难想象他究竟要做什么——他要做一场剧终时的幕前演说。我简直不敢相信我的眼睛。他不止一次表达过对于开幕演出时发表演讲的作者的蔑视，而且他表达这个意思时所采用的那种尖刻的措辞，似乎表明他根本不可能亲自这样做。观众似乎和我一样惊讶。掌声立刻开始平息下来，有人肯定已经准备好了"嘘声"。他又向前走了一步，透过他的眼镜注视着他们，并等待着全场完全安静下来。

"我希望诸位知道，"他认真而又缓慢地说，"这部戏剧有百分之八十都是出自莫斯·哈特的笔下。"就说了这么多。他退后几步，并示意舞台监督降下帷幕。

观众困惑地坐了好一会儿，然后发出了一阵敷衍的掌声。他们原本期待的是和这出戏一样诙谐的演讲——或者是乔治·S. 考夫曼的那种冷幽默式的演讲。他们对于他的话的失望和缺乏兴趣是显而易见的，但是到帷幕再次降下时，他们还是礼貌地给予了掌声。

我站在那里，盯着舞台和乔治·考夫曼。慷慨并不会轻易或者经常性地在戏剧界的岩石类土壤上开花结果。这种慷慨，很少不受戏剧界为赢得赞扬和钞票而展开的无休止的战争、同行间的羡慕和妒忌，以及难以摆脱的心胸狭隘和小肚鸡肠的影响。这不仅是一个冷酷和严苛的行业，也是一个最需要赢得公众支持的行业。它并不会孕育高尚，而无私也并不是它的强项之一。就像在眼前这些脚灯那里发生的情况那样，以优雅、慷慨和无私的姿态欢迎一个年轻剧作家进入这个行业，这样的情况并不常见。

一只手拉住我的衣袖，马克斯·西格尔正在我的耳边低声说了一句话，但我没有回答就很快离开了。我不能信任我的声音，我也不想让他看见我早已泪眼朦胧。

第 26 章

在落幕以后发生在后台的情况,会遵循一种固定的模式,这几乎成了一种规律。至少有一半观众迅速进入后台入口,并且堵塞了楼梯,他们挤满了化妆室,同时让舞台上人头攒动。随之而来的就是一阵阵喧闹的场面,在一个个走廊和每一个化妆室里,都能够听到同样的话语。一般情况下,没有人会相信那些正在被说出来的话语,或者通常在此之前的令人动情的亲吻和拥抱;它们总是大同小异的,而且同样适用于成功和失败。然而,不到后台亲口说出它们,就会被认为忽略了友谊或者是彻头彻尾的怯懦。双方都确切地知道会从对方那里得到什么,而且在后台的这种表演,有时候等同于(或者会超过)刚刚发生在舞台上的那场表演。如果是一个明显的失败,或者似乎是一个明显的失败,那种拥抱和亲吻必然会有一点点夸张的性质,而有的措辞也会有点儿挑衅的意味,其中常见的情况是,你会听到很多人都在气势汹汹地说"哇,我太喜欢它了"。实际上没有人在撒谎,因为除了一次重大的或者彻头彻尾的惨败以外,每一个人都知道,批评家有时完全是不可信的。每一个人都知道,在第二天早晨,某个原本失败的戏剧,很可能得到充满溢美之词的好评,正如一部明显获得成功的戏剧有时也会得到一纸死刑判决书一样。

然而,在某些开幕演出的夜晚,即便批评家很不诚实,一部戏剧也似乎注定会成功,而且在这些夜晚,后台的观众的表现,会让人联想起一些兴奋过度而难以控制的暴民。在这样的情况下,出现在后台不再是一种令人不快的责任,而是有着毋庸置疑的必要性——自我认同或者见证成功的一刻,似乎包含着某种人性的基本需要。在这样的夜晚,化妆室和楼梯总是挤满祝贺别人的人和接受祝贺的人。《一生的一次》必然具有这样一个夜晚的所有特征,因为我很难从后台入口走出去。我竭力走上楼梯,到达了考夫曼先生的化妆室,但外面站满了等待里面的人群出来的人。比阿特丽丝·考夫曼瞥见了我,给了我一个飞吻,并且招手让我进去,不过我摇摇头。我想对她说几句话,但不能在陌生人面前说。我冲着里面喊道,"我过会儿再来,"然后就挤出人群走下楼梯。

每一个化妆室和每一个楼梯平台都挤满了人——密密麻麻的人在一个个拥挤的房间里进进出出,所有的人都在说话。我从人群当中瞥见了吉恩·迪克森和休·欧康纳,并朝他们走去,可是人群过于拥挤了,当我走到舞台方向时,我听见山姆·哈里斯温和的笑声从将他团团围住的人群当中传来;我没有试图走到他那里。

我感觉自己与我周围的这种喧嚣格格不入;在黑暗中的踱步;在一次演出之后穿着睡衣站在舞台上的演员,映照出在每一张化过妆的面孔上的疲惫感的指示灯——所有这一切,都似乎和在此之前已经消失的全部经历无关,而且,与这些经历有关的这些人也仿佛正在我的眼前消失,实际上他们已经消失了,我也突然知道与他们一起消失的是什么:那个始终紧密联系的小集团——其阴谋开始于第一天的排练,只能经常享用的不新鲜的三明治和纸盒里的冷咖啡,需要在漫长日子里忍受昏暗的舞台和肮脏的外地化妆室的君子协定,面对共同的希望和恐惧的前景——这个持续了这么长时间的阴谋结束了,我们进入了现实世界。过去的那个只包含戏剧和我们自身的秘密世界消失了。

我穿过舞台,走到我的家人和朋友站在那里等待的地方,在黑色的领带、珠宝饰物和晚礼服的包围之下,我感觉自己像是一个小小的异类。置身于这样的环境中,让我感到有些不自在。我们不舒服地站在一起,不太知道该怎么办。在亲吻了我的母亲和父亲并且听到了多尔、莱斯特·埃迪和其他人的祝贺之后,我无助地一动不动地站在那里。我觉得我脸上的笑容很僵硬,并且试图说几句话,可我的舌头却像打了结似的;我也想不出下一步该怎么做。这一刻我等了太长的时间,以至于难以接受它变成了现实——即便是它现在似乎仍然冻结在幻想的冰层中。我一直都很理解突然面对成功的人的脸上那种难以置信的表情——那是夹杂着某种恐惧感的表情,仿佛梦想仍然处于被梦想的过程,只要多动一下或者多说一句话,就会把它摧毁似的。

是乔·海曼——而不是我——终于把我们所有的人带到后台入口那里,又把大家带到一家饭店并等待媒体反馈。在长时间等待的过程中,我突然开始相信,我的一部戏剧已经在百老汇上演,我正在等待阅读的评论,可能会把那种终生的梦想变成从这一刻起,彻底改变我的人生的现实。有人给了我一杯酒,我开始颤抖,这样一来,我就不可能把第二杯酒举到唇边——一个幸运的恐慌时刻,我认为,因为在目前的情况下,两杯酒就可能很容易让我醉倒,这样就会剥夺我能够听到大声朗读评论的乐趣。这样重大的时刻是不容错过的。无论一个人的神经状态如何,对于一个有可能听到好的评论的赌徒而言,不惜代价保持清醒的头脑是明智的,因为听到被朗读出来的好评是一种千载难逢的欢乐。在第一次演出的评论朗读当中,每一个字眼都是令人愉快的,在此之后的任何溢美之词,都不会闪耀出同样的光彩。

当我听到《一生的一次》的评论,它们是一种突如其来的荣誉——每一个字眼都散发着特殊的光泽,而且我做出了明智的决定,那就是永不再看它们。它们恐怕再也不会像现在我认为的那样精彩、卓越、奇妙而且无与伦比,而且我赋予它们成为一种不朽的记忆的荣誉。当听完最后一篇评论时,我喝了第二杯酒,因为我现在知道,我的人生确实永远改变了——而且我默默地向那新的人生敬酒。

是否还有其他任何行业内的成功,会像戏剧界的成功这样眩目,这样深深地令人满足呢?我不能假装说我知道答案,但我怀疑存在这种可能性。的确有一些行业的回报,可以像戏剧提供的回报那样大甚至更大,它们成功的果实也是立竿见影的;还有一些追求某种更令人钦佩的目标的行业,它们无疑会带来一种更高贵的成就感。但我不知道,在这些行业当中的成功滋味是否同样甜蜜。我倾向于怀疑这一点。和其他任何职业相比,在戏剧界的成功,更能够给虚荣心和自尊心带来密集、强烈、深刻和清晰的满足感。就像在戏剧界的其他方面一样,它的成功是无可置疑的,也是能够带来巨大回报的。也许使它如此奇妙地令人感到满意的地方在于,它是一种并不寂寞的成功——似乎人人都可以分享它,包括朋友和陌生人——而且在戏剧界的第一次成功,是你所能想象的最诱人、最令人陶醉的时刻。在此之后,没有哪一次成功能够超过它。它会在你的血液里不停地轰鸣和咆哮,就像第二杯酒眼下似乎正在我的血管里所导致的结果那样,所以,如果不得不等到第二天才能够开始品尝到这种成功的滋味,那似乎是令人难以忍受的事情。

我问别人现在是什么时候,当被告知现在是凌晨四点半时,我不禁惊奇地眨了眨眼睛。自从我们不耐烦地等了两个半钟头,才能够读到《纽约时报》的第一篇评论以来,时间似乎只过去了短短几分钟。在当时,上午版的报纸出来得很晚,而且通常的做法是直接赶到每一家报社销售点那里,并且等待第一批报纸从印刷机上下机。

戏剧界的每个人都知道,每一种报纸在什么时候出版,以及到哪里买到它们。《纽约时报》大概在两点半钟左右出版,《论坛报》大约是三点钟,《每日新闻报》是在凌晨四点钟。《世界报》是在离市中心很远的帕克洛大街销售,而且不得不等到第二天,目前在我的手里,已经有了三份令人欣喜若狂的评论,但《世界报》仍然很值得期待——不仅仅是因为它作为一份报纸的名称。

我们现在都站在新闻大厦外面,并且听到了最后一篇评论——确切地说,那是一篇由多尔·沙利进行了精彩朗读的评论——而且就像几分钟前,他刚刚朗读过《纽约时报》那些溢美之词那样,我现在觉得,从我看到昨天的黎明到今天的黎明,仿佛过了几年之久,而不是仅仅相隔了一天。我坐在那里倾听山姆·哈里斯对我讲述《一生的一次》的故事,似乎根本不可能只是昨天才发生的事情,和他一起走出音乐盒剧院,并且看到新的黎明到来的人,仿佛是别人而不是我。我现在似乎是一个和我目前的自我——一个疑惧而且笨拙的可怜的家伙——完全不同的人。他是一个我认识而且记得很清楚的人,但他也是一个越来越朦胧和黯淡的记忆。

难道成功会在两次黎明之间如此彻底地改变人的特性吗?它能够让一个人感觉自己更强大、更有活力、更英俊、更有天赋和安全感,并且确信这就是生活应该有的样子吗?答案是肯定的!

另一个自我只有一个方面依然如故。我再次变得饥饿难忍。至少还需要两次成功才能够使我失去胃口,而且,认为成功也能够导致这种饥饿的情况,也是完全站得住脚的结论。然而,除了我以外,每一个人都在长时间等待评论的过程中吃了东西,只有那个坚韧不屈的乔·海曼到这时为止还没有太过疲劳,并且宣布他准备和我一起坚持到吃一顿像样的早餐。其他人显然正在萎靡下去,我并未强求他们留下来。在听完《纽约时报》第一篇令人兴奋的报道之后,我的家人早就已经回家了——实际上,他们自己的兴奋,必然已经使开往布鲁克林的地铁在没有地铁系统的帮助下,自身就提高了一倍的速度。

我在道别时略微发出了抗议,但出于我自己的幼稚的理由,看到现在其他人也离开了,让我暗自如释重负。同乔·海曼待在一起,为《一生的一次》的整个过程画上圆满的句号,可说是满足了我的戏剧感——这个过程是从在大西洋城的开幕演出之前,我和他单独吃晚饭开始的,而现在,在纽约的开幕演出之后,它也将以我和他单独吃晚饭而结束。这是我一直在玩的一个幼稚的游戏,而且我从来不能抵抗这种游戏的诱惑——不管什么时候,它都是符合人生特征的一种游戏,它包含一系列能够使第一幕或者第三幕的帷幕完美降落的场景。就我对戏剧性场面的渴望而言,它总能提供额外的活力和更为显著的满足感,从而让我觉得现实生活和一部完美的第三幕是如此接近。它现在就带给我这样的感觉。

我不记得我们之间可能说过的任何一句话,但是,肯定是经过了相当长的时间之后,我对于现实的戏剧感的需求才得到了满足,因为当我们走出餐厅时,已经是早晨六点了,天色已大亮。就和上一个黎明一样,我望向一座沉睡着的城市的街道,寻找着一辆出租车。然而,这个黎明将要迎来一个历史性的时刻。我上一次乘坐的地铁已经被我抛到身后了。我再也不会走向那些肮脏的台阶,或者在另一个昏暗的日子里,听到我身后传来的旋转式栅门的碰撞声。

乔·海曼问:"你去布鲁克林的钱够吗?"

我点点头。那15美元仍然原封未动——把它花掉的最好方式,莫过于兑现我很久以前就对自己做出的承诺,乘坐出租车到布鲁克林,就是带着报复的快意兑现承诺的过程。

一辆出租车在我们身边停下来,我和乔·海曼默默地握了握手。当我报出一个布鲁克林的地址时,那个司机警惕打量着我,而我一边看着乔·海曼,一边意识到我看上去也必然很不体面。我再次看着他,并且大笑起来。他的眼睛因为兴奋和疲倦而发红,他的脸因为一天没有刮胡子而显得脏兮兮的,他的衣服也皱巴巴的。那个司机想知道,我是否有足够多的钱走这么远的路,或者说,我们是否已经在某个小酒吧花光了每一分钱,这种怀疑显然是相当合理的。我从口袋里掏出一张10美元的钞票,对他晃动一下,然后坐进出租车里。在出租车转弯之前,我透过后车窗对乔·海曼挥手,然后倚靠到座椅上,并且决心不让自己入睡。我不想让自己在地面以上到达布鲁克林的旅途中打盹——我想要享受它的每一个可见的时刻,而且我很快就因为保持清醒而得到了回报。

那天早晨,当我的手里拿着那三份令人振奋的评论并向窗外看去时,没有人带着和我一样的心情,从布鲁克林大桥看见过这个城市的天际线。这个城市始终有着宏伟的面貌,但宏伟也可能会使人恐惧。那个天际线强大的对称性可能会给精神带来压迫感,让这座城市显得令人生畏和坚不可摧,但是今天,它似乎摆脱了冰冷的匿名状态,并且使自己得到了承认和接纳。没有任何阳光——这是一个多云的日子,而且有一半建筑物笼罩在薄雾中,但是,它是一个将在今天知道我的名字的城市,一个没有忽略我的存在的城市,也是一座我所热爱的城市。不知不觉地,对于这座美丽而令人自豪的城市的一种强烈的感情令我窒息。我们现在正在驶离大桥,并且经过这个城市每一个行政区绵延不断的大片丑陋的公寓。它们是这个城市首先醒来的地方,那些不断出现的单调而雷同的房屋,已经有了居民活动的迹象。有人正在把洗好的衣服成排地晾晒在屋顶上和太平梯附近,带着午餐饭盒的男人走出家门,从食品店那里返回并带着牛奶和面包的孩子,正在匆匆走上台阶并进入家门。

我透过出租车车窗向外凝望,看着一个十岁左右的孩子为了完成某个上午的差事,带着忧虑的表情在上学前匆匆走下台阶,我不仅回想到,我自己在那么多个灰色的早晨,也曾走出一座非常相似的房子,并且步履匆匆地走在街道上。

我的思维及时扭转回来,又延伸出去,就像一个多面棱镜一样——在我的面前闪现出我们的老邻居,那座房子,那个台阶,那家糖果店——然后又转移到我刚刚通过的天际线,昨晚的开幕演出,还有现在仍然紧握在手里的那三份评论。在这个美妙的城市里,那个无名的小男孩——以及数百个这样的小男孩——都可能拥有一个像样的机会越过各种障碍,并实现他们的希望。财富、地位和名气并不是最重要的。这个城市所要求的唯一的品质,就是大胆的梦想。对于那些有梦想的人而言,这种品质能够打开梦想的大门,呈现出它的宝藏,不管他们是谁,他们来自哪里。我看着那个男孩消失在一家裁缝店里,一种朴素的爱国主义激情让我心潮起伏。相比于一座城市贫民窟肮脏的街道,我也许更愿意看到国旗飘舞的第五大道上的一次胜利大游行。可是,爱国主义的感情并不总局限于战争唤起的狂热情绪。有时候,在这样的时刻,你同样能够深切地而且可能更加真实地感觉到它的存在。

　　这时突然下起了大雨,在几分钟之内,我就再也不能透过车窗看到很多景象了。转眼之间,我就迅速地从爱国主义转向具有启发性的个人兴趣。我闭上了眼睛,开始思考如何花费很快就将纷至沓来的金钱。令我惊奇的是,富有似乎并不像我一直所认为的那样容易对待。不管我如何努力,我都想不出如何开始(或者如何以我所希望的方式)花费现在将归我自己支配的大笔金钱。我能够想到一些简单的花钱途径——新的西装,新的衬衫,新的领带,新的大衣——除此以外,我的大脑令人失望地变成了一片空白。在某些方面,面对一夜暴富并不比忍受贫穷更容易。二者都需要一种艺术性,如果不想让它们产生一种刻薄而长久的愤世嫉俗的意味的话,而且在许多方面,富有比贫穷更难处理。不过,它是迟早会偃旗息鼓的最令人幸福的问题之一。它显然也是一种会使人做一个最舒服、最愉悦的好梦的问题。我就这样不停地胡思乱想着,最终,在这第一次乘坐出租车的旅途中,我在剩余的大部分时间完全进入了梦乡。那个司机最后不得不离开自己的座位,把我摇醒并向我索要出租车费。

我再次清醒过来,而且是完全清醒的,当我打开房门走进那个公寓房间时,我失望地发现窗帘仍未拉开,家人都在熟睡。当然,现在不过是早晨七点过一点儿,但这是太值得纪念的一天,不能浪费在任何像睡眠这样平凡的事情上。

我几乎忍不住想要马上把他们叫醒,并把其他评论拿给他们看,但事实上我走进了厨房,倒上了一壶咖啡。

我想多一点儿时间独处,以便考虑某个问题。

当我等待水烧开时,我站在厨房门口,注视着我的弟弟在起居室那张坐卧两用长椅上睡觉的姿态,然后又看着我的父母睡觉的那间卧室紧闭的房门。地板上那张磨损的地毯,是我在学会走路之前就爬过的地毯。严重褪色和破碎的图案上的每一朵花,都清晰地铭刻在我的脑海中。在这个昏暗而局促的房间里,每一件家具都似乎因为镶嵌了数不清的记忆而发霉。无数次沉重的晚餐的鬼影,在餐桌上方徘徊。无数痛苦日子的灰尘,附着在我从童年起就熟知的那些肮脏而丑陋家具的每一个缝隙里。永远摆脱它们——不是循序渐进,而是彻头彻尾地——将为刚刚发生在我身上的奇迹赋予某种意义,使成功变得具体而明确。

在为成功而展开的奋斗背后的目标,并不总是只有一个,而是有许多个——有的是真切的,有的是隐晦的;有的则是不可能实现的,哪怕是你取得了一个又一个成功。我们每个人的目标都不尽相同,这就像每个人都不同于其他人一样,我们都有各自神秘而精彩的一面,都是从童年时期就具有的各种不曾表达的需求和欲望的总和,并且在很长时间以后,才能够从一个安全的距离瞥见它们的存在——就像是一座被淹没的冰山,暴露出的只是其中的一角。不管在我的本性当中,那种塑造了迫使我将戏剧作为个人目标的主导力量是什么,它从很早的时候就控制了我,而我至今仍然被它所控制着。只有当我果断地从一个世界进入到另一个世界当中时,我才能够知道，它会给我带来什么样的满足感。我给自己倒了一杯咖啡，当我把它喝完时，我就已经下定了决心。

如果一个人要投入一项狂热的或者冒险的事业，事先不同任何人讨论它，始终都是最好的选择。讨论会剥夺激情的火种，只会使大胆和富有活力的举动显得鲁莽而草率。把你的计划当成既定事实而提出来，对于争论充耳不闻，并且有条不紊地向前推进，让每个有关的人接受起来就容易得多。

我把那些报纸丢在床上，由此叫醒了我的弟弟，我让他看一下评论，然后，我隔着那个卧室房门，叫醒我的母亲和父亲，让他们马上起床。他们刚刚看完那些评论，我就单刀直入地说："我们今天就搬到纽约去——你们喝完咖啡，我们就走——我们什么也不带。我们离开这里时，身上穿什么衣服就是什么衣服，其他的都不要。咖啡在炉子上，所以抓紧时间，穿好衣服。"

我的母亲盯着我，然后低声提出了一个问题，好像在这时候提高声音，可能会让我变成一个更大的疯子似的。"我们要去哪里住？"她合乎逻辑地问。

"去找一家酒店，"我说，"一直等到我们找到一个公寓并且收拾好为止。"

房间里出现了一阵死寂，而且在他们说话之前，我再次开口，我听上去并没有不耐烦，但我说的话仿佛是不容置疑的。"什么也不要带；我们就这么出门。对，"我看到我的母亲紧张地向房间周围环顾了一下，就补充说，"一样东西也不要。我们把所有东西都留在这儿，然后就关上门。我们什么也别带——哪怕是牙刷、浴袍、睡衣裤。我们在纽约都要买新的。我们离开这里以后，要有一个崭新的开始。"

我的母亲走到窗前，打开了百叶窗，好像借助于更多的光线，她才有可能听见或者更好地理解我的话似的，然后她又转过身，眼巴巴地看着我的父亲。

他终于恢复了正常呼吸和神智。"我们刚刚预付了两个月的租金。"他说,似乎这个确凿的事实会帮助我恢复正常似的。

"这样我们就有权利把这些东西丢在这里,让它们自行烂掉,你也可以把它们送给看门人,"我回答说,"我们就带着你们身上穿的东西从这里离开,明天我们把这些东西也要丢掉。"

这第二条声明比头一条带来了更大的死寂。"你们难道听不明白么?"我情不自禁地提高了嗓门,"我现在要你们做的就是——"

"不带上那些照片,我是不会离开这里的,"我的母亲异常坚定地说。现在轮到我惊讶了。"什么照片?"我问道。

"所有的照片,"她回答说,"你和伯尼小时候的照片,我爹和我姐姐的照片,还有伯尼的毕业证和你的信,还有我放在壁橱那个大箱子里其他所有照片和别的东西。"

我伸出双臂把她搂在怀里,吻了她一下。我赢了。我的要求已经作为一个事实被接受了——这是难以理解的,但问题还是解决了。

"一个手提箱,"我强调说,"把所有东西都放在一个手提箱里,但就一个手提箱——就这样。"

我看着我的弟弟,他一直沉默不语。他动作潇洒地把那些报纸扔给我,又眨了眨眼。

"你是不是必须把一些钱给乔治·考夫曼?"他说。

"一半,"我回答说,"但我的股份每周会超过1000美元。"

"那可以买很多牙刷,"他说,"我去准备一下。"他随即站起身来。

我的母亲和父亲盯着我们,好像是为了确定我们不是在为了哄他们开心,而在搞某种精心设计的恶作剧似的。

"这是真的,"我严肃地说,"这不是工资。每一美元的票房,我可以拿到百分之一的提成。你们不知道是怎么回事吗?"

很显然,他们不知道,我这时才意识到,除了我母亲的朋友所说的"以后会有好日子过"这一点以外,他们从来也不明白,戏剧带来的财富究竟意味着什么。难怪我的建议让我看起来像是个疯子,可是,现在当他们开始相信我说的话是真正的事实的时候,他们也在一定程度上拥有了我自己的那种兴奋感。我的母亲的反应是奇特的。她开始大笑起来。她的笑声欢快而响亮,而且具有传染性。我和父亲也跟着她大笑起来,尽管我们很难确切地说出,我们是因为什么而发笑。在很长时间以后,当我听到有人说,"没有什么能像金钱那样使人们大笑——富人会因此而笑出皱纹",我又想起这个时刻和她的笑声。当然,这是一种讽刺的说法,但它并非没有道理。金钱的确会导致它自身的一种兴奋感,一夜暴富会创造出欢乐和幸福的氛围,拒绝或不愿享受这种氛围是荒唐可笑的。它也会导致它自身的一种动力,一切都会以不同寻常而且几乎是奇迹般的速度发生变化。

我们在不到一个钟头的时间里,都做好了离开的准备,不过,在橱柜那个箱子里的"宝贵"藏品的实际数量,远远超过了一只手提箱的最大容量。我拎着那个箱子,我的父亲和弟弟每人拎着一只手提箱,而我的母亲——她取得了全面胜利——抱着一个装满了最后一刻,在一个老旧的锡皮箱里发现的那些珍品的牛皮纸包。我们走出了家门,当我的弟弟冲到雨中想要叫到一辆出租车时,我们其他人都在门厅里等待着。现在雨越下越大,一阵阵大风把厚厚的雨幕拍打到这座建筑物上。我看着它疯狂地击打着前厅的玻璃门,突然产生了一种难以抗拒的冲动。

"我忘了点儿东西,"我很快说道,"我马上就回来。"

我打开了那个空房间的门,把它关上,又小心地把它从里面锁紧。我迅速地环顾了一眼,要让这个房间的景象永远留在我的记忆里,然后,我走到每一个窗口处,并把它们推开。雨水像密集的炮火一样从窗口扫射进来。我看着它们在地板上形成了一个大水洼,并不祥地在地毯上蔓延开来。雨水汇成的细流在那张餐桌上面流淌,又顺着桌腿流下来,溅在餐具柜和那个装瓷器的橱柜上。它浸湿了扶手椅,并像瀑布似地从沙发上淌下来。它让壁纸溅上了密密麻麻的大块潮湿的斑点,大风把两盏台灯吹落到地板上。我把它们从眼前踢开,走到那个仍旧干燥的坐卧两用长椅跟前,并且把它拖到房间中央,一阵疾风劲雨立刻就把它弄湿了。我满意地环顾四周,既没有感觉内疚,也没有感觉愚蠢。这种毫无意义的做法带给我的乐趣,远远胜过其他一切更合乎理性的姿态。这是一种标志,是蔑视和解放的最终姿态。在不能纵火的情况下,这是我能做到的全部了。

我把门重重地关上,就头也不回地离开了。

出乎所有人——包括我自己在内——的意料,我们在出租车里都变得出奇地沉默,尽管我的弟弟大声朗读了《世界报》——这是他在叫出租车的路上买来的——那篇热情洋溢的评论。它非但没有增强我们的兴奋感或者推动我们高涨的情绪,反而似乎令人惊奇地起了反作用。我的弟弟盯着窗外,我的母亲和父亲只盯着前方,沉默而严肃。我说了一会儿,然后也变得沉默下来。或许在我们所有人当中,包括我自己在内,对于我们正在做的事情有一种不真实的感觉,抑或是我们每个人都有一个独立的意识,那就是这种巨大的变化——这在我们整个的一生中,也几乎是过于巨大的变化——也会改变我们作为一个家庭的现状;那种曾经那样紧密地把我们凝聚在一起的奋斗过程,现在已经消失了,而且不可思议的成功可能会把我们分开,把每个人同其他人分开。

仍然沉默着的我的母亲,掏出手帕擦着眼睛。我想,那并不是为我的成功而流出的喜悦的泪水。它不是为了某种事物正在开始而流出的眼泪,而是因为某种事物的结束而流出的眼泪,虽然我们都不能够说出那种事物的名称。在我们看到布鲁克林大桥之前,谁都没有说话。接着,就像这种沉默突然到来时的情形一样,它也突然消失了。在经过这座大桥时,就像它在凌晨时对我产生的效果那样,它似乎帮助我们把一种古老的生活方式丢到了身后,并且使我们正在进入的那种新的生活方式变得不可避免。

我们终于不再沉默,几乎是在同一时刻,我们所有的人立刻开始说话了,好像跨越这座大桥就彻底切断了和过去的一切联系,它成为我们进入一个就像我们前面的天际线一样炫目的崭新世界的标志。突然之间,似乎没有人愿意藏起自己的想法。每个人都说个不停,根本不在意其他人可能会说什么。我们到达第34街的时候,我才想起朝窗外看一眼。我让司机把我们带到第47街的爱迪生酒店,唯一的理由就是它实际上距离音乐盒剧院很近,而且它比我所能想到的其他任何酒店似乎更像是一个家庭旅馆;但是,当汽车进入时代广场时,我让司机先在音乐盒剧院那里停车。

即便是透过被雨水泼溅的出租车车窗,我也能够看到从售票处那里排起的两条长队,已经扩展至整个大厅的长度。一条队伍因为站不下而从天棚下面延伸出来,而站在外面的人都打着雨伞,在耐心地等待着。我从出租车上下来,走到大厅里面,站在那里目瞪口呆地看着所有的人。现在还不到上午九点半。我不知道在那里站了多长时间,我忘记了一切,眼睛里只有眼前的这个奇迹,那个抬头光顾了一眼大厅的售票员,瞥见了我并露出了笑容。在一部戏剧获得成功之后的第二天早晨,没有什么样的微笑,能比一个售票员的笑容更加灿烂的了。它像聚光灯下的舞台那样醒目,那张嘴张开的幅度也和舞台一样宽大。他的笑容丝毫没有动摇——当他身后的电话响起来,并意味着可能有更多的票贩子想要同他联系时,那种笑容变得更加灿烂。

他招手让我走到队伍最前面,并从那个栅栏开口处伸出手,握住了我自己的手。

"至少在过去的一年里,"他说,"它是本市销售最火爆的一出戏。我可以为您做些什么?"

"我想支取500美元,"我很快说道,"我要搬到城里住。"

"没问题,没问题——您需要什么尽管说,"他说。他拿了一张收据条,然后迅速地填写起来。"您想要什么面额的?"他问。

"几张50块钱的,"我回答说,"剩下的要20块钱和10块钱的。"

当他数出这笔钱时,我在那张收据上签了字,我察觉到后面那些人彼此窃窃私语。

"他不是乔治·考夫曼,"我听到一个女人的声音说,"他一定是另一个。"

当我等待着他把钱交给我时,尽可能用我的后脑勺(而不是正脸)做出一种谦逊的姿态。他把一大摞厚得吓人的钞票递给我,他此时的笑容仿佛可以照亮整个售票处大厅。"请随时过来,"他说,"这出戏肯定会演很长很长的时间。"

我把钞票对折起来并在拳头里攥紧,随后从那里走出来,并坐进出租车。

我一言不发地炫耀性地数着钱,并且意识到我的周围那种充满敬畏的寂静气氛。

"他们是在什么时候,"我的弟弟小声地说,"把那个剧院的'售票处'的名字换成了'领钱处'?"

这是他在以后多年里不间断地开的诸多玩笑的第一个,而且,这历史性的第一个玩笑的效果不仅是滑稽的,也是具有爆炸性的。

我们开始大笑,根本停不下来。我们像疯子似地不受控制地大笑,我们笑得上气不接下气,而且因为长时间都无法停止而感到惊愕。我弟弟的话似乎触发了我们过度紧张状态的开关,从而使我们情绪的释放到了近乎歇斯底里的程度。过去几天和今天早晨的疲惫和兴奋,需要找到一个发泄口,而我弟弟的这句玩笑话是一种幸运的辅助手段。我们笑得仿佛永远也停不下来一样。

那个司机也笑得浑身发抖,又歉意地转过身来。"我不知道你们为什么发笑,各位,"他说,"但是能让人这样发笑的事情,肯定是相当有趣的事情。"

没有人能回答他;我们仍然无法控制自己。他自己再次大笑起来,并且把出租车转向了百老汇方向。

我会观察在我周围发生的事情,把它转化成戏剧化场景这一致命的弱点再次把我俘获了。我能够听到自己把整个故事讲给山姆·哈里斯。我不做任何抗拒,而是让它在我的脑海里不断聚合成型。等待评论,第一次乘坐出租车回家,决定离开那里并把所有东西丢掉,趸回公寓并打开窗户,让雨水渗透进来——我能够听到自己正在告诉他这一切,一直说到在出租车里数钱,我们歇斯底里地大笑,以及出租车司机转过身来说出的那一句话。我能够看到自己在当天午后的某个时间,站在他在音乐盒剧院的办公室里,使用恰当的修饰对他讲述整个过程,使它成为一个完整的、戏剧化的事件。我能够看到当我在讲述时,他的眼睛饶有兴味地眯缝起来,后来我听到他柔和的笑声。我甚至能够听到——我是这么觉得的——他的评论。

"不错,伙计,"他说,"第一幕落幕了,效果不错。"

(完)

译后记

莫斯·哈特的著名个人回忆录《从布朗克斯到百老汇》出版于1959年,并在1963年被搬上银幕(由美国影星乔治·哈密尔顿和贾森·罗巴兹主演),它们共同为戏剧爱好者展示了剧作家兼导演的主人公令人印象深刻的奋斗历程。

自出版之日起,《从布朗克斯到百老汇》就成为一本畅销佳作,也成为戏剧爱好者的一个励志寓言。当时,许多年轻人梦想进入百老汇,成为万人瞩目的明星,但绝大多数人最终都被拒绝在百老汇光彩熠熠的大门之外,然而对于莫斯·哈特来说,他的梦想真真切切地变成了现实。在一夜之间,他就变得腰缠万贯,他被搬上舞台的剧作创造了惊人的票房,也为他带来了如洪水般涌入的财富。

出生于1904年的莫斯·哈特,从小就是一个热爱戏剧的人。他的家庭长期被失败和贫穷的阴云所笼罩,父亲基本处于失业状态,全家生活来源基本上要依靠莫斯一个人的打拼。这强化了他的危机意识和拼搏精神。他十二岁辍学并当了一名仓库看管员,后来进入一家剧院打工,接着又做过卡茨基尔山地区的娱乐指挥,这为他后来全面进入娱乐业奠定了良好的基础。

他对于戏剧的热爱,源自于幼年时他的姨妈凯特的影响(后者经常带他去看日常演出)。他做过演员,撰写过剧本,也执导过戏剧,不过,他的第一部戏剧《亲爱的强盗》遭到惨败,此后他为了生存和梦想,不得不从事让他终生难忘的一些令人痛苦的夏令营工作,但他始终都没有放弃成为剧作家的理想。他撰写了一部名为《一生的一次》的喜剧,得到了戏剧演出商山姆·哈里斯的赏识,后者推荐他和知名剧作家、20世纪的百老汇"喜剧之王"乔治·考夫曼合作,对这部作品进一步修改和打磨。但是,不管他们二人如何努力,这部戏剧始终有一种神秘而且难以知晓的缺陷,其多次预演都以失败告终,感到绝望的考夫曼一度选择了放弃,但始终对它抱有信心的莫斯·哈特锲而不舍地解决这一缺陷,最终反败为胜,也由此彻底扭转了自己的命运。在这本书中,作者以细腻的笔触和真挚的情怀,讲述了整个过程的一个个精彩瞬间,也让我们看到了主人公为梦想拼搏的钢铁般的意志,以及他那跌宕起伏的人生命运。

能够将这样一部煌煌之作翻译成中文并介绍给广大读者,期间离不开众多同行和友人的支持,在此谨向蔡建坤、曹锦震、曾洁琼、谌燕灵、董帝令、董瀚文等35人表示由衷的感谢。他们的辅助工作对于本书的顺利完稿功不可没,在此表示由衷的和诚挚的谢意。

译　者

2013年6月